영상인류학 이론과 방법론

영상인류학 이론과 방법론

2016년 3월 20일 초판 인쇄
2016년 3월 25일 초판 발행

지은이 | 조관연
교정교열 | 정난진
펴낸이 | 이찬규
펴낸곳 | 북코리아
등록번호 | 제03-01240호
주소 | 13209 경기도 성남시 중원구 사기막골로 45번길 14
우림2차 A동 1007호
전화 | 02-704-7840
팩스 | 02-704-7848
이메일 | sunhaksa@korea.com
홈페이지 | www.북코리아.kr
ISBN | 978-89-6324-467-9(93300)

값 20,000원

* 이 도서의 국립중앙도서관 출판시도서목록(CIP)은 서지정보유통지원시스템 홈페이지(http://seoji.nl.go.kr)와 국가자료공동목록시스템(http://www.nl.go.kr/kolisnet)에서 이용하실 수 있습니다.(CIP제어번호: CIP2016005161)

이 저서는 2011년 정부(교육부)의 재원으로 한국연구재단의 지원을 받아 수행된 연구임(NRF-2011-812- A00038)
This work was supported by the Korea Research Foundation Grant funded by the Korean Government (NRF-2011-812- A00038)

영상인류학

이론과 방법론

조관연 지음

북코리아

서문

한국에서는 다큐멘터리와 극영화에 관해 다양하고 좋은 책이 많이 발간되었는데, 이들 중에는 영화에 관해 깊은 통찰력을 보여주는 내용이 많다. 2000년대를 전후하여 서구에서도 이전의 영화사나 사조, 미학 중심의 내용을 넘어서서 작품론이나 작가론 그리고 제작 방법론에 관한 영화에 관한 책이 봇물처럼 발간되었다. 이와 같은 흐름 속에서 『영상인류학 이론과 방법론』이라는 책을 내는 것이 어떤 의미를 가질 수 있을까? 이에 답하기 위해서는 인류학과 영상의 만남을 이야기하는 것이 필요하다.

(문화)인류학은 19세기 말 서유럽에 등장한 비교적 새로운 학문이다. 인류학은 초기에 계몽주의와 식민주의와 관련되어 있었다. 인류의 기원과 발전 그리고 다양성의 원인을 밝히려는 '원대한' 계획을 세웠는데, 이를 구체화하는 과정에서 식민주의자들과 협력관계를 맺었던 것이다. 앨프리드 코트 해든Alfred Cort Haddon(1855~1940)은 이런 관계를 잘 보여준다. 그는 케임브리지대학교에 재직 중이던 1898년 문화진화주의로 유명한 리버스W. H. R. Rivers와 함께 '토레스 해협 탐사단Torres Strait Expedition'을 구성하여 호주와 뉴기니 섬 사이의 도서들을 탐사했다. 이 탐사단은 현지조사를 위해 많은 장비를 가지고 갔는데, 왁스 실린더 녹음기와 무비카메라는 가장 중요한 물

품이었다. 탐사단은 이들 장비로 현지인의 춤과 음악을 녹음하고 촬영했는데, 현재 이 자료들은 케임브리지대학교의 '고고학과 인류학 박물관' 그리고 대영박물관 등에 소장되어 있다.

나폴레옹은 1798년부터 3년 동안 이집트 군사 정복에 나섰는데, 이때 박물학자, 화가, 음악가, 수학자, 화학자, 엔지니어, 건축가 등으로 구성된 167명의 학술원정대가 동행했다. 이 원정대는 인류 역사상 최초로 가장 크고 체계적으로 이집트 고대문명을 조사했는데, 이 종합적인 연구 결과는 『이집트지』로 출간되었다. 이를 계기로 서구에서는 이집트 열풍이 불었고, '이집트학'이 탄생하는 계기가 되었다. 이집트 원정대와 같은 맥락에서 해돈의 탐사대가 조사 여행을 했다. 나폴레옹 원정대가 문자와 그림으로 자신들의 연구 성과를 기록한 반면, 해돈 탐사대는 최신 기술인 녹음기와 무비 카메라를 가지고 오지의 사라져가는 문화를 기록했다는 데 차이점이 있다.

이집트 원정대나 다윈은 계몽주의와 박물학의 후예인데, 이들은 각 지역의 동식물 생태부터 지형과 지질, 생활방식과 독특한 문화까지 치밀하게 관찰하고 이를 문자와 도판을 이용하여 기록으로 남겼다. 이들은 이런 조사를 통해 인류와 동식물의 발전고리를 발견할 수 있을 것으로 기대했다. 해돈이 탐사를 위해 녹음기와 무비 카메라를 가지고 간 것은 문자와 그림이 가진 기록의 한계를 극복하기 위해서였다. 19세기 전후로 인류학자들은 당시 대부분의 사람들과 마찬가지로 사진과 영화는 인간의 눈보다 더 정확하게 관찰하고, 더 치밀하게 기록할 수 있다고 믿었다. 이 때문에 초기 인류학자들은 다루기 까다로울 뿐만 아니라 막대한 경비가 드는 영상 장비들을 현지조사에 가지고 간 것이다. 오지의 문화를 주로 연구하던 인류학은 초기부터 연구와 기록을 위해 영상매체를 적극적으로 활용했는데, 이런 경향을 당시 다른 학문들에서 찾기란 힘들다.

사람들은 영화가 발명된 후 한동안 새로운 매체에 대해 거의 맹목적인 신뢰감을 가졌지만, 점차 시간이 지나면서 이 매체의 과학성과 엄밀성 그리고 정확성에 대해 비판적으로 바라보기 시작했다. 이는 영상 매체에 대한 경험이 축적되고 인식 지평이 확장되면서 가능했는데, 이런 비판적 시각은 오히려 활용 방법을 정교하게 확장할 수 있었다. 다수의 인류학자들은 계속하여 이 새로운 매체가 과학적이고 엄밀하게 문화를 기록할 수 있다고 믿었지만, 이것이 일반화되면서 점차 흥미를 잃어갔다.

1960년대에는 주로 괴짜들로 구성된 일부 인류학자만이 현지조사에서 사진과 영화를 적극 활용했는데, 이들은 자신의 학술적 지식을 기반으로 '이국적'이고 '사라져가는' 문화를 기록했다. 인류학자들이 제작한 영상물은 바로 이 지점에서 당시의 다큐멘터리나 극영화와는 다른 고유함과 차별성을 가지고 있다. 이후 1960년대 말부터 인류학자들 중 일부는 교육과 연구를 위해 문화를 엄밀하게 기록하는 일에 전념했다. 하지만 또 다른 사람들은 극영화나 다큐멘터리영화에서 발전시킨 영상 문법과 미학을 이용하여 다수의 의미 있는 민족지영화를 제작했고, 이 작품들은 영화 비평가들의 호평을 받기도 했다. 영상인류학자들은 자신의 전공 지식을 기반으로 문화현상을 각자의 다양한 방식으로 기록했고, 이로부터 다양한 제작 방법과 철학이 탄생했다.

1990년대 서구에서 다매체 · 다채널 시대가 열리면서 문화영상물 제작이 붐을 이루기 시작했는데, 이후 전 세계화와 더불어 이동수단과 정보통신기술의 발전은 이런 경향을 더욱 가속화했다. 다양한 문화에 대한 텔레비전 프로그램과 영화가 제작 · 상영되었고, 오랜 기간 동안 타 문화 연구와 영상물 제작에 전문 지식을 축적해온 인류학도 새로운 전기를 맞았다.

문화를 학술적으로 연구하는 인류학자들의 시각에서 본다면 대중매체에서 방영되는 문화영상물은 많은 점에서 미흡했다. 하지만 대부분의 인류학자는 이에 대해 그 어떤 비판이나 비평을 삼갔고 자신들만의 대안적 영상 세계를 구축해나갔다. 이들은 자본이나 상업논리와 거리를 두고 영상을 제작함으로써 '가짜' 또는 '그릇된' 문화의 한 단면이 아니라 '진실한' 문화의 종합적인 모습을 영상에 담을 수 있으며, 이를 통해 인간의 상호 이해와 소통이 가능하리라고 믿었다. 이런 생각에서 다수의 민족지영화가 제작되고, 이 영화들은 주로 인류학 관련 전문가들이 참가하는 영화제에서 방영되었다. 인류학은 자본과 시청률과는 거리를 둔 문화영상물 제작 방법과 이론을 (재)사유할 수 있었다. 하지만 주류 미디어 종사 관계자의 입장에서 본다면 이들의 시도는 아마추어 성격의 영상물일 뿐이었다.

2000년대 이후 벌어진 학문 세계에서의 인식론적 전환 그리고 새로운 양식과 심층적 영상물에 대한 일부 관객의 수요는 '괴짜들'의 학문인 영상인류학을 주류 영상세계로 호출했다. 일부 영상인류학자들은 자신들만의 '고치'를 깨고 나와서 주류 미디어 세계와 소통하고 협력하는 일에 참가했는데, 일부 인류학계 종사자들의 우려와는 달리 이는 영상인류학을 풍부하게 했다.

"왜 영상인류학에 관한 책이 필요한가?"라는 처음 질문으로 돌아가면 이제 답은 좀 더 분명해진다. 인류학은 영화가 탄생한 초기부터 영상물을 연구와 교육에 활용한 전통을 가지고 있으며, 자본이나 시청률 등과는 비교적 독립적으로 인류학 전문 지식을 기반으로 문화에 관한 영상물을 제작했다. 이들은 주변적 위치에서 다양한 사유를 했으며, 이를 구체화하기 위해 노력했다. 이들의 노력은 역설적으로 정보통신기술이 발전하고 글로벌화가 진행되면서 새로운 조명을 받게 되는데, 이는 주류세계와는 다른 새로운 상상력을 제공하고 있기 때문이다.

이 책을 저술하게 된 또 다른 이유는 국내 영상물 문제 때문이다. 국내에서도 영상인류학에서 중요하게 다루는 다른 문화에 대한 영상물이 많이 제작·방영되고 있다. 하지만 이 영상물에 대한 학술적 차원의 비평은 거의 없는 편이다. 일찍이 독일의 희곡작가인 베르톨트 브레히트Bertolt Brecht(1898~1956)는 자기 작품들의 배경을 독일인이 거의 모르는 중국 쓰촨과 같이 낯선 곳으로 설정했는데, 관객은 이런 낯섦 때문에 자신의 작품 속 내용을 비교적 선입견 없이 보고 그 문제의 근원을 스스로 생각할 것이라고 기대했기 때문이다. 우리가 이미 어느 정도 알고 있는 내용이라면 완전히 다른 시각이나 내용을 담고 있는 영상물을 보더라도 자신의 기존 생각을 잘 바꾸려들지 않는다. 많은 사람들은 그 대신에 자신의 기억 한 구석에 처박혀 있는 편린들을 찾아내어 자신의 기존 생각을 강화하거나 확인하고자 한다.

이는 한국에서 제작되는 다른 문화에 대한 영상물에 대해서도 마찬가지일 것이다. 따라서 이런 문제를 우회하기 위해서는 또 다른 전략이 필요한데, 이는 어쩌면 브레히트의 전략이 될 수도 있을 것이다. 한국에서 제작된 영상물을 인권이나 평등 그리고 자유 같은 인류의 보편적 가치를 기반으로 그 미흡한 점들을 비판하면, 대부분의 한국인은 국가주의 성격이 강하기 때문에 이를 '조국 한국'에 대한 공격으로 받아들이는 경향이 있다. 하지만 같은 내용을 독일 사례를 인용하여 비판하면 반감은 눈에 띄게 사라진다. 하지만 이런 전략이 가지는 한계도 명확한데, 이들은 독일의 사례를 한국 사회에도 적용하여 성찰하거나 개선하려고 하지는 않는다. 그럼에도 불구하고 다른 나라의 사례는 이전보다 사람의 생각과 가치를 변화시키는 데 도움을 준다.

이 책에서는 주로 서구 영상인류학에서 이루어진 성과를 상당히 비판적인 시각에서 다루고 있다. 그렇지 않아도 인류학은 국내에서 입지가 좁은데, 이로 인해 더 입지가 좁아질 것을 우려할 수도 있다. 하지만 학문은 비판적 성찰이 기반이 되어야 한다. 인류학의 선학들은 분명히 많은 부분을 이룩하기도 했지만, 이와 동시에 적지 않은 실수도 했다. 하지만 이들이 가졌던 문제의식과 이를 해결하려는 과정에서 생겨난 실수는 후학에게는 너무나 값진 선물이다. 후학은 이들의 선물 덕분에 학문 연구에서 실수를 최소화할 수 있으며, 더 나은 학문 공동체와 사회를 구축하기 위한 노력을 좀 더 쉽게 할 수 있다. 이런 의미에서 학문에서 실수의 역사는 부끄러운 것이 아니라 성공만큼이나 풍부한 자양분이다. 지금까지 학문 공동체는 작은 우주인 개인과 마찬가지로 이런 방식으로 발전해왔으며, 앞으로도 이런 방식으로만 앞으로 나아갈 수 있을 것이다. 반면교사는 삶을 살아가는 데 있어서 자신의 노정을 올바르게 이끌어주는 안내자다. 따라서 이 책에서 소개되는 내용은 국내외에서 제작된 영상물을 주체적이고 비판적인 시각에서 수용하는 데 자그마한 도움이 될 것이라는 기대감에서 시작했다.

이 책은 영상인류학에서 2000년대까지 지난 100여 년 동안 이룩한 학문적 성과를 이론과 방법론을 중심으로 다루고 있다. 하지만 이 책에 담긴 내용이 인류학에서 오랜 기간 동안 고민했던 것들을 모두 대변하는 것은 아니다. 서구 영상인류학에서 비교적 자주 언급되는 것들을 중심으로 그 내용을 구성했다. 또한 시기와 지역이 집중되는 것을 방지하기 위해 주제와 소재를 배분했는데, 이 과정에서 미국과 영국의 영상인류학 흐름이 소홀하게 다루어졌다. 책의 내용은 필자의 역량에 의해 재구성되는데, 필자가 접근하기 힘들었던 지역의 영상인류학 흐름도 배제되었다. 호주와 캐나다 그리고 북유럽에서도 또 다른 결의 민족지영화들이 제작되었지만, 지면과 시간의 제약으로 인해 다루지 못했다. 이 책은 서구 백인의 시각에서 이들이 발전시킨 내용을 주로 다루고 있는데, 이 점은 내용의 한계다. 이들이 촬영한 지역 사람들은 단순히 피사체 이상의 존재이며, 이들 비서구인에 의해서도 적지 않은 작품이 제작되었다. 하지만 인류학 제도권 안에서 교육받거나 활동하지 않았기 때문에 이들의 활동은 '정통 인류학자들'에 의해 관심의 대상이 되지 못하기도 했다. 이에 대한 내용은 다음 기회에 다룰 것을 기약 드린다.

이 책은 총 11개 장으로 구성되어 있다. 일반인의 이해를 쉽게 하기 위해 앞의 두 장은 전체적인 영상인류학의 흐름을 개괄하고 있으며, 마지막 장은 영상인류학의 새로운 가능성과 지향점을 소개하고 있다. 이를 제외한 나머지 8개 장은 주요 영상인류학자와 기관의 제작 방법론과 이론을 소개하고 있다. 이 장들은 서로 느슨하게 연결되어 있으며, 종종 그 내용이 겹치기도 한다. 각 장은 각기 독립적인 내용을 담고 있기 때문에 이들 중에서 어떤 것을 먼저 읽건 간에 큰 문제가 되지 않지만, 대체적으로 시간 순서이기 때문에 순서에 따라 읽기를 권한다.

많은 분들의 조언과 비판은 이 책 발간의 밑거름이 되었다. 이 책의 6개 장은 이미 학술지를 통해 발표했는데, 이들 중 3개 장은 이 책에 게재하기 위해 그 내용을 대폭 수정했다. 동료학자들은 학술지에 투고한 글들의 내용과 구성 그리고 시각에 대해 날카로운 비평을 해주었는데, 이들의 비판은 내용과 시각을 정확하고 풍부하게 수정하는 데 많은 도움을 주었다. 이 자리를 빌려 감사드린다. 또한 인하대학교 윤미진 박사와 한국외국어대학교 류은영 박사는 글의 오류를 수정하는 데 많은 도움을 주었다. 이분들의 도움에 다시 한 번 감사를 드린다. 또한 식구인 이경혜, 조누리, 조성아는 일반인이 좀 더 쉽게 이해할 수 있도록 내용과 표현을 다듬어주었다.

이 외에도 많은 사람이 이 책의 저술에 충고와 자문을 해주었다. 이들 중 몇몇은 글의 구성과 내용을 교정해주었고, 또 다른 이는 독자가 글을 쉽게 이해할 수 있도록 하는 데 많은 도움을 주었다. 이 모든 이들의 도움 덕분에 이 책이 나올 수 있었지만, 내용이나 표현의 오류는 전적으로 필자의 한계와 부족함 때문이다. 아직 이 책의 내용이나 구성에서 부족한 부분이 많지만, 독자에게 작은 정신적 자양분이 될 수 있고, 다른 연구자들이 이 책을 바탕으로 더 좋은 성과물을 낼 수 있다면 소임을 다한 것으로 생각된다. 이 책에는 수많은 인물과 사상 그리고 작품들이 언급되고 있는데, 이를 기술하는 과정에 오류가 있을 것이다. 이는 전적으로 본인의 한계이며. 독자가 이를 지적해주신다면 개정판에서는 이를 반영할 예정이다.

2016년 3월

금정산 기슭에서 조관연

CONTENTS

일러두기

- 영화와 TV 프로그램은 홑꺾쇠(〈 〉), TV 시리즈 프로그램은 쌍꺾쇠(《 》), 국문 단행본 · 총서 · 저널 등은 겹낫표(『 』), 논문은 홑낫표(「 」)로 표시했다. 서구 단행본 · 총서 · 저널은 이탤릭체로, 논문은 큰따옴표(" ")로 표시했다.
- 본문에서 큰따옴표(" ")는 인용을, 작은따옴표(' ')는 간접인용 또는 강조를 의미한다.
- 주장의 시대적 맥락을 좀 더 쉽게 이해할 수 있도록 내주(author-date)를 사용했다.
- 인명, 작품명, 저서명, 개념어 등은 한글과 함께 괄호 안에 해당 국가의 원어를 병기했다.
- 외래어 표기는 현행 어문규정의 외래어 표기법을 따랐다.
- 이 책의 일부는 논문으로 발표한 것을 보완한 것이며, 이에 대해서는 각 장 시작 부분에서 밝히고 있다.

I
영상인류학이란?

1. 영상인류학과 민족지영화의 정의
2. 연구대상과 쟁점

1

영상인류학과 민족지영화의 정의

영상인류학은 지난 40여 년 동안 형성된 인류학의 한 연구영역으로 다양한 연구 성과와 실천을 보여주고 있다. 모든 연구영역이 그러하듯이 영상인류학도 기술과 사회적 환경 그리고 학문 내부의 필요성 등에 의해 그 범위와 내용이 계속 변화해왔다. 영상인류학이 독립학과 또는 인류학의 하위 분과로 확고하게 자리 잡을 수 있었던 데는 양질의 연구 성과를 생산한 것이 무엇보다 중요했다. 또한 *Visual Anthropology, Visual Anthropology Review, American Anthropologist Association* 그리고 *NAFA Network* 같은 학술지와 뉴스레터들은 이들의 성과를 학계와 사회에 확산하고 논의의 장을 마련해주었다.

또한 전 세계의 영상인류학자들은 정기적으로 온라인과 오프라인에 모여 다양한 담론과 방법론 등에 대해 논의하고 있다. 이를 기반으로 영상인류학 전문 인력들이 지속적이고 안정적으로 양성되고 있다. 현재 영상인류학에서는 다양한 결과물이 생산되고 있는데, 이들은 세계의 다양한 지역에서 개최되고 있는 영상인류학 영화제뿐만 아니라 다큐멘터리영화제 그리고 텔레비전을 통해 방영되고 있다. 비록 영상인류학의 역사는 그리 길지 않지만, 인류학 연구의 다양한 갈래 중에서 가장 많은 기대를 받고 있다.

1) 영상인류학

영상인류학은 영어로 영상인류학visual anthropology 또는 영상민족학visual ethnology으로 표기되는데, 여기에서 인류학anthropology과 민족학ethnology은 현재 거의 동일한 내용을 지칭하는 서로 다른 용어다. 영미권과 유럽권에서는 각기 인류학과 민족학으로 서로 다르게 부르고 있는데, 20세기 전반까지만 해도 인류학과 민족학 사이에는 시각과 방법론을 둘러싸고 적지 않은 차이가 있었다. 일반적으로 인류학은 이론적이고 총체적인 틀을 중시하는 반면, 민족학은 실증적이고 개별적인 묘사에 좀 더 중점을 두었다. 하지만 제2차 세계대전 이후 빈번한 학문 교류 덕분에 그 차이가 많이 줄었으며, 이제는 대륙별 차이보다는 연구자별 또는 학교별 차이가 더 두드러지고 있다. 통상 인류학계에서는 민족학이라는 용어보다는 (문화)인류학이라는 용어가 더 자주 사용되지만, 영상인류학에서는 민족학 또는 민족지ethnography라는 용어가 더 자주 등장한다. 그 이유는 영상이라는 매체가 이론적이고 추상적인 내용보다는 구체적이고 경험적인 내용을 서술하거나 묘사하는 데 더 효과적이기 때문이다.

영상인류학의 명칭에서 'visual'을 어떻게 번역할 것인지도 문제인데, 통상적으로 'visual'은 '시각의'라는 의미로 쓰이기 때문에 visual anthropology는 시각인류학으로 번역하는 것이 합당하다. 하지만 인류학에서는 초기부터 연구와 교육을 위해 주로 사진과 영화 등을 활용했는데,

후에 인류학자들은 이들을 통칭하기 위해 visual이라는 용어를 사용했다. 따라서 한국어로 번역할 경우 visual을 시각보다는 영상이라고 번역하는 것이 맥락상 더 적합하며, 이 책에서는 visual anthropology를 영상인류학으로 번역하여 사용한다. 영상인류학은 인류학 교육과 연구에 사진과 영화를 어떻게 활용할지에 대해 오랜 기간 관심을 가졌는데, 1970년대 중반 이후 몇몇 인류학자들이 이런 관심과 활용 방식을 비판적으로 성찰하면서 연구영역이 시각성 전반으로 확장되었다.

영상인류학의 연구영역을 사진과 영화를 넘어 시각적 문화현상 전반으로 확장하자는 주장도 있는데(Jay Ruby 1980; Banks & Morphy 1997: 5), 대부분의 영상인류학자는 이들의 주장에 그다지 큰 호응을 보이지 않고 있다. 이는 인류학의 하위분야들을 나누는 방식이 나라별 또는 대학별로 다르며, 이들이 주장하는 시각적 문화현상들은 이미 상당 부분 다른 분과영역에서 연구되고 있기 때문이다. 이외에도 대부분의 영상인류학자가 영상에 관심이 있으며, 인류학과 종합예술인 영상을 연구하는 것만으로도 힘에 부쳐 연구영역을 확장하는 것이 부담스럽기 때문이기도 하다.

하지만 점차 통학문적interdisciplinary 연구를 장려하는 학계와 사회적 분위기, 그리고 정보통신기술의 발달로 인해 확고하던 매체 간의 경계가 무너지면서 영상인류학의 연구영역도 자연스럽게 확장되고 있다. 하지만 사회경제적으로 차지하는 영상의 비중이 아직도 크기 때문에 영상인류학에서 영상이 차지하는 비중은 아직도 절대적이다. 새롭게 확장되고 있는 영상인류학 경향에 대해서는 이 책의 마지막 장에서 소개한다.

2) 민족지영화

영상인류학의 주요 연구대상이 사진과 영화이지만, 영화는 이들 중에서 훨씬 더 많은 부분을 차지한다. 영상인류학의 핵심을 이루고 있는 영역은 (민족지)영화다. 이 책도 이런 경향에 따라 주로 민족지영화에 초점을 맞추어 논의를 전개한다.

1895년 처음으로 영화가 발명되고 얼마 지나지 않아 서구에서는 낯설고 이국적인 문화를 담은 영화들이 상영되었다. 이들 영화는 당시로서는 가보기 힘든 곳을 실제처럼 매우 '생생하게' 보여주었다. 당시의 인류학은 이런 영화들이 보여주는 문화를 연구했기 때문에 인류학자들은 일찍이 현지조사에서 영화를 활용할 생각을 하게 되었다. 적지 않은 영상인류학자들은 로버트 플래허티Robert Flaherty의 〈북극의 나눅*Nanook of the North*〉(1922)을 민족지영화의 고전으로 꼽고 있지만, 1950년대에 들어와서야 '진정한' 민족지영화가 제작되기 시작했고, 1970년대 중반에 이르러서야 학문으로서의 영상인류학이 자리를 잡게 되었다.

1970년대부터 인류학자들은 무엇이 어떻게 촬영되었고 어떻게 활용되었으며 영상이 가지고 있는 함의에 대해 연구하기 시작했을 뿐만 아니라, 앞으로 영상을 어떻게 활용할지에 대해서도 체계적으로 연구하기 시작했다. 이러한 전기를 마련해준 것은 1975년 미국인류학회American Anthropologist Association의 영상인류학위원회 설립이었다. 이 위원회의 폴 호킹스Paul Hockings는 같은 해에 논문 모음집 『영상인류학의 원칙들*Principles of Visual Anthropology*』을 발간했는데, 대부분의 영상인류학자는 이때를 영상인류학의 시작으로 간주하고 있다.

영상인류학이 인류학 내에서 하나의 하위영역으로 자리 잡으면서 영상인류학은 자연스럽게 자신들의 정체성에 대한 질문에 집중했다. 당시 영상인류학에서 영화가 차지하는 비중이 절대적이었기 때문에 이러한 질문은 대부분 민족지영화에 집중되었다. 특히, 영상인류학의 핵심을 이루고 있는 민족지영화가 무엇인지를 정의 내리고, 이것의 변별적 속성을 제시하는 일이 무엇보다 시급했다. 제이 루비Jay Ruby와 칼 헤이더Karl Heider 그리고 잭 롤웨건Jack R. Rollwagen 등이 민족지영화에 대한 자신들의 생각을 선구적으로 제시했는데, 이후 다양한 인류학자들이 이러한 정의에 기반을 두고 다양한 논의를 이어나갔다. 이들 논의의 저변에는 민족지영화가 다큐멘터리의 한 갈래라는 인식이 깊게 자리하고 있었지만, 민족지영화가 어떻게 기존의 다큐멘터리와 변별성을 보일 수 있을지는 고민거리였다.

영화가 발명된 후 30여 년의 시간이 지나면서 극영화 세계는 현재 우리가 접하는 대부분의 영화이론과 방법론 그리고 미학들을 발전시켜나갔으며, 다큐멘터리는 제2차 세계대전 동안의 홍보영화 제작을 기반으로 자신들만의 미학과 철학을 만들어나갔다. 하지만 영상인류학이 본격적으로 시작된 1970년대 중반 일부 민족지영화 제작자들을 제외한다면 이런 흐름과는 별개로 자신들의 민족지영화 세계를 구축했다. 이들은 인류학 지식의 취약점을 영화를 통해 보충하려는 생각을 하고 있었으며, 이러한 흐름 속에서 민족지영화의 정의와 속성에 대한 논의가 시작되었다.

이때의 논의는 주로 인류학적 순수성과 영화의 만남을 주장하는 사람들에 의해 주도되었는데, 이들은 민족지영화를 '인류학자가 장기간 현지조사를 통해 획득한 자료를 기반으로 제작된 영화로, 그 내용에는 인류학 이론과 문화의 내재적 관점이 반영되어야 하며 주된 관객은 인류학 관계자들'이라고 정의했다(Rollwagen 1988: 287-315). 그러나 이러한 정의에 반대하는 일부 영상인류학자들이 있었으며, 이러한 영상인류학자로는 장 루슈Jean

Rouch가 대표적이다. 이들은 '인류학의 본래 목적은 인간과 문화에 대한 이해에 있으며, 인류학의 이론과 방법론 그리고 시각만이 인간과 문화를 이해할 수 있는 유일한 길이 아니므로 민족지영화도 인간과 문화를 이해하는 데 도움을 주는 영상 모두가 포함되어야 한다'고 생각했다. 두 집단 간에는 매우 다른 인류학의 가치들이 충돌했는데, 두 극단 사이에는 절충적인 태도들도 다수 존재하고 있다. 이와 유사한 논쟁은 일찍이 극영화와 다큐멘터리에서도 벌어진 적이 있었는데, 이 논쟁은 민족지영화에서의 정체성 논쟁 중에도 계속되었다.

민족지영화에 대한 정의와 속성이 이렇게 특별한 관심의 대상이 된 것은 몇 가지 이유 때문이다. 우선 연구와 마찬가지로 민족지영화 제작을 위해서는 자금이 필요한데, 이를 조달하기 위해서는 그 타당성을 설명해야 했다. 극영화나 다큐멘터리 또는 기록영화들이 다수 제작되고 있는데, 왜 (영상)인류학자들이 제작한 영화가 이들 영상물보다 중등이나 고등교육용 교재로 활용하기에 적합한지에 대한 근거를 제시해야 했다. 만일 민족지영화에서 인류학적 가치를 배제한다면, 다른 영화 제작자들이 제작한 영상물과 변별성을 드러내기란 쉽지 않다.

또한 전 세계적으로 다양한 영상인류학 영화제들이 개최되고 있는데, 어떠한 기준에서 상영 영상물들을 선별하고 어떠한 영화가 우월한지 평가할 수 있는 기준의 문제다(Henley 2006: 41-54). 영상인류학자들은 대부분 영화제에서 영화의 우월을 평가할 때 학술적 적정성을 우선시했다. 이러한 평가들이 여러 차례 반복되면서 학술적 적정성은 영상인류학의 기준이 되었다. 서구 도서관들이나 아카이브들 또는 방송국들은 제한된 재원으로 양질의 민족지영화를 구매해야 했는데, 이때 선택의 기준이 되는 것은 영상인류학자들이나 영화제에서 통용되는 적정성과 지적 권위였다(Banks 1992).

이러한 맥락에서 본다면 민족지영화에 대한 정의는 단순히 학술적 담론의 차원이 아니라 학자들 간의 권력관계의 산물이라고 볼 수 있다.

초기의 많은 다큐멘터리 제작자들은 기존 극영화가 가지고 있는 진부함이나 통속성에 실망하여 새로운 영화운동을 시작한 사람들로, 이들은 극영화와 차이를 둔 자신만의 정체성을 만들려고 노력했다. 다큐멘터리의 초석을 놓은 존 그리어슨John Grierson(1898~1972)이나 폴 로타Paul Rotha(1907~1984)는 현실을 재연하거나 연출하지 않은 다큐멘터리가 더 높은 진실성을 담고 있으므로 극영화보다 도덕적으로 더 높은 가치를 지닌다고 주장했는데, 여기서 이들이 가진 엘리트 의식을 읽을 수 있다. 당시 다큐멘터리와 극영화에서 벌어진 논쟁의 핵심적인 사항은 카메라 앞에서 벌어지는 상황의 리얼리티와 구성성constructedness의 문제 그리고 제작과 수용에서의 이데올로기 등이었다(MacDougall 1978: 422; Nichols 1991: 14-31).

영화연구자들은 후속 연구를 통해 이들의 주장과 달리 극영화와 다큐멘터리가 많은 공통점을 가지고 있으며, 이 둘 사이에 명확한 경계를 짓는 것이 거의 불가능하다는 점을 보여주었다. 극영화나 다큐멘터리 모두 이야기를 담고 있으며, 이야기는 내러티브를 통해 전달되고, 촬영과 편집이라는 선택적 과정을 통해 구성된다. 이 둘의 중요한 차이점이라면 극영화에는 전문배우가 각본에 따라 연기를 하지만, 다큐멘터리에서는 사회적 배우(또는 일반인)가 대본 없이 스스로를 연출한다는 점이다. 극영화나 다큐멘터리 모두 제작자의 특정한 시각을 담고 있고, 리얼리티가 영화적으로 구성된 산물이며, 그 차이는 근본적인 것이 아니라 정도의 차이일 뿐이다.

다큐멘터리 이론가인 니콜스Bill Nichols는 다큐멘터리가 텍스트와 마찬가지로 구성된 것이라는 점에서는 극영화와 동일하지만 스스로 재현했다는 점에서는 다르며, 다큐멘터리의 심장에는 스토리와 이에 관한 상상의 세계보다는 역사적 세계에 대한 주장이 더 많이 포함되어 있다고 주장했다(Nichols 1991: 111). 1990년대 말부터는 다큐멘터리와 극영화 사이의 차이점과 우월함을 두고 벌이는 논쟁이 소강상태에 접어들었는데, 이는 해답을 찾았다기보다는 그 자체의 소모적인 속성 때문이었다.

다큐멘터리가 극영화와 대립각을 세웠듯이 민족지영화도 다큐멘터리와 변별성을 찾아 나섰는데, 이는 영상인류학의 존립과 정체성을 위한 중요한 문제였다. 영상인류학의 정체성에 대한 논쟁은 지난 40여 년 동안 이어져왔는데, 기폭제 역할을 한 민족지영화들은 로버트 플래허티의 〈북극의 나누크〉(1922), 장 루슈가 제작한 1950년대 이후 니제르에서의 민족지영화들, 솔 워스Sol Worth와 존 아데어John Adair의 〈나바호 프로젝트〉, 티모시 애시Timothy Asch의 1970년대 영화들, 그리고 맥두걸 부부(David & Judith MacDougall)의 1980년대 이후의 영화들이다. 이 논의의 주된 내용은 민족지영화의 정의와 성격 그리고 수용에 관한 것이었다. 민족지영화 정체성 찾기에서 가장 활발한 역할을 한 사람으로는 제이 루비(Ruby 2000)와 장 루슈(Rouch 2003)가 있으며, 이외에도 헤이더(Heider 2006), 맥두걸(MacDougall 1998), 토빙 로니 파티마(Fatimah 1996), 바르바시와 테일러(Barbash, Ilisa & Lucien Taylor 1997) 등도 중요한 역할을 했다.

영상인류학의 창설자 가운데 한 명인 제이 루비는 인류학의 하위 분과로 민족지영화를 정립하는 데 크게 이바지했다. 루비는 「민족지적 시네마 선언*Ethnographic Cinema Manifesto*」을 발표했는데, 그는 여기에서 극영화나 다큐멘터리와는 분명하게 다른 민족지영화의 정체성을 제시했다. 루비는 템플대학교에서 정년퇴임을 했지만, 민족지영화에 대한 그의 글과 지침은 지금도 영상인류학 수업에서 가장 큰 영향력을 가지고 있다. 이 때문에 그의 선언문을 살펴보는 것은 앞으로 벌어질 논의를 이해하는 데 중요하다.

> 소위 민족지영화는 실제로는 문화에 대한 영화들이며, 민족지 지식을 영상으로 전달하는 영화가 아니다. 민족지 지식을 영상으로 전달하는 영화는 인류학에 대해 거의 또는 전혀 지식이 없는 전문적인 영화 제작자와 다큐멘터리 리얼리즘의 규칙을 생각 없이 추종하는 인류학자에 의해 제작되고 있다(Ruby 2005: 38).

루비는 여기에서 '순진한' 리얼리즘 추종자들과 결별하는 입장을 보이고 있다. 그가 이 선언문을 발표한 1990년대에는 적지 않은 민족지영화 제작자들이 실증주의적이고 사실적인 접근을 선호하고 있었다. 하지만 1990년대는 인류학에 포스트모던 사조가 수용되면서 인식에 대한 객관적인 태도가 도전을 받던 시기다. 그는 이러한 점을 선언문에 반영했으며, 영상인류학의 속성과 내용 그리고 문제점들을 8개 항목을 통해 제시했다.

> 인류학의 목표들을 진흥하는 시네마가 되기 위해서는 다음과 같은 것이 이루어져야 한다.
>
> ① 민족지적 시네마Ethnographic Cinema(EC)는 학문적으로 교육받고, 학술적으로 종사하고 있는 사회-문화인류학자들의 작업이어야 한다. EC는 훈련받은 민족학자의 민족지 연구 결과여야 하며, 정기적으로 학술담론에 전문가로서 참가해야 한다. EC는 인류학자들, 지식인 그리고 학자들의 자기 작업의 연장이어야 한다.
>
> ② EC는 다큐멘터리 실증주의와 분명하게 선을 그은 반사실주의 · 반실증주의여야 하며, 픽션이나 논픽션 영화의 모든 형식으로부터 자유롭게 채용해야 한다.

③ EC는 저자의 도덕적 부담을 수용하면서 제작자의 권위를 성찰적으로 분산하고, 다성성 같은 기술들로 에이전시의 이미지를 증진하려고 노력해야 한다.

④ EC는 인류학적 표현의 수단으로서 영상 미디어의 한계를 탐구해야 한다.

⑤ EC가 이에 성공한다면 관객은 처음에는 아마도 혼란을 느낄 것이다. 따라서 이것을 제작한 사람은 확실히 고통스럽겠지만 관객을 도와주는 것이 필수적이다.

⑥ EC는 상업세계의 제약을 피하기 위해 유통과 제작에서의 저비용과 저예산, 적당한 생산가치를 추구해야 한다. 따라서 EC는 경제적 잠재력을 가지지 못한다. 어느 누구도 자신의 생산물로 삶을 영위할 수 없다. 이것은 학술적 지식을 소통하기 위한 학자적 노력 행위다.

⑦ EC는 공공과 국영 텔레비전, 대중적 접근이 쉽지 않은 기금지원기관, 이윤을 위해 생산물을 유통하는 유통사 등의 경제적 제약으로부터 자유로워야 한다. 또한 새로운 형식의 기금마련과 유통이 만들어져야 한다.

⑧ EC는 현재의 모든 영화제와 상영제의 부적절함을 인정한다. 이 작품들이 인류학적 담론에 끼친 기여가 중시되는 학술적 논의의 상영과 토론 환경이 만들어져야 한다.(Ruby 2014: 476-477)

그의 선언문은 미디어의 생산과 소비 그리고 유통이 변화하는 상황과 학문적 담론 영역이 확대되는 현실 속에서 만들어진 것으로, 그의 초기 입장과는 달리 매우 종합적이고 유연하게 영상인류학의 지향점과 대응을 제시하고 있다. 하지만 그는 이 선언문에서 민족지영화 제작자의 자질과 시각을 인류학의 순혈주의 시각에서 제시하고 있으며, 계몽적이고 청교도적인 내용이 주를 이루고 있다. 이에 반해 그는 기존의 영화 세계에서 이룩한 성과들을 수용하는 데 있어서는 매우 적극적이고 열린 태도를 보였다. 그의 주장에서 가장 큰 문제가 될 수 있는 것은 '우리/그들'이라는 양분법적 도식인데, 그는 이를 통해 인류학적으로 훈련된 민족학자에 대한 상상의 순수성을 유지하려 하고 있다. 프린스는 민족지적/상업적 또는 다른 시각 매체 사이의 구분선은 기껏해야 희미한 정도일 따름이라고 루비의 주장을 비판했는데, 그는 이들 사이에 존재하는 유동적 관계를 정확히 지적하고 있다(Prins 2004: 508).

루비가 '민족지적 시네마'Ethnographic Cinema(EC)라고 칭한 것을 루슈는 시네마 민족지ciné-ethnography와 에스노픽션ethnofiction이라고 불렀으며, 대부분의 영상인류학자는 민족지영화 또는 민족지다큐멘터리라고 불렀다. 빌 니콜스는 이런 종류의 민족지영화 정의는 문제가 있다고 보았고(Nichols 1994: 63), 헤이더는 2006년에 발간된 자신의 개정판 책에서 민족지적 가치를 지닌 영화를 만드는 방법이 여러 가지가 있을 수 있다고 말함으로써 자신의 기존 견해를 수정했다. 하지만 그는 영화에서의 민족지다움을 가늠하는 유일하고 가장 좋은 척도는 민족학자가 영화 제작에 얼마나 관여했는가 하는 점이라고 주장함으로써 자신의 근본주의적 시각은 그대로 유지했다(Heider 2006: 57). 헤이더는 또한 문자화된 민족지는 스스로 존재하는 것이 가능하지만 민족지영화는 홀로 존재할 수 없다고 했는데, 그 근거로 단어 없이 그림들로 구성된 민족지를 상상하는 것이 불가능하다는 점을 들었다(Heider 2006: 58). 하지만 민족지영화는 말과 이미지들로 구성되어 있다. 민족지영화는 왜 항상 문자텍스트에 의해 보완되어야만 하는가? 트린 민하의 〈재집합*Reassemblage*〉(1983) 같은 영화는 다층적인 시각에서 인류학적 경험을 이야기하고 있는데, 역설적이게도 그녀는 인류학에서의 아카데미즘과는 거리를 두고 홀로 작업하고 있다.

민족지영화에 대한 많은 글은 아직도 다큐멘터리나 기록영화 또는 극영화들과의 차이점을 강조하고, 민족지영화를 '타자를 연구하는 또 다른 하나의 도구'로 간주하는 경향이 강하다. 로살도는 이러한 민족지적 실천을 신화적 과거라고 비판했다. 그는 단독자인 민족학자가 '그의 원주민 조수'와 분리된 채 엄격하게 노동분업을 하고 있으므로 이러한 신화가 유지되고 있다고 주장했다(Rosaldo 1993: 31). 그의 비판은 민족지영화가 갇혀 있는 주체/연구자 신화로부터 해방되는 것을 도와주었다. 현재 다큐멘터리와 마찬가지로 민족지영화도 변화하고 있는데, 순수혈통주의자들의 기대와 달리 그 경계가 매우 빠르게 확장되고 있으며 영상인류학에서의 학술적 담론이 이를 제대로 따라가지 못하는 상황에 처해 있다. 이러한 맥락에서 맥두걸과 테일러(MacDougall & Taylor 1992), 크로퍼드(Crawford 1992), 니콜스(Nichols 1985, 1994), 트린 민하(Trinh 1989) 같은 영상인류학자들은 민족지영화 생산에 영향을 끼치거나 관여된 구조들과 관계들 그리고 수용자들에 대해 다시 사유할 것을 요구하고 있다.

니콜스(Nichols 1994)는 "어쩌면 인류학자들이 민족지영화가 스스로 발전할 가능성을 가로막고 있는지 모른다"고 말했는데, 루비는 그의 주장을 다음과 같이 반박했다. 진정한 민족지영화와 여성/원주민/타자가 만든 영화는 다음 두 가지 점에서 차이가 있다고 했다. 그는 우선 민족지영화만이 아웃사이더의 관점을 표현할 수 있다고 했는데, 포스트모던 이후의 학술적 담론에서 이러한 주장은 그다지 설득력이 없는 것으로 간주된다. 또한 루비는 민족지영화의 목적은 인간 행동에 이해의 지평을 넓혀 인류학적 담론에 기여하는 것이지만, 원주민 영화 제작자들은 적어도 직접적인 방식으로는 이러한 공헌을 하는 데 거의 관심이 없거나 능력을 갖추지 못하고 있다고 했다(Ruby 2000: 31).

루비가 제시한 진정한 민족지영화의 특성과 목적에 대해 트린 민하는 「여성/원주민/타자*Woman/native/other*」(1989)에서 이에 반대하는 입장을 제시했다. 그녀의 생각에 의하면 '주변화된' 처지에 있는 사람들은 자신의 삶을 이야기하거나 적어도 이야기하는 것에 참여할 권리가 있을 뿐만 아니라 이는 윤리적 정명이기도 하다. 또한 그녀는 주변화된 영화 제작자들/예술가들/작가들이 자신의 커뮤니티를 위해 그리고 자신의 커뮤니티를 벗어나서 작품을 만들어야 한다고 주장했다. 이에 반해 루비는 이런 주변화된 사람들이 만든 영화가 민족지영화의 중심에 자리한다면 영상인류학의 미래는 어둡다고 보았다. 루비는 주변화된 이들이 만든 영화와 '적출' 민족지영화 제작자가 만든 영화를 혼동해서는 안 된다고 주장했는데, 후자는 완전히 다른 어젠다와 내용을 담고 있기 때문이다. 루비는 민족지영화의 장래는 인류학 이론에 기반을 두고, 인류학적으로 훈련받은 영화 제작자들이 통제권을 행사할 수 있을 때만 장래를 기약할 수 있다고 했다(Ruby 2000: 31). 트린 민하와 루비는 서로 다른 시각과 가치를 가지고 민족지영화의 성격과 목적에 접근하고 있는데, 이들의 주장은 각기 다른 타당성을 가지고 있다. 미디어환경이 빠르게 변화하는 상황에서 어쩌면 루비와 트린 민하의 견해가 서로 융합되어야만 영상인류학이 생존할 수 있을지도 모른다.

장 루슈는 또 다른 시각에서 민족지영화에 대한 정의와 역할을 제시했다. 그는 민족지영화에 대해 "힘 있는 사람이 힘을 가지지 못한 사람을 심문하는 학문, 즉 식민주의의 장녀의 모습에서 탈피해야 한다. 나는 이것을 공유의 인류학으로 대체하고 싶다. (……) 서로 다른 문화들에 속한 사람들 사이의 인류학적 대화인데, 나에게 이는 미래의 인간 과학의 학문이다"

라고 말했다(Aufderheide 2007: 112). 인류학의 순수 혈통을 지지하는 루비나 페미스트적 시각을 가진 트린 민하와 다른 루슈의 민족지영화에 대한 생각은 또 다른 사유와 실천의 가능성을 제기한다.

크로퍼드는 민족지영화를 명료한perspicuous 양식, 경험적experiential 양식 그리고 환기적evocative 양식의 세 가지로 구분했다(Crawford 1992: 79). 트린 민하는 환기적 양식을 민족지영화의 참여관찰 방법을 넘어설 방법으로 받아들였는데, 그녀는 이 양식에서 해설하고 다른 문화를 재현하는 서구의 관습을 해체하는 도구로 카메라를 사용했다. 인류학의 자발적인 아웃사이더인 그녀가 기존의 민족지영화의 정의와 속성에 대해 도발적인 태도를 보인 것이다. 그녀는 루비와 달리 우리/그들 그리고 민족지/다큐멘터리 사이의 이분법적 긴장을 벗어나는 해체적 대안을 제시했는데, 이는 주관성과 재현을 탐구하기 위해 협력작업을 하는 사람들에게 제시하는 건설적 해결책이기도 했다.

트린 민하는 (민족지)영화에서 자기 자신에 대해 주관적으로 이야기하는 것을 뛰어넘어 마음껏 비판적으로 이야기할 공간을 마련해주었다(Trinh 1997: 419). 그녀는 영화 제작과 연구의 구성적 성격을 인식하지 못하는 주관성을 거부했는데, 이는 주도적인 서구문화에서 영화 제작자와 협력자-참여자가 자신/타자로서 공동으로 창조하는 역할을 수행하기 위해서였다. 영상인류학에서 맥두걸 부부는 다양한 담론과 영화적 실천을 선보였다. 특히, 이들은 1970년대 말에 의미 있는 시도를 했다. 당시 대부분의 영상인류학자는 이국적인 장소를 방문하여 '벽에 붙은 파리fly on the wall'처럼 가능한 한 개입을 최소화하면서 민족지영화를 제작했다. 이들 부부도 아프리카에서는 관찰적 양식의 영화를 제작했지만, 호주의 퀸즐랜드 주 아루쿤Aurukun 지역에 사는 애버리지니의 삶이 위협을 받자 영화 제작을 통해 이들과 적극적으로 연대하고 이들의 권익을 옹호했다. 그가 제시한 참여적 시네마 participatory cinema는 전통적인 민족지영화와 루슈의 에스노시네마ethnocinema 간을 연결하는 고리가 되었다.

민족지영화에 대한 정의와 성격 그리고 역할에 대한 논의는 1990년대에 한창 절정에 이르다가 이후로는 점차 소강상태에 접어들었다. 이는 이 시기에 만족할 만한 결과가 나와서라기보다는 이러한 소모적 논쟁이 영상인류학 담론 형성에 그다지 크게 이바지하지 못한다는 사실을 깨달았기 때문이다. 영상인류학은 인류학과 영상 매체가 만나서 만들어진 융합적 영역인데, 인류학적 순혈주의를 고집할 경우 융합으로부터 얻을 수 있는 많은 부분을 잃어버릴 수도 있다. 하지만 인류학의 가치와 시각을 포기할 경우 루비의 주장처럼 무색무취의 정체성 없는 민족지영화들이 양산될 우려도 있다. 민족지영화를 둘러싼 다양한 논의는 결코 무의미하거나 소모적인 논쟁은 아니었다. 이러한 논쟁들은 인류학자가 영상과 관계를 맺는다는 것이 무엇을 의미하며, 이를 통해 무엇을 할 수 있는지를 근본적으로 성찰할 수 있는 계기가 되었다. 비록 논의를 통해 모두가 납득할 만한 공감대를 만들어내지는 못했지만, 영상인류학에서 얼마나 많은 결이 존재할 수 있는지를 확인한 계기가 되었다. 이러한 결들은 앞으로 창의적인 민족지영화 제작을 위한 토대가 될 수 있을 것이다.

2
연구대상과 쟁점

"영상에서 무엇이 소재이고, 어떤 것은 왜 소재가 될 수 없으며, 어떤 매체로 재현되고 있으며, 이 영상은 누구에게 속하고, 누가 볼 수 있으며, 어떠한 존재론적 지위를 가지고 있는가?"

1) 연구대상

인류학에서 영상 매체는 현지조사에서의 기록 수단, 타 문화의 재현 그리고 교육 매체로 활용되었는데, 영상인류학은 이를 성찰하기 위해 만들어졌다. 영상 매체의 활용 역사는 인류학의 역사만큼이나 오래되었다. 인류학은 사진과 영화와 함께 발전했고, 기술발전으로부터 많은 영향을 받았다. 1970년대부터 연구자들은 누가 무엇을 어떻게 촬영했고 어떻게 활용되었으며 이 영상이 이야기하는 것이 무엇인지 등에 대해 학술적 차원에서 연구하기 시작했는데, 이것이 영상인류학의 토대를 이루게 되었다.

1975년에는 미국인류학회에 영상인류학위원회가 구성되었고, 이 위원회의 폴 호킹스는 당시 주요 '영상인류학자'들이 투고한 논문집 『영상인류학의 원칙들』을 발간했다. 이 책은 제목이 이야기하는 원칙들을 제시하지 못했지만, 영상인류학의 정체성과 나아갈 방향 등에 대해 본격적으로 논의할 수 있는 물꼬를 트고 기준점을 제시했다는 데 그 의미가 있다. 다수의 인류학자는 이 책의 발간을 영상인류학의 시작점으로 꼽고 있다.

영상인류학은 초기에 서구사회가 다른 문화들을 재현한 영상들에 관심을 가지다가 후에는 비서구권 사람들이 자신들의 문화에 대해 제작한 영상들도 다루기 시작했다. 이 안에는 인류학 연구와 교육에 사용되는 그림, 역사적 사진, 극영화, 다큐멘터리영화, 프린트 미디어에서의 타자 재현이 포함된다. 에드워드 사이드는 『오리엔탈리즘』에서 사진이 발명되기 이전에 회화적 매체에서 중동이 어떻게 재현되었는지, 초기 식민주의 시대에 이런 재현물들이 어떻게 전형성을 만들어내는 데 이용되었는지를 연구했는데, 이는 영상인류학이 추구하는 바와 매우 유사하다. 영상인류학자들은 역사적 사진도 분석대상에 포함시켰는데, 유럽의 민족학박물관들에는 지난 150여 년 동안 촬영된 수많은 사진이 소장되어 있고, 이 사진들을 학술적 차원에서 해석하는 작업들이 필요했다.

포스트모던 논의가 진행되면서 영상인류학도 그 영향을 받게 되었다. 영상인류학 초기에는 영상을 단순한 기록수단으로만 보았지만, 점차 영상을 과정으로 인식하기 시작한 것이다. 사진이 발명된 초기에 사람들은 카메라를 광학적 빛을 포착하고 기록하여 이를 다시 보여주는 객관적인 매체라고 생각했다. 하지만 장 루슈가 사진과 영화를 다르게 볼 수 있는 토대를 제시하면서 영상 촬영은 사회적 행위로 간주되기 시작했다. 카메라가 접근하면 촬영하고자 하는 상황은 종종 변화하며, 사람들은 사진기를 향해 포즈를 취하는 등의 '적합한' 행동을 하거나 적합한 복장을 갖추어 입는 경향이 있다. 또한 촬영자는 카메라로 자신의 관념이나 목적에 적합한 장면을 선택적으로 촬영한다. 촬영자는 자신의 목적에 맞도록 화각을 선택하고, 배경을 정리하여 구도를 잡고, 미장센과 편집을 통해 자신의 의도에 맞도록 이미지를 구성하기도 한다.

또한 영상 촬영에 있어서 빛은 매우 중요한 역할을 하는데, 어느 시기에 어떤 빛을 이용하느냐에 따라 완전히 다른 의미를 지닌 이미지가 만들어지기도 한다. 사진 촬영의 경우 인화과정에서도 적지 않은 보정이 이루어지는데, 이는 동영상의 경우도 마찬가지다. 대부분의 영화 제작에서 촬영보다 편집에 더 많은 시간이 할애되는데, 이는 이미지의 선택과 재배치 과정이 영화의 내용을 완전히 다르게 만들 뿐만 아니라 성패를 좌우할 만큼 중요하기 때문이다. 이 같은 제작과정들을 고려한다면 예전의 인류학자들이 생각하던 것처럼 영상제작은 과학자들이 실험실에서 하는 실험처럼 과학적이지 않다. 따라서 요즘에는 영상의 객관성보다는 주관성, 예를 들어 영화 제작자가 어떤 정보를 필요로 하는지 그리고 이 정보를 영상 속에 투영하여 결과물을 어떤 방식으로 얻어내는지 등을 연구하고 있다.

2) 쟁점

영상인류학 초기부터 자주 논의된 주제는 시각 매체가 문자텍스트와 달리 어떤 잠재력이나 변별성을 가지고 있느냐 하는 점으로, 이는 '단어-이미지' 논쟁word-image debate이라고도 불린다. 마거릿 미드는 일찍이 『영상인류학의 원칙들』에서 인류학은 단어(글)의 학문이고, 인류학자들이 현지조사에서 경험한 것들을 전달하는 데 이런 단어들이 적합하지 않다고 주장했다. 초기 인류학자들은 영상을 통해 현지조사를 더욱 밀도 있게 할 수 있으며, 연구 결과를 더 효과적이고 종합적으로 전달할 수 있다고 생각했다. 하지만 이에 반대하는 목소리도 적지 않았는데, 그들은 이미지 또는 영상은 문화현상의 피상적인 측면만을 포착하여 기술할 수밖에 없으며 추상적이거나 이론적인 부분에서는 무기력하다고 주장했고, 따라서 영상은 인류학이나 우리의 인식 지평을 넓히는 데 그다지 도움이 되지 않는다고 주장했다. 이러한 '단어-이미지' 논쟁은 지금도 계속 진행 중이지만 예전처럼 주목을 받지는 못하고 있다.

이 논쟁을 인류학으로 끌어들이면 또 다른 시각에서 접근할 수 있다. 인류학은 문자가 없는 사회나 주변화된 사회를 연구한다. 이러한 사회의 구성원들은 자신들을 표현할 적당한 매체나 기회를 가지지 못하는 경우가 다반사인데, 이때 영상이 문자와 달리 무엇을 할 수 있는지 질문하는 것은 중요하다. 이런 맥락에서 데이비드 맥두걸은 이미지 또는 영상은 특히 문자가 없는 사회를 잘 재현할 수 있고 시각적으로 인식할 수 있는 것들을 더 많이 전달할 수 있으므로 인류학자가 다른 문화를 이해하고 이를 재현하는 데 영상 매체가 더 적합하다고 주장했다. 이러한 지루한 논쟁은 인류학 초기의 실증주의적 인식론에서 출발했는데, 1950년대 이후 리얼리티 논쟁을 거치면서 새로운 차원으로 이어지고 있다.

오늘날 많은 인류학자는 말과 이미지 매체는 서로 다르므로 이 둘 중에서 어떤 매체가 더 우월한지에 대해 논쟁하는 것은 무의미하다고 생각하고 있다. 그 대신에 말과 이미지 매체가 각기 어떤 장점을 가지고 있으며, 각 매체는 무엇을 어떻게 더 잘할 수 있는지 그리고 그 특성은 무엇인지에 대해 고민하는 것이 더 생산적이라고 생각하고 있다. 또한 각기 다른 특성과 장점을 가진 이 매체들이 어떻게 결합해야만 우리의 인식의 지평을 넓히는 데 더 나은 결과를 낳을 수 있는지에 대해 고민하고 있다.

영상인류학은 인식론과 깊은 관계를 맺을 수밖에 없는데, 논쟁의 상당 부분은 이에 관한 것이다. 인류학은 문화별로 상이한 시각적 인식 현상에 대해 관심이 있다. 인간은 이미지를 있는 그대로 받아들이는 것이 아니라 해석하기 때문에 이러한 주제는 중요한 의미가 있다. 인간은 이미지에 의해 묘사된 '외적 이미지들'에 대해 주로 이야기하지만, 우리의 지식 형성에 '내적 이미지들'도 중요한 역할을 한다. 이 두 이미지는 관찰 과정 중 우리의 심상 안에서 결합하면서 제3의 이미지가 만들어지는데, 이는 문화적으로 구성된 것이다(Tobias 1996: 169-81). 우리의 시각은 문화적으로 조건 지어지지만, 인류학자는 이것을 자신의 의미 세계로 또다시 끌어들인다.

솔 워스Sol Worth와 존 아데어John Adair는 1950년대 보호구역에 사는 인디언에게 영상촬영과 기본적인 편집기술을 가르치고 이들에게 자신의 문화를 영상으로 기록하게 했다. 이전에 서구 영상물을 접한 적이 없는 이들은 서구 영상미학과는 매우 다른 영상물을 선보였다. 예를 들어 인디언들은 도자기 제작에 관한 영상물에서 전체 시간의 절반 정도를 흙 찾는 장면에 할애했는데, 아데어와 워스는 이를 처음 보고는 그 의미를 전혀 이해할 수 없었다. 이처럼 문화인류학자들이 해석한 문화적 현상과 당사자들이 인식하는 것 사이에는 차이가 존재하는데, 영상을 활용할 경우 당사자들의 내재적 인식이나 관점을 파악하기가 더 유리하다. 이러한 의미에서 미국의 할리우드나 인도의 발리우드 그리고 한국에서 만들어진 영화들도 영상인류학의 연구대상이 될 수 있다. 아프리카 영화의 아버지라고 불리는 우스만 셈베네Ousmane Sembène 감독은 서구학자들이 바라보는 시각과는 다르게 독특한 상징과 내러티브를 통해 그려내고 있는데, 그의 영화는 장 루슈가 그린 민족지영화와도 또 다른 결을 보이고 있다.

영상은 현지조사에서 매우 중요한 기록과 분석 수단이 될 수 있다. 영상은 단순히 기록하는 것을 넘어서서 (무엇을) 환기하는 능력이 있기 때문이다. 초기 인류학자들은 현지조사에서 촬영한 사진이나 영화를 과학적 증거물로 생각했고, 현지조사에서 미처 깨닫지 못한 사실들을 나중에 영상물을 보고 발견할 수 있다고 생각했다. 또한 다른 문화에서 촬영된 영상들과 비교하면 인간에 대한 보편적인 이해의 틀이나 지식을 만들어낼 수 있다고도 생각했다.

그러나 이러한 생각에는 적지 않은 문제점이 있다. 실제로 우리가 현장에서 이해하지 못하는 것을 나중에 영상물에서 보더라도 새롭게 이해하는 경우는 많지 않다. 하지만 영상의 환기능력은 현지조사에서 매우 중요한 역할을 할 수도 있다. 종교적 제의ritual의 경우, 현지조사자가 중간에 개입하여 정보를 얻어내는 일은 거의 불가능하다. 하지만 이 과정을 충실하게 기록하여 제의에 참석한 사람들과 나중에 충분한 시간을 갖고 대화를 나눈다면 매우 유용한 정보들을 얻을 수도 있다. 그러나 피상적인 리얼리티만 촬영했을 경우 그 정보 가치는 매우 낮을 수도 있다. 우리가 현지조사를 촬영할 경우 사회적 상황이 변화하면서 이전에는 없던 새로운 상황이 만들어지기도 한다. 만일 이러한 상황을 기록한다면 엄밀한 의미에서의 기록적 가치는 떨어지지만 루슈처럼 진실의 또 다른 결을 찾을 수도 있다. 따라서 현지조사에서 영상을 기록수단으로 사용할 경우 촬영자는 매우 조심스럽고 성찰적으로 접근해야 한다.

현지조사는 조건과 목적에 많은 영향을 받는다. 세계은행을 위해 교육과 보건에 관한 조사를 하는지, 아니면 원주민의 토지권을 위한 투쟁의 의미를 연구하는지, 또는 초월적 세계를 밝히기 위해 샤머니즘을 연구하는지에 따라 달라질 수 있다. 사용 가능한 방법론은 주어진 현장에서의 시간, 연구자의 개성 그리고 연구대상인 사회와 주제에 따라 달라진다. 민족지영화 제작자인 맥두걸 부부는 동아프리카 투르카나Turkana 유목민 사회에서 말이 많고 외향적인 마을 지도자를 알게 되었는데, 그의 말을 자막 처리할 경우 별다른 내러티브 없이 이야기를 전개할 수 있었다. 그는 다른 주민과 달리 외지 경험도 풍부하고 식견을 갖춘 데다 자기 생각을 조리 있게 이야기할 수 있었기 때문에 그를 주인공으로 선택했다. 맥두걸 부부는 이후 호주에서도 민족지영화 제작을 했는데, 그곳 사람들은 거의 예외 없이 말수가 적었다. 이들 부부는 이 때문에 영화의 구성과 내러티브를 바꿀 수밖에 없었다. 현지조사를 성공적으로 하는 왕도는 없다. 그때그때 누가 순발력 있게 적응하느냐가 관건이다.

초기 인류학자들이 외로운 영웅의 모습으로 받아들여졌다면, 현재의 인류학자들은 약점과 각기 독특한 취향을 가진 인간의 모습으로 그려진다. 종종 인류학자들이 이상화되기도 하는데, 성찰적인 학자는 자신의 인식과정을 되돌아보면서 자신의 한계를 인식하고 사회 비평적 비전을 제시하지만 이를 자신의 현명함으로 귀착시키지는 않는다. 몇몇 학자들은 자신을 코믹한 존재로 그리며 자기비판을 하기도 하는데, 이러한 인류학자들은 '고해 인류학자'라고 불리기도 한다. 이들은 엄숙한 현지조사 과정을 의도적으로 왜곡하고 자신에게 대표성을 부여하여 희화화하기도 하는데, 이는 우리의 인식을 전복시키기 위해서다(Barley 1990).

루슈의 민족지영화 〈조금씩 조금씩〉은 이러한 대표적인 사례이다. 오늘날 몇몇 연구 영역에서 내재적 시각에서의 번역이 한계에 봉착하고 있는데, 이를 극복하기 위해서는 진지한 자기 성찰이 필요하다. 몇몇 인류학자는 민족지 작성에 있어서 자연과학적인 기준에 맞춘 과학적 설명을 추구하는데, 종종 연구자의 의도와는 달리 엄격한 방법론보다는 우연과 행운에 의해 핵심적인 내용을 획득하기도 한다. 또한 인류학자들이 중요한 정보를 획득하는 창구인 정보제공자들은 종종 사회에서 격리되거나 소외된 사람이기도 하다. 민족지영화에 등장하는 사회적 배우와 그렇지 못한 사람들 사이에서 권력관계들은 변화할 수 있으며, 심한 경우 따돌림의 대상이 될 수 있다.

1960년대부터 민족지영화 제작자들은 주관적 감정인 불안, 공포, 희망 그리고 인식의 한계 등에 관심을 가지기 시작했다. 이는 문자텍스트와는 다른 영상의 특성 때문이기도 하다. 또한 1980년대 인류학 논의에서도 인류학의 인식 범위를 확장하려는 시도들이 있었는데, 이 지점에서 주술이나 샤머니즘 같은 '초월적인' 주제들이 새롭게 조명되기 시작했다. 한스 페터 뒤르Hans Peter Dürr는 1981년 『학자와 비이성적인 것』을 출간했는데, 이 책에서 65명의 학자는 인류학에서의 인식 한계를 주제로 다양한 의견을 제시했다.

미하엘 오피츠Michael Oppitz는 네팔 동부의 마가르Magar 지역에서 샤머니즘을 연구하고 이 결과를 바탕으로 민족지영화로 제작했는데, 그는 그때의 경험을 다음과 같이 언급하고 있다. "카트카Kathka 샤먼은 귀신이 나무에 앉아 있는 것을 본다. 나는 카트카가 귀신을 본다는 것을 알지만, 나 스스로는 그 귀신을 보지 못한다."(Oppitz, Michael, 1981: 38) 오피츠는 인류학자가 인식할 수 없는 영역이 있는데, 인식할 수 없다고 연구대상에서 완전히 제외하는 것이 정당한지에 대해 문제를 제기했다. 그는 샤머니즘을 바라보는 두 가지 상반된 태도를 이야기했다. 한 가지 견해는 샤머니즘은 모두 사기이고 환상을 상업화하는 돌팔이 의료행위라는 것이다. 샤먼에 대한 호의적인 시각은 이들을 심리분석가로 인정하고, 귀신 신봉자를 애니미즘 시인으로 간주하는 것이다(Oppitz, Michael, 1981: 56).

오피츠는 기존의 인류학자들처럼 귀신의 존재를 무시하고 이 문제를 피해갈 수도 있었다. 하지만 그는 귀신이 존재하며 인간에 대해 영향력을 끼치고 있다고 주장하고 있는데, 실제로 그가 그런 결과를 인지할 수 있으므로 학문적 틀 안에서 재사유할 것을 제안한 것이다. 그는 자신의 이러한 문제의식을 기반으로 민족지영화를 제작했다. 영화는 문자텍스트보다 느낌과 경험을 더 잘 전달할 수 있는 장점이 있다. 그는 마가르 지역 현지조사에서 친족제도를 연구하고 그 결과를 학술지에 발표했는데, 종교현상인 샤머니즘은 이런 방식으로 접근할 성질의 것이 아니라고 생각했다. 4시간짜리 민족지영화인 〈장님 나라의 샤먼들*Schamanen im Blinden Land*〉은 인류학의 인식론적 배타성 또는 자부심에 대해 균열을 내고 있는데, 그의 말대로 모든 것을 이해할 수 있다고 생각하는 사람은 많은 것을 이해한 사람이 아니라는 생각을 기저에 깔고 영상을 제작했다(Oppitz 1981: 58). 장 루슈는 오피츠 이전에 송하이Songhay의 종교현상을 민족지영화로 제작했는데, 장 루슈의 민족지영화는 인류학에서 초월적인 것 또는 우리가 인식할 수 없는 것에 대해 관심을 가지도록 자극했다.

인류학자는 현지조사를 기획하는 단계에서 일련의 문제의식을 설정한다. 이러한 문제 설정은 무엇을 위해서인가? 인류학자로서의 학문적 명성 때문인가, 경제적 지원자를 찾기 위해서인가, 타자를 더 잘 대변하기 위해서인가, 자신의 경제적 또는 정치적 이해관계를 대변하기 위해서인가, 아니면 연구대상자의 특정한 이해관계를 보호하기 위해서인가? 현지조사를 통해 인간을 연구하는 사람들은 이와 같은 질문들을 먼저 자기 자신에게 제기하고 이에 대한 해답을 찾으려고 노력해야 한다. 또한 연구자는 현지조사 과정에서 또 다른 윤리적 문제에 봉착하게 되는데, 이는 대부분의 현지조사 지역들이 사회적 갈등들을 내재하거나 드러내고 있기 때문이다.

연구자는 이러한 갈등 상황에서 누구의 편을 들 것인가? 학문의 편을 들어 해당 사회에 불이익이 되는 글을 발표할 것인가 아니면 해당 사회의 편을 들어 그들의 입장을 대변해줄 것인가? 아니면 자기의 양심을 기준으로 판단하여 연구 결과를 발표할 것인가? 현지조사 대상이 동질적일 경우 이런 판단을 내리는 것이 어렵지 않을 수도 있다. 하지만 현장에는 대개 다양한 이해관계를 가진 집단들이 존재한다. 대부분의 인류학자는 전통주의자와 근대주의자 사이에서 주로 전통주의자 편에 서는 경향이 있다. 연구지역 내의 분파현상은 종종 기독교인-비기독교인 또는 과격주의자-온건주의자처럼 종교적인 영역에서도 일어난다. 나이와 성별 그리고 출신지에 따라 서로 다른 이해관계를 가지고 있는 사람 중 영상인류학자는 어디에 자리해야 하는가? 자신의 위치를 학문, 자기 자신 또는 현장 사람들 중에서 선택할 경우 그 근거를 어떻게 제시할 수 있는가? 영상인류학에서 윤리적 문제는 지난 수십 년 동안 중요하게 제기되고 있다. 여전히 이에 대한 보편적인 해답을 얻지는 못했지만, 이러한 문제들은 항상 제작자를 각성시키고 있다.

민족지영상 제작이 정치적 백지상태에서 이루어지는 것은 아니다. 예전의 인류학 현지조사는 상당 부분 정치적 상황논리에 좌우되었는데, 1950~60년대까지 상당수 연구자는 식민세력의 후원 아래 현지조사를 했고, 상당수 연구 결과는 식민 세력에 우호적이었다. 현재도 상당수가 후기식민주의 또는 신식민주의 맥락 안에서 이루어지고 있는 경향이 있지만, 새로운 환경도 조성되고 있다. 특히 민족지영화 제작의 경우 허가를 받기 위해 매우 까다로운 조건을 충족시켜야 하는 경우도 있는데, 촬영 비자와 촬영 계획서를 제출하거나 지역 주민과 지도자에게 자신의 촬영 계획과 목적 그리고 향후 결과 등을 설명하기도 한다.

예전에 식민세력이 타자 인식에 중요한 역할을 했다면 오늘날 그 상황은 그때보다 좀 더 복잡해졌다. 영상인류학자의 지위는 국제정치적 역학관계와 역사적 사건이나 국내 정치 등에 영향을 받으며, 종종 정부 스파이로 오해받기도 한다. 또한 대부분의 현지조사 지역에는 정치적 자의식이 있는 지도자가 있어 이들이 촬영 의도와 활용 등에 대해 묻기도 하는데, 종종 카메라는 총기와 같이 위험한 물건으로 취급되기도 한다. 맥두걸이 민족지영화 제작지로 우간다의 지에Jie 사회에서 케냐의 투르카나 사회로 촬영지역을 옮긴 이유도 이 때문이다.

II

방법론과 이론 그리고 약사(略史)

1
영상인류학 방법론과 이론

다큐멘터리 제작자를 양성하는 데 가장 이상적인 프로그램은 인류학의 연구 방법론과 문화를 보는 시각을 교육하는 것이다. 상업방송국에서는 제작 여건 때문에 이런 방법을 활용하는 일이 드물지만, 양질의 다큐멘터리를 제작하는 유수의 방송국이나 독립 프로덕션은 영상인류학에서 축적한 방법론을 높이 평가하고 있다.

영상인류학이 영상 매체를 연구할 초기 단계만 해도 이를 전문적으로 다루는 분과학문의 숫자는 그다지 많지 않았다. 하지만 영상 매체의 영향력이 커지고, 학문의 외연 확장과 학제 간 연구 경향이 심화되면서 이제는 다양한 학문이 영상 매체 연구와 제작에 나서고 있다. 영상인류학은 예전과 달리 자신만의 정체성을 더 확실히 하는 것이 필요했고, 이를 위해서는 인류학 전반에 축적한 방법론과 이론 등을 더 적극적으로 수용하는 것이 필요했다. 영상인류학에서 사회적으로 높게 평가받을 수 있는 부분은 민족지영화 제작일 것이다. 다른 대부분의 학문이 영상 비평에 초점을 맞추지만 영상인류학은 영상제작에 적극적으로 나서고 있으며, 실제로 좋은 결과를 다수 선보였다.

(영상)인류학의 방법론은 매우 다양한데, 이 방법론들은 데이터의 수집과 처리 그리고 해석을 정확하게 하기 위해 필수적이다. 인류학의 상당수 자료는 사회적인 직접접촉, 즉 대면 관계를 통해 수집되는데, 참여관찰과 인터뷰, 생애사, 인구조사 자료, 시각적 기록 자료의 수집과 해석은 방법론의 영역에 해당한다. (영상)인류학은 연구 상황의 필요성에 따라 인접 학문의 방법론들을 차용하기도 하지만, 주된 방법론은 인류학에서 오랜 기간 축적한 것들이다. 인류학의 연구 방법론 중에서 현지조사와 참여관찰은 영상제작, 특히 다큐멘터리 제작에 있어서 가장 중요하다. 현지조사는 일상적인 의미의 현지에서의 조사를 의미하는 것이 아니라 낯선 세계에 거주하는 것을 의미한다. 현지조사자는 상당 부분 특정하게 규정된 규칙이나 법칙을 따르지 않는데, 현지조사 과정에서 질문을 개발하고 자신이 연구하는 것들을 계속 수정하거나 확대해나가는 경향이 있다. 이 과정은 자신의 삶이 녹아들어 가는 것을 의미하며, 초기에 가졌던 가설들에 대해 끊임없이 의문을 던지는 것을 의미한다. 이런 맥락에서 현지조사는 사회적 영역 안에서의 연구를 의미하는데, 이는 민족지영화 제작자가 작업하는 방식이기도 하다.

참여관찰은 인류학 역사에서 변별적인 방법이지만, 이데올로기적 측면에서 과잉된 개념이기도 하다. 인류학에서는 말리노프스키가 제1차 세계대전 기간 중 멜라네시아에서 한 현지조사를 시초로 이야기하고 있다. 비슷한 시기에 로버트 플래허티도 〈북극의 나눅〉을 제작하면서 이런 방법을 사용했는데, 이 때문에 이 영화는 민족지영화의 시초로 인정받고 있다. 참여관찰은 같이한다는 것이나 본다는 것을 의미하는 것이 아니라 타자 속에 장기 체류하는 것과 언어를 배워 직접 의사소통하는 것을 의미하는데, 이는 자신이 연구하는 사회에서 사회적 역할을 취득하기 위해서다. 이로부터 탈식민지 담론, 직접 참여participatory, 대화적dialogic 방법론 또는 중층적thick 참여 같은 하위 방법론 또는 접근 방식이 개발되었다. 이는 불평등한 권력관계를 보완하여 동등하고 심층적이며 감성적인 참여를 가능하게 하기 위해서다(Spittler 2001).

이외에도 인류학자들이 주변화된 사회 또는 집단 편에 서서 이들의 어려운 문제에 자문하고 이들을 위한 정치적 참여를 옹호하는 옹호인류학advocacy anthropology과 이동하는 사회나 사람 그리고 물자를 추적하여 연구하는 다중장소 민족지multi-sited ethnography 등이 있다. 이상과 같은 방법론들은 일찍이 1960년대부터 민족지영화 제작에 사용되었다. 참여관찰은 성찰을 포함하는데, 이는 가능한 한 완벽하게 현지인의 행동양식이나 가치체계를 수용하는 것을 의미하는 것이 아니다. 학문적 성찰과 원주민 되기going native 사이에는 필연적으로 상충하는 부분이 있을 수 있는데, 인류학적 인식과정은 '접근하여 관찰하는 것'과 '거리를 두고 관찰하는 과정'들이 번갈아가면서 일어난다. 영상인류학에서 중요하게 여기는 그 밖의 방법들은 다음과 같다.

1) 영상과 원자료 수집

현지조사와 해석은 서로 분리될 수 있는 것이 아니다. 프란츠 보아스Franz Boas는 현지조사에서 자신의 연구(가설)에 적합하거나 의미 있는 자료들만 모아 데이터베이스를 만들었다. 레비스트로스는 이 자료를 바탕으로 자신만의 신화해석 결과를 내놓았는데, 이런 연구 방식이 주류는 아니다. 인류학자는 주 정보제공자, 번역자 그리고 조력자의 도움을 받아 자료를 수집하고 이를 해석하는데, 학술적인 1차 자료들을 스스로 만든다는 점에서 강점을 가지고 있다. 현장에서 원천자료를 수집하고 가공하는 능력은 민족지영화뿐만 아니라 다큐멘터리영화 제작에서도 중요한 덕목이다.

보아스는 총 40여 년 이상 북미의 콰키우틀 인디언을 연구하면서 사진과 영화 그리고 녹음기를 사용했는데, 이전의 방법론을 참조하지 않았다. 이는 촬영기기의 과학적이고 객관적인 기록능력을 신뢰했기 때문인데, 말리노프스키나 마거릿 미드도 예외는 아니었다. 영상물 제작이나 현지조사에서 영상촬영은 이들이 믿었던 것처럼 투명한 자료수집이 아니다. 대부분의 연구 결과물에서는 감추어지지만, 촬영은 연구대상에 대한 개인적 선호와 혐오, 학문적 지식과 주제에 대한 개인적 성향, 학문에 대한 정치적 태도, 현지조사자 출신 국가에 대한 선호도, 심리적 · 육체적 인내심, 다른 사람들과의 소통능력 등에 영향을 받는다.

이외에도 연구자의 나이와 성별 등과 마찬가지로 연구대상 국가와 지역과의 관계, 연구대상자, 체류 기간 그리고 결과물의 형식도 영상물 제작에 영향을 끼친다. 현지조사자가 혼자인지, 아니면 가족이 함께하는지에 따라 달라지기도 한다. 미국 출신의 백인 학자인 맥두걸 부부는 지구 상의 여러 장소에서 공동작업을 했는데, 이들이 중년 부부이기 때문에 접근할 수 있는 사회적 영역이 있었던 반면에 미국인이기 때문에 제약을 받기도 했다. 민족지영화에서 이렇게 다양하게 영향을 끼치는 요소들과 그 과정을 감추는 것이 타당한가에 대해 질문할 수 있다.

연구주제에 대한 개인적인 편견이나 선호도 민족지영화의 내용을 크게 좌우하는데, 이 문제를 어떻게 해결해야 하는가? 제작과정이 투명하게 공개되고, 독자나 관객이 제작자의 성향과 현지조사 과정 그리고 주제선정과 해석과정을 알 수 있다면 이 점이 긍정적으로 작용할 수도 있다. 즉, 독자나 관객이 연구자나 영화 제작자의 어깨너머로 그 과정을 볼 수 있다면 이런 주관적인 태도는 결코 단점이라고만은 할 수 없다. 이런 시각과 태도는 분명히 보아스나 미드의 것과는 다른데, 장 루슈의 〈조금씩 조금씩〉은 이런 점에서 방법론적으로 매우 신선하게 다가온다.

2) 영상과 윤리의 문제

민족지영화 제작자는 현지에서 제작하는 동안 개인적 심리문제를 적지 않게 겪으며 어떻게든 이를 자신의 방식으로 극복하려고 하는데, 이런 점들은 어떤 식으로든지 간에 영상물에 녹아들어 간다. 마이클 모파트는 책 도입부에서 남부 지역 현지조사과정에서 겪었던 여러 가지 문제와 연구 과정을 모두 공개하고 있다(Moffatt 1979). 여기서 그는 자신의 사적인 영역도 공개했는데, 독자는 이를 통해 해당 문화의 은밀한 측면을 접할 수 있지만, 당사자들에게는 좋지 않은 결과를 낳을 수도 있다. 모파트는 불가촉민을 연구하기 위해 이들과 함께 지냈는데, 다른 계급 사람들은 그를 불가촉민과 동일시했다. 이 때문에 그는 불가촉민 이외의 사람들로부터 정보를 얻을 수 없었고, 주변 사람들로부터 불가촉민과 같은 감시를 받았다. 그는 이런 상황 속에서 현지조사를 더 하는 것이 의미 없다는 점을 깨닫고 중단했다.

두 번째 현지조사에서 그는 불가촉민이 없는 장소에서 살았는데, 필요한 경우 정보제공자와 함께 차를 타고 가서 불가촉민을 현지조사했다.

이때 그는 불가촉민과 더 오랫동안 열린 대화를 할 수 있었다. 모파트는 첫 번째 현지조사에서 주제가 가지고 있는 미묘한 느낌을 알 수 있었고, 두 번째 현지조사에서 비로소 본격적으로 이 주제를 탐구할 수 있었다고 했다. 현지조사가 가지는 이런 미묘하고 고유한 속성을 자기 연구 성과에서 드러내놓고 이야기하는 것이 그리 오래된 일은 아니다. 이전의 인류학자들과 달리 모파트는 자신의 제한적 경험과 지식을 인정했기 때문에 이런 글쓰기가 가능했다. 포스트모던 인류학은 자신의 지식 획득과정을 최대한 자세하게 제시할 것을 요구하고 있는데, 로살도도 자신이 겪은 존재론적 경험과 극단적인 심리적 부담감, 그리고 이를 극복한 과정을 공개하고 있다 (Rosaldo 2004).

영상인류학자들이 민족지영화를 제작할 경우 모파트나 로살도보다 더 큰 심리적 · 육체적 문제를 겪기도 하는데, 이를 영화 속에서 어떻게 드러낼지는 매우 어려운 문제다. 기존의 영상제작 관습에서 이 같은 시도는 그다지 높게 평가받지 못하고 있다. 영상인류학자인 티모시 애시와 인류학자인 나폴레옹 샤농은 야노마미 사회에 대한 민족지영화를 공동제작하면서 논문을 통해 영상제작 과정뿐만 아니라 야노마미 사회에서의 현지조사 과정에 대해 비교적 자세하게 소개했다. 장 루슈는 이를 민족지영화 속에 포함했는데, 이 차이는 민족지영화에 대한 가치와 기대치가 서로 다른 데서 발생했다.

3) 다중장소 민족지multi-sited ethnography

상당히 오랫동안 인류학은 연구대상으로 특정 지역에 기반을 두고 있는 작은 커뮤니티를 선호했다. 영상인류학도 이에 영향을 받아 특정 지역에 사는 사람들의 전통과 관습, 행동 그리고 물질문화 등에 대한 영화를 제작했는데, 독일 학술영화연구소IWF가 대표적이다. 하지만 인류학의 연구영역이 확대되면서 연구 방법도 자연스럽게 변화했는데, 현재 (영상)인류학은 문화란 특정 장소 안에서뿐만 아니라 장소들 사이에서도 나타난다는 점을 받아들이고 있다. 글로벌화로 인해 장소들과 인간들 간의 네트워크화가 강화되고 이동성이 높아지고 있는데, 사물과 사고 그리고 사람들의 이동을 추적하는 것이 필요해졌다.

조지 마커스George Marcus는 이런 맥락에서 다중장소 민족지를 제안했는데, 이는 장소성 사이의 관계를 연구하는 것이다. 제임스 클리퍼드에 의하면 문화는 특정 장소를 기반으로 그리고 루트를 따라 형성되는데, 한편으로는 장소를 기반으로 뿌리를 내리고 있지만 다른 한편으로는 이동적이면서 기반시설에 영향을 받기도 한다(Clifford 1997). 이와 같은 시각에서 인류학자들은 이주민 연구에 있어 출신지로부터 목적지 그리고 다시 고향까지 추적하여 결절점과 접촉점에서 벌어지는 다양한 복잡성과 양가성을 그려내고 있다. 민족지영화는 이런 다중장소 민족지 방법론을 활용하는 데 어려움을 겪고 있는데, 이는 촬영장비와 경비 등의 문제 때문이다. 하지만 장 루슈는 이미 1960년대 〈재규어Jaguar〉에서 이런 방법론을 사용했는데, 이는 기존의 민족지영화 제작 방식이 아니라 에스노픽션이라는 양식을 사용했기 때문이다. 이후 다중장소 민족지 방법론은 영상인류학에서 창조적으로 수정되어 사용되고 있다.

4) 중층적 참여

게르트 슈피틀러Gerd Spittler는 「중층적 참여로서의 참여관찰」에서 '중층적 참여관찰'을 제안했다. 클리퍼드 기어츠는 『문화의 해석』에서 '중층적 묘사thick description'라는 개념을 제안하면서 단순한 관찰을 넘어서서 동기와 의미를 포함하는 서술을 제시했다. 슈피틀러는 이 개념을 전유하여 인류학자의 종합적인 참여를 촉구했는데, 인류학자는 현장에서 연구대상자들이 어떻게 보고, 냄새를 맡고, 맛을 느끼는지도 배워야 한다고 주장했다. 즉 인류학자는 온몸으로 일하고 춤추고 고통을 느껴야 하며, 이를 통해 수행적이고 감각적인 능력을 스스로 학습해야 한다고 했다(Spittler 2001: 1-25). 사람들이 언어를 배우듯이 색을 구분하는 것이나 시선 같은 감각적 인지도 문화적으로 각인된다.

학습과 인지는 항상 감성과 연결되어 있으며, 문화적으로 구성되기 때문에 대부분 개념이 장착된 다른 감성들을 따로 배우는 것이 필요하다. 사람들은 상당 부분 감성의 정경landscape 안에서 움직이며, 이에 대한 지식은 이들 문화의 또 다른 결들을 보여준다. 슈피틀러의 주장은 앞서 이야기한 다중장소 현지조사에서 특히 중요한데, 말리노프스키가 살던 시대와 달리 오늘날 현지조사자는 비교적 간단하고 저렴하게 다양한 지역이나 국가들을 여행할 수 있어 현지조사가 분절화될 수 있기 때문이다. 슈피틀러는 이런 분절화 현상에 반대하여 중층 참여를 촉구하고 있는데, 이는 기존 방법론의 독점적 지위에 대해 문제를 제기하는 것이기도 하다. 데이비드 맥두걸은 〈둔 스쿨 연대기〉에서 사회적 미학을 제시하고 이를 기반으로 민족지영화를 제작했는데, 이는 영화 매체의 특성을 활용하여 인간의 종합적인 측면을 포착하려는 시도로 간주하고 있다.

민족지영화 제작은 현지조사와 마찬가지로 미리 계획을 세울 수 없더라도 항상 전문적인 연구 과정이며, 인류학 담론과 항상 연관되어 있다. 이 과정은 항상 투명하고, 성찰적이며, 목적 추구적이고, 구조적이며, 체계적으로 진행되어야 하는데 종종 결과를 변화시킨다. 참여관찰은 주로 개인적 차원에서 이루어지는데, 자신이 어떻게 인지하고, 어떤 방식으로 자료를 수집하고, 자신의 몸과 영혼이 어떻게 감각적으로 느끼는지에 따라 연구 결과에 영향을 미친다. 또한 민족지 현지조사는 거의 예외 없이 항상 정치적 성격을 갖게 되는데, 이의 경향과 목적은 어떻게 연구가 추진되고, 발견되고, 전달되는지에 영향을 받는다. 이런 정치적 맥락은 민족지영화 제작 과정의 한 부분인데, 정치와 연구뿐만 아니라 학문적, 개인적 그리고 정치적인 것들이 서로 얽히면서 전체적인 조망과 성찰을 어렵게 한다. 이 때문에 참여관찰을 바탕으로 한 민족지영화 제작은 종합예술이며, 종합예술이 되어야 한다.

2
영상인류학 약사(略史)

영상인류학 역사는 다양한 측면에서 조망할 수 있는데, 크게 영화적 측면과 인류학적 측면으로 나눌 수 있다. 이 장에서는 주로 민족지영화가 인류학 담론 형성과 변화에 어떻게 기여했는지를 중심으로 살펴보고자 한다. 민족지영화가 다른 문화, 타자 또는 타자성에 대한 우리 생각의 폭을 넓히는 데 어떤 기여를 했는지 간략하게 살펴볼 것이다. 이를 위해 주요 민족지영화 제작자를 중심으로 살펴보는데, 이는 다른 연구 성과들이 일부 저자만을 소개하고 있어 전반적인 관계를 조망하기 어렵기 때문이다. 모든 학문은 관계의 역사 속에서 만들어지고 발전하는데, 영상인류학도 이 점에서 예외는 아니다.

앞서 언급한 대로 영상인류학이라는 용어는 사용자들의 시각에 따라 매우 전문화된 영역을 지칭하기도 하지만, 어떤 경우에는 매우 포괄적인 영역을 지칭하기도 한다. 이런 현상은 영상인류학에 부가된 역할이 역사적으로 다양했음을 의미한다. 영상인류학은 인류학의 한 하위 분과학문이지만 비교적 체계적이고 독립적으로 발전해온 측면이 있는데, 이는 영상인류학과들이 독립학과로 설립된 것과도 관계가 있다. 영상인류학의 연구대상은 처음에는 회화와 그림, 19세기에는 사진, 그리고 20세기 전후에는 동영상으로 계속 확대되어왔다.

1) 19세기의 민족지 사진

19세기 중반 토머스 헨리 헉슬리Thomas Henry Huxley(1825~1895)와 존 램프레이John Lamprey(1860년대~1970년대에 주로 활동함) 등은 인체를 측정하고 기록하는 수단으로 사진을 사용했다. 초기 사진은 (사회)진화주의 또는 우생학적 시각에서 인체를 측정하거나 인간들 사이의 물리적 변형을 기록하는 수단으로 사용되었지만, 20세기를 전후해서는 인간의 전파와 이주 패턴을 기록하는 수단으로 활용되었다. 초기 사진은 이런 목적에 따라 촬영되었는데, 피사체들은 표준화된 자세를 취하고 있다.

1874년에 발간된 「인류학 노트들과 질문들*Notes and Queries in Anthropology*」에는 사진을 통한 구체적인 신체측정 방법들이 서술되어 있는데, 인류학자뿐만 아니라 선교사와 식민관리들도 이 방법을 이용했다(British Association for the Advancement of Science 1899). 하지만 적지 않은 피사체들이 이런 방법을 싫어하거나 거부했기 때문에 대부분의 사진은 고도로 통제된 병원이나 감옥 또는 정부보호구역 안에 사는 사람들을 대상으로 촬영되었다. 당시 몇몇 선구적 지식인은 이런 촬영 방식을 비판했다.

에버라드 임 투른Everard Im Thurn(1852~1932) 경은 인류학연구소 구성원으로 1893년 영국 기아나 탐사에 참여했는데, 그는 이때 촬영한 사진들을 보여주면서 인류학적 사진은 "단순히 원시적 민족의 신체가 아니라 (……) 이 민족을 살아있는 존재로 담아야 한다"고 말했는데(Lawrence 2014: 118), 그의 주장은 시간이 흐르면서 새로운 인류학 사진 촬영 방식으로 자리 잡았다. 앨프리드 코트 해든Alfred Cort Haddon(1855~1940)은 1898년 케임브리지 토레스 탐사여행을 하면서 애버리지니를 촬영했는데, 임 투른 경의 방식을 채용하기는 했지만 어떻게 하면 살아있는 존재로 촬영할지에 대한 방법은 부족했다. 그런데도 맥두걸은 이 시기를 영상인류학의 시작점으로 잡고 있는데(MacDougall 2006: 216), 이때 짧은 민족지 단편영화들이 제작되었기 때문이다.

2) 20세기 초의 민족지영화

영화가 발명되고 나서 얼마 되지 않아서 인류학은 현지조사를 좀 더 심층적으로 하고 이를 연구에 활용하는 수단으로 영화를 사용했다. 당시 인류학자들은 주로 물질문화와 기술 그리고 제의를 기록하는 수단으로 영화를 사용했다. 1898년의 케임브리지 토레스 탐사는 새로운 시기의 시작이었는데, 이 탐사단을 주도했던 해든은 영상기술의 새로운 잠재적 가능성을 이해하고, 이를 볼드윈 스펜서Walter Baldwin Spencer(1860~1929)에게 추천했다. 그는 1901년 호주 중부에서 원주민의 문화를 촬영했다. 당시 박물관들은 이국적인 문화를 영상으로 담는 작업을 지원했는데, 이는 영화를 대중에게 보여줌으로써 인류학적 탐험 비용을 벌충할 수 있을 뿐만 아니라 미래 세대를 위해 사라져가는 '원시' 문화를 기록할 수도 있었기 때문이다.

해든과 스펜서는 초기 영화 제작자인 토머스 에디슨이나 뤼미에르 형제처럼 카메라를 삼각대에 올려놓고 피사체에 초점을 맞춘 후 크랭크를 돌리는 것 이외에 다른 것을 할 줄 몰랐다. 사건들은 연기자들이 연극 무대에서 연기하는 것처럼 촬영되었다. 모든 영화는 단일 고정 쇼트로 촬영되었고, 시점의 이동도 없었으며, 카메라는 거의 예외 없이 눈높이에 있었다. 당시 민족지영화는 현실 세계에 사는 사람들을 연극적 방식대로 촬영한 것이다. 초기 민족지영화는 초기 영화와 많은 점에서 공통점을 가지고 있다. 케임브리지 탐사대가 촬영한 영화는 대상들을 항상 정면에서만 촬영하고 있으며, 종종 프레임의 왼쪽 또는 오른쪽에서 사회적 배우가 등장하거나 퇴장한다.

영화들의 이런 평면성은 시각적인 것뿐만 아니라 지적인 것이기도 하다. 당시 민족지영화는 제의, 불 만들기, 여러 종류의 춤과 같이 인간 활동의 한 측면을 인위적으로 분리하여 촬영하는 것을 당연시했다. 만일 개별성 또는 감정이 묻어나는 장면이 있다면 이는 영화에서 불필요한 부분이 되었다. 현재 우리가 이 영상을 본다면 적지 않은 이질감이나 더 나아가 불쾌감을 느끼는데, 이는 서로 다른 가치와 시각을 가지고 있기 때문이다. 당시 인류학자들은 영상을 제도화된 과학적 태도에서 접근했다. 문화를 좀 더 통합적인 시각에서 바라보기보다는 사회적 삶의 특성에 관심을 가진 특수주의자particularist의 시각으로 보았다.

당시 인류학적 저술에는 사진들이 포함되었지만, 대부분 문자텍스트의 단순한 예시나 연장으로 기능했다. 인류학자들은 강의 내용을 보조하는 수단으로 사진을 보여주었는데, 민족지영화도 이와 크게 다르지 않았다. 볼드윈 스펜서는 1902년 대중강좌에서 슬라이드 사진을 보여주면서 말로 장황하게 설명했는데, 사진 자체로 메시지를 전달할 생각을 하지는 못했다. 하지만 당시 극영화 세계는 달랐는데, 영상미학이 발전하면서 영화 속에서 이미지가 주인이 되었고, 음악과 자막은 부수적인 역할을 담당했다.

1920년대까지 대부분의 인류학자는 사진을 단지 정보전달이나 연구를 위한 부차적인 수단으로 폄하했고, 일부 인류학자들만이 계속하여 영상의 잠재력에 관심을 가졌다. 따라서 19세기 민족지 사진이나 20세기 초반의 민족지영화에서 학술적으로 흥미롭고 유익한 논의를 발견하기란 어렵다.

당시 관객은 대부분 리얼리티에 관한 '마술적' 환상을 기대하고 영화들을 소비했다. 하지만 시간이 지나면서 관객은 영화에 익숙해졌고, 영화기술이 발전하면서 마술적 환상에 대한 기대는 약화되었다. 영화는 이런 변화에 대응하여 인간 경험의 복잡함을 탐구하고 전달하기 위한 다양한 기술과 방법들을 발전시켜나갔지만, 인류학자들은 영상을 통한 새로운 표현 가능성에 대한 탐구를 거의 하지 않았다(de Heusch, 1962). 벨기에 민족지영화 제작자인 뤽 드 유슈Luc de Heusch에 의하면 제1차 세계대전을 전후로 하여 영상인류학에 검은 장막이 드리워졌다. 볼드윈 스펜서, 프란츠 보아스 같은 인류학자들 그리고 에드워드 커티스Edward Cuttis와 로버트 플래허티 같은 영화 제작자들이 간헐적으로 인류학적 주제에 대한 영화를 제작했지만, 플래허티를 제외하면 사회적으로 큰 관심을 받지는 못했다. 인류학자들은 점차 이국적인 문화를 촬영한 사진집을 더 이상 출간하지 않았다. 이와는 별개로 일부 인류학자들은 사진 촬영을 했는데, 마거릿 미드나 그레고리 베이트슨 등은 인류학 지식을 창출하는 수단으로 영상을 활용했다.

인류학자들이 영상에 대한 초기의 열정을 잃어버린 이유는 영상 매체의 평면성 때문이었다. 인류학자들은 영화의 잠재력을 자신의 목적에 맞도록 활용할 수 있는 방법에 대한 모색을 중단했는데, 이는 이 새로운 매체가 글 쓰기만큼이나 표현력을 가지고 있다고 생각하지 않았기 때문이다. 당시 인류학자들은 영화를 좀 더 개선된 타자기나 녹음기 정도로 생각했다.

1940년대 호주의 민족지영화 사례는 해든과 스펜서 이후 별달리 변화하지 않은 모습을 여실히 보여준다. 당시 아마추어 민족학자, 선교사, 저널리스트, 치과의사, 사업가, 여행가, 선교사 등이 이국적인 문화를 '구제' 하려는 사명감에서 민족지영화를 제작했다. 당시 호주에서는 노먼 틴데일 Norman B. Tindale(1900~1993)이 유일하게 민족지영화를 제작했는데, 그는 몇 년 동안 남호주 박물관South Australis Museum에서 큐레이터로 일했다. 그는 별다른 재정지원을 받지 못했지만 개인적 차원에서 사냥, 음식 준비, 도구 만들기, 종교적 제의 등에 관한 단편 민족지영화를 제작했는데, 이 영화들 사이의 관계는 그다지 없었다. 이전의 인류학 영화들과 마찬가지로 그의 영화들도 기록적인 의미를 가지고 있기는 했지만, 영화에서 인류학의 전문지식 부족이 고스란히 드러나고 있다.

제1차 세계대전 이후로 인류학자들이 민족지영화에 대한 관심을 중단한 것은 우선 영화가 사회적으로 싸구려 오락거리로 전락한 데 있다. 또한 인류학자들은 당시 빠르게 발전하고 있는 영상미학을 거의 몰랐기 때문에 영화의 잠재적 가능성을 충분히 이해하지 못했으며, 이를 뒷받침해 줄 인류학적 지식이 충분히 발전하지 못했기 때문이기도 했다. 이에 반해 당시 영화를 촬영한다는 것은 기술적으로도 까다롭고 경비가 많이 들었기 때문에 힘든 현지조사에서 활용할 엄두를 내기도 어려웠다. 하지만 1920년대에 영상인류학의 방향성 정립에 중요한 다큐멘터리들이 발표되는데, 바로 로버트 플래허티의 〈북극의 나눅〉과 지가 베르토프Dziga Vertow의 〈카메라를 든 사나이〉다. 이 두 작품은 인류학과는 거리가 먼 영화 제작자에 의해 만들어졌지만, 시각과 내용은 인류학과 깊은 관련이 있다. 1960년대 서구 다큐멘터리에서 일어난 사실주의 운동은 이 두 작품을 영화사적으로 높게 평가했지만, 인류학자들의 관심과는 달랐다.

3) 로버트 플래허티

로버트 플래허티Robert Flaherty(1884~1951)의 〈북극의 나눅〉(1922)은 나눅 가족을 중심으로 사라져가는 에스키모(이누이트) 문화를 재구성한 영화인데, 이들 사회적 배우는 자신들의 과거 전통을 재연했다. 이 영화는 예상과 달리 흥행에서 커다란 성공을 거두었는데, 이후 서구에서는 한동안 고귀한 야만인 열풍이 불었고, 유사한 영화들이 다수 제작되면서 새로운 장르가 만들어지는 데 중요한 역할을 했다. 인류학자들이 이 영화에 주목한 이유는 우선 인류학이 연구대상으로 삼고 있던 에스키모인의 '전통적' 삶과 문화를 흥미로운 내러티브를 통해 담아내고 있을 뿐만 아니라 흥행에도 성공했기 때문이다. 이 영화는 연구에서도 매우 중요한 의미가 있는데, 인류학에서 금과옥조로 여기는 현지조사, 참여관찰 그리고 네이티브 피드백native feedback 같은 방법론이 이 영화에서 드러나기 때문이다. 이 영화가 제작될 당시 인류학도 현지조사 방법론을 정립하기 위해 노력하고 있었지만, 플래허티의 방법론보다 높은 평가를 받지 못했다.

〈북극의 나눅〉은 가장인 나눅을 중심으로 한 가족이 어떻게 동토의 땅인 캐나다 북부 지역에서 1년 동안 혹독한 자연환경 속에서 살아가고 있는지를 보여주고 있는데, 당시 비슷한 지역에서 현지조사를 하던 프란츠 보아스와는 달랐다. 이 영화는 사냥을 하고, 이글루를 만들고, 덫을 놓아서 사냥하는 모습 같은 전통적인 삶의 방식뿐만 아니라 나눅과 아들이 확성기를 보고 놀라는 모습 그리고 서구인과의 모피거래를 보여줌으로써 당시 인류학자들이 의식적으로 보지 않던 사회적 현실을 담고 있었다. 당시 인류학자들이 만든 민족지영화는 단순하고 순진한 기록영상이었지만, 이 영화는 관객의 호기심을 자극하면서도 이야기를 서정적으로 전개해나갔다.

영화적 가능성을 전혀 활용하지 못한 당시 진부한 민족지영화와는 완전히 차원이 달랐다. 이 당시 제작된 대부분의 민족지영화가 영상인류학 역사를 쓰기 위해서만 시청되는 반면에 〈북극의 나눅〉은 지금까지도 서구의 인류학 개론 수업에서 부교재로 사랑받고 있을 뿐만 아니라 고전 영화로서 가끔 서구 텔레비전이나 고전 영화관에서 볼 수 있다.

〈북극의 나눅〉 이전에도 민족지영화 풍의 영화들이 있었는데, 에드워드 커티스의 〈머리 사냥꾼들의 나라에서In the land of Headhunters〉가 대표적이다. 오랫동안 영화학자나 영상인류학자들 모두 이 영화의 존재 자체를 몰랐지만, 이 영화가 발굴되면서 이 영화를 민족지영화의 시초로 인정하는 학자도 있었는데, 〈북극의 나눅〉과 달리 이 영화는 콰키우틀 인디언의 실제 삶의 모습을 연출하지 않고 충실하게 기록했기 때문이다. 커티스는 플래허티와 달리 인류학과는 아무런 관련이 없는 영화 제작자이자 사진가였는데, 엘리트 의식에 젖은 인류학자들이 당시 영상에 대해 얼마나 순진한 생각을 하고 있었는지 이들 영화를 통해 알 수 있다.

프란츠 보아스, 마거릿 미드 그리고 루스 베네딕트 등은 〈북극의 나눅〉을 사라져가는 문화를 기록한 민족지영화로 높이 평가했지만, 장 루슈는 이 영화의 중요성을 다른 점에서 찾았다. 그는 현지조사와 참여관찰, 네이티브 피드백 같은 점들을 중요시했으며, 이를 적극적으로 전유하여 자신의 영화 제작에 활용했다. 이 때문에 루슈는 〈북극의 나눅〉을 영상인류학의 시발점으로 간주하고 있다. 하지만 1970년대 중반 본격적인 영상인류학 시대가 열리면서 영상인류학에서도 소위 '정전canon'에 대한 탈신화화 작업이 시작되었다. 〈북극의 나눅〉에 대한 다양한 자료들이 발굴되었고, 이를 통해 영상인류학자들은 이 영화에 덧입혀진 신화들을 걷어내고 비판적 시각에서 평가를 시작할 수 있었다. 그런데도 이 영화는 영상인류학 역사에서 중요한데, 이 영화를 둘러싼 신화들 덕분에 민족지영화 제작 방법론을 새롭게 사유하고 정교하게 만들 수 있는 토대가 마련되었기 때문이다. 이처럼 역사는 종종 오독을 통해 발전하기도 한다.

4) 프란츠 보아스

프란츠 보아스Franz Boas(1858~1942)는 총 40여 년 이상 북미의 콰키우틀 인디언을 연구했는데, 현지조사에서 사진을 이용한 것은 1894년부터였고, 1930년에야 동영상 카메라와 왁스 실린더 녹음기를 사용했다. 그 이전에도 르뇨나 해든이 인류학 탐사여행에 사진기와 영화 카메라를 가지고 갔지만, 그는 이들의 활용 방식에 대해 별다른 언급을 하지 않았다. 또한 그는 〈북극의 나눅〉과 동일한 현지조사를 했음에도 불구하고 이 영화에 대해 공식적인 언급을 하지 않았다(Ruby 1983).

인류학자였던 보아스와 영화 제작자인 플래허티는 모두 서구문화로 인해 사라져가는 '원시' 문화를 영상으로 기록했는데, 이들은 서로 다른 방식으로 영화를 제작했다. 보아스는 학문적인 입장에서 영화를 어떻게 연구에 이용할지에 대해 관심을 가졌다. 그는 영화와 녹음기 그리고 사진기를 가지고 최대한 충실하고 다양하게 사라져가는 문화를 기록했는데, 후대 학자들이 이를 토대로 인간과 문화를 깊이 이해할 수 있을 것이라고 생각했다. 보아스는 현지조사에서 16mm 카메라로 춤, 게임, 수공업, 노래, 음악, 그리고 문화의 다른 측면들을 기록했는데, 촬영본footage을 완전히 편집하지 못하고 사망했다. 그의 사후에 빌 홀름Bill Holm은 당시 촬영에 협조했던 몇몇 콰키우틀 인디언의 도움을 받아서 이 촬영본을 편집했는데, 1973년에야 완성되었다.

모리스는 보아스의 촬영본과 편집본을 "대단히 이례적인 콜라주", "파편화된 총체", "거칠게 만들어진 몽타주"라고 평가했다(Morris 1994: 56-66). 그녀는 촬영본에는 행동의 의도와 영화적 해석이 전혀 없으므로 관객(연구자)은 이 영상 이면에 존재하는 사회적 과정에 관심을 두게 될 뿐만 아니라 촬영 당시 제작자와 사회적 배우 사이에 존재하는 사회적 거리를 느끼게 해준다고 평가했다.

피올Colette Piault의 평가는 모리스보다 좀 더 직접적인데, 보아스의 촬영본을 "사진과 애니메이션에 가깝다. 이것은 …… 시네마의 모든 가능성을 사용한 영화 프로젝트가 아니다. 아마도 이 영화의 목적은 단지 사람들의 행동과 제스처 그리고 활동을 보여주려고 하는 것 같다. 자막은 …… 다음 시퀀스의 …… 주제를 알려주는 타이틀로만 이용되고 있다. 그러나 캡션들이 이야기하는 내용은 이미지를 통해 이야기하는 것과 다르다"(Piault 1994: 54). 보아스는 주로 관습과 종교현상 그리고 물질문화를 영상으로 기록했는데, 리치E. Leach는 그가 촬영한 촬영본을 보고 "나비 채집"이라고 폄하했다(Leach: 1961: 36).

독일 역사학 배경을 가진 보아스는 엄격한 실증주의자였으며, 과학적인 방법론의 주창자이기도 했다. 하지만 그는 영상 촬영에서 항상 실제 상황만 촬영하지는 않았는데, 두 명의 추장이 벌이는 '말솜씨 자랑'이 대표적이다. '말솜씨 자랑'은 원래 밤에 주민이 지켜보는 데서 제의의 한 부분으로 열렸다. 하지만 당시에는 어두운 상황에서도 촬영을 가능하게 해주는 고감도 필름이 없었기 때문에 밤이 아니라 대낮에 이 장면을 연출하여 촬영했다. 당연히 여기에는 제의와 청중이 없었다. '말솜씨 자랑'은 비록 연출된 장면일지라도 그가 연구하고자 하는 요소들을 다수 간직하고 있으므로 이 영상이 의미 있다고 생각했다.

여기에서 우리는 그의 영화촬영 목적을 정확하게 알 수 있는데, 후대 인류학자를 위한 기록과 분석 그리고 연구다. 보아스는 자신이 촬영한 영상 자료들을 제대로 분석하여 그 결과를 책으로 출간하지 못했지만, 루비는 보아스를 영상인류학의 터를 구축한 학자로 인정해야 한다고 주장했다(Ruby 1983: 27, 29). 보아스는 당시 인류학의 실증주의적 태도를 벗어나 인류학자들이 현지조사에서 겪는 경험의 규범적 측면을 영상으로 기록했고, 이 부분은 엄연히 그의 업적이다. 또한 다양한 문화들을 거대 이론을 통해 단순하게 이해하려는 당시의 학문적 태도에서 벗어나 사회에서의 다성성과 중층성을 보여주려고 한 점에서 그의 업적을 찾을 수 있다.

5) 마거릿 미드와 그레고리 베이트슨의 '발리 프로젝트'

영상인류학에서도 몇 차례 전기가 있었다. 첫 번째로는 1898년 케임브리지 토레스 해협 탐사대이고, 〈북극의 나눅〉이 두 번째다. 이 둘은 (민족지)영화에 대해 서로 다른 지향점을 보여주었는데, 1930년대 그레고리 베이트슨Gregory Bateson(1904~1980)과 마거릿 미드Margaret Mead(1901~1978)의 발리 프로젝트는 인류학 내에서 이 같은 서로 다른 지향점을 다시 한 번 보여주고 있다. 마거릿 미드와 그레고리 베이트슨은 인도네시아 발리 섬에서 1936~38년까지 이들의 문화를 영상으로 기록했는데, 발리 프로젝트는 영상인류학에서 또 하나의 전환점이 되었다. 기존의 인류학자들은 제의 같은 종교적 현상이나 여행 그리고 물질문화 등을 주로 기록했는데, 이들 부부는 인간의 상호작용과 사회화(문화화) 과정을 영상으로 담으려고 했다. 이 주제는 추상적인 내용이기 때문에 이들은 외적으로 드러나는 상호작용을 영상으로 기록했지만, (민족지)영화의 목적은 부모와 아이의 상호작용과 발리인의 인성 발달과의 관계를 탐구하는 것이었다. 즉, 내적 문화적 태도와 사회적 재생산 관계를 영화적으로 분석하는 것이었다. 이들은 이 프로젝트를 마치면서 2만 8,000장의 사진과 2만 2,000피트의 16mm 필름을 촬영했는데, 이를 기반으로 두 권의 책과 여러 편의 논문 그리고 7편의 영화가 완성되었다.

베이트슨과 미드의 연구 관심사는 많은 부분 중첩되지만, 영상 매체를 어떻게 활용할지에 대해 매우 다른 생각을 하고 있었다. 베이트슨에게 영상 촬영은 복잡한 사회적 상호작용들을 이해하기 위한 분석적 수단이었고, 촬영 과정은 매우 능동적인 조사활동이었다. 그가 가진 영화에 대한 개념은 플래허티의 〈북극의 나눅〉과 유사했다. "촬영을 위해 플롯이 있는 몇몇 짧은 시나리오들을 만들려고 했다. (……) 시나리오들은 원주민 신화 또는 더욱 선호하는 것은 특별히 연구된 개인들의 삶 속에서의 사건을 기초로 하는 것이다. (가능하다면) 원주민을 설득하여 이런 시나리오 계획 작업에 적극적으로 참가시킬 수 있다."(Sullivan 1999: 5에서 재인용) 베이트슨의 관심사는 '스키즈모게네스schizmogenesis'*와 문화적 에토스에 관한 생각을 영화를 통해 구체화하는 데 있었다. 그는 발리 사람들이 몸과 몸짓을 통해 어떻

* 스키즈모게네스는 후에 '포지티브 피드백positive feedback'이라는 개념으로 사용되었는데, 두 사람 또는 두 집단 간에 반복되는 대립의 가속적인 악순환으로 파탄에 이르는 것을 의미한다. 발리의 경우에는 '자이고제네시스zygogenesis'라는 개념을 추가했는데, 이것은 가속이 파탄이 아니라 조화를 이룬 균형상태로 이어지는 것을 의미한다. 마가렛 미드(최혁순 역), 마가렛 미드 자서전, 1999, 범우사, 316쪽 이하.

게 감정을 소통하고 있는지, 그리고 양극단으로 치달을 수 있는 잠재적인 사회적 힘들을 어떻게 조절하는지를 16mm 카메라에 담고자 했다. 미드도 감정의 표현에 중점을 두었지만, 사진이나 영화는 분석을 위한 객관적인 자료 수집과 전달 수단이었다. 미드에게 있어서 촬영은 관찰을 바탕으로 한 일종의 기록이면서 관찰자의 잠재적 편견을 점검하고 자신의 결론을 예시하는 방법이었다.

19세기 이후 인류학에서는 과학적 사진과 영화 개념이 주도적이었는데, 발리 프로젝트는 사진과 영화를 사회적 경험의 복잡성을 탐구하는 새로운 방법으로 승격시켰다. 베이트슨과 미드는 발리 프로젝트 중간에도 자주 영상의 활용 방안에 대해 논쟁을 벌였는데, 이 프로젝트가 끝난 후에도 서로의 우월성을 주장했다. 이 둘 사이의 논쟁은 (영상)인류학의 핵심이기도 한데, 근본적으로는 인식론적 논쟁이다. 베이트슨은 카메라가 사고 과정의 연장이 되어야 한다고 생각했고, 주제를 탐구하고 관객에게 이런 탐사 과정과 결과를 추적할 수 있도록 하는 것이 영화 제작자의 의무라고 생각했다. 베이트슨에게 능동적 관찰과 수동적 또는 단순한 관찰은 서로 다른 것이며, 그는 미드의 제작 방식을 다음과 같이 비판했다. "나(베이트슨)는 (미드에게) 카메라의 통제에 관해 이야기했다. (하지만) 당신(미드)은 멍청한 삼각대 위에 죽은 카메라를 거치하는 것에 관해 이야기하고 있다. 그러면 아무것도 보지 못한다."(Bateson & Mead 1977: 79) 베이트슨은 바라보는 것seeing과 응시하는 것looking의 차이점을 구분하고 있는데, 전자가 대상을 훑어보거나 비인격적인 의미에서 보존하는 것을 의미하는 수동적인 행위라면, 후자는 의미의 투입 또는 의미의 추구를 뜻하는 좀 더 선택적이고 의도적인 행위다. 카메라로 응시한다는 것은 어떤 목적을 가지고 본다는 것이며, 이미지 결과물에 이 과정의 흔적을 남기게 된다. 하지만 엄밀하게 말하면 바라보는 것과 응시하는 것은 정도의 차이인데, 어떤 이미지도 은행의 감시카메라처럼 의도 없이 만들어지지 않기 때문이다. 미드의 영상제작 방법론은 이후 아센 발릭치Asen Balikci로 이어졌는데, 이에 대해서는 이 책의 8장에서 이어갈 것이다. 장 루슈와 존 마셜은 직접적으로 베이트슨의 영향을 받지는 않았지만, 베이트슨의 영상제작 방식은 이후 이들에 의해 구체화된다.

6) 장 루슈

영상인류학은 1950년대에 들어서서 새로운 전기를 맞는데, 프랑스의 장 루슈Jean Rouch(1917~2004)와 미국의 존 마셜은 영상인류학의 활로를 마련했다. 이들 두 명의 민족지영화 제작자는 다큐멘터리 분야에서도 높은 평가를 받고 있는데, 이들은 영상인류학에 대한 인류학자들의 불신을 불식시켰으며, 상당수 민족지영화가 가지고 있던 내용과 형식의 진부함도 꼬집었다. 이들로 인해 인류학에는 새로운 종류의 민족지영화 제작공간이 만들어졌다.

장 루슈는 다큐멘터리영화 세계에서 시네마 베리테 운동의 창시자로 알려졌는데, 그의 독특한 영화 세계는 끊임없는 창의성과 도전으로 특징지어진다. 맥두걸은 관객이나 관중에게 해석적 공간을 창조하려는 욕망을 '영화적 상상력'이라고 불렀는데, 장 루슈는 이런 영화적 상상력을 가장 잘 활용한 민족지영화 제작자다. 로버트 손턴은 말리노프스키의 『서태평양의 항해자들』에서 상상력은 "경험과 묘사 모두의 빈틈을 채운다. 독자가 텍스트 안의 단어들과 문장들을 연결하여 좀 더 일반적인 이미지를 연상하도록 하는 것은 이런 상상력이 풍부한 사람의 잠재력이다"(Thornton 1985: 13)라고 했다.

이런 식으로 콘텐츠를 구성하기 위해서는 다중적 시선과 경험의 파편적 성격 그리고 지식의 구성성에 대한 인식이 필요한데, 이런 식의 구성은 관찰자와 관찰대상, 주체와 객체 사이를 정확하게 분리하는 실험실의 과학자에게는 불가능하다. 인류학은 오랫동안 실험실의 과학자들과 같은 태도를 보이려고 노력했는데, 연구 성과는 이들의 기준에 맞추기 위해 가공되었다. 하지만 장 루슈는 이런 실증적이고 객관적인 진실을 추구하는 태도와는 다른 길을 걸었다.

장 루슈는 어려서부터 수많은 영화를 보았는데, 로버트 플래허티의 〈북극의 나눅〉을 보고 깊은 감명을 받아서 거의 모든 장면을 외우고 있을 정도였다. 그는 사상적으로 매우 자유분방한 파리에서 성장했는데, 이런 외적 환경은 그의 (민족지)영화세계에 커다란 영향을 끼쳤다. 루슈는 인류학과 관련이 없는 상태에서 오직 현지 경험만을 바탕으로 초기 민족지영화를 제작했는데, 파리에서 인류학 박사학위를 취득한 후 민족지영화 제작을 계속 이어갔다. 그는 영화 제작을 통해 자신과 영화 세계의 외연을 끊임없이 확장해나갔는데, 그에게 영향을 끼친 인류학자로는 마르셀 모스, 마르셀 그리올르 등이 있지만, 영화 제작자로는 로버트 플래허티와 지가 베르토프가 있다.

루슈는 플래허티의 어떤 점에 영향을 받았는지 스스로 정확히 밝히고 있지 않지만, 어려서는 플래허티가 〈북극의 나눅〉에서 보여준 인간의 느낌이 묻어나는 서정적 양식에 깊은 감명을 받은 것 같다. 플래허티는 이런 작품을 만들기 위해 장기간의 현지조사와 참여관찰 그리고 현지민과의 긴밀한 협동작업이 필요했는데, 그가 쓴 여러 글을 살펴보면 이 모든 방법을 적극적으로 수용했다. 루슈는 플래허티에게 커다란 존경심을 표하고 있지만, 이 둘이 제작한 영화들 사이에는 차이점이 있다.

플래허티는 극적인 내러티브를 통해 주인공들에 대한 감성과 외부 환경 그리고 사건들을 시각적으로 전달하고자 했다. 이에 반해 루슈는 관객에게 사건들의 물리적 · 심리적 기본구조를 전달하고자 했는데, 이 지점에서 프랑스 인류학의 영향을 발견할 수 있다. 또한 플래허티가 관객과 나눔의 감성적 연결을 시도했다면 루슈는 관객이 자신과 마찬가지로 영화 속의 주제와 관계 맺기를 요구하고 있다. 참여적 카메라participatory camera 스타일은 루슈가 추구한 영화 세계의 특징이다.

루슈가 영향을 받은 또 다른 다큐멘터리 제작자는 지가 베르토프다. 1920년대 발터 벤야민은 새로운 영상 매체의 기계적 · 탈맥락적 효과에 대한 희망적 메시지를 이야기했는데, 그는 새로운 매체가 가진 물질성과 새로운 비전에 매료되었다. 지가 베르토프도 새로운 매체인 영화가 가진 잠재력과 비전에 매료되었다. 그는 "나는 기계적 눈인 영화의 눈이다; 나는 기계인데, 오직 기계만이 볼 수 있는 세계를 당신에게 보여줄 것이다"(Rouch 1975: 89)라고 말했는데, 그의 영화 〈카메라를 든 사나이〉는 이를 영상으로 구현한 작품이다.

베르토프는 자신의 영화에서 영화는 실재 세계의 재현이 아니라 기계의 눈인 카메라가 본 '영화적' 세계를 보여주는 것이라는 점을 강조하고 있다. 베르토프는 일찍이 소비에트 혁명의 정당성과 성과를 인민에게 선전 · 선동하는 역할을 담당하여 다수의 선전 영화를 제작했다. 일찍이 사회주의 혁명가들은 인민이 가지고 있는 허위의식을 스스로 자각하고 이를 벗어버리는 것이 사회주의 혁명의 성공을 위해 중요하다고 생각했다. 베르토프는 이런 맥락에서 영화를 통해 지식의 구성적 성격을 이야기하고 있다. 루슈는 베르토프로부터 카메라에 의해 구성된 세계라는 관점에 깊은 영향을 받았는데, 이는 루슈의 영화 세계 전반을 지배하는 인식론적 방법이 되었으며, 그의 영화 세계에 독특한 결을 만들어주었다.

7) 존 마셜

장 루슈와 마찬가지로 존 마셜John Marshall(1932~2005)도 영화나 인류학에 대한 전문교육을 전혀 받지 못한 상태에서 민족지영화 제작을 시작했다. 마셜은 부유한 아버지 덕분에 자유롭게 영화적 실험을 할 수 있었는데, 그는 물질문화를 영상으로 담는 것보다 사회적 상호작용에 더 많은 관심을 두게 되었다. 그의 민족지영화 제작 방식은 프란츠 보아스나 마르셀 그리올르와는 달랐다. 마셜은 루슈와 마찬가지로 민족지영화는 대부분 관객의 마음속에서 만들어지는 구조이며, 스크린 위에 등장하는 것은 언제나 광범위한 상상적 구성요소들의 작은 부분이라는 점을 인식했다.

> 나는 일상적인 사건들로 들어갈 방법과 그 안에서 사회적 세계들을 촬영하길 원한다. 나는 나의 비전을 넓히기 위해 광각렌즈 이상을 필요로 한다. (……) 나는 카메라라는 창문들을 통해 우리 주변에 있는 리얼리티를 얼마나 적게 보고 있는지, 그리고 영화 속의 내용은 대부분 보이지 않거나 비가시적이라는 점을 배우기 시작했다. 비가시적 내용은 카메라를 둘러싸고 있는 리얼리티의 대부분이다(Marshall 1993: 39).

마셜은 우연한 기회에 별다른 생각 없이 부시먼을 촬영함으로써 영화와 부시먼을 둘 다 접하게 되었다. 자신의 이야기처럼 17세에 처음으로 영화 제작을 시작했는데, 이때 그는 영화에 대해 아무것도 몰랐다. 이후 그는 다른 영화 제작자들이 수십 년 동안 축적해온 영화적 기술들을 스스로 재발견하는 힘겨운 과정을 겪었다(Marshall 1993: 20). 마셜은 가족의 탐험과 보호 그리고 하버드대학교 영화연구센터Film Study Center 덕분에 기존의 미국 교육용 영상물 또는 기록영화와는 다른 대안적 영상물을 제작할 수 있었다.

보아스의 단순한 민족지 촬영본이나 기록과는 달리 마셜의 민족지영화에서 영화 제작자의 시선은 항상 사건의 한가운데로 향하는데, 그는 의식적으로 영화 속의 사회적 배우들과 긴밀하게 연대하고 있다. 마셜은 짧은 시퀀스영화를 다수 제작했는데, 이 영화들의 주 관심사는 "스크린 상에서 보이는 것과 보이지 않는 것 사이의 관계가 영화 언어에서 모든 것"이다(Marshall 1993: 127). 그의 영화는 관객을 "사건들 안의 작은 세계들"이라고 불리는 곳으로 이끌고 가는데, 관객은 정보의 단순한 수용자가 아니라 보이지 않는 것을 보이게 만드는 것에 동참하는 창조적 참여자다.

루슈와 마셜에 의해 영감을 받은 일련의 민족지영화 제작자들이 대학에서 양성되었는데, 중심은 하버드대학교와 UCLA였다. 콜린 영은 UCLA의 영상인류학 프로그램 창시자인데, 이후 영국 국립영화와 텔레비전 대학교에서 자신의 프로그램을 계속 발전시켰다. 이 프로그램에서 양성된 제자들은 영국 텔레비전에 새로운 모델을 제시했는데, 이는 1970년대 자신만의 고유한 민족지영화 제작으로 이어졌다. 마셜의 영향은 그라나다 텔레비전 방송국의 《사라져가는 세계Disappearing World》 시리즈에서도 찾아볼 수 있는데, 특히 멜리사 르웰린-데이비스Melissa Llewelyn-Davies에게서 찾아볼 수 있다. 콜린 영의 제자였던 폴 헨리Paul Henley는 이런 혁신을 이어받아서 맨체스터대학교 영상인류학과에서 추진한 그라나다 프로그램을 제도화했다.

장 루슈는 인류학의 세례를 늦게 받았는데, 그가 만든 초기 민족지영화 중 상당수는 박사학위를 받기 전에 제작한 것이다. 그는 플래허티와 존 마셜과 깊은 동질감을 느끼고 있는데, 이 셋은 모두 인류학 세례를 받기 전에 민족지영화 제작을 시작했고, 이때 제작된 영화들이 민족지영화 세계를 바꾸는 계기를 마련했다는 공통점이 있다. 장 루슈와 존 마셜의 또 다른 공통점은 민족지영화 제작이 사회적 배우의 도움에 전적으로 의존할 수밖에 없다는 점을 깨닫고 이들에 대한 깊은 애착과 존경심 그리고 연대를 보여준 점이다. 이들은 열린 자세로 사회적 배우를 통해 세상을 살아가는 또 다른 방식을 수용했으며, 연구 성과를 세련되게 만들기 위해서가 아니라 현재의 연구과정을 보여주기 위해 민족지영화를 제작했다. 하지만 이 둘 사이에는 기질적 차이점이 있는데, 이는 영화의 내용과 양식에 반영되고 있다. 루슈에게 민족지영화 제작 작업이 하나의 모험이라면, 마셜에게는 헌신과 겸손의 행위다.

8) 로버트 가드너

이 책에서 자세히 다루지는 않지만, 로버트 가드너Robert Gardner(1925~2014)는 영상인류학에서 독특한 위치를 차지하고 있는데, 인류학 지식이나 담론보다는 민족지영화의 예술적 잠재력과 가능성에 더 많은 관심을 보이고 있다. 그는 하버드대학교 피보디Peabody박물관에 영화부를 설립하고 오랫동안 그곳에서 수장으로 일했다. 그는 예술성이 짙은 민족지영화를 제작했는데, 그의 작품은 항상 인류학자들 사이에서 많은 논쟁을 불러일으켰다. 민족지영화를 협의로 이해하고 있는 인류학자들은 그의 작품 중에서 〈죽은 새들*Dead Bird*〉(1963)과 〈기쁨의 숲*Forest of Bliss*〉(1980)을 민족지영화 범주에 포함해서는 안 된다고 주장했는데, 그 이유를 이 영화들이 영상미학의 힘을 빌려 자신의 비전과 상상을 재현하고 있기 때문이라고 했다.

〈죽은 새들〉은 파푸아뉴기니의 대니Dani족을 촬영한 것인데, 이 종족은 전쟁과 머리 사냥으로 악명이 높았다. 이 영화가 상영될 당시 록펠러의 아들이 이 지역에서 탐사여행을 하다가 실종되었는데, 이 영화 때문에 대니족이 매스미디어의 관심을 많이 받았다. 〈죽은 새들〉에는 부족 간의 '실제' 전투 장면이 담겨 있는데, 이의 진실성을 둘러싸고 많은 논쟁이 벌어졌다. 로버트 가드너는 부정직한 영화 제작자로 비판을 받았는데, 이 영화는 민족지영화 제작이 해당 사회의 사회적 맥락을 어떻게 변화시킬 수 있는지 잘 보여주고 있다.

이 영화 이후 가드너는 독일 민족학자인 이보 슈트레커Ivo Strecker와 함께 에티오피아의 하마르Hamar 사회에서 〈모래의 강들*Rivers of Sand*〉을 공동제작했는데, 통역과 인류학적 자문을 맡았던 슈트레커는 성인식에서 여자의 지위와 역할에 대해 가드너와 해석을 달리하고는 공동제작을 중단했다. 가드너는 자신의 해석대로 〈모래의 강들〉 제작을 끝냈는데, 그는 이 영화에서 여성을 사회적으로 소외되고 학대받는 모습으로 그렸다. 슈트레커는 몇 년 후 〈모래의 강들〉과 같은 내용을 담고 있는 영화 〈소잔등 뛰어넘기*Der Sprung über die Rinder*〉를 직접 제작하는데, 이 영화는 가드너의 영화와 완전히 다른 시각에서 성인식과 여성의 지위와 역할을 그렸다. 이후 이 두 편의 영화는 민족지영화에서의 문화 번역의 문제뿐만 아니라 학자의 연구 윤리 문제에 대해 다양한 논의를 이끌어냈다.

그의 또 다른 영화인 〈기쁨의 숲〉은 인도 바라나시에서의 하루 모습을 담고 있는데, 이때 하루는 물리적인 24시간이 아니라 상징적인 시간이다. 이 영화는 『우파니샤드』에서 따온 "이 세상의 모든 것은 포식자이거나 잡아먹히며, 씨앗은 음식이며, 불은 포식자다"라는 문장으로 시작하는데, 이후 90분 동안 바라나시의 갠지스 강가와 마을에서 벌어지는 장례식의 다양한 모습을 매우 밀도 있게 그리고 있다. 이 영화에는 이후 그 어떤 자막이나 해설도 등장하지 않으며, 오직 동시녹음된 사운드만이 존재한다. 이전의 두 편의 영화와는 달리 〈기쁨의 숲〉은 열린 형식으로 구성되어 있는데, 관객은 이 영화를 매우 다양한 방식으로 수용하고 있다. 하지만 일부 비판자들은 이 영화를 피상적인 날것만을 보여주는 영화라고 비판했다.

이 영화는 『우파니샤드』의 철학처럼 매우 정교하게 구성되어 있으며, 관객은 부지불식간에 서서히 그 무엇을 이해하게 되는데, 곧 이러한 이해가 잘못되었다는 사실을 깨닫고는 올바른 이해를 하게 된다. 이런 순환구조는 화장터 장면에서 잘 드러난다. 관객은 어떤 낯선 장소에서 사람들이 대나무로 무엇인가를 만드는 장면을 보게 되는데, 이 장면이 무엇을 의미하는지 방문자의 입장에서 의문을 갖게 된다. 물건이 점차 꼴을 갖추어가자 관객은 대나무 사다리라고 생각하게 되는데, 다음 장면에서는 사람들이 시체를 이 위에 얹어서 나른다. 이런 구성은 인류학자가 현지조사에서 타문화에 대한 지식과 이해를 얻어가는 과정과 유사한데, 가드너는 관객도 이런 과정대로 바라나시를 바라보도록 만들고 있다.

〈기쁨의 숲〉은 실험성이 강한 예술영화의 포맷으로 구성되어 있는데, 가드너는 영화 곳곳에서 동물과 장소 등을 통해 다양한 상징적 의미를 전달하고 있다. 그는 새로운 인류학적 지식이나 이해보다는 비록 내용이 진부하더라도 이를 어떻게 예술적으로 표현할 수 있는지에 더 많은 관심을 가진 것처럼 보인다. 그는 어려서부터 영화감독이 되는 것이 꿈이었고, 하버드대학교 피보디박물관에서 일하게 되면서 인류학과 영화의 접점을 찾았는데, 대부분의 '정통 인류학자'들은 그의 영화를 실험성이 강한 예술작품으로 받아들이고 있다.

9) 티모시 애시

티모시 애시Timothy Asch(1932~1994)는 민족지영화와 인류학 교육 사이의 관계 맺기에 선구자이며, 이에 관해 많은 연구 성과를 선보였다. 그는 오랜 기간 동안 미국의 브랜다이스Brandeis대학교에 재직했는데, 후진 양성뿐만 아니라 다수의 민족지영화 관련 글들을 발표하여 영상인류학 정립과 외연 확대에 기여했다. 그는 마셜, 가드너와 함께 미국의 민족지영화 제작 1세대에 속하는데, 이들은 1950~60년대 하버드대학교 피보디박물관에서 공동제작 작업을 했다. 하지만 서로의 지향점이 달라 각자의 길을 걸었는데, 그 덕분에 영상인류학의 다양한 논의와 제작 방식이 가능하게 되었다.

티모시 애시는 교육하는 중에 흥미로운 다양한 실험을 했는데, 가장 흥미로운 것은 학생들에게 환등기의 초점이 나간 상태에서 슬라이드 사진들을 보여주고는 해석하도록 했다. 학생들의 해석이 끝난 후에 애시는 환등기의 초점을 점차 맞추어가면서 해석하도록 했다. 학생들은 최종적으로 초점이 맞는 슬라이드 사진을 보게 되었는데, 명백하게 사진의 내용을 구별할 수 있었다. 초점이 흐린 상태에서 슬라이드를 본 많은 학생은 자신의 해석이 분명하게 틀렸음에도 불구하고 자신의 첫 번째 해석을 교정하려 들지 않았다. 이들 중 일부는 오히려 다양한 논리로 자신의 잘못된 해석을 고수하려고 했다. 애시는 이 실험을 통해 사람들은 한 번 가진 친숙한 첫인상을 좀처럼 교정하지 않는다는 점을 깨달았다. 그는 학생 교육에서 초기의 치밀한 관찰과 인식의 유연성을 키우는 것을 중요하게 여겼다. 그는 민족지 영상물을 교육에 어떻게 활용할 수 있는지에 주된 관심을 가졌는데, 자신의 영상물 제작과정을 자세하게 밝히려고 노력했다.

티모시 애시는 나폴레옹 샤뇽Napoleon Chagnon과 공동으로 《야노마미 시리즈》 제작작업을 했는데, 샤뇽은 숱한 논쟁을 불러일으킨 사회생물학 전공 인류학자였다. 그는 공격적이고 무시무시한 사람이 마을에서 성공을 거둘 뿐만 아니라 생물학적으로도 더 많은 부인과 자녀를 거느린다고 주장했는데, 이에 대해 비판을 받자 격렬하게 대응했다. 이에 반해 티모시 애시는 매우 면밀하게 관찰하고 이를 영화화하는 영상인류학자였는데, 샤뇽과 달리 감수성이 풍부한 사람이었다. 그는 샤뇽의 생각과 다른 영화를 만들기도 했는데, 이들이 공동 제작한 영화 가운데 〈도끼 싸움The Ax Fight〉은 가장 많은 논쟁을 불러일으킨 민족지영화다.

10) 맥두걸 부부

데이비드 맥두걸David MacDougall과 주디스 맥두걸Judith MacDougall 부부는 1970년대 민족지영화 세계에서 가장 영향력 있는 사람들이었으며, 장 루슈와 존 마셜과 함께 다큐멘터리영화사에서도 가장 빈번하게 언급되고 있다. 이들 부부는 1970년대 《투르카나 3부작》을 제작했고, 이후 호주에서 애버리지니와 영화 공동작업을 했으며, 2000년대에는 인도에서 영화작업을 했다. 《투르카나 3부작》은 이들 부부의 초기작으로, 사회적 배우에게 충분한 시간과 공간을 허용하여 자신을 표현하도록 했다. 사회적 배우가 설명하는 장면은 롱테이크로 촬영되었는데, 이들 부부는 사회적 배우의 이야기를 번역하여 자막으로 전달했다.

그 당시 출처 모를 주관적 해설이 이야기를 이끌어가는 다큐멘터리 형식이 주를 이루고 있었는데, 이들 부부는 사회적 배우 스스로 자신의 이야기를 하도록 허용했다. 투르카나 사람들은 상대적으로 천천히 이야기하거나 중간중간 쉬면서 이야기하는데, 맥두걸식의 이야기 전달 방식에 매우 적합했다. 영화에서 로랑이 데이비드에게 자신의 집들을 소개하는 장면이 가장 유명한데, 그는 롱테이크로 자신의 부인들이 사는 집들을 매우 장황하게 소개하고 있다. 다큐멘터리영화 제작자들은 통상적으로 이런 장면을 편집으로 압축하는데, 맥두걸은 전혀 편집하지 않고 전체를 보여주고 있다. 그의 인간에 대한 애정과 존경심이 이 장면에서 함축적으로 나타날 뿐만 아니라 관객은 로랑의 인간적인 면모를 세밀하게 느낄 수 있다. 이런 점에서 맥두걸은 포스트모더니즘의 선구자로 간주할 수 있는데, 포스트모던 논의는 1980년대에 들어와서야 인류학에서 본격적으로 논의되기 시작했다.

그가 만든 가장 최근 영화는 〈둔 스쿨 연대기들*The Doon School Chronicles*〉이다. 인도의 엘리트 기숙학교에서 질서, 인간상, 사회상이 학생들에게 어떻게 각인되고 있는가가 이 영화의 주제이다. 그는 원래 이 학교의 문화 간 의사소통을 주제로 잡았는데, 인도 각지에서 온 서로 다른 문화적 · 종교적 배경을 가진 학생들이 이 학교에 다니기 때문이었다. 하지만 현장에서 그가 의미를 발견한 것은 질서의 연출이었다. 이 학교는 영국의 엘리트 기숙학교를 모델로 하여 운영되고 있었는데, 이 학교의 창시자는 자신의 연대기에 학교의 정신과 구현 방법을 명시했다. 식물원(정원)의 모든 식물에는 영어와 라틴어로 적힌 명패가 달려 있으며, 학생의 일과는 아침 6시에 체조 같은 육체적 단련으로 시작하며, 저녁에는 음악 연습을 한다. 각 활동에는 적합한 복장 규정이 있으며, 잠자리의 배치 등도 정교하게 조직되어 있었다.

그는 학교 운영에서 질서와 그 안의 의미는 서로 긴밀하게 연결되어 있음을 보여주고 있는데, 학교의 정신이 학생들에게 전달되는 방식을 다양한 시각적 경로를 통해 그려내고 있다. 그는 영화 제작을 통해 '사회적 미학social aesthetic'이라는 개념을 고안해냈다. 배, 교도소, 기숙학교 등 사회로부터 엄격하게 분리된 기관에서 자신들만의 상징적 형식을 개발하여 메시지를 전달하는데, 그는 이것을 '사회적 미학'이라고 불렀다. 이 개념은 미셸 푸코의 영향을 받은 것이다. 데이비드 맥두걸은 과거의 인도 사진들 속에 담긴 문화적 의미를 밝히는 민족지영화 〈사진쟁이들*Photowallahs*〉도 제작했는데, 이 영화에서 '사회적 미학' 개념이 완성되었다. 맥두걸 부부는 매우 세심하게 타인을 배려하는 사람들로, 이들은 영화 제작에 있어 사회적 배우들과의 동등한 권력관계와 참여를 실천했는데, 이것이 '공유하는 인류학shared anthropology'이다. 이런 점에서 장 루슈와 비슷한 점이 많다.

11) 데니스 오루크

영상인류학에서 양성된 민족지영화 제작자들이 1980년대 중반부터 활동하면서 새로운 차원의 민족지영화들을 선보였다. 하지만 이 당시 많은 영상인류학자가 특히 주목한 영화는 호주의 다큐멘터리 감독 데니스 오루크Dennis O'Rourke(1945~2013)의 〈식인 관광들*Cannibal Tours*〉인데, 역설적이게도 그는 인류학 교육을 전혀 받지 않은 사람이었다. 그는 주로 정치사회적 차원에서 인간 경험의 복잡성을 영화에 담았는데, 그가 선택한 주제와 접근 방식은 매우 인류학적이다. 대부분의 영상인류학자가 학문적 엄격성이라는 명목 아래 차가운 거리 두기를 선호하는 반면에 오루크는 진실과 사회적 정의 문제를 영화 속에서 분명하게 드러냈을 뿐만 아니라 사회적 소수자들의 권익 향상에 적극적으로 개입했다.

오루크는 〈일렉션*Ileksion*〉(1978)을 제작했는데, 일렉션은 영어 '선거election'의 피진이다. 이 영화는 뉴기니 산악지대에 살고 있던 빅맨Bigman이 도시에서 서구식 의회선거와 전통적인 빅맨 시스템을 어떻게 융합하고 있는지 보여주고 있다. 〈식인 관광들〉은 파푸아뉴기니의 세픽Sepik 지역에서 촬영되었는데, 유람선을 타고 온 서구 관광객이 원주민의 전통문화와 과거의 식인풍습을 소비하는 모습을 담고 있다. 오루크는 원주민 시장에서 자신의 전통을 파는 원주민과 이를 구매하려는 유럽인의 모습을 병치시킴으로써 문화 간의 커뮤니케이션이 벽에 부딪히고 있음을 보여주고 있다.

그는 이 영화를 통해 현재 제3세계에서 벌어지고 있는 문화 간의 단절과 경계에 대해 논의를 촉발했다. 〈절반의 삶*Half Life*〉은 태평양에서의 원자폭탄 실험을 다룬 영화다. 그의 영화 중에서 〈방콕의 선량한 여성*The Good Women of Bangkok*〉은 전 세계적으로 가장 많은 논쟁을 불러일으켰다. 그 내용은 방콕에서의 매춘을 다루고 있는데, 기존 장르의 경계를 허물었기 때문에 더 많은 관심을 받았다. 이 다큐멘터리영화는 종종 극영화로 오해받기도 하는데, 등장인물은 실제 창녀이지만 성매수자로 등장하는 사람은 허구다. 이 영화는 성매수자의 시점에서 창녀의 삶을 그리고 있는데, 많은 여성단체 회원들은 이런 구성에 분노를 나타냈다. 하지만 일부 여성단체는 이 영화의 마지막 크레디트에서 감사를 표하고 있는데, 이는 낯선 형식으로 인해 오독이 발생한 것이다. 오루크는 이 영화를 방콕에서 벌어지는 매춘을 고압적이고 계몽적인 태도로 바라보고 역겹게 받아들여서는 안 되며, 시각을 비틀어 매춘을 구하는 배회자의 시선에서 내용을 구성했다. 새롭게 비틀어보는 시각에 익숙하지 못한 관객이 기존의 틀에서 이 영화를 수용했기 때문에 논쟁이 가열된 측면이 있다.

지난 30여 년 동안 영화 장르의 경계는 상당 부분 무너졌으며, 새로운 형식들이 시도되고 있다. 독창성과 창의성을 추구하는 영화 제작자들 덕분에 새로운 형식들이 만들어지고 인간과 문화에 대한 이해가 깊어지고 있다. 이들은 자신들의 메시지를 기존의 양식으로 담아내는 데 어려움에 봉착하면 새로운 양식들을 만들어낸다. 이런 양상은 영상인류학에서도 동일하게 벌어진다. 다양한 민족지영화제에서 다양한 형식의 영화들이 선보이고 있는 현실에서 예전의 틀로 새로운 형식의 민족지영화를 재단하는 것은 의미 없는 행동이다. 하지만 새로운 양식의 민족지영화들이 항상 더 많은 의미가 있으며 (영상)인류학 담론 형성에 더 많이 기여하는 것은 아니다. 초기 영상인류학자들의 고민과 노력 덕분에 현재의 새로운 시도나 혁신이 가능하다. 또한 이들의 노력 덕분에 함정에 빠지지 않고 지름길을 찾을 수도 있게 되었다. 전통의 현재화는 새로운 도약의 발판이 되기도 하는데, 영상인류학도 예외는 아닐 것이다. 다음에 이어질 장들은 이런 목적에 따라 그 내용이 구성되어 있는데, 이 책의 마지막 장은 현재 외연이 확대되고 있는 영상인류학의 모습에 할애하고자 한다.

III

민족지영화의 사례 분석: 티모시 애시와 나폴레옹 샤뇽

1. 들어가기
2. 제작자 소개
3. 영화분석
4. 나가며

이 글은 다음 논문을 수정하여 게재한 것임. 조관연. 「민족지영화 〈도끼싸움Ax-Fight〉에 대한 비판적 고찰」. 『역사민속학』. 한국역사민속학회, 16, 401-426, 2003.

|
들어가기

문화인류학은 교육과 연구를 위해 일찍부터 영화를 활용했다. 그러나 이의 내용 분석과 방법론적인 성찰은 1960년대에 이르러서야 본격적으로 시작되었다. 한편에서는 프랑스의 장 루슈를 중심으로 초기의 실증주의적 태도를 벗어나 창의적인 방법으로 민족지영화 제작의 문제점을 극복하려는 시도들이 있었다. 다른 한편으로는 미국의 존 마셜, 로버트 가드너 그리고 티모시 애시 등이 중심이 되어 민족지영화를 과학적으로 제작하여 학생들의 교육과 연구에 활용하려고 했다.

이 장에서 다룰 티모시 애시Timothy Asch는 존 마셜이나 로버트 가드너에 비해 체계적으로 영상 교육을 받았고, 교육과 연구 현장에서 민족지영화를 활용하는 데 많은 관심을 가졌다. 그가 야노마미Yanomamö 연구자인 나폴레옹 샤농Napoleon Chagnon과 공동으로 1960년대 후반부터 제작한 일련의 영상물들은 아직도 문화인류학 전공수업뿐만 아니라 인접 학문의 교육 현장에서 활용되고 있다. 이들의 협동작업은 영상물 제작자와 문화인류학자 간의 성공적인 사례로 종종 거론되고 있다. 실제로 이들이 공동 제작한 작품들은 교육 현장에 활용하기에 적합한 내용과 구성을 갖추고 있으며,

당시의 제작 수준을 고려한다면 이들 작품은 획기적인 방법론을 선보이고 있다. 이들이 공동 제작한 교육용 민족지영화들 중에서 교육용으로 가장 많이 대여된 영화는 〈도끼 싸움Ax-Fight〉이다.* 독일에 있는 동안 야노마미 사회에 관한 서구 영상물을 수십 편 본 적이 있는데, 이 영상물의 절반 가까이는 이 부족의 공격성을 증명하기 위해 〈도끼 싸움〉의 장면 일부를 사용했다.

민족지영화 가운데 〈도끼 싸움〉이 가장 널리 알려진 영화 중의 한 편인데, 이 영화는 현재도 태고의 원시성을 간직하고 있는 부족인 야노마미를 전 세계적으로 유명하게 만드는 데 적지 않은 역할을 했다. 티모시 애시는 교육용 영상물 제작에서 혁신적인 시도를 했지만, 〈도끼 싸움〉이 그의 민족지영화 세계를 전반적으로 보여주는 것은 아니다. 샤뇽이 이 영화의 내용과 시각을 담당했고, 애시는 촬영과 구성을 담당했다. 샤뇽은 사회생물학에 기반을 두어 야노마미 사회의 공격성을 분석하고 있는데, 그의 해석은 사회적으로 많은 논쟁을 불러일으켰다. 이런 논쟁은 종종 그에 대한 인신공격으로까지 이어졌는데, 이로 인해 그는 미시간대학교 인류학과에서 조기 정년을 했다. 민족지영화는 다른 텔레비전 프로그램과 달리 특히 내용의 해석에 더 높은 수준의 엄밀성을 요구받는데, 〈도끼 싸움〉은 민족지영화만의 고유한 결들을 다양하게 이해할 수 있는 영화다. 이 장은 앞으로 전개해나갈 다양한 논의의 토대를 마련하고자 〈도끼 싸움〉을 중심으로 교육용 민족지영화의 내용적 · 기술적 측면과 아울러 윤리적 측면도 함께 살펴볼 것이다.

---

* 제작연도: 1975, 카메라: 티모시 애시Timothy Asch, 학술적 자문: 나폴레옹 샤뇽Napoleon Chagnon, 편집: Paul E. Bugos Jr., 음향: Criag Johnson, 애니메이션 사진: Vic Rossi, 상영시간: 약 28분, 16mm, 컬러영화

영화 내용

〈도끼 싸움〉은 샤뇽과 애시가 미시미시마뵈웨이Mishimishimaböwei 마을에 도착한 지 이틀이 지난 1971년 2월 28일에 촬영되었다. 이 영화는 5개 부분으로 구성되어 있는데, 그 내용은 다음과 같다.

첫 번째 부분은 실제로 약 18분 정도 걸린 싸움의 전 과정을 약 10분 정도로 편집하여 보여주고 있다. 이 싸움 장면은 줌렌즈를 이용하여 촬영되었는데, 초점도 잘 안 맞고 싸움 장면을 이리저리 쫓아가는 카메라 움직임이 혼란스럽다. 제작자는 이런 혼란스런 편집을 통해 샤뇽과 애시 그리고 싸움 당사자들이 당시 현장에서 얼마나 혼란스런 심적 상태에 있었는지를 보여주고 있다.

약 1분 동안 지속하는 두 번째 부분에서는 검은 화면을 배경으로 샤뇽과 애시가 싸움에 대해 나누는 이야기를 들을 수 있다. 이들은 정보제공자들의 제보를 바탕으로 싸움의 이유에 대해 이야기를 주고받고 있다.

세 번째 부분은 8분 10초 동안 지속되는데, 이 영화의 중심 부분이다. 이 부분은 중간 자막과 함께 시작하는데, 제작자는 자막을 통해 근친상간으로 인해 이번 싸움이 벌어졌다는 정보제공자의 제보가 틀렸다는 점을 밝히고 있다. 샤뇽은 추가 조사를 통해 마을에서의 주도권 경쟁이 원인이라는 점을 밝혀냈다. 영화는 느린 화면이나 정지 화면을 통해 당사자들이 싸움 현장에서 어떤 행동을 하고 어떤 상호관계에 있는지를 보여줌으로써 주장의 설득력을 높이고 있다.

네 번째 부분에서는 혈연지도를 통해 사건 당사자들의 친밀도와 경쟁관계 등을 설명하고 있는데, 샤뇽은 싸움의 원인을 다음과 같이 정리하고 있다. 싸움에는 3대까지 추적 가능한 3개의 혈연집단이 관여하고 있는데,

이들은 두 개의 마을에 나뉘어서 살고 있다. 두 번째 혈연집단 출신의 나노카와Nanokawa와 모아와Möawä는 이 싸움이 있기 얼마 전에 미시미시마뵈웨이 마을의 주도권을 차지하기 위해 싸움을 벌였고, 모아와가 주도권을 차지했다. 얼마간의 시간이 지난 후 나노카와가 첫 번째 혈연집단 출신의 제수와 함께 마을을 방문했다. 첫 번째 혈연집단 출신의 모헤시와Mohesiwä가 두 번째 혈연집단에 속하는 시나비미Sinabimi를 구타했는데, 시나비미의 남자 형제와 세 번째 혈연집단 출신의 남편인 요이나쿠와Yoinakuwä가 함께 모헤시와를 처음에는 창, 나중에는 도끼로 공격했다. 샤농의 해석에 의하면 이 싸움은 나노카와와 모아와의 주도권 경쟁의 연장이지만, 이 둘은 혈연집단 사이에 존재하는 기존의 분열을 심화시키지 않기 위해 싸움에 직접 참가하지 않고 있다.

다섯 번째 부분은 최종 편집본을 다시 한 번 보여주고 있다.

2
제작자 소개

1) 나폴레옹 샤뇽

나폴레옹 샤뇽은 1938년 미시간 주의 포트오스틴Port Austin에서 12남매 중 둘째로 태어났다. 샤뇽은 미시간대학교에서 생물학을 공부했는데, 서비스Elman R. Service와 화이트Leslie A. White 등의 인류학 강좌들을 수강했다. 그는 이들 강좌를 통해 다른 사람들의 행동과 문화를 관찰하는 시각과 방법론을 배웠다.

그는 닐Neel 박사가 주도하는 학제 간 연구 프로젝트에 참여함으로써 1964년에 처음으로 야노마미 사회를 연구하기 시작했다. 샤뇽은 1966년 이 연구를 토대로 미시간대학에서 박사학위를 취득했다. 샤뇽은 이후에도 지속적으로 야노마미 사회를 현지조사했다. 그는 처음 6년 중 3년을 야노마미 마을에서 생활했는데, 이 기간 동안 50여 개 마을을 방문하여 3,000명 이상의 야노마미 사람들을 만나 조사했다(Chagnon Napoleon 1974). 프랑스 민족학자 자크 리조Jacques Lizot를 제외한다면, 그는 1980년대까지 야노마미 사회에서 가장 오랫동안 현지조사를 한 서구 인류학자였다. 샤뇽의 주요 연구 관심사는 인구통계, 혈연조직, 인구증가, 마을의 분리 등이 사회 구조에 미치는 영향 등이었다. 그의 저서 『야노마미: 무시무시한 사람들 *Yanomamö: The Fierce People*』(1983)은 야노마미인을 매우 거칠고 공격적인 사람들로 묘사하고 있는데, 그의 묘사는 '문명화된 서구인'에게 매우 강한 인상과 호기심을 불러일으켰다.

샤농은 애시가 야노마미 사회에서 촬영한 필름들을 1968부터 3년 동안 편집하여 50편의 교육용 영화를 제작했다. 1972년부터는 펜실베이니아 대학교 인류학과에 재직하면서 이전 현지조사에서 수집한 자료들을 기반으로 다수의 논문과 책들을 발표했다.

샤농은 『야노마미 연구*Studying the Yanomamö*』를 레슬리 화이트(1900~1975)에게 헌정했는데, 이를 통해 화이트가 샤농에게 끼친 학문적 영향을 알 수 있다. 화이트는 1932년부터 미시간대학교에서 인류학을 강의했는데, 그는 당시 신진화주의 문화이론으로 높은 명성을 얻었다. 화이트의 신진화주의 이론의 주요 내용은 다음과 같다.

① 생물학적 결정론과 자유의지의 부정

② 단일성의 원리: 현재 문화의 발전 규칙은 과거와 마찬가지다.

③ 연속성의 원리: 과거는 현재로부터 추론할 수 있다.

④ 복잡성의 원리: 단순한 것에서 복잡한 것으로 발전한다.

⑤ 인간 정신의 기본구조는 동일하다.

화이트의 이론은 샤농이 관심을 가진 사회생물학과 여러 면에서 다르다. 샤농의 사회생물학 이론에 의하면 인간은 이기적인 유전자의 조정에 따라 행동하며, 이기적인 유전자가 추구하는 것은 자기 개체를 최대한으로 번식하고, 이들에게 가장 최적의 삶의 조건을 마련해주는 것이다. 샤뇽의 사회생물학은 자연선택과 환경과의 상관관계 속에서 개인의 행동이 어떤 양상으로 나타나는지를 설명하고자 했다(Chagnon Napoleon 1974: xvi).

화이트와 마찬가지로 사회생물학자인 샤뇽도 인간의 문화를 이해하는 데 개개인의 성격적 차이를 중요하게 생각하지 않았는데, 이는 인간은 사회 시스템과 이기적 유전자에 의해 행동들이 결정되기 때문이다. 샤뇽은 개인의 행동은 생물학적 혈연관계에 기반을 둔 최대 이윤 법칙에 따라 결정되며, 야노마미족의 공격성도 이를 통해 설명할 수 있다고 생각했다(Chagnon Napoleon 1974: viii). 이성적 논리와 합리성을 중시하는 서구인에게 이런 야노마미 사람의 모습은 이해하기 어려웠지만, 매우 흥미로웠다.

2) 티모시 애시

애시는 민족지영화를 다음과 같이 정의했다. "연습하지 않고 대본도 없는 인간행동인데, 다른 말로 하면 민족학자들이 연구하는 행동 패턴에 관한 영화이며, 인류학자들이 분석하거나 데이터나 연구 결과들을 전달하는 매개로 모두 유용하다."(Asch, T. & Patsy Asch 1988: 165) 그는 이 정의에서 민족지영화의 선택적이고 해석적인 측면보다는 관찰적인 측면을 강조하고 있다. 애시는 존 마셜과 함께 자신의 민족지영화 제작 경력을 시작했는데, 그는 1951년부터 수집한 20여 편의 영상자료를 기반으로 1966년 다큐멘터리 교육용 자료Documentary Educational Resources(DER)를 공동 설립했다(www.der.org). 이들은 여기서 새로운 민족지영화 제작 방법론을 개발하려고 했다.

이 기관은 현재도 민족지영화에 대한 정보를 가장 많이 제공하고 있으며, 다수의 민족지영화를 유통하고 있다.

〈도끼 싸움〉이 제작될 당시 애시와 마셜은 복잡한 사건을 장황한 해설 없이 관객에게 어떻게 이해시킬지에 대해 고민하고 있었다. 당시 대부분의 교육용 영상물은 많은 해석이 담긴 해설을 통해 내용을 전달하고, 영상은 단지 이를 예시하는 역할만 했다. 이들은 장황하고 해석적인 해설과 결별하고 반복하여 보여주는 것을 통해 영상 스스로 시청자에게 말을 거는 방법을 찾았다(Petermann 1984: 43). 애시는 이 방법을 〈축제*The Feast*〉에서 처음으로 사용했는데, 이 영화는 야노마미의 두 집단이 축제에서의 선물 교환을 통해 기존의 연대를 어떻게 재확인하고 강화하는지를 보여주고 있다. 이 영화의 전반부는 정지 화상과 해설로 축제의 배경과 과정을 소개하고, 이후 자막 처리한 영상을 다시 보여줌으로써 관객 스스로 그 내용을 확인할 수 있도록 했다. 애시와 샤농은 이런 방법론을 〈도끼 싸움〉에서 사용했다.

애시는 동반 자료를 적극 활용했는데, 여기에는 민족지영화 제작과 관련된 상세 정보가 담겨 있다. 그는 민족지영화에 동반 자료가 필요한 이유를 다음과 같이 설명했다.

> 야노마미 민족지에 대한 배경지식이 없다면 이 영화들은 원시적 야만인과 문명화된 서구인이라는 편견을 쉽게 강화한다. 하지만 적절한 배경지식이 있다면 매우 좋은 교육자료가 될 수 있다. (……) 만일 영화를 광의의 민족지 맥락에서 보지 않는다면 관객의 마음에 사건은 자연스럽게 고착되고, 관객은 곧바로 야노마미 패턴이 아니라 그 사회의 행동으로 야노마미 사회 전체를 일반화할 것이다(Asch 1975: 399-400).

애시는 민족학자와 영화 제작자의 긴밀한 협력 관계뿐만 아니라 교육과 연구용 민족지영화 제작 방법에 대해서도 깊은 관심을 가졌다. 그는 당시 민족지영화의 고전으로 간주하던 〈북극의 나눅〉, 〈초원*Grass*〉, 〈사냥꾼들*The Hunters*〉 그리고 〈죽은 새들〉의 제작 방식과 내용에 대해 부정적인 생각을 갖고 있었다. 그는 이 작품들의 창의적인 예술적 가치를 높이 평가했지만, 이들의 자기충족적이고 해석적인 스타일은 교육이나 연구용 영화로는 적합하지 않다고 생각했다(Asch 1975: 395). 애시는 민족지영화의 목적과 역할을 다음과 같이 생각하고 있었다.

> 내 생각으로는 인류학 연구에서 우리가 얼마나 인간의 행동을 잘 관찰할 수 있느냐에 따라 인간의 행동을 잘 분석할 수 있으며, 또한 잘 이해할 수 있다. 대학생이든, 석사과정 학생이든 간에 관찰과 분석은 인류학 연구에서 서로 긴밀하게 연결되어 있다. 따라서 나는 문자로 쓰인 자료들과 교실에서의 토론을 통해 명확한 이론적 · 민족지적 배경을 획득하는 것이 중요하다고 생각하며, 학생들은 이를 자기가 사는 사회에서의 현지조사에서도 활용할 수 있다. 나는 영화를 실제로 관찰한 행동에 대한 추상적인 개념과 아이디어들을 연결해주는 과정의 한 단계로 유용하다고 생각한다(Asch 1975: 395).

애시는 1967년 미국 브랜데이스Brandeis대학교에서 문화인류학 강의에 활용 가능한 영화를 제작하기 위해 민족지영화연구센터Center for Ethnographic Film Studies를 설립했다. 샤뇽은 1968년 당시 저명한 민족지영화 제작자인 애시에게 야노마미족에 관한 교육용 영화를 공동 제작할 것을 제안했는데, 애시는 이미 야노마미 사람들이 매우 공격적이고 위험하다는 사실을 알고 있었기 때문에 주저했다. 하지만 당시 샤뇽은 사회생물학 분야에서 독보적인 위치를 차지하고 있었기 때문에 이런 좋은 기회를 놓치고 싶지 않아서 그의 제안을 수용했다.

> …… 내가 얼마나 가고 싶어 하는지와 상관없이 새로운 방법론이나 민족지영화를 제작하기 위해 내가 첫 번째 자살시도를 할 이유는 없었다. 나는 아내에게 *Natural History*를 읽어보라고 했고, 나와 마찬가지로 그녀도 매우 놀랐는데, 그녀만이 유일했던 것은 아니었다. 나의 친구들은 내가 미쳤다고 했다. 두 명의 인류학자는 내가 어떤 조건에서도 가서는 안 된다고 했다. 내 생각에는 이들이 정말 나의 안전을 걱정하고 있는 것 같았다(Asch 1972b: 8).

애시는 이 좋은 기회를 활용하여 대학 인류학 수업에서 효율적으로 활용할 수 있는 민족지영화를 제작하려고 했다. 이와 같은 의도에서《야노마미 시리즈물》이 제작되었다. 애시와 샤농은 약 270명이 사는 미시미시마뵈웨이 마을에서 1968~71년에 약 11만 피트를 촬영했고, 이로부터 약 50편의 영화를 제작했다. 1971년에 촬영된 〈도끼 싸움〉도 이 과정에서 제작된 영화인데,《야노마미 시리즈》의 거의 모든 영화는 민족지영화연구센터에서 구매할 수 있다.

3
영화분석

1) 시대정신

개인적인 시각이나 가치는 민족지영화 제작에서 중요한 역할을 하는데, 개인적인 시각의 상당 부분은 그가 속한 문화의 영향을 받아 형성된다. 영화 〈도끼 싸움〉을 분석하기 위해서는 당시의 시대정신과 개인적인 시각 모두를 살펴보는 것이 필요하다.

(1) 인디언에 관한 이미지

적어도 1960년대 이후 서구사회의 특징 중 하나는 낯선 것 또는 이국적인 것에 대한 갈망이다. 서구의 모든 사람이 이와 같은 갈망을 가진 것은 아니었지만, 사회 내에서 하나의 주요 흐름으로 형성될 만큼은 되었고, 이를 서구 동화나 거리의 신문에서 발견하는 것은 어렵지 않았다. 이렇게 탄생한 이국적인 이미지들은 대부분 사실의 재현이라기보다는 사실과는 거리가 먼 재창조물이다. 이 이미지들은 특정한 모습, 즉 정형화된 모습을 지니고 있는데 이처럼 정형화된 형상은 대중적 소비를 손쉽게 한다(Lutz 1990: 32-33). 이 점에 있어서 인디언은 매우 전형적인 예다.

서구사회에서 발견되는 인디언에 대한 정형화된 이미지는 크게 '고귀한 야만인Noble Savage'과 '피에 굶주린 붉은 악마Bloodthirsty Red Devil'로 나눌 수 있다(Lutz 1990: 37). 정형화된 인디언의 이미지는 특히 극영화에서 흔히 찾아볼 수 있는데, 인디언 전사가 전통의상을 입고, 모카신을 신고, 도끼나 창을 가지고 백인을 공격하는 모습이 그것이다. 이와 같은 이미지는 민족지 영화 〈도끼 싸움〉이 제작된 시기까지 그다지 크게 달라지지 않고 서구인의 머릿속에 깊게 자리 잡고 있었다.

백인 선교사, 상인 그리고 탐험가들은 일찍이 인디언들과 빈번한 접촉을 했다. 이들 중 일부는 인디언들과 이해관계를 둘러싸고 갈등을 빚었는데, 이로부터 인디언들에 대한 부정적인 이미지가 주로 형성되었다. 물론 인디언에 대한 부정적인 이미지의 탄생 원인을 모두 접촉으로 인한 이해관계의 갈등에서 찾을 수는 없다. 왜냐하면 대부분 사회에서 낯선 것 또는 타자에 대한 경계심 또는 부정적 이미지는 흔히 존재하기 때문이다. 또한 서구 사상의 한 가지 특성은 진보에 대한 믿음이다. 즉 인간의 물질문화는 단순한 것에서 복잡한 것으로 발전하며, 이에 따라 인간의 정신도 발전한다는 것이다. 이와 같은 맥락에서 물질문화를 발전시키지 못한 인디언은 문화적으로 미개한 상태에 있는 사람들이라는 등식이 성립한다.

인디언에 대해 부정적인 이미지를 가진 사람들은 이들의 정신적 미개함이 합리적 사고나 토론 능력의 결여 그리고 문제를 무력적으로 해결하는 것을 선호하는 데서 잘 나타나고 있다고 믿고 있다. 이와 같은 요인들이 합쳐져서 인디언에 대한 부정적 이미지, 즉 '피에 굶주린 악마' 또는 '붉은 악마'가 생겨났다. 백인은 이들 인디언을 '문명'을 향유할 수 있도록 계몽하거나, 이것이 불가능하면 이들을 격리 또는 제거하는 것을 해결책으로 보았다. 백인이 인디언에 대해 자주 하는 조크 중에서 "가장 착한 인디언은 죽은 인디언"이라는 말은 이를 잘 보여준다.

인디언에 대한 부정적 이미지의 유래와 상관없이 백인이 이것을 자신들의 이해관계를 관철하는 데 이용했다는 점에는 이론의 여지가 없다. 인디언과 이해관계가 상충하는 백인은 이들을 원시적이고 미개한 사람으로 낙인찍음으로써 이들 소유의 토지와 재산을 몰수하고, 이들을 탄압하고 제거하는 데 정당성을 찾았다.

인디언에 대한 부정적인 이미지의 반대편에 존재하는 것이 '낭만적인' 생각, 즉 '고귀한 야만인'이다. 이런 생각을 하는 사람들은 주로 인디언과 별다른 직접적인 접촉 경험이 없고, 서구 문명의 부정과 타락에 대해 강한 불만을 품고 있다. 이들에게 인디언은 문명에 오염되지 않고, 원죄로부터 자유로운 자연의 아들이다. 이들은 이런 인디언의 이미지를 통해 자기가 속한 문명을 비판하고, 죄악으로 오염되지 않은 이상사회를 건설하고자 했다.

서구문화에서 이와 같은 두 가지 상이한 이미지가 발견되지만, 나타나는 빈도수만을 놓고 본다면 전자가 훨씬 높다. 대부분의 문화인류학자가 후자와 비슷한 이미지를 가진 반면, 사회생물학자인 샤뇽은 전자의 이미지를 강하게 가지고 있었다. 그가 이런 이미지를 갖고 있다는 증거는 영화의 제목 〈도끼 싸움〉에서도 발견할 수 있다. 앞으로 논의를 전개해나가겠지만, 도끼 싸움은 야노마미 사회에서 극히 예외적인 상황이었다. 이런 상황에 대해 샤뇽은 왜 강한 관심을 두게 되었을까? 이를 이해하기 위해서는 영화가 제작될 당시 미국의 시대적 상황을 살펴볼 필요가 있다.

(2) 베트남 전쟁

〈도끼 싸움〉이 제작된 1970년대 초반 미국에서의 가장 큰 화두는 베트남 전쟁이었다. 일부 미국인은 베트남 전쟁을 통해 자신들의 문화를 다시 한 번 되돌아보는 계기로 삼았지만, 다수의 미국인에게 이 전쟁은 이해하기 어려운 측면이 많았다. 후자에게 미국은 자유와 평등 그리고 민주주의를 수호하고 전파하는 국가였다. 이들은 또한 이런 미국적 가치를 전 세계에 확산하고 수호해야 한다는 의무감에 불타고 있었다. 그러나 베트남에서의 상황은 이들의 생각과는 정반대의 방향으로 진행되었다.

베트남인은 미국인이 지고지선으로 믿는 가치들을 부정하면서 미군들에게 무력 대응을 했다. 당시 정치가들이나 학자들은 서구식으로 문명화되지 않은 베트남 사람들의 본성과 행동에 대해 많은 관심을 가졌다. 왜냐하면 이들에게 베트남 전쟁은 이념, 민족적 자존심 또는 정의의 문제가 아니라 고귀한 가치들을 이해하지 못하는 원시적인 사고와 행동의 산물로 여겨졌기 때문이다. 미국 내에서는 이런 이상한 나라의 문화를 다시 고찰할 필요성이 대두되었다. 당시 학자들은 이들의 행동양식, 특히 그중에서도 공격성의 형태와 원인에 대해 관심을 가졌는데, 정부에 의해 다수의 연구과제가 발주되었다. 당시 발주된 연구과제들은 인간의 공격성에 대해 일반적인 설명모델을 발견하는 것이 목적이었고, 샤뇽도 이와 같은 이유에서 연구에 참여하게 되었다(Chagnon 1974: ix; 1983: 1).

샤뇽이 야노마미 사회를 연구하는 데 경제적으로 지원한 단체는 국립 정신건강연구소, 미국 원자력에너지위원회, 인류학 연구 웬너-그렌 재단, 그리고 국립과학재단이었다. 이들 기관 중에서 미국 원자력에너지위원회는 1960년대부터 아마존 지역에 원자력 시설을 설립하려고 했기 때문에 경제 지원을 했고(Herzog, Gabriele 1989: 97), 국립 정신건강연구소와 국립과학재단은 인구 구조와 인간의 행동양식의 상관관계에 대해 관심이 많았기 때문에 지원했다(Asch, 1972a: 8).

샤뇽이 참여하여 연구했던 남아메리카 인디언의 학제 간 연구 Multidisciplinary Study of South American Indians 팀은 야노마미 사람들이 그들의 사회적 상황에서 어떻게 번식하고 행동하는지에 대해 깊은 관심이 있었으며, 이 연구를 통해 얻은 자료들을 다른 지역에서 얻어진 것과 비교하여 일반적인 설명모델을 도출해내려고 했다(Chagnon 1983: 199). 이와 같은 연구 방향은 닐 박사가 소장으로 재직하고 있는 국립과학재단의 연구 방향과 동일했다. 이런 이유에서 국립과학재단은 비교 연구를 위해 예술 영화나 흥행성이 높은 영화가 아니라 사실 그대로를 기록한 영화를 요구했다. 재단의 이런 기대치는 샤뇽과 애시의 영화 제작에 영향을 끼쳤는데, 특히 촬영과 편집 방향을 결정지었다. 연구와 대학 교육 현장에서 활용 가능한 영상물 제작에 관심이 있던 국립과학재단의 요구는 샤뇽과 애시의 제작 방침과 다르지 않았기 때문에 영화 제작은 별다른 문제없이 진행되었다. 다음은 샤뇽과 애시가 야노마미 영화 제작과 유통을 위해 마련한 지침이다.

> ① 영화는 명확하게 다큐멘터리를 염두에 두고 촬영되었다. 우리는 특별한 주제에 관한 다수의 단편 영화를 제작할 것이다. 대부분의 영화는 자막과 원음은 있지만 최소한의 해석만을 담을 것이다. 영화에는 보충자료가 동반될 것이며, 이는 영화 속의 사건이나 개인들에 관한 고유한 세부사항들을 안내해줄 것이다.
>
> ② 우리는 좀 더 일반적인 민족지영화를 만들기 위해 몇몇 짧은 영화의 촬영본을 활용할 것이다. (……) 이런 일반적인 영화들은 자신의 강의

와 독서에 전념하기를 원하는 교사가 있는 학교 현장에서 사용될 수 있다. 하지만 단일 영화와 보충자료는 더 넓은 영역의 주제를 포괄할 수 있다.

③ 우리는 존 마셜이 이쿵 부시먼 영화에서 보여준 노력과 비슷하게 영화자료들을 개발할 것이다. 우리는 공공 학교 시스템 교과과정에서 사용할 수 있는 영화를 제작할 것이다. (……) 이들 영화를 통해 이쿵 부시먼과 야노마미 사회의 고기 나눔의 사회적 조직을 비교하는 것이 가능할 것이다.

④ 우리는 아카이브가 기금으로 지원된다면, 완전하게 편집되지 않은 촬영본을 국립영화 아카이브에 소장할 것이다. 그리고 모든 영화의 전체 촬영본은 훈련받은 연구자에게 개방될 것이다. (……) 얼마 되지 않아 이들 영화 속의 일부 사건들은 야노마미 '기억 문화'의 일부분이 될 것이며, 촬영본은 매우 가치 있고 정확한 기록이 될 것이다.

⑤ 이 영화들은 매우 중요한 야노마미 문화의 차원을 전달하고 있으며, 이는 문자적 단어로는 부적합한 것이다. 이 영화는 인류학 전공 학생과의 의사소통에서도 유용할 것인데, 이 영화는 이들이 다른 문화를 배우고, 자신의 언어로 이들을 이해하도록 격려할 것이다(Chagnon 1974: 262-263).

이를 통해 샤뇽과 애시는 영화 제작에서 공동의 목표를 가지고 있다는 점을 알 수 있는데, 가능한 한 서구 문명으로부터 전혀 접촉이 없거나 영향을 적게 받은 문화를 현대 서구문화가 완전히 파괴하기 전에 영상으로 기록하여 아카이브에 소장하는 것이다. 하지만 이런 구상에도 불구하고 어떻게 무엇을 촬영해야 하는지에 대해서는 충분한 고려가 없었다(Chagnon

1974: 262-263).

영화 제작과 관련된 샤농과 애시의 관심사는 다음과 같이 요약될 수 있다. 현대 산업문명과의 접촉으로 인해 '원시문화'들이 사라져가고 있다. 이들 문화들이 사라지기 전에 최대한 많이 영상으로 기록하고 저장하는 것이 나중의 비교 연구를 위해 중요하다. 그러나 영상이라는 매체가 과연 그들이 의도하는 대로 모든 현상을 있는 그대로 충실하게 기록하고 재현할 수 있을까? 또한 연구자들도 가치중립적으로 인지하고, 분석하고, 해석할 수 있을까? 샤농과 애시가 제시한 영화 제작 지침에는 이와 같은 부분들이 간과되었고, 이로 인해 영화는 몇 가지 문제점을 노출하고 있다. 다음은 이 영화 속에 나타나는 문제점들이다.

2) 영화 제작자의 존재

다큐멘터리 제작에서 영화 제작자와 카메라의 존재는 거의 예외 없이 대상자의 행동에 크든 작든 영향을 끼친다. 이런 이유에서 영상으로 포착된 사실은 대부분의 경우 영화 속의 진실일 뿐 진실 그 자체는 아니다. 만일 영화 제작자가 사건을 바로 그 장소와 시간에 영상으로 기록하지 않았다면, 그 사건 자체가 달리 전개되었거나 아니면 일어나지도 않았을 확률이 높다.

사건을 객관적으로 기록하는 데 많은 관심을 기울인 학자들은 이와 같은 문제점을 파악하고, 사건에 영향을 끼치지 않으면서 촬영하기 위해 여러 가지 기교를 생각해냈다(Eibl-Eibesfeldt 1972). 하지만 이런 방법들은 현장에서 그다지 효과적이지 않았으며, 수많은 윤리적 문제점만 노출했다. 애시도 일련의 경험들을 통해 카메라의 존재로 인해 사건이 변화하는 것에 대해 알고 있었고, 이에 대해 각별히 주의를 기울였다. 하지만 〈도끼 싸움〉의 장면들이 과연 샤뇽과 애시가 추구하는 바대로 객관적인 사실의 재현일까?

이를 밝히기 위해 야노마미 사회의 공격적 행동에 대한 연구 성과를 살펴보면 다음과 같다. 샤뇽은 야노마미 사회에서 벌어지는 공식적 · 비공식적 싸움들을 가슴 가격chest pounding, 옆구리 가격side slapping 그리고 곤봉 싸움club fights의 세 가지로 구분했다. 야노마미 성인 남자들은 자신들의 남성성 또는 무시무시함을 자랑하기 위해 가슴 가격에서 옆구리 가격 그리고 곤봉 싸움으로 공격성의 차원을 높여서 싸웠다. 하지만 샤뇽에 의하면 야노마미 사회에 쇠도끼가 유입되면서 새로운 형태의 갈등 양상인 도끼 싸움이 추가되었다. 이 싸움은 최후의 싸움 형태이며, 결과 또한 매우 치명적이다(Chagnon 1974: 215-216).

샤뇽은 야노마미족의 공격성의 빈도와 강도 그리고 원인을 다음과 같이 설명하고 있다. 인구의 증가로 인해 자원이 부족하게 되고, 자원이 부족해지자 여아를 살해하는 풍습이 생겨났다. 여아 살해는 다시 임신 가능한 여자의 부족으로 이어졌고, 임신 가능한 여자의 부족은 다시 여자를 둘러싼 남성들 간의 갈등으로 이어졌다. 이 갈등이 마을 내에서는 남성들 간의 위세 경쟁 또는 무력적 갈등으로, 마을을 넘어서서는 마을 간의 연대와 전쟁으로 이어진다는 것이다. 그의 주장에 따르면 남자다운 사람 또는 무시무시한 사람은 사회적으로 공포의 대상이기도 하지만 존경의 대상이기도 하다. 이들은 무시무시하지 않은 사람보다 여자를 획득할 가능성이 더 높으며, 자식의 숫자도 많고, 자식들이 후에 더 좋은 사회적 출발점을 갖게 된다는 것이다. 그렇기 때문에 야노마미 사회에서 남성들은 모두 무시무시한 사람이 되길 원하며, 야노마미 사회는 결과적으로 매우 공격적인 모습을 띠게 되었다는 것이다. 그는 자신의 주장을 현지조사를 통해 얻은 자료들을 통계적으로 처리하여 제시하고 있다(Chagnon 1979).

리조를 비롯한 다수의 문화인류학자는 샤뇽이 야노마미 사람들을 모두 공격적인 사람들로 일반화하는 것에 대해 반론을 제기했다. 야노마미 사람들은 무시무시한 사람들만을 존경하는 것이 아니며, 또한 무시무시한 사람이 더 많은 여성과 자녀를 두고 있지는 않다(Bruce 1988: 637-640; Lizot 1977: 497-517). 이런 반론에 대해 샤뇽은 현지조사를 통해 수집한 통계적 자료를 이용하여 자신의 이론을 방어했다.

샤뇽이 야노마미 사람들의 공격성과 이의 원인에 대해 자신의 연구 결과를 적극적으로 방어했지만, 도끼 싸움과 관련한 부분에서는 석연치 않은 부분들이 발견된다. 샤뇽은 『야노마미: 무시무시한 사람들』의 개정판을 1983년에 『야노마미』라는 제목으로 발간했다. 그는 초판에서와 마찬가지로 개정판에서도 야노마미 사회의 싸움 단계들과 이의 규칙들을 소개하고 있는데, 아무런 설명 없이 도끼 싸움에 대한 부분을 삭제했다.

프랑스 출신의 민족학자인 자크 리조는 샤뇽과 마찬가지로 야노마미 사회에서 오랜 기간 현지조사를 했는데, 야노마미 사람들이 도끼를 사용하여 싸움을 벌이는 것을 관찰한 적이 없다고 주장했다. 야노마미 남자들은 전사들이며, 이런 이유에서 공격적이고 난폭하다. 하지만 그는 이들에게 감각적이며, 섬세하고, 사랑스러운 측면도 있다고 주장했다. 리조에 의하면 야노마미 남자들은 자신의 명예를 지키는 데 남다른 관심이 있으며, 공격성과 명예를 지키는 것 사이에는 상당한 상관관계가 있다고 했다. 샤뇽도 야노마미 사람들이 명예를 중시한다는 점에는 동의하고 있다. 리조는 야노마미 사회에서 무력적 갈등이 일어나는 또 다른 이유는 여자를 얻기 위해, 수치를 당했거나 살인 행위가 일어났을 경우 혈연 간의 의무를 지키기 위해서라고 했다(Lizot 1982: 515).

샤뇽이 이야기한 대로 야노마미 사회에서 벌어지는 모든 싸움에는 지켜져야 할 규범들이 있는데, 도끼를 사용하는 것은 이를 어기는 행동이다. 리조는 현지조사 기간 중 이런 싸움 형태를 관찰한 적이 없었다. 하지만 샤뇽은 오랜 현지조사 기간 중 오직 한 번만 도끼 싸움을 목격했고, 이를 영상에 담아 이를 기반으로 공격성에 대한 이론을 만들었다. 리조의 틀을 바탕으로 추정하면, 케보아가 싸움에 끼어든 것은 자기 형제의 명예가 실추된 것에 대한 대응이며, 이는 야노마미 사회에서 혈연집단 간의 당연한 의무였다. 그렇다면 그는 왜 심각한 일탈적 행위이면서 치명적인 결과를 초래할 것이 분명한 도끼를 사용하게 되었을까? 영화 속의 장면을 자세히 살펴보면 그는 도끼를 사용하기 전에 다른 사람들이 개입하여 말릴 수 있는 시간적 여유를 주고 있으며, 상대편을 도끼의 날카로운 날이 아니라 뭉툭한 부분으로 가격하고 있다. 전후 사정을 고려하면 이방인인 샤뇽과 애시 그리고 카메라의 존재가 이와 같은 상황을 부추긴 것으로 추측된다. 카메라에 대해 야노마미 사람들이 민감하게 반응하는 것은 애시의 글에서도 잘 나타나고 있다.

> 밭에서 수확하는 것이 대부분 끝났기 때문에 나는 영화 제작의 가능성이 낮아지는 것에 실망했다. 우리를 위해 몇몇 사람이 바나나를 자르고, 촬영을 위해 이를 어깨에 메고 서 있었다. 갑자기 모든 사람이 이리저리 날뛰면서 숨이 턱까지 차서 소리를 지르며 공중에 잎사귀 다발을 흔들면서 춤을 추기 시작했다. 나는 "이것은 밭 축제의 일종일 것이라고 생각했다". 나

는 촬영을 시작했고, 나폴레옹은 사운드를 녹음하기 시작했다. 마침내 탈진하여 멈추자 이들의 몸은 땀범벅이 되어 있었다. 나폴레옹은 "이게 무엇이냐?"고 물었다. 그러자 촌장은 나폴레옹을 바라보고는 "이것이 바로 당신들을 위해 우리가 해야 하는 것이 아니냐?"고 물었다(Asch 1972a: 11-12).

이상의 예를 바탕으로 추론한다면, 케보와는 이방인 앞에서 실추된 명예뿐만 아니라 실추된 자신의 모습이 영상에 담겨서 알려지는 것에 대해 통제하기 어려운 분노를 느꼈고, 이와 같은 분노가 도끼 싸움이라는 극단적인 일탈 행위로 이어진 것 같다. 이런 맥락에서 〈도끼 싸움〉이 야노마미 사람들의 공격성을 보여주는 증거물로 유통되는 것에는 문제가 있는데, 특히 학교 교육에서 야노마미 사회의 공격성을 예시하는 교육 매체 또는 인간의 공격성을 이해하기 위한 비교 연구 자료로 활용하는 것에도 문제점이 있다.

3) 대사와 음향

영화는 그 자체로 사실이 아니라 수많은 기술적 · 구성적 수단을 이용하여 재구성한 사실을 전달하는 매체다. 영화에서 소리 또는 음향은 중요한 요소 중의 하나다.

일반적으로 말해서 모든 익숙한 소리는 행동 방식이나 이미지의 활동 등과 마찬가지로 연상작용을 불러일으킨다. 이 연상작용은 일반적으로 소리와 연관된 것이거나 청자의 뇌 속에 있는 기억과 관련된 것이다(Kandorfer 1982: 269).

종종 특정 분위기나 상황을 영화 속에서 포착하는 것이 불가능할 경우도 있지만, 적합한 소리는 이미지 스스로 표현할 수 없는 적절한 연상작용을 불러일으키고, 의미관계를 만들어낸다. 하지만 이와 반대되는 경우도 일어날 수도 있다. 인간이 경험하는 것에는 거의 예외 없이 소리가 동반되어 있다. 이미지에 소리를 입히면 관객은 (완전히) 새로운 환상을 경험하게 된다. 기록이 진실하다는 인상을 불러일으키기 위해 다큐멘터리에서와 마찬가지로 민족지영화에서도 나중에 소리(음향) 작업을 하는 것이 하나의 관례로 자리 잡고 있지만, 인간의 청각습관을 무시하면 관객에게 원하지 않는 결과가 전달될 수 있다.

인간의 청력은 외부로부터 들어오는 다량의 자극 중에서 본질적이고 중요하다고 생각되는 것을 선택하여 집중적으로 듣는다. 이 때문에 인간은 시끄러운 소리 가운데 자신이 원하는 약한 인간의 목소리만 들을 수 있다. 하지만 스피커나 녹음기와 같이 인공적인 소리가 인간의 귀에 전달되면 이런 청각습관이 제대로 작동하지 않을 수도 있다. 사람들이 처음으로 보청기를 착용하면 인간의 청각기관은 이런 선택적 작용을 하지 못하는 경우가 종종 발생한다. 이럴 경우 소리를 낮추거나 정신을 집중하는 것이 별다른 도움이 되지 못하며, 인간의 뇌는 이 새로운 상황에 적응하는 힘들고 긴 단계를 거쳐야만 다시 선택적 청음을 할 수 있게 된다.

이와 같은 점은 영화 속의 음향에도 적용된다. 기술적인 수단을 이용하여 촬영과정에서 녹음된 다양한 소리 중에서 본질적인 부분을 제외하고는 제거하거나 약화하는 것이 필요한데, 이는 영화 속에서 처음 접하는 다양한 소리 중에서 인간의 귀가 필요한 것만을 선택적으로 듣는 것이 거의 불가능하기 때문이다. 애시도 영화 제작에 있어서 인간의 이런 독특한 청각습관에 대해 충분히 인식하고 있었다.

> (……) 인간은 선택적으로 듣는데, 청자에게 관심 있는 특정 소리를 크기와 거리와 큰 관계없이 분리하여 듣는다. 하지만 마이크나 녹음기는 모든 소리에 주파수와 크기에 비례하여 직접 반응한다(Asch, T. & Patsy Asch 1988: 167).

영상물 제작에서 소리를 잘 잡아내는 것은 가장 어려운 일 중의 하나이며, 통제할 수 없는 상황에서 기록영화를 만드는 일은 특히 어렵다. 〈도끼 싸움〉에서는 영상과 대사가 미숙하게 처리되었고, 이로 인해 정확하게 정보를 전달하고 있지 못하다.

영화의 첫 부분에서 아이를 안고 있는 한 여자가 상대편 사람들에게 욕설을 퍼붓는 장면이 있다. 이 욕설들의 내용은 자막으로 처리되었는데, 이를 통해 관객은 욕하는 사람의 감정상태를 충분히 알 수 있다. 그러나 정말 그 욕설이 영어로 정확히 번역 가능하고, 의미가 정확히 전달될 수 있는지에 대해서는 의문이 든다. 몇 개월 전 미국에 사는 한국인이 그곳 사람에게 죽여버리겠다는 말을 하고는 형사범으로 기소되었다는 기사를 읽은 적이 있다. 한국인 중 일부는 예전에 다른 사람과 심하게 다툴 때 상대방에 대한 분노의 표시로 죽여버리겠다는 말을 하기도 했다. 대부분의 한국인은 이 말의 본래 의미를 잘 이해하고 있지만, 이 말을 영어로 직역한다면 그 의미는 완전히 달라진다. 왜냐하면 미국인은 분노를 표시하는 방법으로 죽여버리겠다는 말을 절대로 하지 않기 때문이다.

이와 같은 의사소통 방식의 차이로 인해 타 문화권에 속하는 사람들과 의사소통이 쉽지 않다. 이런 맥락에서 야노마미 여자가 퍼붓는 욕설을 영어로 직역하더라도 이것의 상징적 의미를 제대로 전달하기는 어렵다. 이와 같은 문제점은 욕을 듣는 사람이나 주변 사람들의 표정을 통해 어느 정도 극복할 수 있는데, 왜냐하면 욕설도 의사소통 방식의 하나로 상호작용을 전제로 하기 때문이다. 그러나 〈도끼 싸움〉에서는 이들의 반응을 찾아보기 어렵다. 아마도 한 대의 카메라로 촬영했기 때문인 듯한데, 교육과 연구용으로 사용하기에는 아쉬움이 남는 부분이다.

영화에서 배경 음향은 필수적이다. 영화 〈도끼 싸움〉은 동시녹음되었는데, 이로 인한 문제점에 대해 살펴보기로 한다. 영화 속의 음향은 관객의 머릿속에 존재하는 기존의 표상들과 결합하여 이미지를 만들어낸다. 이와 같은 이유로 동시녹음 시 소리를 정확히 잡아내어 이를 관객에게 오해의 소지 없이 전달하는 것이 중요하다. 왜냐하면 영화 속의 소리는 원하지 않는 연상작용을 일으키고, 새로운 의미 관계들을 만들어낼 가능성이 높기 때문이다.

또한 인간은 기계적인 녹음 장치들과는 다른 방식으로 소리를 인식한다. 인간은 외부에 존재하는 다양한 소리 중에서 자기가 원하는 소리만을 선택적으로 듣는다. 이 때문에 사람들은 다양한 소리가 혼재하는 상황에서도 자기에게 필요한 작은 소리만을 듣고 인식할 수 있다. 하지만 소리가 스피커나 보청기와 같이 기계적으로 재생되는 경우 인간은 소리를 선택적으로 이해하기 힘들어하는 경향이 있다. 이와 같은 이유에서 관객에게 원하는 소리를 제대로 전달하기 위해서는 기계적 장치를 통해 여러 차례 취사선택 과정을 거쳐야 한다. 이 점에 대해서는 애시도 충분히 알고 있었지만 (Asch, T. & Patsy Asch 1988: 167), 〈도끼 싸움〉에서는 이 문제를 충분히 고려하지 않은 것 같다. 첫 부분에서 아이들이 지르는 소리와 여자들의 울음소리 그리고 남자들의 성난 소리가 뒤섞여서 들리고 있다. 애시는 싸움이 일어난 마을의 분위기를 관객에게 생생하게 전달하기 위해 의도적으로 동시녹음된 소리를 그대로 들려주고 있다. 그러나 영상과 거의 무관하게 이런 소리가 들리기 때문에 누가 어떤 소리를 내고 있는지 전혀 분간할 수 없다. 이런 소리를 내는 당사자들의 표정을 볼 수도 없어서 당사자들의 감정을 파악하기 어렵다. 이와 같은 소리의 혼란스러움은 첫 부분 내내 이어지고 있는데, 이로 인해 관객은 극심한 혼란을 느끼게 된다. 이런 혼란을 더욱 가중시키는 것은 기계적 소리이기 때문에 관객이 원하는 소리만 취사선택하여 들을 수 없기 때문이다. 〈도끼 싸움〉에서는 동시녹음된 소리를 모두 들려주기보다는 필요한 음향만 취사선택하여 들려주는 것이 필요하며, 이럴 경우에만 원하는 정보가 관객에게 제대로 전달될 것이다.

4) 카메라 워킹Camera Working

영화는 영화 제작자의 의도에 따라 많은 가능성 중에서 하나를 선택하여 사실을 그려낸다. 제작자는 카메라에 무엇이 담겨야 하는지, 즉 영화의 내용만을 선택하는 것이 아니라 영화적 언어를 선택한다. 대상은 특정한 시각에서, 특정한 크기로, 특정한 시기에, 특정한 조명 환경 아래에서, 특정한 카메라 운동을 통해, 특정한 방향에서 촬영된다. 또한 대상은 공간의 특정한 장소에서 특정한 방향으로 움직이는데, 이를 통해 특정한 축의 관계가 만들어진다.

1960년대 이후 촬영과 녹음 기술 발전으로 민족지 탐사여행에서 특별히 훈련받은 카메라맨과 녹음기사를 동반하는 일이 흔해졌다. 하지만 민족지영화의 중요한 변화는 〈도끼 싸움〉이 제작되기 직전에 일어났는데, 휴대와 동시녹음이 가능한 16mm 카메라가 등장하고 나서부터다. 이런 카메라의 등장은 영화의 촬영과 내용의 구성에도 큰 영향을 끼쳤는데, 한 사람이 카메라를 들고 현장에서 기존의 경제적 그리고 기술적 어려움 없이 영화를 제작할 수 있게 되었다. 이전에는 편집실에서 전문가의 도움을 받아 사운드와 영상을 혼합할 수밖에 없었으며, 제작팀 구성원들의 도움을 받아야만 커다랗고 다루기 힘든 카메라로 촬영할 수 있었다. 카메라가 이렇게 경량화되고 다루기 편해졌지만 민족지영화 촬영에는 여전히 어려움이 많았는데, 이는 적절한 장소와 시간을 선택해야 하기 때문이었다.

영화 제작자는 특정 촬영장소를 물색하는데, 대개는 사회적 행위들 대부분을 추적할 수 있는 곳을 선호한다. 촬영하는 동안 종종 장소를 바꾸는데, 이는 사회적 상호작용의 축이 이동하여 다른 카메라 앵글을 사용하는 것이 더 유리하기 때문이다. 하지만 이런 맥두걸식의 카메라 운동이 민족지영화 제작에서 항상 통용될 수 있는 것은 아니다. 그 대신에 적지 않은 영상인류학자들은 자신만의 카메라 스타일을 개발하여 사용하고 있는데, 카메라 스타일은 영화 제작자와 관객의 시각뿐만 아니라 사건의 내용과 영상언어로의 전달에도 결정적인 역할을 한다.

플래허티는 말리노프스키가 주창한 참여관찰 방법을 자신의 영화 세계에 적용했는데(Malinowski 1922: 25), 이는 사회의 전형적인 행위들을 사건의 눈높이에 맞추어 한 걸음 한 걸음 추적하기 위해서였다. 뤽 드 유슈는 플래허티의 작업 방식을 '참여하는 카메라camera paticipante'라고 칭했는데, 이를 통해 플래허티는 자신을 사건이나 영화와 분리하지 않고, 등장인물과 끊임없는 대화를 유지하면서 이들로부터 영화의 다른 장면 제작에 자극과 도움을 받았다. 영화 제작자와 촬영 대상들 간의 협력적 노력은 참여하는 카메라의 특징 중 하나인데, 이 기법은 1960년대에 특히 장 루슈를 통해 발전을 이어나갔다.

참여관찰 카메라와 대조적인 스타일로는 독일 학술영화연구소와 미국의 국립 인류학영화센터National Anthropological Film Center(NAFC)를 들 수 있다. 국립 인류학영화센터는 1960년대부터 설립이 추진되다가 1975년 정식 출범했다. NAFC는 현지조사 상황에서 카메라의 세 가지 방식의 사용 가능성을 고안해냈다. 바로 편의적 샘플링opportunistic sampling, 프로그램적 샘플링programmed sampling 그리고 주변적 샘플링digressive sampling이다.

편의적 샘플링은 나중에 연구자가 이 영상을 보고 또 다른 시각에서 문제를 제기하여 새로운 학술적 인식을 획득할 수 있다고 판단될 경우 촬영하는 것을 의미한다. 따라서 모든 영화 제작자는 비록 사건이 흥미롭게 보이지 않더라도 카메라를 가지고 최대한 많은 샘플을 촬영해야 한다. 이 자료들은 아카이브에 저장될 것이고, 후속 연구를 위해 체계적으로 정리될 것이다.

프로그램된 샘플링은 사전에 대본 형식으로 작성된 것을 기반으로 영화를 촬영하는 것을 의미한다. 사건을 충실하게 추적할 수 있으려면 민족지영화 제작자는 무엇을, 언제 그리고 어디서 촬영할지를 결정해야 한다. 주변적 샘플링은 우리의 인식과 이해의 범주 너머에 있는 사건이나 장소처럼 '미지의 영역'을 의미한다. 여기에는 지리적 조건이나 사회적 환경 또는 단순히 중요한 사건과 관련된 맥락적 정보들(예를 들어 아이들)이 포함되는데, 이 방식은 영화 속 등장인물의 공간과 삶에 대해 포괄적인 이미지를 제공한다(Koppen 1987: 95).

〈도끼 싸움〉에서 카메라는 관찰자적인 태도를 보이고 있으므로 사건에 개입하고 있지 않다. 이 영화에서 카메라는 사건을 기록하는 도구일 뿐이다. 애시는 사건이 일어난 현장에서 멀리 떨어져 줌렌즈를 이용하여 촬영하고 있는데, 이는 애시와 샤뇽이 마련한 제작지침에 따라 사건을 객관적으로 포착하기 위해서다. 카메라가 촬영 당시 숨겨져 있었는지 아니면 사건 당사자들이 이의 존재를 알고 있었는지는 알 수 없다. 하지만 사건 당사자 중 몇몇이 카메라를 향해 웃는 장면들을 볼 때 적어도 마을 사람 몇몇은 카메라가 이 장면을 촬영한다는 것을 알고 있는 것 같다.

〈도끼 싸움〉은 애시와 샤뇽이 마을에 도착한 지 이틀밖에 되지 않았을 때 발생했다. 이들은 이런 종류의 싸움을 처음으로 목격했고, 이 때문에 어떻게 진행될지 몰랐다. 애시는 사건의 불확실성 때문에 줌렌즈와 삼각대를 이용하여 촬영했다. 이 때문에 빈번하게 줌인과 줌아웃하는 장면들이 나오고 있다. 망원렌즈, 표준렌즈 그리고 광각렌즈는 나름대로 각기 특성이 있다. 화각에 따라 다르지만, 망원렌즈로 촬영하면 대부분 육안으로 보는 것보다 원근감이 없어지고, 피사체를 대상으로부터 분리하는 효과가 있다. 또한 이 렌즈를 이용하여 촬영하면 부드럽고 낭만적인 느낌이 들고, 사실적인 느낌은 줄어든다. 이 영화 속의 싸움 장면이 낯설고, 매우 혼란스럽고, 더욱 공격적으로 느껴지는 것은 이와 같은 과도한 줌렌즈와 망원렌즈의 사용과 관련 있다.

첫 부분의 혼란스런 카메라의 운동을 편집과정에서 그대로 살려둔 것은 당시 마을 사람들의 심리적 상황을 간접적으로 전달하기 위해 의도적으로 사용되었다(Asch 1974: 486). 그러나 애시의 의도와는 달리 이 장면은 영상미학적인 측면 때문에 매우 부자연스럽고 이해하기도 어렵다. 왜냐하면 우리는 애시가 촬영한 방식대로 외적 대상을 인식하지 않기 때문이다. 인간이 낯선 장면을 보게 되면 이를 한꺼번에 종합적으로 파악할 수는 없다.

이럴 경우 사람들은 대개 넓게 전체를 우선 살펴본 다음, 전체가 어느 정도 파악되면 중요하거나 의미 있는 장면만을 선택하여 바라본다. 즉, 점차 화각을 좁게 하여 바라본다. 이런 취사선택 과정은 줌렌즈를 사용하는 것과 같이 연속적이 아니라, 컷 편집과 같이 비연속적 과정이다. 그러나 애시는 〈도끼 싸움〉의 최종 편집된 첫 부분에서도 줌인과 줌아웃 장면들을 그대로 보여줌으로써 낯선 것을 더 낯설게, 그리고 혼란스러운 것을 더 혼란스럽게 만들고 있다. 이는 사실에 대한 일종의 왜곡이며, 샤농과 애시가 제작 지침에서 추구했던 것과는 정반대의 결과를 낳고 있다. 이에 반해 세 번째 부분의 장면들은 자연스럽고 이해하기 쉽다. 이는 장면들이 부분적으로 느린 화상이나 정지 화상으로 처리된 것뿐만 아니라 인간의 시각적 인식 습관과 비슷하게 주로 컷 편집으로 구성되었기 때문이다.

5) 색

영화는 빛의 예술이다. 그러나 카메라는 자연 그대로의 색이 아니라 기술적으로 만들어진 색을 재현하며, 인간은 빛을 가치중립적으로 인식하지 않는다. 컬러필름은 자연 속에 존재하는 물리적인 본연의 색을 정확하게 재현할 수 있는 능력을 갖추고 있는 것이 아니다. 단지 자연의 색을 자연스러운 것처럼 기술적으로 재현할 뿐이며, 자연색과는 분명히 구분된다. 인간은 주변에 존재하는 색을 있는 그대로 받아들일 수 없는데, 단순하게 말하면 모든 색에는 편안함, 열정, 즐거움, 침울함 등과 같이 각각의 고유한 속성이 있다. 색이 각각의 사람들에게 어떤 느낌을 불러일으키는지는 상황

별로 다른데, 관찰자의 기분과 메시지 등에 의해 결정된다. 만일 영화 제작자가 녹화와 편집과정에 인간의 색채 인지능력을 고려하여 노련하게 작업한다면 매우 강력한 효과를 거둘 수 있다. 이런 색채의 조작으로 인해 민족지영화가 중요하게 여기는 좀 더 리얼리티에 가까운 영상을 제작할 수 있는데, 이를 위해서는 일정 부분 색보정 작업이 필요하다. 이때 영화 제작자는 색채가 불러일으키는 각각의 연상작용과 주관적 인상을 최대한 고려하여 작업하는 것이 필요한데, 이 점에서 샤뇽과 애시가 예상하지 않았던 문제점이 발생한다.

영화 속의 색은 자연색과 다르다. 또한 색은 사람을 편하게 하기도 하고, 불안하게 만들기도 한다. 〈도끼 싸움〉에서는 전체적으로 푸른색이 강한 녹색이 두드러지게 나타난다. 야노마미 사회를 다룬 다른 영화에서는 이런 색을 발견하기 어려운데, 유독 〈도끼 싸움〉에서만 왜 강하게 나는지에 대해서는 정확히 알 수 없다. 다만 오랜 기간 필름을 잘못 저장하여 이런 결과가 나타나지 않았을까 추측할 따름이다. 원래 녹색은 가시광선의 스펙트럼 중에서 가운데에 속하며 안정된 느낌을 주는 색이다. 그러나 청록색은 녹색과는 반대로 억압적이고 질식할 것 같은 분위기를 자아낸다. 이 색은 싸움 장면을 더욱 숨 막히고, 억압적이며, 위협적이고, 매우 낯설게 만드는 데 일조하고 있다. 만일 관객에게 야노마미 사회에 대한 정확한 정보를 제공하기 원한다면 색보정 작업이 꼭 필요하다. 왜냐하면 청록색 자체가 이미 나름대로의 느낌과 이미지를 만들어내며, 이는 내용에도 영향을 미치기 때문이다. 특히 이 영화를 교육용 또는 연구용으로 사용하려고 한다면, 더욱더 기술적인 색보정 과정을 거쳐 자연색에 최대한 가깝게 수정하는 것이 필요할 것으로 판단된다.

6) 카메라 렌즈

인간의 눈은 항상 자신의 환경에서 비교적 작은 일부분을 선택적으로 집중하여 보는 데 익숙하다. 그래서 넓은 화각을 가지고 있는 광각렌즈로 촬영한 장면은 인간이 습관적으로 보는 장면과 다른 시각적 효과를 보여준다. 이는 화각이 좁은 망원렌즈의 경우에도 마찬가지인데, 인간의 눈은 단기간에 특정 대상의 일부분을 찾아내어 이의 의미를 파악하는 데 어려움을 겪기 때문이다. 광각렌즈와 망원렌즈가 우리의 시각습관과 일치하는 효과를 내기 위해서는 각각의 렌즈에 해당하는 거리를 두고 촬영을 하거나 촬영된 영상을 충분한 거리를 두고 시청해야 한다. 하지만 이런 거리를 확보하는 것은 종종 좁은 극장 또는 촬영대상자와의 짧은 거리 때문에 불가능하기도 하다. 35mm 필름 사이즈에서 22mm의 초점거리를 가지고 있는 광각렌즈로 촬영한 영상을 11m 스크린에 상영할 경우 실물보다 500배로 확대된다. 이럴 경우 인간은 10m 떨어진 곳에서 시청해야만 자연스러운 것으로 느낀다. 하지만 화각이 바뀌면 이상적인 시청거리는 다시 변화하는데, 실제로 관객은 화각이 변하는 대로 이에 적합한 장소에서 시청하는 것은 불가능하다.

망원렌즈는 대상의 작은 부분을 확대하는 데 주로 사용되는데, 이 렌즈로 촬영할 경우 대상이 실제보다 더 가깝게 있는 것 같은 느낌을 준다. 영화 제작자들은 이 렌즈를 종종 등장인물의 내적 심리상태를 묘사하기 위해 사용하는데, 일반적으로 말해서 화각이 더 좁은 렌즈로 촬영할수록 카메라 운동의 효과는 더 극적으로 나타나고, 관객은 심리적 그리고 육체적으로 더욱 동일시한다. 표준렌즈로 영상을 촬영할 경우 인간의 일상적인 시각습관과 가장 근접한 영상효과를 거둘 수 있는데, 영화에서 무엇이 표준렌즈인지를 정의하기는 불가능하다. 왜냐하면 인간이 대상을 관찰할 때 화각이 끊임없이 변화하기 때문이다. 하지만 광각렌즈와 망원렌즈의 중간 화각을 표준렌즈로 칭한다. 텔레비전을 시청할 경우 시청자는 비교적 멀리 떨어진 곳에서 작은 화면을 시청하는데, 이럴 경우 망원렌즈로 촬영한 장면을 자연스럽게 느낀다. 하지만 영화관의 맨 앞줄에서 볼 경우에는 광각렌즈로 촬영한 영상을 자연스럽게 느낀다. 이런 의미에서 영화의 촬영 방법은 영화관 또는 텔레비전 중 어디에서 상영될 것인지에 따라 바뀌어야 한다.

민족지영화 제작작업에서 적합한 렌즈를 선택하는 문제는 특히나 어려운 문제인데, 대본이나 등장인물과의 사전 양해 없이 사건을 촬영할 경우 이를 예측하는 것이 불가능하다. 적합한 렌즈를 사용하지 않은 경우 기대하는 영상효과를 거두기가 불가능하고, 제작자와 등장인물과의 원활한 협동작업도 불가능하다.

> 영화를 제작하는 데 있어서 가장 큰 기술적 문제 중의 하나는 사진 영역이다. 만일 광각으로 촬영하면 모든 대상이 찍히기 때문에 너무 일반적인 영상이 되고, 개인들과 행동들이 너무나 멀리 보여서 세부적으로 파악하기 어렵다. 독립된 운동들과 고립된 대상을 망원렌즈로 찍으면 카메라맨은 광의의 맥락에서 대상이나 운동을 세부적으로 보여주기 위해 카메라를 빠르게 이동시켜야 한다. 운동에 영향을 끼치는 외부적 자극을 볼 수 있어야 한다. 광각렌즈로 촬영하면 전체적인 행동에서 일부분을 드러내기 어렵고, 망원렌즈로 촬영하면 전체적인 맥락을 제시하기 어렵다. 두 대의 카메라를 활용하면 이 문제는 손쉬워지지만, 대부분의 현지조사에서는 이를 실행할 수 없다. 왜냐하면 원래의 사회적 운동을 파괴할지도 모르기 때문이다(Asch

1974: 486).

〈도끼 싸움〉은 줌렌즈만으로 촬영했다. 줌렌즈를 사용할 경우 영화 제작 작업이 수월해지는 측면이 있는데, 렌즈를 교환하기 위한 시간을 절약할 수 있으며, 렌즈 교환으로 인해 생기는 불필요한 시간의 단절과 소음 등을 미리 방지할 수 있다. 이런 편의성 때문에 대부분의 영상인류학자는 줌렌즈를 선호하는 경향이 있다. 하지만 줌렌즈는 나름대로 고유한 특성이 있는데, 이는 영화를 통한 내용 전달에 일정한 영향을 끼친다.

애시가 현장에서 싸움을 처음으로 목격하고 느꼈던 혼란스러운 느낌을 재현하기 위해 줌렌즈의 효과를 이용해 촬영한 방식은 자연스럽지도 않고 이해하기도 어렵다. 끊임없이 줌렌즈를 밀고 당겨서 촬영한 이런 혼란스런 장면은 사건의 전체적인 맥락이나 세부적인 부분 모두를 파악하기 어렵다. 인간은 아무리 낯선 사건이라도 이런 식으로 혼란스럽게 인식하지 않는다. 인간은 낯선 장면을 접하면 대부분 우선 잠시 동안 광각렌즈만으로 전체를 조망하고, 그 후에 특히 중요하거나 의미 있는 것으로 파악한 것에 집중한다. 이 과정에서 인간은 화각을 계속 바꾸어가면서 관찰과 분석을 하는데, 이 과정은 줌렌즈로 촬영할 때처럼 연속적으로 이루어지는 것이 아니다. 한 화각에서 다른 화각으로 점프하는 것처럼 화각을 변화시키는데, 이 때문에 줌렌즈를 이용하여 촬영한 영상은 매우 낯설게 느껴진다.

사람이 카메라를 들고 숲을 촬영하면서 앞으로 가면 각각의 나무들이 연달아 나타났다가 옆으로 사라지면서 입체적인 느낌이 생겨난다. 하지만 줌렌즈를 이용하여 화각을 연속적으로 변화하면 완전히 다른 느낌이 생겨난다. 나무들은 동일한 장소에 있으면서 단지 멀리 서 있는 나무만 천천히 크게 확대되고 다른 나무들은 화면에서 사라진다. 이런 효과는 매우 부자연스런 느낌을 준다(van Appeldorn 1970: 283).

줌렌즈의 망원 부분을 주로 이용하여 촬영된 〈도끼 싸움〉의 첫 부분은 전체적인 조망을 어렵게 할 뿐만 아니라 연속적인 화각의 변화로 인해 부자연스러운 느낌을 준다. 이에 반해 슬로 모션과 정지 화상을 사용한 세 번째 부분은 주로 중간 크기의 쇼트로 구성되어 있는데, 좀 더 이해하기 쉽고 자연스럽게 보인다. 이는 슬로 모션과 정지 화상이라는 특징 때문이기도 하지만, 렌즈의 사용이 좀 더 적합했기 때문이다.

7) 편집

영화를 시청하는 것에는 현실과는 완전히 다른 내적 리듬을 가진 시계가 돌아간다. 이 리듬은 영화 속의 실재 사건에 의해서가 아니라, 영화 안의 운동들과 편집으로 조정되는 것이다(Van Appeldorn 1970: 97). 영국 그라나다Granada 텔레비전 민족지영화 시리즈인 《사라져가는 세계》는 문화가 다른 다양한 지역에서 서로 다른 제작진이 서로 다른 시간에 제작했고, 각 편의 질도 편차가 심하다. 하지만 이들을 서로 이어서 보면 모든 영상물이 다 비슷하게 보이는데, 이는 편집과 관련하여 나름대로 규칙을 가진 동일한 팀이 이 영상물을 편집했기 때문이다. 이들은 시청자의 수용 능력을 최우선적으로 고려하여 영상물을 편집한다는 원칙을 세워놓았다(Oppitz, M., 1989: 95). 이 시리즈에서 볼 수 있듯이 편집은 영화의 내용을 좌우하는 데 중요한 역할을 하고 있다.

플래허티는 〈북극의 나눅〉을 제작할 때 카메라와 필름뿐만 아니라 현상장비도 가지고 촬영현장으로 갔으며, 촬영이 끝난 후 현장에서 필름을 인화하여 등장인물에게 보여주고 이들의 반응과 제안을 들었다. 그는 이들의 반응과 제안을 촬영할 때나 편집할 때 반영하여 영화를 완성한 것으로 알려졌다. 이것이 사실인지에 대해서는 논의가 분분하지만, 이런 '원주민 피드백native feedback' 방식은 현지인의 시각을 반영하는 '호혜적 민족학'을 위한 첫걸음으로 평가받고 있다. 이 때문에 플래허티는 민족학이나 인류학과는 별다른 직접적인 관련이 없지만, 민족지영화의 시발점으로 평가받고 있다.

플래허티의 전통은 이후 장 루슈와 데이비드 맥두걸에 의해 본격적으로 수용되고 발전하게 되었다. 맥두걸은 〈하우스 오프닝*The House-Opening*〉에서 장례식을 촬영했는데, 그는 우선 촬영한 다음에 여자 주인공의 도움을 받아서 편집을 함께했다. 이때 그녀는 맥두걸에게 자기 독백 성격의 해설을 많이 해주었는데, 맥두걸은 그녀의 열린 자세와 제의에 대한 구체적인 지식과 의미에 대해 놀랐다. 그녀는 어머니로서 또는 미망인으로서 자신의 느낌과 생각에 대해 많은 이야기를 해주었다. 플래허티와 루슈 그리고 맥두걸의 이런 방법론은 민족지영화 제작에서 하나의 변별적 전통으로 자리 잡았는데, 다수의 인류학자는 영화 제작자와 등장인물 사이의 상호 이해를 더욱 원활하게 하고, 영화의 내용과 질을 높이는 방법으로 인정하게 되었다. 애시도 〈도끼 싸움〉을 제작하고 나서 10년이 지난 후에 이런 제작 방법론에 대해 동감을 표시했다.

> 현지에 있는 동안 촬영본을 현상하는 데는 많은 장점이 있다. (……) 이

런 영화를 현지 정보제공자들에게 보여줌으로써 시간에 대한 이들의 해석과 이후 무엇을 추적하고 관찰해야 하는지에 대한 이들의 견해를 들을 수 있다. 또한 미래의 영화에서 어떤 요소들에 초점을 맞추어야 하는지에 대한 통찰력을 주기도 한다. 게다가 자신의 행동에 대한 한 문화 구성원의 반응은 (……) 민족학자에게서 발전된 통찰력을 제공할 수 있다(Asch 1974: 486-487).

하지만 〈도끼 싸움〉을 제작할 당시 이런 방법론은 사용되지 않았다. 그 대신에 촬영본을 미국으로 가져가 그곳에서 편집했다. 촬영과 편집 과정에서 내용에 대해 등장인물의 피드백을 전혀 받지 않았다. 애시의 촬영 기술은 존 마셜로부터 영향을 받은 바가 컸는데, 마셜은 편집과 관련하여 자신만의 고유한 영화언어를 가지고 있었다. 이런 부분은 민족지영화의 내용에 적지 않은 영향을 끼쳤다.

하나의 시퀀스는 작은 사건이 보여주는 영화기록으로 간주될 수 있다. 가능한 한 길고 자세하게 사건 자체를 기록하려고 하는 시퀀스 촬영은 일반적으로 주제별 영화 또는 개괄의 촬영과 편집 과정을 대체할 수 있다. (……) 시퀀스 영화는 작은 사건들에 접근하여 추적하고 고유한 시간과 내용을 유지하도록 한다. 그 결과는 하나의 시퀀스인데, 이는 영화의 다른 형식들이 제공하려고 하는 개념적 그리고 맥락적 뼈대의 부족과는 다르다(Marshall & de Brigard 1975: 133-134).

〈도끼 싸움〉에 사용한 시퀀스 촬영은 편집 과정을 쉽게 했을 뿐만 아니라 일관된 줄거리를 유지할 수 있게 했다. 이 점은 특히 교육 목적에 적합했는데, 시퀀스 촬영은 관객이 해당 당사자와 유사한 느낌으로 인식하게 하는 장점이 있기 때문이다(이에 대해서는 7장의 발릭치 참조). 이 영화에서는 함축적이고 해석적인 행동의 반복과 해설을 통해 사건의 의미관계가 재현되고 있는데, 샤뇽의 사회생물학 이론이 그 바탕을 이루고 있다. 이런 편집 기법은 싸움의 원인과 과정에 대해 명확한 설명을 제공하기는 하지만, 연구자나 학생들이 자신만의 시각으로 다르게 해석할 수 있는 여지를 줄인다. 제작자가 이 싸움과 관계가 없다고 판단하여 삭제한 내용일지라도 맥락과 상황을 이해하기 위해 필요한 정보를 담고 있을 수도 있는데, 시퀀스 촬영에서는 이런 장면들을 포함하기 어렵기 때문이다.

8) 정보제공자

민족지 작성에서 정보제공자는 민족학자의 관찰과 더불어 중요한 정보의 원천이다. 정보제공자와 민족학자 간의 지속적인 신뢰관계는 양질의 정보를 얻기 위한 필요조건이다. 티베트에서 민족지영화를 제작한 경험이 있는 오피츠는 좋은 정보제공자의 자질로서 강한 지적 호기심과 민족학자와의 적극적인 소통능력을 들었다. 민족지영화 제작에서 말이 없고 소극적인 젊은이는 그다지 좋은 정보제공자가 아니라고 했다(Oppitz 1989: 68).

샤뇽의 경우 도끼 싸움의 해석에 필요한 정보를 주로 그 사회에서 정치적 · 사회적 영향력을 가진 사람으로부터 얻었지만, 소외된 사람으로부터도 부분적으로 얻었다. 샤뇽은 마을의 인구 현황과 이들의 혈연관계에 대해 기초조사를 해야 했는데, 야노마미 사회에서는 다른 사람의 이름을 부르는 것이 사회적 금기였다. 야노마미 사람들은 종종 가짜 이름을 불러주는 경우가 많아서 샤농은 기초조사를 하는 데 어려움을 겪었다. 그는 마을 사람들의 얼굴을 전부 사진으로 찍고, 주요 정보제공자들과 개별적인 면담을 통해 이름을 알아내고, 그 결과를 다른 정보제공자들을 통해 교차 검증했다. 샤농은 자신의 연구대상을 확장하기 위해 거주하는 곳의 이웃 마을도 현지조사하고 싶어 했다. 하지만 마을 사람들 모두는 이웃 마을 사람들이 매우 폭력적이기 때문에 간다면 살아 돌아오지 못할 것이라고 샤농에게 충고했다. 샤농은 이 충고에 따라 이웃 마을 조사를 포기했는데, 이웃 마을 출신의 소년으로부터 나중에 우연한 기회에 자기 마을 사람들이 전혀 공격적이지 않으며, 오히려 샤농의 방문을 학수고대한다는 이야기를 듣게 된다. 소년의 충고대로 샤농은 이웃 마을을 방문하자 환대를 받으면서 현지조사를 할 수 있었다. 마을 사람들은 샤농이 이웃 마을을 방문하여 쇠도끼나 큰 칼을 선물로 주면 마을 간의 힘의 균형이 깨질 것을 우려하여 샤농에게 거짓말을 한 것이다.

샤농은 현지조사를 하는 동안 이와 비슷한 문제를 수차례 겪었는데, 도끼 싸움이 이들 중의 하나였다. 도끼 싸움이 발생하자 샤농의 정보제공자 중 한 명은 근친상간 때문에 일어난 일이라고 설명했다. 하지만 샤농은 다른 정보제공자들의 증언을 통해 〈도끼 싸움〉에서 이 주장이 틀렸음을 밝히고 있다. 샤농은 마을 주민의 설명과는 다른 심층적인 원인을 사회생물학 이론을 통해 제시하고 있는데, 그의 주장은 새롭기는 하지만 정보제공자들의 생각과는 많이 다르다. 또한 그의 주장은 인류학자들 사이에서도 커다란 비판을 받았다.

9) 대화와 해설

데이비드 맥두걸은 자신의 영화에서 해설자를 배제하는 대신에 등장인물이 카메라 앞에서 스스로 이야기하도록 했다. 그의 영화 속에서 등장인물은 더는 무엇이 촬영되는지 알지 못하는 카메라의 촬영 대상이 아니라 영화의 사건 속에 동참하는 동반자가 된 것이다. 이를 통해 맥두걸은 등장인물의 내적 감정과 생각을 포착할 수 있었다. 또한 이런 시도는 민족지영화에서 당사자들이 자신들의 문화를 스스로 서술할 수 있게 하는 중요한 방법론을 제공했다. 이런 서술 방식은 이후 다른 영상인류학자들에 의해 정교해졌는데, 멜리사 르웰린-데이비스는 좀 더 발전한 모습을 보여주고 있다(이에 대해서는 이 책 9장 참조).

도끼 싸움에서 한 여인이 자신에게 모욕을 안겨준 사람들에게 욕을 하는 장면이 나오는데, 욕의 내용이 자막으로 처리되고 있다. 이 장면은 이 여인의 분노 느낌을 잘 전달하고는 있지만, 욕을 하는 장면이 너무나 길고 거칠게 처리되어 있다. 그녀의 욕에 대해 대부분의 사람들은 별다른 반응을 보이지 않고 있는데, 그 여자의 사회적 위치와 욕에 대한 맥락적 설명이 필요한 이유이기도 하다. 또한 야노마미 사람들의 공격성을 강조하거나 예시하는 방법으로 욕하는 장면을 비중 있게 길게 보여주고 있는데, 영화 제작의 윤리적 측면에서 이를 재사유하는 것이 필요하다.

다큐멘터리와 마찬가지로 민족지영화에서도 대화 장면은 자주 사용되지 않았다. 왜냐하면 관객이 대화를 이해하려면 사전 또는 대화 중간에 대화의 맥락을 설명해주거나 아니면 대화가 이를 알아차릴 수 있을 만큼 충분히 길어야 하는데, 이럴 경우 영화가 길고 지루해질 가능성이 높기 때문이다. 하지만 더 중요한 문제는 의사소통의 한계인데, 제작자가 해당 지역어를 전혀 또는 잘 구사하지 못하기 때문이다.

하지만 르웰린-데이비스는 〈여성들의 오라말〉에서 이런 문제점들을 잘 극복했다. 그녀는 이 영화에서 일화 형식의 해설을 포기하는 대신에 짧은 해설을 삽입했다. 그리고 의례적인 대화나 토론 장면 등과 같은 공식적인 대화를 통해 맥락과 의미를 전달했다. 그녀는 이들이 나누는 대화를 모두 번역하여 자막 처리했는데, 이런 작업은 많은 시간과 노력이 필요하다. 그녀의 영화는 길지만 다양하고 신중하게 선택된 장면들로 구성되어 있는데, 1981년 6월에서 7월까지 한 달 동안 보고 느낀 것을 담고 있는 일종의 일기다. 마사이 족은 카메라의 존재를 분명하게 인지하고 있으며, 이 영화는 이를 다양한 방식으로 드러내고 있다. 하지만 〈도끼 싸움〉은 이런 구성과 매우 다르며, 대화가 전혀 없다.

동시녹음 기술이 도입된 이후로 의미의 전달자로서의 해설은 다큐멘터리에서 특히 문제가 되었다. 다수의 다큐멘터리 제작자들은 이미지와 언어를 결합하여 영화 속의 행위와 사건들을 설명하려고 했다. 하지만 민족지영화에서 시각적 관찰과 학술적 해설 사이에 틈새가 종종 발견되는데, 이는 민족지영화 제작자가 문화적 현상을 학술적 체계 안에서 의미 있게 생각하는 방식으로 설명하거나 전달하려는 시도를 고집하기 때문에 발생한다.

> 단지 학술적 사실만 일치한다면 민족지영화는 더 이상 쓸모가 없다. 사실은 그 자체로 공리적 특성이 있지 않다. 학술적 사실들은 그 자체로 존재하는 것이 아니라, 주어진 맥락 속에서 특정한 가정에 따라 구성된 것이다 (Petermann 1988: 76).

〈도끼 싸움〉은 지식의 구성적 측면과 관객의 주체성에 대한 고려가 적은 영화인데, 이는 이 영화가 제작될 당시의 학술적 분위기이기도 했다.

4
나가며

샤뇽과 애시가 공동 제작한 〈도끼 싸움〉은 교육용 영화의 제작 방법론과 관련하여 의미 있는 작품이지만, 내용과 기술 측면에 있어서는 몇 가지 한계를 드러내고 있다. 애시도 상당 부분 문제점들을 파악하고 있었지만, 당시의 기술 수준과 분위기 그리고 오지에서의 촬영 조건 때문에 이 문제를 해결하기란 쉽지 않은 듯하다. 〈도끼 싸움〉은 민족지영화 제작의 윤리 측면에 있어서도 문제점을 노출하고 있다. 샤뇽과 애시를 제외하고는 이후 그 누구도 야노마미 사회에서 도끼 싸움을 관찰한 적이 없으며, 샤뇽도 이 영화 촬영 이후 도끼 싸움을 더는 관찰하지 못했다. 이 때문에 〈도끼 싸움〉을 야노마미 사회의 공격성과 사회 조직, 혈연관계 그리고 번식의 상관관계를 분석하거나 입증하는 자료로 활용하는 것은 학문 윤리상 적절하지 않다. 오히려 샤뇽과 애시가 카메라를 들고 마을을 방문했을 때 왜 이런 도끼 싸움이 발생했는지를 논의하는 것이 더 합리적인 것으로 생각된다. 하지만 이 영화의 일부분은 계속하여 야노마미 사회의 공격성을 증명하는 자료로 텔레비전 프로그램에서 사용되고 있는데, 이런 맥락에서 민족지영화 내용의 엄밀성과 윤리가 아무리 강조되어도 지나치지 않다.

IV

원시의 순진한 낭만화:
존 마셜

1. 들어가며
2. 제작 배경
3. 비판과 반론
4. 유산

이 글은 다음 논문을 수정하여 게재한 것임. 조관연.「민족지영화 〈사냥꾼들The Hunters〉의 제작 과정과 유산」.『한국문화인류학』, 한국문화인류학회, 36(2), 221-249, 2003.

1
들어가며

존 마셜John Marshall(1932~2005)의 〈사냥꾼들*The Hunters*〉*처럼 많은 논쟁거리를 제공한 민족지영화는 그리 많지 않으며, 평가도 다양하다. 1970년대 민족지영화 제작 방법에 새로운 지평을 연 데이비드 맥두걸은 이 영화를 민족지영화의 태두로 꼽고 있으며, 다른 문화들을 이해하는 데 매우 귀중하고 뛰어난 자료라고 극찬했다(MacDougall D. 1982: 21). 하지만 상당수 문화인류학자는 이 영화에 대해 그다지 호의적이지 않다. 이 영화 속에는 부시먼Bushman**이 왜 칼라하리 사막에 정착하게 되었는지, 그리고 이들이 백인

---

* 제작연도: 1957, 상영시간: 74분, 컬러영화, 16mm, 제작자: 로렌스 마셜, 감독: 존 마셜, 해설 · 촬영: 존 마셜, 편집: 존 마셜, 음향: 존 마셜, 녹음: Blitz, 배급: Films Incorporated (Chicago). 내용: 4명의 부시먼 사냥꾼이 5일 동안의 기린 사냥을 그린 영화.

** 네덜란드어로 '관목 숲에 살고 있는 사람'이란 뜻의 부시먼이라는 명칭은 '도적'이나 '무법자'라는 의미로도 사용된 적이 있었는데, 역사적으로 살펴보면 이 명칭은 분명히 부정적인 의미를 내포하고 있다. 1980년대 이후 대다수의 문화인류학자들은 부시먼이라는 용어 대신에 비교적 가치중립적이라고 여겨지는 산San족이라는 명칭을 사용하고 있다. 하지만 산이란 명칭도 나마Nama어의 도둑sab에서 유래했다고 하며, 이웃 부족인 나마족도 이와 같은 맥락에서 산이란 명칭을 사용했다고 한다. 이 때문에 존 마셜은 1980년대 이후부터 산이나 부시먼 대신에 주와시Juwasi라는 명칭을 사용하고 있다. 하지만 이 장에서는 부시먼이라는 명칭을 사용할 것이다. 왜냐하면 이 장의 연구 대상이 되는 1950~60년대에는 부시먼이란 명칭이 일반적으로 사용되었다. 또한 필자는 이 부정적인 명칭이 당시의 상황을 잘 보여준다고 판단했기 때문이다.

이나 다른 이웃 부족들과 어떤 관계 속에서 살고 있었는지 등과 같은 점들이 무시되었으며, 이로 인해 부시먼이 오지에서 태초의 모습대로 살아가는 진짜 수렵 · 채집인으로 정형화되었다는 점이 주된 비판의 내용이다. 또한 이 영화가 촬영된 1950년대 전체 아프리카 인구의 0.01%도 차지하지 않았던 부시먼족이 아프리카의 대표적인 사람들로 서구에 알려지도록 하는 데 중요한 역할을 했다는 점도 비판의 대상이 되었다(Gonzalez 1993: 186-190).

실제로 1980년대까지 미국의 대표적인 40여 개 영화 대여점의 통계만 살펴보아도 〈사냥꾼들〉은 아프리카에 관한 다른 어떤 영화들보다 대여 빈도수가 높았다. 또한 이 영화는 아프리카 문화 중에서도 특히 수렵 · 채집 문화를 잘 보여주는 영화로 서구사회에서 인정받았다(Tomaselli 1991: 180). 이와 같은 이유에서 로맥스는 1980년대 중반까지 가장 유명한 민족지영화로 이 영화를 꼽고 있다(Lomax 1972: 1020). 그는 〈사냥꾼들〉이 서구인 사이에 아프리카 문화에 대한 그릇된 상을 만들어내고, 이를 일반인 사이에 확산시켰을 뿐만 아니라, 수렵 · 채집사회에 대한 학자들의 관심을 고조시키는 데 일익을 담당했다고 평가했다. 하지만 이 영화가 이런 부분들에 대해 얼마만큼 실제로 영향을 끼쳤는지에 대해서는 세밀한 분석과 논의가 필요하다. 왜냐하면 이 영화가 제작되기 전에도 이미 아프리카에 대한 환상과 신화들은 서구사회에 이미 존재했기 때문이다.

이 장에서는 〈사냥꾼들〉에 대한 제작 배경과 이의 유산에 대해 살펴보고자 한다. 기존의 민족지영화 분석은 문화인류학적 틀 안에서 영화의 내용과 제작 방법론에 대한 논의가 주를 이루었다. 그러나 민족지영화에도 주제의 선정에서 최종편집에 이르는 전 과정에 제작자가 자라나서 살아가는 사회의 시대정신뿐만 아니라 개인적인 경험이 강하게 반영되고 있는데, 이 점은 극영화와 마찬가지다. 민족지영화 속의 진실은 영화 속의 진실일 뿐 진실 그 자체는 아니다. 이와 같은 이유에서 제작자와 그를 둘러싼 주변 환경을 모두 분석해야만 민족지영화에 대한 심층적인 분석과 이해가 가능해질 것이다. 존 마셜의 영화 〈사냥꾼들〉은 이와 같은 분석을 하기에 매우 적합하다. 이 영화의 제작 배경과 유산들에 대해 미국의 문화적 배경을 바탕으로 종합적인 시각에서 재구성해보고자 한다.

2
제작 배경

존 마셜이 부시먼과 본격적으로 인연을 맺고 이들에 관한 민족지 영화를 제작할 수 있었던 것은 아버지 로렌스 케네디 마셜Laurence Kennedy Marshall(1889~1980)의 적극적인 정신적 · 경제적 지원 때문이었다. 아버지는 스무 살이 채 안 된 존 마셜에게 커다란 영향을 끼쳤다. 〈사냥꾼들〉의 제작 배경과 내용을 심층적으로 살펴보기 위해 먼저 그에 대해 살펴본다.

1) 로렌스 케네디 마셜

미국 보스턴 시에서 정육점 주인의 아들로 태어난 로렌스 마셜은 아메리칸 드림의 전형이었다. 그는 물리학자가 되고 싶어 했다. 하지만 경제적 문제 때문에 대학에서 도시 토목공학 교육을 마치고는 대학원 진학을 포기하고, 송신소에서 배전기사로 일했다. 제1차 세계대전 중에는 중위로 군에 입대해 정찰장교로 활동했다. 그는 전역 후 1922년 전기냉장고를 생산하는 회사를 설립했는데, 이 회사는 후에 라디오 진공관, 배터리 그리고 군수물자를 생산하는 레이시온Raytheon 회사로 발전했다. 존 마셜의 어머니인 로나 맥린 마셜Lorna McLean Marshall(1989~1992)은 애리조나 주의 한 광업도시에서 태어났으며, 버클리대학교에서 로렌스 마셜을 만났다. 그녀는 이 대학에서 수학하면서 인근 중소도시에 소재하는 대학에서 영어 강사로 일했다. 이 둘은 1926년에 결혼했고, 1931년 딸 엘리자베스, 그다음 해에는 존 마셜을 낳았다. 존 마셜은 하버드대학교의 피바디Peabody박물관 근처에 있는 고급주택가에서 말썽꾸러기로 자랐다.

로렌스 마셜은 설립 초기부터 자신의 회사를 미국의 대표적인 기업으로 키우기 위해 노력했다. 이 회사는 1930년대의 경제 대공황 시기에 한 차례 큰 경제적 위기를 겪지만, 제2차 세계대전이 발발하면서 커다란 호황을 누린다. 그의 회사는 단파와 극초단파를 이용한 레이더 장비를 개발했는데, 제2차 세계대전이 발발하면서 이에 대한 수요가 급증했다. 당시 연합군이 사용한 레이더의 80% 이상이 이 회사 제품이었으며, 이 회사는 더 나아가 최초로 레이더를 장착한 미사일과 원자폭탄의 뇌관도 개발했다.

그는 전쟁에 대해 매우 부정적인 생각을 갖고 있었다. 왜냐하면 제1차 세계대전에 참전하여 지휘관의 어리석음으로 인해 무고한 동료 병사들이 죽는 것을 목격했기 때문이다. 그러나 자신이 경영하는 회사가 전쟁을 통해 호황을 누리게 되면서 내적인 갈등도 심해져갔다. 로렌스 마셜은 이에 대해 자기 나름대로 정당한 논리를 찾아냈다. 그에 의하면 과학 문명은 두 가지 속성을 모두 갖고 있다. 라디오가 사람들을 선동하고 우민 정치를 행하는 데 이용될 수 있지만, 양질의 정보를 제공해주어 삶의 질을 향상할 수 있다. 이처럼 자신의 회사가 생산하는 레이더도 사람을 죽이는 데 사용될 수 있지만 무고한 사람의 생명을 보호하는 데도 사용될 수 있다고 생각했다. 그는 자신의 회사에서 생산된 군수 물자들이 무고한 양민의 목숨을 보호하는 데 이용되고 있다는 생각에서 정신적 위안을 찾았다.

당시 대부분의 미국인과 마찬가지로 로렌스 마셜은 과학기술 발전에 대해 매우 긍정적인 생각을 하고 있었다. 그는 기술의 발전으로 인해 인류의 삶은 풍요로워지며, 이를 통해 문명이 발전한다고 생각했다. 또한 그는 이상주의자였다. 그는 전쟁을 통해 막대한 부를 축적했지만, 부의 축적이 삶의 목적은 아니었다(Marshall 1993: 24). 제2차 세계대전으로 인해 회사가 호황을 누렸지만, 자신의 임금을 동결했고, 막대한 이익을 사회에 환원하기 위해 제2차 세계대전 말기인 1944년 라디오와 텔레비전 방송국을 인수했다. 그는 이 새로운 매체를 통해 사람들에게 배움에 대한 욕구를 일깨우고, 양질의 지식을 전달하려는 'Sky Top 프로젝트'를 실현하고자 했다. 이 프로젝트의 주된 내용은 텔레비전을 통해 학생들에게 수학과 물리과목을 가르치는 것이었다.

그러나 그의 이상주의적 꿈은 실현되지 않았다. 전쟁이 끝나면서 기업 구조를 재편할 필요성이 대두했고, 로렌스 마셜은 보스턴 출신의 투자 전문가인 찰스 프랜시스 애덤스Charles Francis Adams를 레이시온 회사의 이사로 영입했다. 애덤스는 얼마 되지 않아 이사회의 후광을 업고 사장의 자리에 올라 회사 경영에 전권을 쥐게 되었다. 현실주의자인 애덤스의 주도 아래 이 회사는 군수산업회사로 빠르게 개편되었는데, 로렌스 마셜은 이 개편에 대해 반대했다. 로렌스 마셜은 더 이상 이 주식회사를 임의로 통제할 수 없게 되었고, 레이시온 회사는 빠른 속도로 군수업체로 변모했으며. 이 회사는 1949년 유도미사일 라크를 개발했다. 회사의 운영 방침에 반대하던 그는 반강제적으로 실질적인 권한이 없는 고문으로 밀려났고, 이에 실망한 그는 자신의 회사 지분을 처분하고 남아프리카 행을 결심한다.

로렌스 마셜이 남아프리카 행을 결심한 이유는 복합적이다. 우선 그는 일 때문에 가족들과 시간을 같이 보내지 못한 것에 대해 늘 아쉽게 생각했다. 고문으로 밀려나면서 회사 지분을 처분하자 그에게는 충분한 시간과 돈이 생겼다. 이로 인해 그는 가족과 시간을 보내기 위해 남아프리카로 떠났다고 한다. 그러나 그가 가족과 함께 시간을 보내는 것만이 목적이라면 구태여 남아프리카로 떠날 이유는 없었다. 그가 멀리 남아프리카로 떠난 이유는 가공할 유도탄들이 미국과 소련에서 잇따라 개발되고, 소련도 1949년 원자탄 실험에 성공하자 북반구는 더 이상 대규모 살상을 몰고 올 핵전쟁으로부터 안전하지 않다고 느꼈기 때문이다. 그는 남아프리카로 떠날 당시에도 기술의 진보가 인간의 삶을 진보시킨다고 계속 믿었지만, 기술의 그릇된 사용으로 인해 인류가 파멸할지도 모른다는 강박관념도 가지고 있었다. 이와 같은 생각은 당시 서구 사람들 사이에서 널리 퍼져 있었다.

로렌스 마셜은 1949년 레이더 판매를 위해 처음으로 남아프리카공화국을 방문했다. 이 당시 그는 부시먼 사회에 대해 듣게 되었다. 이들은 건강한 공동체 안에서 자연과 조화롭게 살고 있으며, 다툼이나 복수를 하지 않는다. 또한 이 사회에는 전사들도 없고, 전쟁도 일어나지 않는다(Marshall 1993: 23). 전쟁에 대해 깊은 혐오감과 우려감을 느꼈던 그는 대규모 학살을 불러올 핵전쟁을 피할 방법은 사람들이 명상이나 상호 경외를 통해 터득할 수 있다고 믿고 있었다. 그는 부시먼 사회에서 이런 모델을 찾았다고 생각했으며, 서구사회는 가공할 핵전쟁을 피하기 위해 부시먼 사회로부터 교훈을 얻어야 한다고 생각했다(Wilmsen 1991: 83). 이와 같은 그의 생각은 아들 존 마셜에게 거의 그대로 투영되었다(Marshall 1991a: 22-26; de Brigard 1995).

2) 로렌스 마셜과 부시먼과의 만남

독일 식민 통치 시기에 현재 나미비아 지역의 빈트호엑Windhoek 지방 의회에서는 부시먼을 해충으로 선언할지에 대한 논쟁이 벌어졌다. 이 예에서 볼 수 있듯이 식민 통치 기간 내내 백인은 자신들의 농장을 확대하는 데 걸림돌이었던 부시먼에 대해 조직적인 억압과 탄압을 지속했다. 이와 같은 억압과 탄압에도 불구하고 소수의 탐험가와 학자들에게 부시먼은 경이로움 그 자체였다. 당시 서구사회에서는 일부 경제적 상류층과 지식인들 사이에서 고고학 열풍이 불고 있었고, 고고학에 대한 지식과 경험은 종종 서구인의 문화적 수준을 나타내주는 지표로 여겨지고 있었다.

부시먼이 관심의 대상이 된 또 다른 이유는 서구사회에서 이미 오래전에 사라져버린 석기시대의 생활상을 부시먼을 통해 재발견하고 재구성할 수 있다는 믿음 때문이었다. 이와 같은 맥락에서 파리니Farini는 『칼라하리의 잃어버린 도시』를 출간했고, 1920년대 인기 있는 여행작가 모턴H. V. Morton은 부시먼을 남아프리카의 7대 경이로움 중의 하나로 칭송했다. 남아프리카 박물관 관장이었던 페린구아이Luis Peringuey가 1910년 마지막으로 남은 순수한 혈통의 부시먼을 매장했다고 주장했음에도 불구하고 백인과 접촉한 적이 없는 '순수한' 부시먼을 찾기 위한 경쟁은 남아프리카 전통 중의 하나가 되었다. 1936년 던E. Dunn이 마지막 야생wild 부시먼을 찾았다고 학회에 보고하면서 야생 부시먼에 대한 열기는 이 지역에서 다시 고조되었다(de Brigard 1991: 54).

이처럼 야생 부시먼에 대한 관심이 한창 고조되던 시기인 1949년 로렌스 마셜은 해안용 레이더를 팔기 위해 케이프타운에 갔다. 그는 이곳에서 외과의사 판 질E. Van Zyl을 만났다. 판 질은 파리니의 책에서 영감을 받아

'칼라하리의 잃어버린 도시' 탐험을 계획하고 있었는데, 로렌스 마셜도 이에 대해 관심을 두게 되었다(Anderson & Benson 1993: 135-136). 회사를 그만둔 로렌스 마셜은 탐험의 의미에 대해 당시 하버드대학교 피바디박물관 관장이었던 고고학자 브류J. O. Brew에게 자문을 구했다. 그가 미국 남서부 지역 고고학자인 브류에게 자문을 구한 이유는 당시 문화인류학 연구 경향과 연관이 있다.

당시 대부분의 미국 문화인류학자들은 단선적 진화론에 기반을 둔 사회의 발전단계나 물질문화 연구에 대해 별다른 관심을 보이지 않았다. 이들은 주로 현실사회에서 큰 영향력을 가진 사회적 · 문화적 요인에 관심이 많았는데, 로렌스 마셜이 살았던 보스턴 시의 하버드대학교에도 사회 심리적인 문제와 문화와 인성 간의 관계에 대해 연구하는 문화인류학자만 있었다. 당시 이들은 로렌스 마셜이 관심을 가진 부시먼의 기원, 인종적 분류 그리고 신체적 특성에 대해 별다른 관심을 보이지 않았다.

브류도 부시먼을 통한 석기시대의 재구성에 관심이 많은 학자였으며, 그는 당연히 로렌스 마셜의 계획에 적극적으로 찬성을 표했다. 브류는 무엇보다 야생 부시먼을 찾는 것이 중요하다는 점을 로렌스 마셜에게 역설했다. 당시 하버드대학교에는 아프리카 고고학 전문가가 없었기 때문에 브류는 유럽과 남태평양 고고학자들로 위원회를 구성하여 연구 목표와 절차들에 대해 조언을 해주었다. 이들의 자문은 후에 〈사냥꾼들〉의 제작 초기에 중요한 지침이 되었다. 인류학 지식이 전혀 없는 마셜 가족이 탐사여행에 앞서 참고한 또 다른 자료는 영국의 왕실인류학연구소가 발행한 *Notes and Queries*이다(Gonzalez 1993: 180-184).

로렌스 마셜과 존 마셜은 브류의 권고에 따라 1950년 남아프리카로 떠났다. 이들은 백인과 접촉한 적이 없는 '야생' 부시먼을 찾기 위해 판 질의 '잃어버린 도시' 탐험 여행에 참가했지만 별다른 소득을 얻지 못한다. 그러나 이들 부자는 현재의 나미비아, 보츠와나 그리고 앙골라의 사막 지역에서 야생 부시먼을 찾아다니는 도중 카이카이KaiKai 지역 출신 남자 두 명으로부터 니아에니아에Nyae Nyae 지역에 반투어를 사용하지 않는 수렵·채집인들이 산다는 이야기를 듣고, 이곳을 새로운 탐사 목적지로 정한다(Wilmsen 1991: 81; Marshall 1993: 52-53). 이곳은 칼라하리 사막에서 오지 중의 오지였으며, 이곳 사람들은 다른 문화들과 가장 접촉이 적은 상태에서 살고 있었다. 이들은 이곳에서 자신들의 앞날을 결정지은 야생 부시먼을 만나게 되었다. 이에 고무된 로렌스 마셜은 다음 해 가족을 모두 데리고 니아에니아에 지역으로 갔다(Marshall 1993: 24-26).

로렌스 마셜 일가의 니아에니아에 탐사여행은 이후 1951~58년까지 총 8차례에 걸쳐 이루어진다. 존 마셜은 이후의 탐사여행에 참가할 수 없었는데, 1958년 남아프리카공화국으로부터 입국금지 조치를 당했기 때문이다(Bishop 1993: 221-226). 그는 1978년에야 입국금지 조치가 해제되었고, 그 해 내셔널지오그래픽 팀과 함께 니아에니아에 지역을 방문하여 영화를 만들었다. 당시 그가 왜 입국금지 조치를 당했는지에 대해서는 의견이 분분하다. 당국의 공식적인 입장은 여자 문제 때문이라고 하지만, 존 마셜은 이를 강하게 부정하고 있다. 그의 입국금지 조치는 이전의 활동이 남아공 정부 정책에 적대적인 것으로 보였기 때문이다(Anderson & Benson 1993: 161-163).

로렌스 마셜은 1951년 탐사에 필요한 비용 전부를 부담했는데, 이 탐사에 참가한 사람들은 로렌스 마셜과 아내인 로나 마셜, 딸인 엘리자베스, 그리고 아들 존이었다. 이외에도 하버드 피바디박물관의 고고학자 로버트 다이슨Robert Dyson, 자신의 농장에서 일하는 나론 사람들의 민속 이야기를 채집하여 『나론과 그의 씨족*Naron and His Clan*』이라는 책을 펴낸 독일계 나미비아인 프리츠 메츠거Fritz Metzger, 트란스발Transvaal 출신의 체질인류학자 에릭 윌리엄스Eric Williams, 식물학자 로버트 스토리Robert Story, 음악학연구자인 니콜라스 잉글랜드Nicholas England 등이 참여했다.

탐사대의 연구진이 이렇게 구성될 수밖에 없었던 이유는 마셜 일가 중 어느 누구도 인류학을 공부한 사람이 없었고, 수렵 · 채집 문화에 대한 지식이 없었기 때문이다. 이들은 외부 전문가의 자문에 의존할 수밖에 없었는데, 당시 마셜 일가가 살던 보스턴 시에는 수렵 · 채집 문화에 대해 연구하는 전문 연구자는 고사하고 석사학위 소지자나 석사학위 과정에 재학 중인 학생조차 찾아볼 수 없었다. 또한 당시 남아공이나 유럽의 고고학자들도 니아에니아에 지역에 사는 사람들에 대해 별다른 관심을 두지 않았는데, 이는 이곳 사람들이 이미 서구 문명과 접촉을 했기 때문에 순수하지 않다고 생각했기 때문이다. 이와 같은 이유에서 탐사여행은 전문 연구자의 도움 없이 진행되었다(Marshall 1993: 26-27).

3) 로렌스 마셜의 기록영화 제작지원

로렌스 마셜이 왜 기록영화에 관심이 많았으며, 왜 아들의 기록영화 제작을 지원하게 되었는지에 대해 살펴보고자 한다. 자연과학을 공부한 로렌스 마셜은 실증주의자이자 계몽주의자였다. 그는 객관적인 방법을 사용한다면 어느 분야에서나 진리는 밝혀진다고 생각했으며, 인간사회는 지식을 통해 발전하며, 사람은 배워야만 한다는 강한 신념을 갖고 있었다(de Brigard 1991: 52). 이와 같은 이유에서 그는 앞에서 언급한 대로 라디오와 텔레비전을 활용하는 'Sky Top 프로젝트'를 구상했지만, 그의 꿈은 실현되지 못했다. 그러나 영화는 사정이 달랐다.

1950년대 초까지 미국에서 영화는 대중적인 오락거리를 제공하는 정도로밖에 여겨지지 않았고, 예술, 기록 그리고 교육영화의 전통은 아직 제대로 확립되지 못한 상태였다. 이에 반해 동유럽이나 소련에서는 이미 1920년대부터 영화가 대중 교육 또는 선동을 위해 중요한 역할을 담당하고 있었다. 특히 사회주의 선전선동을 위해 제작된 소련 영화는 문자를 모르는 대중에게 혁명의 성과를 전달하는 매체로 이 당시 매우 유용하게 활용되고 있었다. 로렌스 마셜은 1927년 슈퍼콘덴서에 대해 문의하기 위해 소련의 레닌그라드 기술 연구소를 방문했다. 이때 그는 소련 농촌 마을의 일상생활을 담고 있는 선전선동 영화를 접하게 되었다. 그의 눈에 비친 이 소련 영화는 매우 교육적인 내용을 담고 있었다. 또한 학비 때문에 대학교육을 중도에 그만둘 수밖에 없었고, 지식의 사회적 대량 확산에 관심이 많았던 로렌스 마셜에게 이런 유형의 영화는 매우 신선한 자극이었다.

그의 'Sky Top 프로젝트'는 좌절되었지만, 계속하여 사회발전을 위한 지식의 대량 확산에 관심이 많았다. 텔레비전이나 라디오보다는 비용이 적게 들면서 지식의 대량 확산이 가능한 영화는 그의 꿈을 이루어줄 또 다른 대안이었다. 전쟁과 갈등을 모르면서 자연과 더불어 순박하게 살아가는 부시먼 사회를 서구에 널리 알림으로써 군비경쟁으로 인해 위기에 처한 서구사회에 경종을 울릴 수 있는 매체 중의 하나가 바로 영화였다. 이외에도 그가 아들에게 기록영화를 제작하도록 한 또 다른 이유는 당시 미국에서의 인문학 연구 경향과 관련이 있다.

대부분의 학자는 자기가 직접 보고 검증한 자료들을 바탕으로 연구하는 것이 아니라, 검증 불가능하고 신뢰하기도 어려운 자료들을 바탕으로 연구를 진행했다. 실증적인 연구를 선호하는 로렌스에게 인문학자들의 이런 연구 행태는 매우 불만족스러웠다. 그는 인문학의 연구 수준을 한 단계 끌어올리기 위해서는 실증적인 자료들의 수집이 필요하다고 생각했으며, 그의 역할은 연구자들의 후속 연구를 위해 이 자료들을 모으는 것이라 생각했다. 당시 영화는 사실을 있는 그대로 기록하는 매체라고 믿어지고 있는 상황에서 기록영화는 실증적 연구를 모으고 기록하는 매우 좋은 수단이었다. 이외에도 그가 기록영화 제작에 관심을 가진 또 다른 이유는 아들의 진로 때문이었다.

4) 존 마셜 그리고 〈사냥꾼들〉 제작과정과 내용

로렌스와 로나 마셜 부부는 사회적 · 경제적으로 인정받는 성공적인 삶을 살고 있었다. 또한 딸인 엘리자베스도 작가로 활동하면서 문학적 재능을 인정받고 있었다. 이에 반해 10대 후반의 마셜은 학교생활에 적응하지 못하는 문제아였다. 교육에 남다른 관심이 많았던 로렌스와 로나 마셜은 사회에 적응하지 못하는 아들의 장래에 대해 걱정이 많았다. 이들은 자신들의 바쁜 생활 때문에 아들을 제대로 돌보지 못했고, 이로 인해 존 마셜이 문제아가 되었다는 자책감을 느끼고 있었다. 로렌스 마셜이 회사를 그만둔 후 아들과 함께 1950년 남아프리카로 함께 탐사여행을 떠난 것도 아들과의 시간을 갖기 위해서였다. 이들 부부는 미국사회에 적응하지 못하는 존 마셜에게 새로운 가능성을 열어줄 수 있는 기회를 남아프리카에서 찾았던 것이다.

존 마셜은 아버지와의 남아프리카 탐사여행을 떠나기에 앞서 리빙스턴, 스탠리 그리고 그랜트 등과 같은 탐험가들에 대한 책들을 읽었다. 그는 특히 칼라하리 사막에서의 삶을 그리고 있는 피츠패트릭Percy Fitzpatrick의 『관목 숲의 잭*Jack of the Bushveld*』을 읽고 큰 감명을 받았다. 탐사여행을 떠나기 전 그는 이미 오지 탐험에 대해 나름대로 구상하고 있었다.

로렌스 마셜은 첫 탐사여행에 앞서 16mm 코닥 매거진 카메라와 다량의 필름을 아들에게 사주었다(Asch 1991: 123-128). 존 마셜은 16mm 카메라를 처음으로 접하게 되었는데, 로렌스 마셜은 아들에게 큰 기대를 하지 않았다. 가장 기본적인 카메라 조작술밖에 알지 못하고, 학문적인 배경이 거의 전무한 존 마셜은 첫 탐사여행에서 눈에 보이는 모든 것을 닥치는 대로 찍었다.

> 그것은 매우 경이로운 여행이었다. (……) 나는 멀리 뒤로 영양들이 뛰어가는 장면을 배경으로 전통 옷을 입고 있는 사람들을 촬영했다. 나는 우리 자동차가 윈치를 사용하여 어떻게 흙구덩이에서 빠져나오는지, 모래 둔덕을 어떻게 넘어가는지 촬영했다. (……) 내 생각으로는 전 모험을 통해 의미 있는 장면은 하나도 촬영하지 않았다(de Brigard 1991: 54).

그는 탐험 책을 통해 받은 감명을 품은 채 보이는 대로 찍었는데, 아들의 이런 촬영 방식에 대해 로렌스 마셜은 그대로 놔두었다. 왜냐하면 그는 아들에게 그다지 큰 기대를 하지 않았을 뿐 아니라, 그의 교육관에도 맞지 않았기 때문이다. 로렌스 마셜은 전통적 교육의 편협성과 형식주의에 대한 반발로 19세기 유럽과 미국에서 일어난 진보주의 교육운동에 강한 영향을 받았고, 이로 인해 첫 탐사여행에서 존 마셜은 자기 마음대로 자유롭게 촬영할 수 있었다(de Brigard 1991: 54).

1차 탐사여행이 끝난 다음 해인 1951년 마셜 일가는 본격적인 탐사여행을 떠났다. 첫 번째 탐사여행은 부자간의 친목을 돈독하게 하고 부시먼 사회에 대한 사전 조사의 성격이 강했지만, 두 번째 탐사여행은 학문적인 성격을 띠었다. 두 번째 탐사여행을 떠나기에 앞서 로렌스 마셜은 아들에게 영화 제작과 관련하여 다음과 같이 주문했다. "나는 니아에니아에 지역에 사는 주Zhu 사람들에 대한 기록을 원하는 것일 뿐 영화를 원하는 것은 아니다."(Wilmsen 1994: 80) 로렌스 마셜의 주문은 존 마셜의 영화 제작에 영향을 끼쳤다. 그는 더 이상 탐험 책에서 본 인상 깊은 장면이 아니라, 학문적이고 교육적인 내용을 영상으로 담으려고 노력했다. 그러나 정규교육을 제대로 받지 못한 10대 후반의 미국 젊은이가 이런 요구에 부응하기는 힘든 일이었다.

그의 영화 제작에 큰 영향을 끼친 것은 영국 왕실인류학연구소가 발행한 *Notes and Queries*였다. 인류학 지식과 문화 연구 경험이 전무한 마셜 일가는 초기에 거의 전적으로 이 목록에 따라 연구 계획안을 작성하고 조사했는데, 로나 마셜은 탐사에 참여한 외부 전문가들의 도움을 받아 연구 대부분을 담당했다. 여기서 얻어진 결과들을 바탕으로 존 마셜은 영화의 주제와 내용을 선정하고 촬영에 들어갔다. 〈사냥꾼들〉이 서로 독립적이며 닫힌 시퀀스들로 구성된 것은 이 질문 목록을 바탕으로 제작되었기 때문이다.

고고학자 브류도 〈사냥꾼들〉의 제작에 영향을 끼쳤다. 그는 고고학 수업 시간에 영상자료들을 활용하면 전달할 수 있는 정보의 양과 질이 달라진다는 것을 체득했고, 이에 따라 영상자료의 필요성을 절감하고 있었다. 그가 로렌스 마셜로부터 칼라하리 탐사여행에 대해 들었을 때, 그는 이 여행이 고고학 수업에 필요한 영상자료들을 확보할 좋은 기회라고 생각했다. 왜냐하면 그는 부시먼들이 석기시대에 살고 있고, 바로 이들이 이미 사라져버려서 재현할 수 없는 문화를 보여줄 것이라고 믿었기 때문이다.

그는 마셜 일가와 함께 1952년 니아에니아에 지역에서 6주 동안 함께 지낸 적이 있다. 이때 그는 기록영화의 가능성에 대해 더욱 확신하게 되었다. 그는 물질문화 수업시간에 실을 잣는 것과 바구니를 짜는 것을 말로 설명하는 데 한계를 느꼈다. 하지만 영화를 활용한다면 이 내용을 쉽고도 생생하게 전달할 수 있다고 생각했다. 그는 영화가 교육용으로 활용되기 위해서는 영화 속에 한 가지 주제만 담겨 있어야 하며, 이 주제는 해당 문화의 특징을 잘 보여주어야 한다고 생각하고 있었다. 이런 생각을 하고 있던 그가 존 마셜이 촬영한 부시먼의 사냥 장비에 대한 기록영화를 보게 되었다. 그는 존 마셜의 영화에 대해 극찬했는데, 왜냐하면 자기가 원하던 내용을 충실하게 촬영했기 때문이다. 이후로 존 마셜은 교육용으로 활용 가능한 단편 기록영화들을 제작하는 데 더 많은 관심을 두게 되었다.

영국 왕실인류학연구소와 브류의 지침에 따라 기록영화를 제작하던 존 마셜은 새로운 전기를 맞게 되었다. 〈사냥꾼들〉의 편집이 거의 끝나가던 1955년, 그는 이스트먼 코닥 영화자료실에서 제2차 세계대전 기간 동안 독일에서 제작된 선전영화 〈탱크에 맞선 사내들*Männer gegen Panzer*〉을 접했다. 그가 이 영화에서 가장 인상 깊게 보고 느낀 점은 사건을 맥락 속에서 파악하고 그리는 점이었다(Marshall 1993: 144). 존 마셜은 이 영화를 접하기 전에 영국 왕실인류학연구소와 브류의 지침에 따라 문화적 현상들을 독립된 소주제로 나누어서 촬영했다. 이 지침들에는 각 소주제를 어떻게 구분하고 분석할 것인지에 대한 소개는 있었지만, 각 소주제들을 어떻게 종합적인 시각에서 볼 것인지에 대해서는 언급이 없었다. 따라서 이 지침에 따라 제작된 영상물은 각기 독립적인 내용을 담고 있었으며, 분석도 심층적이지 않았다. 존 마셜은 이 영화를 보고 난 후 영국 왕실인류학연구소에서 작성한 *Notes and Queries*와 브류의 지침을 넘어서서 심층적이고 종합적인 차원에서 문화적 현상을 기록하려고 했다.

〈사냥꾼들〉에서는 *Notes and Queries*와 브류의 영향이 그대로 나타나 있다. 영화의 내용이 사냥 준비 과정, 추적하기, 사냥하기, 고기 분배 등의 소주제별로 나뉘고 이것이 하나의 시퀀스를 이루고 있는 점이 그렇다. 그가 맥락을 중시하는 서술 방식을 인식했음에도 불구하고 〈사냥꾼들〉에서 두드러지게 나타나지 않은 이유는 다음과 같다. 종합적인 맥락에서 사건을 파악하고 이를 영상으로 기록하기 위해서는 기획안 구성 단계에서 촬영 그리고 편집에 이르기까지 모두 달라져야 한다. 그러나 존 마셜은 이에 맞는 촬영을 하지 않았기 때문에 맥락을 중시하는 편집을 할 수 없었다. 그런데도 기린을 찾아 나서는 장면과 추적 장면 그리고 기린을 사냥한 후 고기를 마을로 가지고 돌아와서 무용담을 나누는 장면들에서 부분적으로 맥락을 중시하는 기법을 찾아볼 수는 있다. 존 마셜은 〈사냥꾼들〉 제작 이후 시퀀스를 중시하는 기존의 서술 방식은 그대로 유지한 채 특정한 문화적 현상을 정치 · 경제 · 사회적 맥락 속에서 파악하려는 태도를 견지하게 되었다.

〈사냥꾼들〉의 제작과정은 다음과 같다. 이 민족지영화는 1952~55년 사이 니아에니아에 지역에서 촬영되었으며, 촬영본은 1954~56년 존 마셜의 집에서 편집되었다. 이 영화는 상이한 시간과 공간에서 벌어진 사냥 장면들을 촬영하여 편집했다. 영화 속의 핵심 부분인 기린 몰이와 사냥 장면은 1953년에 촬영된 것이며, 당시 기린은 독화살을 맞고도 죽지 않았다. 기린이 죽는 장면은 1952년에 촬영된 것이다. 영화의 내용과 달리 죽은 기린은 달리는 지프에서 쏜 4개의 독화살을 맞고 죽었는데. 뒷다리 허벅지에 맞은 화살이 치명적이었다. 영화 속의 4명 이외에 다른 남자들도 기린 추적에 참가했으며, 추적은 5일 동안 계속되었다. 기린은 나흘째 되던 날 독화살을 하나 더 맞았다. 추적팀은 기린이 죽은 날 저녁을 제외하고 밤에는 숙소가 있는 가우차Gautscha로 돌아와서 잤는데, 이것도 영화 속의 내용과는 다른 점이다. 숙소에서 잔 후 추적팀은 전날 끝난 장소에서 기린 추적을 다시 시작했다. 통역을 해주고 촬영하는 데 가장 큰 도움을 준 사람들은 사냥에 직접 참가하지 않은 응아미Nami였다.

존 마셜은 1952~53년 촬영된 장면을 바탕으로 1955년 〈사냥꾼들〉의 가편집을 끝냈다. 하지만 존 마셜은 가편집본의 내용이 매끄럽지 않았기 때문에 1955년에 보충 촬영한 장면들을 삽입했다. 이 장면들은 주로 재연되었는데, 그 내용은 4명의 사냥꾼 얼굴 모습, 구멍을 뒤지는 장면, 저녁에 움푹 팬 곳을 지나가는 장면, 경계 장면, 남자들이 서로 바라보는 장면, 기린을 향해 창을 던지는 장면 등이다.

리를 비롯한 비판자들은 총을 쏴서 기린을 죽였다고 추정하고 있지만, 존 마셜은 독 묻은 창과 화살로만 기린을 사냥했다고 주장하고 있다. 로버트 가드너의 주장*과는 달리 존 마셜이 이 영화를 직접 편집했고, 해설도 썼다. 상당수의 쇼트shot들과 시퀀스들은 해설에 따라 편집되었다. 〈사냥꾼들〉 제작비용을 전적으로 부담한 로렌스 마셜은 1970년대 말까지 이

---

* 로버트 가드너는 〈사냥꾼들〉 제작에 깊이 관여했다고 주장했으며, 남아프리카에 있는 존 마셜을 대신하여 이 영화에 주는 상을 수상했다. 또한 가드너가 제작한 〈죽은 새들*Dead Birds*〉의 서술 구조가 〈사냥꾼들〉과 매우 흡사하기 때문에 다수의 인류학자들은 이 영화 제작에 관여한 것으로 믿게 되었다. 존 마셜은 가드너가 영화 제작에 전혀 관여하지 않았다고 부정하고 있는데. 이들 간의 갈등은 제작과 소유권에 대한 윤리적인 문제를 제기하고 있다. 이에 대해서는 Marshall, John 1991c: 118-119; Anderson, Carolyn and Benson, Thomas W. 1993:138-139, 141 참조. 가드너와 마셜의 관계에 대해서는 Asch, Timothy 1991: 124-125 참조.

영화에 대한 모든 권리를 소유했고. 이 영화가 개봉되고 난 후 10년 동안 대여를 통해 수십만 달러의 이익을 얻었다. 하지만 이 돈의 대부분은 부시먼을 돕기 위한 사업에 사용되었다(Anderson & Benson 1993: 142ff.).

3
비판과 반론

두 명의 문화인류학자가 동일한 시간과 장소에서 한 문화를 참여관찰하고 서로 다른 연구 성과를 발표하는 것은 드문 일이 아니다. 민족지영화에서도 이런 예는 종종 발견된다. 대표적인 예로는 로버트 가드너와 이보 슈트레커Ivo Strecker의 〈모래의 강들*Rivers of Sand*〉과 〈소잔등 건너뛰기*Der Sprung über die Rinder*〉를 들 수 있다. 가드너와 슈트레커는 에티오피아의 하마르Hamar족에 대한 민족지영화를 각각 제작했는데, 이 영화들 속에서 나타나는 여성의 사회적 지위와 역할은 상반된 모습을 보여주고 있다. 유럽영상인류학회는 1990년대 중반 이에 대한 심포지엄을 열고 격렬한 논쟁을 벌였다. 민족지영화 제작에서도 제작자의 주관이 강하게 영향을 끼치기 때문에 이와 같은 일이 종종 벌어지고 있다. 앞서 살펴본 대로 〈사냥꾼들〉도 다양한 요인에 의해 내용이 결정되었는데, 이 내용과 관련하여 많은 논쟁이 벌어졌다.

〈사냥꾼들〉의 내용에 대해 가장 강력한 비판을 제기한 문화인류학자는 리처드 리Richard B. Lee였다. 그는 어빈 드보르Irvin DeVore와 함께 1963년 그리고 1968~73년 사이에 하버드-칼라하리 프로젝트를 수행했다(Wilmsen,

Edwin N. 1991: 90). 그는 이 프로젝트에서 얻은 연구 결과들을 다수의 논문과 단행본 형태로 발표했는데, 기린 사냥과 관련하여 존 마셜과는 다른 입장을 보이고 있다. 리는 우선 기린 사냥 자체에 대해 회의적인 태도를 보이고 있다. 그의 연구 결과에 따르면 부시먼 사회에서 기린 사냥은 매우 드문 일이며, 만일 있더라도 독화살이나 창으로 기린을 잡지는 않는다고 한다. 왜냐하면 기린은 매우 두껍고 단단한 피하조직을 갖고 있으므로 창이나 화살로 관통하는 것은 불가능하기 때문이다. 만일 독화살이 기린의 피하조직을 관통하여 화살이나 창의 독이 혈관을 타고 들어간다 해도 독화살의 미미한 독만으로는 거대한 기린을 죽일 수 없다고 한다.

거대한 몸통을 가진 기린에게 이 정도의 독은 전혀 치명적이지 않다. 만일 기린이 화살 독에 중독된다 하더라도 부시먼이 뛰어서 기린을 추적하는 것은 불가능하다고 한다. 독이 기린의 몸 안에 퍼져 움직이지 못하게 될 때까지 상당한 시간이 소요되는데, 기린은 이사이에 시속 50㎞로 도망갈 수 있는 반면, 인간은 시속 20㎞로도 채 달리지 못하기 때문이다. 리는 기린 사냥이 불가능한 또 다른 이유를 법적인 차원에서 들고 있다. 당시 남아공 정부는 기린을 왕실 야생동물로 보호하고 있었다. 이 때문에 기린을 사냥하는 것 자체가 법으로 엄격히 금지되어 있었고, 이를 어긴 사람은 법의 엄한 처벌을 받았다고 한다.

리의 비판에 대해 존 마셜은 다음과 같은 반론을 펴고 있다. 비록 존 마셜과 부시먼 일행이 지프차를 타고 기린을 추적했고, 이전에 찍어놓은 장면들을 합성하여 기린 사냥 장면을 제작했지만, 독화살과 창만으로 기린을 잡은 것은 엄연한 사실이다. 존 마셜이 1978년 가우차 지역에 살고 있는 부시먼 남자들에게 〈사냥꾼들〉을 보여주었을 때, 이들 중 일부는 1950년대에 많은 경우 한 번에 4~5마리의 기린을 잡았다는 이야기를 했다고 한다. 또한 당시 기린 사냥이 법적으로 금지된 것은 틀림없는 사실이었다. 하지만 존 마셜이 기린 사냥을 촬영할 당시 경찰의 행정력이 니아에니아에 지역에까지 미치지 못했고, 이 때문에 이 지역 사람들은 기린을 사냥할 수 있었다고 마셜은 주장하고 있다(Marshall 1991c: 121).

현시점에서 누구의 주장이 더 설득력 있는지 판단하기는 어렵다. 하지만 기린 사냥이 부시먼의 삶을 대표하는 현상이 아닌 것은 확실하다. 그렇다면 존 마셜은 왜 기린 사냥에 관한 영화를 제작하게 되었을까? 그가 사냥을 중시한 이유는 서구인이 〈노인과 바다〉나 〈북극의 나눅〉에서와 같이 자연에 맞서 싸우는 인간의 모습에 관심이 많았고, 그가 이런 것에 영향을 많이 받았기 때문이다. 실제로 〈백경〉, 〈노인과 바다〉 그리고 〈북극의 나눅〉 같은 사냥영화들은 항상 흥행에 성공했으며, 이와 같은 부류의 영화들이 지속적으로 제작되었다. 서구인은 민족지영화들을 즐겨 보지 않지만, 기린을 사냥하는 장면을 담고 있는 〈사냥꾼들〉은 예외적으로 세인들의 큰 관심을 끌었다. 하지만 사냥 장면이 없고 부시먼들의 비참한 삶을 담은 존 마셜의 또 다른 민족지영화들을 전혀 세인의 관심 대상이 되지 못하고 있다. 존 마셜은 자연에 맞서 싸우는 인간의 삶에 대해 강한 호기심을 가진 서구의 문화적 환경 속에서 자랐다. 이 때문에 비록 기린 사냥이 부시먼 사회에서 매우 예외적인 현상이지만, 자신이 태어난 곳의 문화적 관습에 따라 〈사냥꾼들〉을 제작하게 되었다.

비세레를 위시한 또 다른 일군의 문화인류학자들도 이 영화의 또 다른 내용에 대해 비판했다. 존 마셜은 이들의 비판들을 대부분 수용하면서 이에 대해 다음과 같이 자신의 견해를 덧붙이고 있다.

① 〈사냥꾼들〉의 첫 번째 부분은 내가 완전히 만들어낸 이야기다. 그리고

이 영화에서 사냥이 필요 이상으로 중요하게 그려지고 있다.

② 사냥에 대한 내 생각과 감정이 강하게 부각된 반면, 등장인물들의 의견은 반영되지 않았다. 부시먼 사회에서 사냥에 대한 가장 사실적인 모습은 사냥을 둘러싼 남자들 간의 질투와 경쟁심 그리고 기린고기 분배를 둘러싼 갈등일 것이다.

③ 〈사냥꾼들〉에서는 보편적 시각에서 부시먼의 삶과 사냥이 그려지고 있다. 그러나 등장인물이나 영화 제작자 중 어느 누구도 사건이나 행동을 이와 같은 시각에서 파악할 수는 없다. 이런 비현실적인 시각은 관객과 내용 사이에 거리감을 만들고, 제작자의 생각이나 감정을 영화 속의 사람에게 투영시킨다. 이로 인해 관객은 자신이 이해하지 못하는 것을 이해한 것처럼 여기게 만든다. 영화 속의 등장인물들도 사건을 통해 새로운 지식을 얻기도 하고 혼란도 겪는데, 이 시각을 통해서는 이와 같은 점들을 전달하기 어렵다. 진실이란 하나의 시각에서 파악하기에는 너무나 복합적이다(Marshall 1991c: 122).

〈사냥꾼들〉과 관련하여 가장 많은 비판이 쏟아진 부분은 전지적인 시각이었다. 그러나 〈사냥꾼들〉에서 볼 수 있는 전지적인 시각은 존 마셜의 영화에 대한 이해 부족에서만 기인하는 것만은 아니다. 당시 그가 촬영할 때 사용했던 카메라인 벨 앤 호웰Bell & Howell이나 볼렉스Bolex는 스프링으로 구동되었기 때문에 한 번에 약 10분만 촬영할 수 있었다. 이 때문에 촬영 중간에 필름 통을 갈아 끼워야 했으며, 이로 인해 쇼트가 끊기는 일이 종종 발생했다. 이 때문에 제작자들은 아예 쇼트의 내용을 중심으로 촬영하지 않았는데, 이는 당시의 주된 흐름이었다. 카메라의 성능도 영화의 내용을 좌우했다. 당시 카메라는 대상이 움직일 경우 초점이 자주 빗나갔다. 이를 방지하기 위해 제작진은 주로 삼각대 위에서 촬영할 수밖에 없었는데, 이 때문에 대상에 밀착하여 이야기를 끄집어내는 데는 한계가 있었다. 이 외에도 짧은 시간 동안만 동시녹음이 가능한 상태에서 대화하기를 즐기는 부시먼의 감정과 느낌을 잡아낸다는 것은 매우 어려운 일이었다. 이와 같은 제약 조건 속에서 존 마셜은 전지적인 시각에서 영화를 구성하고 편집하게 되었다. 이런 전지적인 시각과 서사적인 영화 스타일은 비교적 장시간 촬영과 동시녹음이 가능한 카메라가 등장하면서 사라지기 시작했다. 또한 새로운 가능성이 열리면서 민족지영화 제작과 관련하여 새로운 기법들에 대한 모색이 시도되었다. 하지만 존 마셜이 〈사냥꾼들〉을 촬영하고 편집할 당시에는 아직 이런 카메라가 등장하지 않았다(Marshall 1991b: 104-105).

4
유산

남아프리카공화국에는 현재 그리 많은 수의 부시먼이 살지 않고 있으며, 주로 나미비아, 보츠와나 그리고 앙골라 지역의 변방에서 살고 있다. 현재 이들은 삶의 기반이었던 영토를 거의 잃어버리고 어려운 삶을 살고 있다. 부시먼은 지구 상에 몇 남지 않은 원시 수렵 · 채집인으로 알려졌지만, 수렵 · 채집 경제는 1960년대에 이미 거의 붕괴했다. 현재 부시먼은 원시 시대의 고귀한 야만인적 삶을 계속 이어가는 사람들이 아니라, 지구의 변방에서 열악한 생존조건과 차별로 인해 가장 힘든 삶을 사는 사람들이다.

존 마셜의 〈사냥꾼들〉은 부시먼을 고귀한 야만인의 모습으로 정형화시키고, 이를 세상에 알리는 데 적지 않은 역할을 했다. 왜냐하면 그는 거의 처음으로 부시먼에 대한 영화를 제작하여 유통시켰고, 이의 영향은 매우 컸기 때문이다. 존 마셜의 영화에서 부시먼은 백인의 박해와 약탈로 인해 거의 절망적인 삶을 사는 모습이 아니라, 사막에서 수렵 · 채집을 하면서 원시적인 삶을 살아가고 있는 고귀한 야만인으로 그려지고 있다. 그러나 당시 대다수의 부시먼은 백인이나 인접 종족들의 박해를 피해 오지로 도망쳐서 매우 비참한 삶을 영위할 수밖에 없었거나 아니면 백인이 운영하는 농장에서 일용 노동자로 고된 삶을 살고 있었다. 또한 부시먼은 백인에 의해 일방적으로 도입된 새로운 소유와 교환관계 그리고 갈등해결 방법들을 강제적으로 수용해야만 했다. 부시먼은 당시에도 이미 급격한 사회 변화 속에서 살고 있었으며, 브류를 위시한 고고학자들이나 존 마셜이 영화 속에서 그리듯이 신석기시대의 잔존물이 아니었다(Biesele 1993: 205ff.; Wilmsen 1991: 90ff.).

〈사냥꾼들〉의 제작 이후에 존 마셜은 부시먼에 대한 그릇된 이미지들을 바꾸려고 노력했지만, 이는 거의 불가능하게 되었다. 왜냐하면 서구인의 이해와 관심사에 의해 일방적으로 만들어진 부시먼에 대한 이미지들은 나름대로의 생명력을 갖게 되었기 때문이다. 1970~80년대 부시먼 사회를 방문한 대부분의 인류학자, 작가, 영화 제작자 또는 저널리스트들은 이들의 진정한 모습을 알려고 하기보다는 신석기시대의 잔존물이라고 간주되는 수렵·채집생활을 연구하거나 기삿거리로 만들려고 했다. 로렌스와 존 마셜이 그랬던 것처럼 이들은 진정한 야생 부시먼을 찾아 더 깊숙한 오지로 탐사여행을 떠나거나, 이들을 발견할 수 없으면 돈을 주고 야생 부시먼을 만들어냈다.

야생 부시먼에 대한 광적인 집착은 서구의 대중매체에서 두드러지게 나타나고 있다. 적어도 11개의 서구 텔레비전 방송국은 부시먼에 관한 기록영화를 1978~89년 사이에 제작하여 방영했다. 이 프로그램의 주요 관심사는 부시먼이 백인이나 인근 종족에 의해 생존기반을 박탈당하고 빈곤한 삶을 살고 있다거나, 백인 정부에 저항하는 흑인 반군세력들을 추적하고 사살하기 위해 고용된 부시먼 용병의 모습 또는 녹슬고 무너져가는 양철집에서 알코올 중독으로 인해 붕괴되어가는 부시먼 사회의 모습이 아니었다. 이들은 주름살투성이의 여자가 굴봉을 들고 땅을 파거나, 미개인의 상징인 허리에 두르는 간단한 옷loincloth을 입은 남자가 창과 화살을 들고 사냥하는 모습에 관심이 있었다. 이를 위해 이들 11개 방송사 중에서 적어도 5개 방송사는 부시먼에게 가죽옷을 입히고, 진짜 부시먼처럼 행동해 달라고 요구했다. 이 기간 동안 부시먼에 대한 텔레비전 방송물 중에서 가장 좋은 평가를 받은 작품은 《그레이트 샌드페이스의 사람들*Peoples Of The Great Sandface*》 연작이다. 이 영화는 30여 명의 기비Gwi 출신 부시먼이 1년 내내 한 장소에서 멜론으로 힘겹게 살아가다가 할 수 없이 백인이 만들어준 장소에 정착하여 사는 과정을 그리고 있다. 미버그John Paul Myburgh가 1986년 제작한 이 영화는 영국의 채널 4를 통해 방영되었으며, 다수의 방송국도 후에 이 영상물을 방영했다(Gordon 1991: 173ff.).

부시먼에 대한 이야기로 가장 흥행에 성공한 극영화로는 〈부시맨*The Gods Must Be Crazy*〉을 꼽을 수 있다(Biesele 1993: 207ff.). 우이스Jamie Uys는 1980년 보츠와나에서 아프리칸어로 이 영화를 제작했는데, 곧이어 영어로 더빙되어 거의 모든 국가에서 상영되었다. 한국에서도 1983년 〈부시맨〉이라는 이름으로 상영되어 다른 국가들에서와 마찬가지로 커다란 흥행에 성공했다. 이 영화는 평화롭게 수렵 · 채집을 하던 부시먼 사회에 자본주의 문화를 상징하는 코카콜라 병이 떨어지면서 시작된다. 영화의 내용은 서구 문화를 상징하는 코카콜라 병으로 인해 야기된 수렵 · 채집 사회의 혼란과 이를 돌려주기 위해 나선 한 부시먼이 접하는 자본주의와 제국주의 추한 모습이다. 이 영화 속에서 부시먼은 존 마셜의 영화에서와 마찬가지로 건강한 공동체 속에서 자연과 조화롭게 사는 수렵 · 채집인으로 그려지고 있으며, 이를 통해 서구사회를 비판하고 있다. 이 영화의 내용에 대해 존 마셜은 부시먼 사회의 현실을 무시한 위험한 영화라고 비판했지만, 제작자인 우이스는 부시먼에 대한 가장 사실적인 영화라고 반론을 펴고 있다.

텔레비전의 기록영화나 극영화에서 두드러지게 나타나는 부시먼에 대한 상들은 다음과 같이 종합할 수 있다.

① 부시먼은 칼라하리 사막에서 주변 환경과 조화를 이루면서 수렵 · 채집 생활을 하고 있다. 이들은 자신들의 생활 방식에 대해 강한 자부심과 애착이 있으며, 자연의 아들이길 원한다.
② 부시먼은 토지 소유와 상속 그리고 경작과 정착생활에 대해 별다른 관심이 없다.
③ 부시먼은 정착 농업을 하지 않는다. 그리고 이들은 문화적, 심리적 그리고 생물학적 요인으로 인해 목축이나 농업을 하기에는 부적합하다.
④ 부시먼의 경제적 · 사회적 상황은 칼라하리 사막에 적응하는 과정에서 주로 형성된 것일 뿐 백인이나 이웃 부족들의 대규모 몰수와 이로 인한 결과가 아니다(Marshall, John 1991a: 16).

그러나 이와 같은 상들은 부시먼의 실상과는 거리가 멀다. 그렇다면 왜 이런 상들이 서구인에 의해 만들어지고 강한 생명력을 갖고 계속하여 유통되고 있는 것일까? 이에 대한 답은 서구사회의 문화적 전통에서 찾아볼 수 있다. 수산 손탁은 레니 리펜슈탈Leni Riefenstahl이 제2차 세계대전 후 촬영한 누바Nuba족 영화에 대해 “문명에 물들지 않고, 주변 환경과 완전한 조화 속에서 사는 민족의 자화상”이라고 평했다(Sonntag 1981: 106). 그녀의 평은 존 마셜의 〈사냥꾼들〉뿐만 아니라 이후 만들어진 일련의 부시먼 영화들에도 해당되는 평이다.

이와 같은 현상이 서구에서 발생하는 이유는 다음과 같다. 서구에서는 산업화와 도시화로 인해 인간들 사이의 소외감과 환경 파괴가 심화되었고, 양차 세계대전을 통해 자신들의 문화에 대해 심한 회의감이 팽배하게 되었다. 이에 대해 일부 서구인은 자신들의 문제를 극복할 수 있는 대안을 다른 문화 속에서 찾으려고 했다. 특히 이들이 주목한 문화는 다양하다. 인도가 이들의 주목 대상이 되기도 했고, 다른 사람들에게는 동아시아 특히 일본이 되기도 했다. 또 다른 사람에게는 서구 문명의 때가 묻지 않고, 아직도 자연과 완전한 조화 속에서 살고 있다고 믿어지는 부시먼 또는 누바인이 그 대상이 되었다. 이러한 서구인은 이들 종족이 자연을 정복 대상으로 여기지 않고 오히려 이것과 공존하면서 평화롭게 살고 있다고 믿고 있으며, 이들이 바로 위기에 처한 서구 문화의 문제점을 해결할 수 있는 대안이라고 생각했다. 이와 같은 이유에서 부시먼은 자신의 실상과는 달리 아담과 이브가 선악과를 따먹기 전의 모습으로 이상화 · 정형화되었다.

일부 서구 지식인들이 이와 같은 동기에서 부시먼 사회를 이상화했지만, 왜 영화 속의 이런 상들이 서구사회에서 대중적인 인기를 얻게 되었는지를 밝히기 위해서는 또 다른 요인들을 고찰할 필요가 있다. 왜냐하면 대중이 곧 일부 서구 지식인들과 같은 동기와 목적에서 부시먼을 바라보고 있지 않기 때문이다.

톰슨은 〈사냥꾼들〉에는 인간의 원초적 향수를 불러일으키는 원형이 존재하는데, 바로 이 점이 이 영화의 성공 원인이라는 것이다. 그의 견해에 따르면 극한의 자연조건 속에서 삶을 위해 사냥하는 인간의 모습은 인간의 잠재의식 속에 있는 원초적 욕망과 그리움을 일깨우고 충족시켜주고 있다는 것이다(Thompson, William Irwin 1971: 75). 〈사냥꾼들〉뿐만 아니라 부시먼에 대한 텔레비전 프로그램이나 극영화 그리고 더 나아가 플래허티의 〈북극의 나눅〉은 사람들의 이런 욕망을 충족시켜주고 있으며, 이 점이 성공 요인이라는 것이다. 톰슨의 시각도 존 마셜의 영화 제작 동기를 이해하는 데 중요한 단서를 제공해주고 있다.

〈사냥꾼들〉의 제작 동기를 모두 인과론적인 관계에서 검증하기는 어렵다. 하지만 실상과는 거리가 먼 부시먼에 대한 상들은 마셜 가족보다는 선사시대에 대한 서구인의 관심사 때문에 일방적으로 만들어진 측면이 강하다. 하지만 〈사냥꾼들〉은 수렵사회에 대한 일반인의 관심을 고조시키고, 이와 같은 부시먼의 상들이 서구인 사이에 확산하는 데 결코 적지 않은 역할을 했다. 이런 의미에서 〈사냥꾼들〉은 당시 부시먼의 생활을 보여주는 영화가 아니다. 오히려 이 영화의 가치는 1950년대 미국 상류층인 마셜 일가와 보스턴의 고고학자들이 부시먼 사회를 어떻게 바라보았는지 이해할 수 있다는 점에서 찾을 수 있다.

문화인류학은 서구에서 자신들의 문화적 맥락에 의해 탄생했고, 〈사냥꾼들〉에서처럼 논의도 거의 서구 중심적으로 전개되었다. 그리고 한국에서는 이런 연구내용들을 비판적 입장이 아니라, 실증주의적 시각에서 그대로 수용한 측면이 강하다. 이와 같은 문제는 특히 텔레비전 방송국의 프로그램에서 두드러지게 나타나고 있다. 1996년 SBS에서 제작 · 방영한 〈블루 트레인을 탄 부시먼〉은 부시먼 사회가 이미 커다란 문화변동을 겪었음에도 〈사냥꾼들〉과 같은 시각에서 그리고 있다. 이와 같은 현상은 SBS의 이 프로그램에만 국한된 것은 아니다. KBS를 위시한 다른 공중파방송국에서도 아침 시간대에 방영하는 '꼭지' 프로그램에서 이와 같은 시각과 내용에서 부시먼 사회, 더 나아가 제3세계의 문화를 그리고 있기 때문이다.

V

연구와 교육 그리고 민족지영화: 독일 학술영화연구소(IWF)

1. 들어가며
2. IWF의 설립
3. IWF의 학술영화 제작 방법론
4. 제작지침에 의해 제작된 영화들
5. IWF에 대한 비판들
6. 1990년대 중반의 변화들
7. 나가며

이 글은 다음 논문을 수정하여 게재한 것임. 조관연. 「독일 IWF(학술영화연구소)의 방법론 형성과 변천」. 『역사문화연구』, 역사문화연구소, 16, 41-80, 2002.

I
들어가며

다매체 시대의 등장과 정보혁명은 사회 전반에 걸쳐 이미 커다란 변화를 불러왔는데, 이런 영향을 인류학에서 가장 먼저 그리고 심하게 받은 곳 중의 하나는 독일 괴팅겐Göttingen 시에 소재한 학술영화연구소Institut für Wissenschaftlichen Film(IWF)일 것이다. 이 연구소는 고등교육 기관용 교육과 연구용 영상물 제작을 전문으로 하는 전 세계적으로도 드문 연구소였다. 이 연구소에서 제작된 영상물은 독일 교육현장에서 많이 사용되었으며, 그 평가도 상당히 좋은 편이었다. 하지만 영상 제작 관련 기술이 발전하면서 영상물 제작이 상대적으로 쉬워졌을 뿐만 아니라 그 경비도 대폭 줄어들면서 이 연구소가 누리던 예전의 독점적 지위는 상당히 약화했다. 또한 다양한 학문에서 영상 매체 연구를 활발하게 진행하면서 다양한 방법론과 이론뿐만 아니라 다양한 스타일의 영상물도 생산되었다. 하지만 이들에 비해 상대적으로 많은 정부의 지원을 받았던 이 연구소는 이런 변화와는 상당히 동떨어진 영상물을 계속 제작했다.

이 연구소는 정부의 고등교육기관 구조조정과 이에 따른 예산삭감으로 인해 구조조정과 방향 재정립이라는 존폐 위기를 맞았는데, 지원기관들의 변화요구를 최종적으로 충족시키지 못하면서 교육용 영상물 제작부서가 폐쇄되고, 기존에 제작한 영상물 유통을 담당하는 부서만 남게 된다. 이 연구소가 폐쇄되었음에도 이 연구소가 교육용 영상물 제작에 남긴 유산은 클 뿐만 아니라 중요하다. 한국에서도 이제는 초등교육부터 고등교육뿐만 아니라 평생교육과 재교육에서 교육용 영상물 또는 멀티미디어콘텐츠의 활용이 증가하고 있는데, 아직 제작과 관련한 다양한 방법론은 개발되지 않고 있다.

영상인류학에서 교육과 연구용 영상물 제작은 가장 오래된 분야이며, 이에 관한 다양한 논의를 발전시켜왔다. 학술영화연구소(이하 IWF라고 칭함)는 이 분야에서 선도적인 역할을 담당했으며, 민족지 영상물 제작과 관련하여 고유한 논의를 발전시켰다. 한국의 많은 지자체와 공공기관들은 다수의 (전통)문화 기록 프로젝트를 발주하고 있지만, 이를 학술 차원에서 의미 있게 제작한 영상물의 숫자는 그리 많지 않다. IWF의 역사와 제작 방법론을 살펴보면 아직도 유효한 많은 사유거리를 발견할 수 있다.

2
IWF의 설립

사진과 영화는 탄생 초기부터 과학적인 기록 매체로 인정받았다. 당시 대부분의 영화 관계자들뿐만 아니라 학자들도 이들 매체가 인간이 인식할 수 없는 것들을 밝혀준다고 믿었다. 즉, 이들은 인간 지각 능력의 한계와 시간을 뛰어넘어 사실을 가장 객관적으로 기록하고 밝혀주는 매체로 생각했다. 이런 이유에서 문화인류학 또는 민족학 연구자의 상당수는 사진과 영화의 탄생과 함께 연구 여행 시 꼭 사진기 또는 영화 카메라를 가지고 갔다. 탐험가, 선교사 그리고 부유한 시민이 점차 낯선 문화에 대한 사진 또는 영화 촬영에 동참하면서 희소성이 감소하고 이에 대한 열기는 식어갔다. 열기가 식어간 또 다른 이유는 영상물 제작의 위험성과 전문성 그리고 경비 때문이었다. 다이너마이트와 마찬가지로 폭발성이 강한 필름은 아마추어들이 열악한 자연환경 속에서 다루기에는 너무나 위험했고, 영상물 제작비용도 많이 들었다.

민족지영화는 1930년대에 들어서서 새로운 전기를 맞게 된다. 새로 개발된 필름은 폭발 위험이 없었고, 기존의 필름에 비해 복사와 인화 비용이 절반밖에 들지 않았을 뿐만 아니라 비전문가들도 손쉽게 사용할 수 있는 촬영 기기들이 잇따라 개발되었다. 1934년 베를린에 제국 교육영화제작소Reichsstelle für den Unterrichtsfilm(RfdU)가 설립된 것은 이런 변화 덕분이었다. 독일 최초의 본격적인 교육용 필름 전문 제작 기관인* 제국 교육영화제작소는 1935년 괴팅겐 시에 대학 교육영화Hochschulfilm 제작 부서를 신설했으며, 이 부서의 목적은 다양한 학문 분야에서 교육과 연구용으로 활용 가능한 영화들을 제작하는 것이었다. 1940년에 들어서서 이 기관은 '학문과 교육용 영화와 시각자료 제국연구소Reichstelle für Film und Bild in Wissenschaft und Unterricht(RWU)'로 개칭했는데, 영화뿐만 아니라 사진이나 그림 등을 포함하는 영상물들을 대학 교육용과 연구용으로도 제작하기 위해서였다.

이 연구소 산하의 대학 교육영화 제작부서가 처음으로 민족지영화를 제작한 것은 1936년의 일이었다. 라이프치히 시 민족학박물관에 근무하던 게르만Peter Germann이 1928~29년 라이베리아 북부에 사는 그반데Gbande족을 촬영했는데, 이를 편집하여 영화를 제작했고, 슈판나우스G. Spannaus는 이 영화에 대한 동반책자Begleitbuch를 썼다. 스네트라게E. H. Snethlage는 1933~35년 볼리비아와 브라질의 접경지대를 탐사여행하면서 영화를 촬영했는데, 다음 해에 이 자료들을 바탕으로 민족지영화를 제작했다. 이 영화는 연구소가 자체 제작한 첫 번째 민족지영화였다. 제국연구소는 1945년 폐지되기까지 총 525편의 대학 교육용과 학술용 영화를 제작했으며, 이 중 20%인 53편이 민족지영화였다(Böhl 1985: 68-88).

* RfdU가 설립되기 전에도 학술영화 제작을 목적으로 1921년에 설립된 '독일 학술영화협회Deutsche Gesellschaft für wissenschaftlichen Filme'와 다음 해에 설립된 '교육영화 발행주식회사Verlag(s) wissenschaftlicher Filme GmbH'가 있었다. 이들 기관은 제국영화제작소가 설립되기 전인 1930년대 초반에 폐쇄되었으며, 이들이 제작했던 영화들은 RfdU로 이관되었다. 1930년대 초반에도 이 영화들의 학술적 가치는 크게 인정받지 못했는데, 이는 이들이 담고 있는 내용이 단순한 여행기록 또는 낯선 지방의 사람들과 풍습을 '순진하게' 기록하고 있었기 때문이다. 이런 의미에서 이 두 기관은 학술영화를 제작했던 기관들로 별달리 인정받지 못하고 있다. Dauer, Alfons Michael: Zur Syntagmatik des ethnographischen Dokumentationsfilms, Wien-Foehrenau, 1980: 61.

제2차 세계대전이 막바지에 이르러 베를린에 폭격이 심해지자 학문과 교육용 영화와 시각자료 제국연구소가 소장하고 있던 영상자료들은 비교적 안전한 괴팅겐 시 근처의 작은 도시인 회켈하임Höckelheim으로 이전했다. 종전 후 미 군정은 나치의 정치적 프로파간다 역할을 담당하던 독일 영화산업과 기반을 폐쇄했는데, 이때 이 연구소도 폐쇄되었다. 하지만 영국군은 교육용 영상물 제작 작업에 대해 관대했기 때문에 하노버 시에 1945년 12월 학문과 교육용 영화와 그림 연구소Institut für Film und Bild in Wissenschaft und Unterricht(FWU)가 설립되었고, 이 기관은 5개월 후 함부르크 시로 이전했다. 회켈하임에 소재하던 기술과학 연구영화 제작부서와 베를린에서 폐쇄된 학문과 교육용 영화와 시각자료 제국연구소가 1949년 괴팅겐 시에서 합병되면서 1953년 3월 IWF가 설립되었다. 이 연구소 설립에 가장 많은 노력을 기울인 사람은 노벨상을 수상한 콘라트 로렌츠와 1956~76년까지 연구소장을 역임한 볼프Gotthard Wolf 교수 그리고 슈판나우스Gotthard Spannaus 교수다.

자연과학자들이 IWF 설립에 중심 역할을 했기 때문에 이 연구소는 설립 초기부터 자연과학적인 색채가 짙었다. 이 연구소 안에는 다음 세 가지 분과가 있었다. ① 동물학, 식물학, 미생물학을 포함하는 생물학, ② 기술과학, ③ 민속학을 포함하는 민족학. IWF는 이 세 분과의 학술영화를 체계적으로 수집하고 제작하기 위해 1952년 영화 백과사전Encyclopaedia Cinematopraphica(EC)을 산하기관으로 설립했는데, 볼프는 그 목적을 다음과 같이 밝히고 있다.

> 영화 백과사전은 학술 목적을 위해 디자인되었다. 이것의 의무는 연구 작업과 학술적 교육에 복무하는 것이다. (……) 영화 백과사전은 학술영화의

일반 아카이브인데, 각 영화는 특정한 체계적인 방식으로 기록될 것이며, 특정한 교육 시스템에는 접근이 허용될 것이다. 영화 백과사전은 대단한 정도의 리얼리티를 포함하는 것으로 계획되어 있다(Wolf 1967: 32).

3
IWF의 학술영화 제작 방법론

IWF는 설립된 후 이전의 기관들보다 활동영역을 넓혔다. 양질의 학술영화 제작을 위해 촬영기기를 제작했고, 관련 학술 기관들이 소장하고 있는 영화 목록을 수집 · 정돈했으며, 연구자나 대학생들을 대상으로 한 학술영화 제작 워크숍을 개최했다. 특히 학술영화 제작 워크숍은 1954년부터 연구소가 폐쇄된 2003년까지 여름방학마다 개설되었다. 이 워크숍은 15명의 신청자에게 첫 주에는 촬영과 관련된 기술과 구성안 작성 방법 그리고 다음 주에는 주제 발굴과 이에 관한 영상 제작 방법을 교습했는데, 성과가 좋아서 중국과 말타 등지에서도 현지 대학생들 대상으로 이 과정이 열렸다.

제작 워크숍이 호평을 받았지만, IWF에 대한 전반적인 평가는 매우 극단적이다. 특히 문제가 된 것은 '과학적인' 제작 방법론이었는데, 이를 수립한 사람은 볼프와 슈판나우스였다. 이들은 학술영화는 리얼리티를 담는 것이 무엇보다 중요하며, 이를 위해서는 영상 제작 과정을 과학적으로 통제하는 것이 필요하다고 생각했다. 영화 제작에 있어서 연출이나 연기가 있어서는 절대로 안 되고, 촬영 중 사건에 영향을 줄 그 어떤 요소의 개입도 배제했으며, 제작진은 제작의 전 과정을 세부적인 사항까지 모두 기록해야 했다. 또한 시간의 연속성을 깨뜨리는 편집은 조작으로 여겨 이를 엄격히 금지했다. 음악이나 해설을 삽입하는 것도 같은 이유에서 금지했다. 영화 속에서 다루지 않거나 하지 못한 해석적인 부분은 동반책자를 통해 기술할 것을 권고했다. 이런 과학적 제작 태도는 주제 선정에도 커다란 영향을 끼쳤다. 영화 대부분은 토기, 장신구, 일상용품 제작 같은 물질문화를 다루고 있으며, 정신문화에 관한 영화는 맨눈으로 볼 수 있는 춤이나 의례 등에 국한했다.

연구소의 조직도 '과학적인' 영화를 만들기 위해 재편되었는데, 영상물의 과학성과 통일성을 유지하기 위해 연구소장이 제작과 편집을 총괄했다. 생물학, 민족학 그리고 기술과학 분야를 전공한 13명 내외의 다양한 국적의 학자가 전공과 관계없이 영상물을 공동 평가했는데, 이때 기준은 IWF에서 마련한 제작지침이었다. 이들의 평가로 영화 백과사전 포함 여부가 결정되었다.

1) 새로운 시도들과 개선안

IWF는 이전 기관들이 구축한 방법론을 대폭 개선했다. 우선 항상 새로운 기술을 도입하고 표준화하려고 노력했는데, 이는 필름의 선택에서 잘 드러난다. 1950년대 중반에는 제작 경비가 충분하지 않았는데, 화질이 열악한 8mm 필름은 처음부터 사용하지 않았다. 주로 16mm 흑백필름을 사용했지만, 예외적인 경우에는 경비가 많이 드는 35mm 흑백필름도 사용했다. 사람, 대상, 문양 그리고 지리적 환경들에 관한 정보들을 더 명확하게 전달할 필요성이 있을 경우, 흑백필름보다 제작경비가 3~5배 더 드는 컬러필름이나 유성필름을 사용하기도 했는데, 이는 당시 교육용 영화 제작에서 본다면 획기적인 일이었다. 그러나 IWF는 색 재현의 정확성과 색의 보존 능력에 대해 우려했기 때문에 컬러필름 사용에 대해 조심스러운 태도를 보였다(Wolf 1967: 25).

당시 민족지영화 제작자들은 색온도나 색감을 정확히 재현해내는 기술이나 지식을 갖추지 못했는데, IWF의 기준에 의하면 이것이 맞지 않으면 과학적 영화가 아니었다. 이 문제를 해결하기 위해 IWF는 전문 카메라맨들을 고용하여 민족학자들과 함께 민족지영화를 공동 제작하도록 했는데, 이 역시 당시로서는 새로운 시도였다. 이 연구소는 1960년대 들어 동시녹음 촬영을 했는데, 이것이 비독일어 사용권에서는 문제가 되었다. 외국어 대사들이 더빙이나 자막 처리되어야 했는데, 이럴 경우 영상의 역할이 줄어들고, 분위기도 왜곡되고, 정보도 손실되었다. 또한 무성영화와 달리 유성영화에서는 편집과 구성도 상당히 달라져야 했다. 과학적 교육영화 제작을 목표로 하는 IWF의 민족학자들에게는 이 문제가 고민거리였는데, 이에 대해서는 동반책자와 제작지침에서 다시 살펴본다.

영화에 사운드가 들어가면서 새로운 활용 가능성이 생겨났다. 다우어는 수단 중북부에 사는 자야Djaya족의 춤을 촬영하고는 함께 연주되는 곡을 해독했다(Dauer 1966: 439-456). 또한 이 지역의 음악과 춤을 주변 아우라aura와 함께 반복 시청함으로써 치밀한 분석과 해석을 할 수 있다고 생각했기 때문에 동시녹음 촬영을 했다. 이 점이 바로 녹음기가 가지지 못하는 유성영화만의 장점이라고 그는 생각했다.

> (녹음기를 사용하더라도) 어느 정도 신뢰할 만한 옮기기 작업이 가능한데, (이 방법만으로는) 청각으로는 포착할 수 있지만, 예를 들면 음악 연주 방법, 손놀림, 소리 내는 방법, 음조 형태, 화음의 결합 등과 같은 음악적으로 중요한 요소들을 잃어버린다(Dauer 1966: 440-441).

푹스Peter Fuchs는 1965년 차드 중부 지역 탐사대장이었는데, 다우어의 활용방안보다 한 걸음 더 나아가 새로운 가능성을 제시했다. 그는 춤추는 과정에서 음향을 채집한다는 것은 단순히 소리만을 잡아내서는 안 되고, 총체적인 영상 기록이 되어야 한다고 주장했다. 푹스의 탐사대는 동시녹음을 하기 위해 예전에 비해 간단하고 가벼운 장비들을 사용했지만, 촬영장비를 포함한 전체 무게는 약 1톤에 달했다. IWF의 제작 지침에 따라 동시녹음된 영상물이 순차 편집되었다. "순차적으로 영상들이 배열되어야 하며, 해당 음향도 이에 따라 배치되어야 한다. 동시녹음 촬영은 엄격하게 선형적인 영상배열을 요구한다."(Dauer 1980: 78)

IWF는 전체 활동 과정을 충실하게 기록할 것을 요구했지만, 이는 당시 기술로는 거의 불가능했다. 필름의 한 롤은 약 120m로 10분 정도밖에 찍을 수 없었고, 사운드도 이 시간 내에서만 동시녹음할 수밖에 없었다. 이 때문에 전체 활동 과정을 원래대로 충실하게 촬영하기보다는 대표적인 것을 선택할 수밖에 없었고, 주제도 한 롤 안에서 이야기가 완결되는 것을 선호하게 되었다. 만일 원하는 장면을 10분 안에 촬영할 수 없거나, 쇼트의 크기나 촬영 장소들을 바꾸어야 할 경우를 대비하여 다음 세 가지 가능성을 고려해보았다.

우선 여러 대의 카메라를 사용하는 방법이다. 적어도 3대 이상의 카메라를 이용하여 같은 상황을 첫 번째 카메라는 롱 숏, 두 번째로는 미디엄

숏, 세 번째는 클로즈업 등으로 잡는 것이 첫 번째 가능성인데, 이를 위해서는 치밀한 사전 조율이 필요하고 무엇보다 제작경비가 많이 들었기 때문에 거의 이용되지 못했다. 두 번째 가능성은 줌렌즈의 사용이다. 줌렌즈를 사용하면 화각과 원근감의 왜곡이 따르기 때문에 '과학성'을 중시하는 학술영화에서 이 방법을 사용하기는 힘들었다. 마지막 해결책은 촬영대상, 즉 행위자가 쇼트 크기를 스스로 결정하게 하는 방법이다. 춤을 예로 들면, 카메라를 중앙에 설치해놓고 촬영 대상자들이 스스로 카메라 주변을 왔다 갔다 하면서 필요한 장면을 보여주는 방법이다. 하지만 이 방법 역시 현실성이 없어서 사용되지 못했다(Böhl 1985: 109-111).

IWF는 이 세 가지 방법 이외에 새로운 현실적 대안을 제시했다. 영상기술이 발전함에 따라 전문 교육을 받은 카메라맨과 녹음기술자의 역할이 더욱더 중요하게 되었는데, 여러 명의 전문 카메라맨을 민족지영화 제작에 투입하는 방법을 선택했다. IWF 설립 초기에는 예산 문제 때문에 전문 카메라맨과 편집인을 고용하는 것이 불가능했지만, 1950년대 중반부터는 두 명 이상의 카메라맨이 전 과정을 빈틈없이 기록하기 위해 투입되기도 했다. 빈틈없는 기록에 대한 집착 때문에 새로운 방법이 만들어지기도 했다. 그러나 여러 대의 카메라와 많은 인력이 동원되어도 장시간 계속되는 축제나 제의를 빈틈없이 기록하는 것은 불가능했다.

만일 문화와 기술적인 부분에 대한 전문지식을 갖춘 감독의 지시 없이 카메라맨들이 각자 임의대로 촬영한다면 편집에서 쓸 수 없는 장면들이 지나치게 많이 만들어졌다. 또한 이 두 부분에 전문적인 지식을 가진 사람 없이는 방대한 촬영장면 중에서 본질적인 부분만을 추려내는 작업이 불가능했다. 이로부터 전체 장면을 모두 빈틈없이 촬영하는 것에 대해 회의가 일기 시작했다(Dauer 1980: 82). 촬영한 장면에는 얼마나 많은 중요한 진실이 포함되어 있는가? 시공간을 압축하는 편집에서 얼마나 많은 정보가 사라지는가? 민족지영화는 카메라가 모사한 것을 단지 이어붙이면 되는가? 민족지영화 제작자들은 이와 같은 문제에 봉착했는데, 이를 스스로 해결하기에는 어려움이 많았다.

2) 동반책자

IWF의 민족지영화가 긍정적인 평가를 받는 부분은 동반자료에 있다. 사진을 포함한 거의 모든 영상자료는 원전으로서 많은 유용성이 있지만, 영상으로만 정보를 전달하는 것과 해석을 검증하는 것이 어렵다.

> 연구용 영화를 학술적으로 발표하는 것은 충분히 의미 있는 일이지만, (이것만으로는) 학술적 발표에 필요한 기준을 충분히 충족시키지 못할 수 있다. 이와 같은 이유에서 우리가 내린 결론은 (연구와 교육용 영화에) 문헌적 보충이 필요하다는 것이다. 이 안에는 영화가 표현하지 못한 것과 영화의 내용을 보충하는 학술적인 내용이 포함되어 있어야 한다(Hinsch 1963: 534).

심층적인 정보를 제공하고, 검증 가능성을 높이기 위해 IWF는 제작한 모든 영화에 동반자료를 첨부하도록 했다. 이 동반자료는 영상과 사운드로는 전달할 수 없는 정보들을 전달하는 역할을 했다. 하지만 해설도 이 역할을 대신할 수 있는데, IWF는 해설을 정보제공 측면에서는 효과적이지만 시청자를 압도하고 피곤하게 만드는 부작용 때문에 포기했다. 하지만 루슈는 IWF와는 약간 결이 다른 이유에서 해설에 대해 경계했는데, IWF 관계자들도 루슈의 견해에 전적으로 동의했다.

> 해설은 영상에 대해 주석의 역할이 아니라 이상하게도 불확실함만을 증가시킨다. 해설은 영상에 가면을 씌우거나 (이의 의미를) 은폐한다. 그렇다면 이것은 더 이상 영화가 아니라 활기찬 영상을 배경으로 한 강연이거나 공연이다. 영상이 절대로 이렇게 되어서는 안 된다(Rouch 1975: 83).

영상이나 사운드로 전달하기 힘든 정보를 전달하는 또 다른 방식은 자막을 활용하는 것이다. 하지만 자막도 영상을 압도하거나 약화하기는 마찬가지이거나 오히려 더 심했다. 왜냐하면 시청자는 자막을 읽기 위해 영상에 집중할 수 없었기 때문이다. 또 다른 문제점은 대사 내용을 자막 처리할 경우 시간제한 때문에 내용을 다 전달할 수 없으므로 축약이 필수적이고, 이때 상당한 정보가 손실되었다. 이 때문에 IWF는 해설이나 자막 모두를 사용하지 않았다.

동반책자의 전통은 IWF에서 처음 만들어진 것은 아니다. 이미 1919년에 제작된 독일 교육영화Lehrfilm에서도 발견되는데(Dauer 1980: 63), 슈판나우스가 이 전통을 학술영화 제작에 계승한 것이다. 하지만 그는 그 활용 범위를 확대했다. 이전의 동반책자들이 영화 내용을 간단히 기술하고 있는 반면, 영화의 정확한 평가를 위해 그는 동반책자 안에 영화와 관련된 포괄적인 정보를 포함할 것을 주장했다(Spannaus 1950: 102).

민족지영화 분야에서 동반책자 도입은 당시 문화인류학계뿐만 아니라 전체 인문과학 분야에서 혁신적인 시도였다. 이 노력은 1960년대에 들어서서 국제적인 인정을 받게 되는데, 드 유슈는 동반책자에 대해 특히 긍정적인 평가를 했다(de Heusch 1962: 68). 동반책자의 필요성을 가장 절실하게 느꼈던 사람은 아마도 루슈였을 것이다. 그는 〈미국인이라는 이름의 사자〉에서 자막의 한계를 절감했다. 사자가 독화살을 맞고 죽는 순간에 사냥꾼들은 저승으로 잘 가라고 말하는 축원을 했는데, 이를 불어로 완전히 번역하여 자막처리 하는 것은 시간상으로 불가능하다는 점을 깨달았다. 루슈는 이에 대해 다음과 같이 언급하고 있다.

> 난 해설과 자막을 더 이상 사용하지 않기로 결정했다. 사냥꾼이 수십 년 동안 살면서 배워온 지식을 20분 만에 시청자에게 전달할 수 있다면 이는 기적이다. 이런 상황에서 영화는 (시청자에게) 첫 문을 열어주는 것만으로도 충분하다. 이 문은 모든 방향으로 열려 있어야 하며, 만일 더 알고 싶은 사람이 있다면 영화와 함께 제공되는 작은 소책자를 읽어보면 된다(Rouch 1975: 97).

영국과 미국의 민족지영화 제작자들도 문자 텍스트로 쓰인 동반책자의 필요성에 대해 동감하고 있었지만 이를 실천에 옮기지는 못했다(Michaelis 1955: 28; Heider 1976: 96). 동반책자를 만들기 위해서는 열정 이외에도 많은 시간과 노력이 필요하다. 하지만 제한된 제작비로 영상물을 제작하는 외부 제작자들은 동반자료 작성에 적극적이지 않았다. 경비 문제가 해결되더라도 선택의 문제가 등장한다. 거의 무한정에 가까운 정보들 가운데 무엇을 선택할 것인지는 매우 까다로운 문제였다. 슈판나우스는 영화를 통해 전달하지 못한 정보를 모두 동반책자에 포함해야 한다고 생각했지만, 그의 생각은 너무 이상적이어서 실현될 수 없었다.

힌쉬는 슈판나우스의 생각을 바탕으로 다음과 같은 영화 관련 정보들을 동반책자에 포함할 것을 주장했다. 영화 속에 등장하는 사람들에 대한 정보, 이들의 경제적 · 사회적 관계, 제작자와 등장인물과의 관계, 영화 제작으로 인해 변화된 상황 등과 같은 영화 관련 정보, 주제와 관련된 문헌연구 동향, 기존 문헌연구 성과들, 참고문헌, 유사한 주제를 담고 있는 영화와 제작자의 목록 등과 같은 영화와 관련된 모든 정보(Hinsch 1963: 534). 힌쉬는 슈판나우스의 제안을 구체화했지만, 그 내용이 아직도 지나치게 포괄적이어서 실현 가능성이 높지 않았다. 볼프는 힌쉬의 제안 중에서 해석이 포함될 소지가 있는 부분을 제외해야 한다면서 새로운 지침을 제시했다(Wolf 1967: 164-166).

① 일반적인 머리말에서는 주제와 관련된 학술적 토대를 함축적으로 기술할 것
- 기술적 제원: 카메라 렌즈와 필름의 종류, 촬영기자재, 촬영횟수, 조명 등
- 촬영 제원: 장소, 시간, 날짜, 기상조건
- 지리적 정보, 부족 또는 다른 사회집단, 일반적이거나 특수한 기상조건, 사회적 배경
- 등장인물, 사회/경제적 관계, 등장인물과의 관계, 촬영 동기
- 이외에도 촬영상 불가피하게 발생한 변화들에 대한 정보

② 영화의 내용은 촬영된 사건별로 기술되어야 하며, 중간자막(서브타이틀)은 중간표제로 사용한다. 커트별로는 중요한 세부사항들이 명시되어야 하며, 특히 민족학의 중요한 연구 대상인 의상, 무기, 사회적 배경과 기존 문헌상의 미비점들을 포함한다.

③ 학술 서적처럼 참고문헌 목록이 있어야 하며, 주제와 관련된 영화목록

도 포함되어야 한다. 동반책자에는 이외에도 사진이나 그림 그리고 동판화 등이 포함될 수 있으며, 전체 분량은 4~10장 정도여야 한다.

IWF는 교육용 영상물과 함께 동반자료를 「푸블리카치온Publikation」이란 이름으로 출간했는데, 이 소책자들은 그 자체만으로도 학술적 가치를 인정받았다.

3) 학술영화 제작지침

IWF는 학술영화 제작지침으로 유명한데, 이 지침은 슈판나우스에 의해 기틀이 마련되고 볼프에 의해 완성되었다. 12개 항의 제작지침은 당시로서는 혁신적이었지만, 이에 대한 평가는 상당히 엇갈렸다. 다음은 12개 항의 학술영화 제작지침이다.

① 영화는 활동사진이다. 학술영화는 일반적으로 활동과정들Bewegungsvorgänge에 대한 광학적 장기보존이다.

② 영화로 기록된 활동과정들은 다른 문화권의 유사한 과정들과의 비교와 분석을 위해 언제나 재생될 수 있다. 이런 활동과정의 예로는 도기 제작, 대장일 등과 같은 특정한 기술, 수렵 · 채집, 어업, 농업, 목축업 등과 같은 경제형태, 또는 음향과 시각적인 것이 함께 중요한 역할을 하는 춤이나 악기의 제조 방법, 연주 방법 등이 있다.

③ 오직 예외적인 경우에만 운동의 경과를 완전하게 포착할 수 있다. 그

러나 대표적인 단면들Ausschnitte을 촬영하는 것은 학술적으로 필요하고 항상 거의 가능하다. 단면들이란 시각만으로 전 과정을 확실히 인식할 수 있는 것을 의미한다.

④ 쇼트의 선택과

- 주제의 논지
- 양질의 시각적인 도입부: 시작은 사회적 환경과 같이 지리적 · 문화사적으로 의미 있는 것을 팬이나 롱 숏으로 촬영한다.
- 복잡한 운동 과정의 경우 목적에 맞게 쇼트의 크기를 바꾼다. (……) 대부분의 경우 공간감을 잘 나타내기 위해 카메라의 위치를 바꿀 수도 있다. 중요한 장면들을 시각적으로 충분히 이해시키기 위해서는 최소 이상의 길이로 촬영되어야 한다.

⑤ 팬이나 롱 숏으로 도기제작소와 가마를 둘 다 보여줌으로써 서로 다른 공간에 있지만 주제의 상호 연관성을 보여줄 수 있다. 이런 장면들은 현장에서 예측하여 촬영해야 한다. 그러나 편집 과정에서 이 내용을 중간자막이나 페이드fade 효과로 해결하는 시도들은 제한적으로 사용되어야 한다.

⑥ 민족들의 다양한 인류학적 특성을 보여주고, 비교하기 위해 근접촬영이나 클로즈업이 필요하다.

⑦ 민족지영화의 주요 주제는 일반인의 눈에는 별달리 중요하지 않게 보이지만, 실제로는 문화사적으로 중요한 활동과정이다. 기술적 부분의 활동과정을 예로 든다면, 이는 희생제의나 신탁 또는 때때로 음악 같은 종교적 풍속과 연관되어 있다.

⑧ 동시녹음을 하기 위해서는 복잡한 기기들과 전문 기사가 필요하다. 대부분의 경우 민족학자는 영화에 대해 일천한 지식밖에 없는 아마추어

이기 때문에 음악을 종종 누락하는 경우가 발생한다. 따라서 춤의 경우처럼 영상과 음악을 모두 촬영하고 녹음해야 한다.

⑨ 민족학자는 촬영대상인 활동과정의 각 세부항목을 숙지하고 있어야 한다. 또한 이에 대한 항목들과 내용을 사전에 정하고, 이것들이 모두 촬영되고 있는지 감독해야 한다. (……) 성인식이나 춤 같은 활동과정을 영상화하는 작업은 의미는 있지만 어려운 작업 중의 하나다. 이에 대해 충분한 사전 지식을 갖고 있다면 이런 활동과정을 촬영하는 데 불확실성 대부분을 피할 수 있을 것이다. 그렇지만 드물지 않게 발생하는 갑작스러운 상황 변화를 완전히 피하기 어려운데, 이는 카메라맨에게도 매우 어려운 일이다.

⑩ 철저한 민족지적 사전지식과 촬영대상인 사회집단이나 부족과의 긴밀하고 인간적인 접촉을 통해 '사실에 충실함Wirklichkeitstreue'이라는 요구를 가장 잘 충족할 수 있다. 이 경우 해당 언어를 구사하는 능력이 매우 중요하다. 특히 주의를 기울여야 하는 것은 풍속 부분에서의 활동과정인데, 이 경우 촬영 때문에 당사자들의 행동 변화나 왜곡이 발생하지 않았는지 의문을 가져야 한다. 만일 촬영 때문에 약간의 상황 변화가 발생했고, 영화 기술적인 측면에서 필요하거나 바람직하다고 판단된다면 이에 대한 정확한 기록을 남겨야 한다. 해당 민족학자 자신의 지식과 양심에 따라 촬영으로 인해 발생한 변화에 대처해야 한다.

⑪ 정확한 학문적 기록을 위해 영화 제작에서 중요한 자료들을 정확하고 사려 깊게 기록해야 한다.

- 영화 제원: 촬영기기와 장면(길이, 조리개 수치, 카메라 렌즈 종류), 시간, 출발점이 된 자료 질과 종류, 인공조명 수단

- 학술 제원: 부족, 사회집단(마을, 씨족, 개별 가족 등), 등장인물에 대한 정보, 주제를 완성하기 위한 정확한 과정

⑫ 위의 지침들은 의미상으로 볼 때 독일과 유럽 민속학 촬영에도 적용된다(Spannaus 1959: 234-238; Wolf 1967: 143-147).

4
제작지침에 의해 제작된 영화들

IWF는 약 2,600편의 민족지 영상물들을 소장하고 있었는데, 이 중 약 2,000편은 자체 제작한 것이고, 나머지는 미국, 영국 그리고 중국 등지의 교류 기관들이 제작한 것이다. 자체 제작한 민족지영화 중 약 90%는 상당 부분 볼프의 제작지침에 따라 만들어졌으며, 나머지는 비교적 자유롭게 제작되었다. 영화들의 제작 시기를 살펴보면 약 80% 정도가 1960~80년대에 제작되었고, 80% 이상은 10분 미만의 길이다. 주요 흐름과 민족지영화를 살펴보면 다음과 같다.

당시 독일의 유명한 카메라맨인 바우흐Günter Bauch는 1951년 IWF에 입사하면서 새로운 전기가 열리는 것 같았다. 그는 촬영에서 편집까지 전 과정을 총괄하면서 다큐멘터리영화를 만들 수 있는 능력을 갖춘 몇 안 되는 독일 감독이었지만, 제작지침을 어기면서 영상물을 만들 수는 없었다. 그는 폭스와 함께 1865년 아프리카 차드 탐험에서 제한된 범위 내에서 새로운 시도들을 했다. 동시녹음 기술을 도입했으며, 현지조사 방법론에 따라 체계적인 자료 수집을 했다. 이 전통은 이후 힘멜헤버Hans Himmelheber와 크뤼거Manfred Krüger 등으로 이어졌다. 바우흐는 1968년 아프리카 서부 코트디부아르에서 민족지영화 제작을 할 때 동시녹음 기술과 컬러필름을 사용했을 뿐만 아니라 후반 작업에서 해설을 추가했다. 해설 삽입은 IWF의 제작지침을 위반하는 사항이었는데, 그의 명성 때문에 이런 일탈행위에 대한 제재는 없었다. 하지만 이후 이와 같은 일탈행위는 용인되지 않았다.

1970년대에 들어서서 IWF뿐만 아니라 문화인류학에서도 중요한「아이포Eipo 프로젝트」가 추진되었다. 다양한 분야의 학자들이 뉴기니 이리안자야에 사는 아이포족을 다각적인 시각에서 연구하고 이를 영상에 담았다. 이를 통해 약 65편의 영화가 제작되었는데, 이 영화들은 거의 예외 없이 제작지침을 엄격하게 지켰다. 하지만 예외적인 민족지영화도 있었는데, 가장 주목받은 영화는 스위스 바젤 출신의 민족학자인 카우프만Kaufmann 부부와 바우흐가 공동제작한 〈재배자와 예술가들 – 파푸아뉴기니 크오마 마을 지도자들의 역할Planters and Artists〉이다*. 이 영화는 메노-사서만Meno-Saserman 지역 출신의 빅맨 두 명이 얌yam을 재배하는 방식, 조각가와 화가 그리고 도공으로서 하는 사회적 역할, 그리고 작물재배가 일상생활과 얼마나 긴밀히 연결되어 있는지를 보여주고 있다.

이 영화의 시간적 흐름은 작물의 생장 속도와 궤를 같이한다. 주인공의 친한 친구들과 여성들이 합동하여 잡초들을 제거하고, 남성들이 협동하여 굴봉으로 땅을 파고, 얌을 재배하고, 수확하는 과정들이 재연되고 있다. 이 장면 중간 중간에 남자 집man's house의 대들보를 조각으로 장식하고, 판다누스 수프를 끓이고, 사고sago 녹말을 내고, 제의용 도기를 만들어서 장식하고, 방패의 벗겨진 무늬를 고치는 모습 등 남성의 사회적 역할이 소개

---

* Kaufmann, Christian & Anne Kaufmann-Heinimann, Planters and Artists — *The Roles of Leading Members of the Kwoma in Papua New Guinea*, film number D 1479, colour, 42 min., german, english & orig., IWF Göttingen, 1983

되고 있다. 이 영화는 추수 축제를 보여주는 것으로 끝이 나는데, 여자들이 방패처럼 생긴 그물 가방net bag을 들고 남자 집 앞에서 춤추는 모습에서 농작물 재배의 다층적인 면을 보여주고 있다.

상당수의 독일 민족학자들은 IWF의 엄격한 제작지침을 실증주의적이라고 비판했는데, IWF의 까다로운 제작지침은 많은 민족학자의 민족지영화 제작 참여를 가로막았다. 하지만 푹스와 코흐처럼 IWF와 오랫동안 긴밀한 관계를 유지하면서 민족지영화를 제작한 민족학자들도 있었다. 이들은 주로 남태평양의 물질문화를 다룬 영화를 제작했다. 푹스는 1950년대 중반 IWF와 처음으로 인연을 맺었는데, 슈판나우스는 푹스가 사하라 남동쪽에 사는 엔네디Ennedi족을 촬영한 라마단 영화*를 보았다. 소녀들이 문신하는 장면과 성인 남자 둘이 창과 방패를 가지고 전쟁놀이 하는 장면이 제작지침에 맞게 촬영되었기 때문에 슈판나우스는 푹스를 제작자 겸 편집인으로 영입했다. 푹스는 1959년 볼렉스 카메라를 들고 차드로 가서 몇 편의 영화를 찍었다. 그는 1963~65년 차드 탐험대 대장으로 카메라맨과 음향기술자들의 도움을 받아 다수의 영화를 촬영했는데, 당시 이 팀이 가져간 최신 영상장비 무게는 1톤에 달했다. 이때 제작한 영화는 영화 백과사전의 표준적인 민족지영화가 되었다.

1967년 차드에서 내전이 발발하면서 더 이상 이 지역에서 현지조사와 촬영을 할 수 없게 되자, 푹스는 니제르 지방으로 장소를 옮겨 현지조사를 계속했고, 영화들을 제작했다. 푹스는 IWF를 위해 제작지침에 따른 '과학적'인 영화들을 만들었지만, 자신의 강의를 위해 장편 민족지영화들도 만

* Büle (Südost-Sahara, Ennedi) — *Narbentätowierung der Mädchen*, film number E 180, b/w, 4 min., IWF Göttingen 1958; Unja (Südost-Sahara, Ennedi) — *Kampspiel mit Schild und Speer*, film number E 181, b/w, 2.5 min., IWF Göttingen 1958

들었다. 그중 대표적인 작품이 〈파시: 사하라-카누리의 오아시스Fachi-Oase der Sahara-Kanuri〉인데*, 기존의 '과학적인' 영화와는 달랐다. 그는 제작지침을 포기하면서 새로운 스타일의 영화를 제작할 수 있었는데, 가장 중요한 점은 '작은 주제 단위die kleine thematische Einheit' 원칙을 포기한 것이었다. 이 영화가 인기를 얻자 IWF는 「영화 백과사전」에 포함시켰다. 이 영화는 IWF에서 가장 대여 빈도가 높은 영화 중의 하나가 되었다. 푹스는 아프리카 문화에 대한 영화를 총 104편 제작했는데, 자료적 가치가 매우 높은 것으로 평가받고 있다.

---

* *Fachi — Oase der Sahara-Kanuri*, film number D 1322, colour German and English, 41.5 min., IWF Göttingen

5
IWF에 대한 비판들

슈판나우스가 민족지영화 제작지침을 발표하자 많은 독일 민족학자가 이를 비판받기 시작했다. IWF는 1957년 독일 베스트팔렌 지역에서 제작지침에 따라 전통도기 제작영화를 만들었는데, 비판적 학자들은 이 영화가 IWF의 부정적인 면을 함축적으로 보여주고 있다고 했다. 비판은 IWF의 실증주의적이고 자연과학적인 접근태도와 이를 실제로 구현하는 방법인 '작은 주제 단위'에 집중되어 있다. 이외에도 기존의 낡은 학술영화 편집이론과 서사구조 등을 무비판적으로 계승한 것도 문제 삼았다.

동물행태학자들은 침팬지의 행동을 쉽게 분석하고 이해하기 위해 먹고, 자고, 짝짓기하고, 영역을 지키는 것 등으로 나누어 이 단위대로 영상물을 제작한다. 이들 학자는 침팬지의 행위를 이런 단위로 분절화하여 세부적으로 연구하고, 이를 다시 조합하면 침팬지를 종합적으로 이해할 수 있다고 생각했기 때문에 이런 연구 방법 또는 제작 방법을 사용한 것이다. 하지만 민족학자는 인간을 침팬지처럼 연구해서는 안 된다고 생각했는데, 인간의 행동단위들이 서로 독립적으로 존재하는 것이 아니라 상호관계 속에 존재하며, 이를 분리할 경우 맥락과 내용이 완전히 달라지기 때문이었다

(Dauer 1980: 62).

IWF의 제작지침은 복합적인 활동과정이나 한 문화의 전체상을 영상에 완전히 담는 것이 현실적으로 불가능하다고 판단하고, 대표성을 띤 작은 부분만을 선택하여 기록하는 것을 권장했다. 〈빙가; 피그미의 초가집 짓기〉, 〈북부 레바논; 동 장식 접시 두들겨 만들기와 조각〉 그리고 〈발리기니아 지방; 사바의 레공 춤 연습〉 등의 민족지영화는 이런 제작지침을 충실하게 지켜서 촬영된 영화였다. IWF의 제작지침에 비판적인 학자는 복합적인 사건에서 전형적 또는 대표적 부분만을 골라내는 과정에는 반드시 선택이 수반되는데, IWF의 전제와 달리 이 과정이 매우 주관적이라는 점을 지적했다. 이들은 IWF가 실험실에서의 동물실험처럼 인간의 활동이나 행위도 엄격하게 통제된 상태에서 '객관적'으로 관찰하고 촬영할 수 있다고 생각하고 있다. 하지만 이는 잘못된 생각이며, 이 때문에 민족지영화 제작에서 '작은 주제 단위'라는 개념이 등장하고, 이를 고집하고 있다고 비판했다.

이보 슈트레커Ivo Strecker는 이런 '작은 주제 단위'에 균열을 일으키는 〈소 잔등 뛰어넘기—에티오피아 남부 하마르의 성인식 의례*Der Sprung über die Rinder*〉(1979)라는 민족지영화를 제작했는데, 이는 민족지영화사에서 중요한 작품이기도 하다. 슈트레커는 하마르 전공 민족학자였는데, 로버트 가드너는 그에게 민족지영화 공동 제작을 제안했다. 슈트레커는 하마르에 관한 학술정보를 가드너에게 제공하고, 가드너는 촬영과 편집을 담당하기로 역할 분담을 했다. 하지만 실제 촬영이 시작되자 가드너는 페미니즘을 기반으로 하마르 문화를 일방적으로 해석하고, 이에 따라 영화의 내용을 구성해나갔다.

이 영화가 제작될 1970년대 초반 미국사회에서는 페미니즘이 인기를 끌고 있었고, 가드너는 이런 시대 요구에 맞추어 가부장적 질서 아래 신음하는 하마르 여성의 모습을 자신의 영화에 담고자 했다. 슈트레커는 하마르 유목사회에서 남성과 여성 간에는 가부장적 질서가 아니라 상당히 평등한 관계가 존재한다고 주장했다. 하지만 가드너는 자기 해석을 바꾸려 하지 않았고, 이에 불만을 느낀 슈트레커는 공동 제작을 중단하고 독일로 돌아갔다. 가드너는 현지어를 전혀 구사하지 못할 뿐만 아니라 하마르 문화에 대해서도 거의 지식이 없었는데, 혼자 남아서 영화 제작을 마쳤다. 이렇게 제작된 영화가 〈모래의 강들〉(1973)이다. 슈트레커는 나중에 카메라 조작 방법을 배워서 하마르에 관한 민족지영화들을 스스로 제작했는데, 첫 번째 영화가 '에티오피아 하마르의 성인식 의례'라는 부제가 붙은 46분짜리 〈소 잔등 뛰어넘기〉다. 이 두 영화의 비교연구는 민족지영화 제작의 리얼리티뿐만 아니라 윤리와 관련해서도 다양한 논의를 촉발했다.

우여곡절 끝에 슈트레커가 제작한 〈소 잔등 뛰어넘기〉는 IWF 내에서도 혼란을 일으켰다. 슈트레커는 IWF의 제작지원을 받았지만, 제작지침을 지키지는 않았다. 그는 하마르 소년들의 성인식을 시간 순으로 추적함으로써 제작지침을 지키고는 있었지만. IWF에서 중시하는 '작은 주제 단위' 규정을 위반했다. 슈트레커는 이 영화에서 하마르 사회에서 성인 남자로 다시 태어나는 것에 대해 당사자들의 느낌뿐만 아니라 주변 사람들의 감정을 모두 그려냈다. 하지만 IWF의 제작지침은 주관적 측면 때문에 이런 감정이나 생각을 영상으로 담는 것을 달가워하지 않았다. 슈트레커는 또한 내재적 관점에서 다양한 주체가 성인식을 둘러싸고 벌이는 다양한 행동과 이의 상징적 의미를 해설을 통해 소개하고 있다. 당시에 IWF는 중간자막과 자막 그리고 해설 사용을 회피했는데, 이는 수용자의 주체적 해석 가능성을 제한하기 때문이었다. 〈소 잔등 뛰어넘기〉는 명시적 그리고 묵시적으로 IWF의 제작지침을 지키지 않고 제작되었는데, IWF 평가단은 이 영화가 너무 주관적인 부분을 많이 포함하고 있어서 「영화 백과사전」에 포함하는 것을 거부했다.

〈소 잔등 뛰어넘기〉의 수용이 거부되면서 독일 민족학자들은 IWF의 실증주의적 태도를 더욱더 강하게 비판했다. 슐레지어E. Schlesier는 비판의 선봉에 섰는데, 그는 다음과 같이 자신의 태도를 밝히고 있다.

> 비록 영화가 (……) 연구 자료로서 항상 재생 가능하다는 가장 큰 장점을 가지고 있고 항상 새로운 질문들을 제기하지만, (……) 새로운 변수들이 존재한다는 사실을 항상 염두에 두어야 한다. 만일 이를 고려하지 않는다면 활동과정의 변수 폭과 가변성 그리고 규범이 형성되는 과정을 더 이상 보지 못하게 된다(Schlesier 1972: 9).

IWF의 초대 연구소장이자 연구소 운영에 절대적인 영향력을 발휘하던 볼프 박사가 1975년 퇴임하면서 이 연구소의 변화가 시작되었다. 슈트레커의 영화처럼 제작지침에 약간 어긋나더라도 검증 가능한 내용과 충실한 학술적 내용을 담고 있으면 「영화 백과사전」에 포함되어야 한다는 목소리가 커졌으며, 그의 영화는 이런 목소리 덕분에 포함될 수 있었다. 이 연구소의 제작지침은 1970년대 중반부터 유연하게 적용되기 시작했고, 이는 영화의 내용과 구성에도 영향을 끼쳤다. 슈트레커는 1983년 〈가뭄 앞에서의 걱정과 희망〉을 발표했는데, 이 영화에서 발담베Baldambe 노인과의 인터뷰는 가혹한 기후조건 아래에서 염소의 사육과 기장millet 재배 그리고 관개용수 활용방안 등을 설명하고 있다. 슈트레커는 자신의 부인과 딸과 함께 하마르에서 현지조사를 했는데, 〈달콤한 기장〉은 그의 딸이 8년 후 하마르에 다시 가서 옛날 하마르 친구들을 만나서 벌어지는 이야기를 담고 있다. 폭스 소장이 지배하던 연구소 분위기에서 이 같은 영화들은 제작이 불가능했다.

6
1990년대 중반의 변화들

1990년대 중반부터 주정부는 IWF에 대한 지원을 절반 가까이 줄이면서 구조 개혁을 요구했다. IWF가 제작한 영상물이 학교 교육현장에서 그다지 활용되지 않고 있었는데, 이는 낡은 구성과 내용에 있었다. 또한 이제는 IWF가 아니더라도 교육용 영상물을 제작하는 곳들이 늘어났기 때문이다. 영상물 제작 기술이 간편해지고, 제작비도 저렴해짐에 따라 독일의 다양한 학과나 연구자들은 필요한 교육용 멀티미디어를 자체 제작하기 시작했는데, 그 질과 내용은 IWF와 달리 다양했다. 예산이 줄어들고 인력이 감축되면서 IWF는 2000년대 들어서서 자체 영상물 제작 능력을 잃어버렸다. 그 대신에 중앙정부는 IWF에 모든 고등교육 기관에서 제작한 영상물을 수집 분류하고 필요한 사람에게 이를 공급해주는 기관으로 거듭날 것을 요구했다. 변화의 압력을 받던 IWF는 세 가지 변화를 통해 자구책을 마련하고자 했다.

우선 교육용 영상물 제작에서 기존의 제작 관행을 상당 부분 포기하고 새로운 문화연구 성과들을 접맥하고자 했다. 예전에는 교육용 영화들의 주제 선정과 제작에서 교육적인 내용을 얼마나 충실하게 포함하고 있는지를 중시했다. 하지만 수용자들의 관심과 흥미를 유발하는 주제와 내용도 새로운 고려사항으로 중시되기 시작했다. 이런 맥락에서 다층적인 서사구조와 내재적 관점을 가진 영화들이 제작되었으며, 현지인과의 공동제작도 그 비중이 늘어났다. 이 같은 변화는 엄격한 제작지침을 따른 기존의 교육용 영화들이 '과학적'이기는 하지만, 학생의 학습 동기를 유발하고 학습 효과를 증진하는 데 별다른 성과를 거두지 못했다는 자체 분석에 의한 것이다. 신세대는 이미 다양한 양식의 영상물을 소비하면서 자라났는데, IWF 식의 '고리타분한' 영상물에 관해서는 관심이 적었기 때문이다.

새로운 서사구조와 주제 의식을 담고 있는 민족지영화로는 〈미래의 기억—가나의 사진과 이미지 예술*Future Remembrance-Photogra phy and Image Arts in Ghana*〉과 〈띠에벨레에서의 건축시즌*Building Season in Tiébéle*〉을 들 수 있다. 〈미래의 기억〉은 가나의 해안 도시들에 사는 사람들의 사회와 문화를 내재적 시각에서 사진을 통해 그리고 있다. 사진관 사진의 역사와 사회적 이미, 그리고 이 사진들이 다른 회화 분야에 어떤 영향을 미치고 있는지를 샤마Shama 출신인 두 인물 아팍가Philip K. Apagya와 이벤츠Nelson A. Events를 통해 보여주고 있다. 사진관 안에서의 일상생활과 작업 장면 그리고 이 지역에서의 이상적인 미의식을 소개하고 있는데, 현지 사진사가 영화의 해설을 담당했다. 이 영화는 "예술을 통해 성인식, 결혼, 죽음 같은 인생의 전환기를 기억하고 싶어 하는 사람들의 마음을 담고 있다"라는 말로 끝을 맺는데, 해설 사용뿐만 아니라 구성 그리고 주제 선정 등에서 새로운 시도를 선보였다. 하지만 이런 시도는 민족지영화 제작에서 이미 널리 사용되고 있는 것이기도 했다(이에 대해서는 이 책의 장 루슈와 맥두걸 부분 참조).

〈미래의 기억〉은 1998년 파리에서 개최된 제22회 교육과 예술국제영화제Festival International du Film d'Art et Pédagogigue(FIFAP)에서 기록사진상, 미국

인류학회로부터는 우수상을 수상하고, 이탈리아, 에스토니아, 파리 그리고 로스앤젤레스 영화제에서도 수상했다. 〈띠에벨레에서의 건축시즌〉은 1999년 파리에서 열린 제23회 교육과 예술 국제영화제에서 종족 기록상을 수상한 것을 비롯해 미국 인류학회로부터 특별상, 그리고 2000년에는 영국 인류학회로부터 추천상을 받았다.

IWF의 또 다른 변화는 유관 연구기관의 국제적인 네트워크 강화를 들 수 있다. 1990년 초반까지 IWF는 자신만의 길을 걸었는데, 1990년대 중반부터 유럽의 민족지영화 제작자들과의 교류를 활발하게 진행하기 시작했다. 다양한 워크숍을 개최하여 다양한 나라들에서 벌어지고 있는 민족지영화 제작과 관련한 정보를 교환하고, 새로운 방법론에 대한 생각들을 나누었다. 2001년 6월에는 전 세계 영상인류학자 60여 명이 참여하는 국제학술심포지엄이 IWF에서 열렸는데, 이 회의는 '영상인류학의 기원들: 과거의 유산 총정리Origins of Visual Anthropology: Putting the Past Together'라는 제목처럼 영상인류학의 과거를 종합적으로 재평가하고 새로운 방향을 모색했다.

이 학술대회는 총 9개 분과로 구성되었다. 다큐멘터리영화의 선구자들, 민족지영화 컬렉션, 방법론 발전 1: 연구와 기록에 관해, 방법론 발전 2: 내재적 관점에서 바라보기, 형식의 다양성: 미국의 경우, 영상인류학의 영역들, 방법론 3: 관찰자적 · 참여관찰적 접근, 형식의 다양성 2: 유럽의 경우, 그리고 학문으로서의 영상인류학. 이 학술대회는 비교적 안전한 울타리 안에서 안주하던 IWF가 국제적인 연구교류의 장으로 편입되었음을 알려주는 행사이며, 또한 새로운 방법론 개발을 위한 노력의 일환이다. 당시 이 국제회의를 주도한 베아테 엔겔브레히트Beate Engelbrecht는 2007년의 발표문들을 수정 · 보완하여 『민족지영화의 기원에 대한 기억들*Memories of the Origins of Ethnographic Film*』을 발간했다. 이 책은 미국 주도의 영상인류학 경향을 벗어나 좀 더 넓은 시각에서 영상인류학의 과거와 미래를 조망하고 있다.

이런 변화와는 별도로 IWF는 제작과 유통에 있어서도 변화를 꾀했다. 〈디지-클립Digi-Clip〉 프로젝트를 통해 제작비가 많이 드는 16mm와 35mm 필름 대신에 값싸고 다루기 쉬운 디지털 촬영 장비를 사용했을 뿐만 아니라 디지털 편집을 이용하여 향후 활용 가능성을 높였다. 또한 기존 제작물을 디지털화하거나 아직 완성되지 않은 촬영본을 3~5분 내외의 짧은 영상 클립으로 제작하고 이를 디지털화해 인터넷을 통해 유통했다. IWF는 3년 동안의 준비 기간을 거쳐 이 유통망을 구축했는데, 약 6,000개의 비디오 클립 중에서 2,000여 개가 민족지영화 클립이다. 이와 같은 IWF의 적극적인 자구와 변화 노력에도 불구하고 이 연구소는 2005년 유통 부문만을 남기고 폐쇄되었다.

7
나가며

한 연구소가 이렇게 오랫동안 지속적으로 많은 편수의 교육용 민족지 영화를 제작한 경우는 드문데, 이 점에서 IWF는 영상인류학에서 독특한 위치를 차지하고 있다. 이 연구소는 실증주의적 입장에서 제작지침을 마련하고 이를 기준으로 민족지 영상물을 제작했는데, 이를 둘러싸고 다양한 논의가 벌어졌다. 당시 저명한 자연과학자들이 이 연구소의 운영을 주도하면서 '과학적' 방법론이 수립되었는데, 이 방법론은 인간과 문화를 영상으로 담아내는 데 많은 문제점을 노출했다. 하지만 이를 둘러싸고 벌어진 다양한 논의는 민족지영화 제작 방법론과 관련하여 새로운 상상력을 자극했으며, 민족지영화 제작의 복잡성을 새삼 깨닫는 계기가 되었다. 정부의 지원이 삭감되면서 이 연구소는 새로운 변화를 모색했으며, 그 변화는 이전과는 다른 새로운 성과를 선보였다. 하지만 이런 노력에도 불구하고 이 연구소는 폐쇄되었는데, 이들이 남긴 다양한 많은 유산은 아직도 교육용 영상물 제작에서 유용하다.

VI
시네마와 인간: 장 루슈

1
들어가며

실증주의적 태도에 회의를 품은 학자들은 1970년대 초반, 기존의 기록영화 제작 관행에 나타난 순진함을 비판하기 시작했다. 하지만 이 학자들보다 일찍이 순진함을 극복하기 위해 다양한 시도를 한 영화 제작자가 있었는데, 바로 장 루슈다. 그는 민족지영화 제작뿐만 아니라 극영화와 다큐멘터리 그리고 인류학을 넘어서서 인문학 전체에 커다란 영향을 끼쳤다. 특히, 프랑스 누벨바그에 끼친 그의 영향은 매우 컸다. 그는 다큐멘터리영화사에서 영상인류학자로서 가장 중요하게 다루어지고 있으며, 시네마 베리테 운동은 그의 상징이 되었다.

그의 영화 세계에 대한 연구는 주로 1950~60년대 그의 활동에 집중되어 있다. 이는 그가 이 시기에 가장 활발하게 혁신을 추구했을 뿐만 아니라 이때 제작된 몇 편의 영화들에만 영어자막이 있기 때문이다. 그의 영화 세계는 많이 언급되고 있지만 정작 그의 영화를 본 사람은 그다지 많지 않다. 루슈는 자신만의 창의적 스타일을 선보였으며, 종종 급진적인 정치적 견해를 드러내기도 했지만, 기본적으로는 서아프리카 사람들과 문화에 끝없는 애정을 가진 세계시민주의자였다. 루슈는 프랑스에서 엔지니어 교육을 받았지만, 40년 이상 서아프리카 지역에서 민족지영화 제작 작업을 했다. 그는 자신이 평생 연구하던 송하이 지역에서 지역민의 애도 속에 영면했는데, 이 모습은 그의 삶을 함축적으로 보여주고 있다. 그는 죽는 순간까지 민족지영화작업을 계속한 영원한 민족지영화 제작자였으며, 그의 곁에는 항상 아프리카 친구이자 동료 그리고 협력자들이 있었다. 그의 삶에서 아프리카 친구들과의 우정은 매우 중요한 부분이다.

루슈의 영화 세계는 '공유의 인류학', '시네마 베리테', '시네 트랑스', '에스노픽션', '즉흥성', '촉발' 그리고 '성찰성' 등으로 특징지어지는데, 이 개념들은 지금도 다큐멘터리 제작에서 중요하게 다루어지고 있다. 그는 파리의 인류박물관Musée de l'Homme을 근거지로 연구와 교육에도 매진하다가 1970년대 말 미국 하버드대학교에서 교환교수로 재직했는데, 그의 작품세계는 이때를 계기로 널리 알려졌다. 그는 1950년대부터 다수의 국제영화제에서 수상했고, 1960년대부터는 심사위원으로 활동했다. 민족학자로서 그의 관심사는 비교적 작은 지역인 서아프리카에 국한되어 있었지만, 영화 제작자로서의 명성은 민족지영화 제작자뿐만 아니라 사회적 다큐멘터리 제작자들 사이에서 국제적으로 알려졌다.

루슈는 100여 편이 넘는 영화를 제작했고, 그에 못지않게 많은 인터뷰 자료와 논문들을 남겼으며, 그에 관한 전문 연구서들이 다수 발간되고 있다(Yakir 1978; Eaton 1979; Howes 1982; Stoller 1992 등). 루슈의 초기 주된 관심사는 전쟁, 식민주의 그리고 인종주의였는데, 이들 주제는 그의 상상력에 불을 지폈을 뿐만 아니라 그의 삶 전반을 결정지었다. 그는 세계의 복합적인 사회적 양상과 내용을 어떻게 이해하고, 어떻게 재현할 것인지, 그리고 인간의 삶을 견딜 수 있게 만드는 새로운 길이 무엇인지에 대해 계속하여 고민했다. 그는 이 과정에서 항상 새로운 도전을 피하지 않고 정면으로 직시했을 뿐만 아니라 이를 유쾌하고 즉흥적인 방식으로 포착하고 이해하려고 했다. 그는 지적, 예술적 또는 문화적으로는 아방가르드(전위대)였는데, 남들이 거의 가지 않은 길을 선택하면서 "왜 안 돼?(Pour quoi pas?)"라는 질문을 끊임없이 던졌다. 이 말은 그의 정신세계와 민족지 세계를 표현하는 가장 압축적인 표현으로, 이러한 도전정신 덕분에 복잡하고 다양한 사회적 형식에 대해 창의적으로 도전하고, 이를 영화로 유쾌하게 재현할 수 있었다.

2
생애와 작품들

루슈는 1917년 파리에서 출생하여 수학과 엔지니어링을 공부하고 전쟁 기간 중인 1941년 서아프리카로 가서 교량과 제방 엔지니어로 일했다. 그는 이 기간 동안 서아프리카 지역 문화에 관심을 두게 되었는데, 세네갈 다카르의 프랑스 흑아프리카의 프랑스 연구소l'Institut Français d'Afrique Noire 도서관에서 많은 시간을 보냈다. 여기서 만난 모노Théodore Monod는 루슈에게 아프리카 민족학을 공부하도록 고무했고, 이에 자극받은 루슈는 자신이 관찰한 것을 기록하기 시작했다. 프랑스로 돌아온 루슈는 마르셀 그리올르의 지도로 인류학을 본격적으로 공부하기 시작했고, 그리올르는 박사학위 지도교수가 되었다. 1946년 루슈는 서아프리카에서 일하는 동안 알게 된 친구 피에르 퐁티, 장 소비와 함께 아프리카로 돌아와 카누를 타고 9개월 동안 니제르 강을 탐험했다. 그는 이 여행 전에 파리의 벼룩시장에서 스프링식 16mm 카메라를 샀고, 비행기 안에서 작동법을 익혔다.

루슈는 이 아프리카 탐험 기간 동안 흑백필름으로 아프리카 문화를 촬영하여 기록으로 남겼다. 이때부터 그는 민족학자와 영화 제작자로서의 삶을 시작했다. 루슈는 이때의 현지조사 경험을 바탕으로 1953년에 인류학 박사학위 논문을 제출했다. 루슈는 니제르 지역에서 촬영한 영상으로는 별달리 할 것이 없었는데, 당시 16mm 카메라는 아마추어 장비였고 편집 장비와 복사장비도 없었기 때문이다. 루슈는 자신의 촬영본을 가지고 편집 실습을 하거나 강의 시간에 해설과 함께 보여주는 용도로 사용했다. 뉴스 영화인 〈프랑스 뉴스*Actualités Françaises*〉가 이 자료에 관심을 보였는데, 촬영 장면 중 일부가 35mm로 확대되어 상영되었다. 당시 관객은 아프리카의 이국적인 풍광과 이들의 낯설게 살아가는 모습에 관심이 많았다.

루슈는 이후 1948년 니제르로 다시 가서 더 많은 민족지와 컬러필름 영화 작업을 했는데, 〈할례*La circoncision*〉, 〈완제르베의 주술사들*Les magiciens de Wanzerbé*〉, 〈성인식의 접신 춤*Initiation à la danse des possédés*〉 등이 이때 제작된 영화다. 이 영화 중에서 〈성인식의 접신 춤〉은 스페인 비아리즈 영화제에서 1등상을 받았다. 당시 영화 거장이었던 르네 클레망과 장 콕토가 시사회에 참석하여 루슈의 영화에 찬사를 보냈다. 이후 루슈는 이 세 편의 단편영화를 합쳐 〈물의 자손들*Les fils de l'eau*〉을 만들었다. 이 영화는 루슈가 처음으로 컬러필름으로 촬영한 영화인데, 나중에 극장 상영을 위해 35mm로 확대되었다. 루슈는 1940년대 후반부터 1950년대 초반까지 민족지 여행을 계속했는데, 니제르의 소르코Sorko와 송하이Songhay 지역의 이주와 종교 문제에 특히 관심을 가졌다.

루슈는 1950년대 초반부터 휴대 가능한 녹음기를 집중적으로 실험했는데, 당시 대부분의 녹음장비는 무겁고 다루기 까다로웠기 때문에 휴대할 수 없었다. 하지만 그는 이런 불편한 장비를 이용하여 서아프리카 음악을 녹음하고 이를 영화에 사용했다. 마르셀 그리올르와 제르멘느 디에테를랑Germaine Dieterlen은 1931년부터 말리의 도곤 지역을 집중적으로 현지조사했는데, 1951년 이 지역에서 현지조사를 다시 시작했다. 루슈는 이에 동참하여 로스펠더Roger Rosfelder와 함께 1년 동안 네 편의 단편영화를 제작했다. 루슈는 니제르 지역에서의 민족지와 영화작업을 통해 자신감을 얻었으며, 마르셀 그리올르의 적극적인 지지를 받으면서 프랑스 민족지영화의 주요 인물로 성장했다.

1952년 앙드레 르루아 구랑André Leroi-Gourhan의 지원 아래 인류박물관 산하에 민족지영화 위원회Comité du Film Ethnographique를 신설했는데, 루슈는 초대 사무총장에 임명되었고, 이후 이곳은 그의 활동 근거지가 되었다. 루슈는 빈에서 열린 제4회 인류학적 그리고 민족학적 과학 국제학술회의에서 국제 민족지와 사회학 영화 위원회Comité International du Film Ethnographique et Sociologique(CIFES) 설립에 주도적인 역할을 했다. 이 기관은 국제적으로 민족지영화의 제작과 편찬, 보존 그리고 유통을 담당하는 역할을 했는데, 이를 계기로 그는 유네스코에서도 활동하게 되었다. 그는 이주 문제에 관심이 많았는데, 1950년대에 니제르 송하이 남성들의 아크라Accra나 아비장Abidjan으로의 이주 현상을 추적했다. 1953~54년에는 가나에서 〈물의 자손들〉을 제작했고, 후에 〈미친 주인들〉과 〈재규어〉를 제작했다.

루슈의 초기 영화는 사건을 비교적 피상적으로 그려냈는데, 〈미친 주인들〉은 사건 구조들을 좀 더 종합적인 시각에서 파악하여 그리고 있다. 그는 이를 위해 100여 차례 이상 하우카 컬트Hauka cult를 관찰했고, 연극적인 내러티브를 통해 핵심적인 측면을 그려냈다. 그는 1950년대 후반 니제르의 송하이 종교를 현지 조사하는 데 많은 시간을 소비했는데, 이때 수집한 자료들을 바탕으로 박사학위 논문을 완성했다. 루슈의 대표적인 저작인 『송하이 종교와 주술*La religion et la magie Songhay*』은 학위논문으로 출간한 것이다. 이 책은 송하이의 종교와 우주관 그리고 사회와 주술과의 관계를 '차가운 논리'를 통해 다루고 있는데, 이는 그의 민족지영화와 다른 점이다.

프랑스 식민지인 서아프리카는 1950년대 후반부터 혼란스러워지기 시작했는데, 루슈는 이때 실험적인 영화들을 제작하기 시작했다. 〈난 흑인Moi, un Noir〉(1957)이 이때 제작된 대표적인 영화다. 이 영화는 일종의 심리 드라마인데, 현재 코트디부아르 수도인 아비장의 슬럼지역인 트레슈빌르Treichville에 살고 있는 빈민의 삶을 담고 있다. 이 영화는 초현실주의의 영향을 깊게 받았는데, 관객 대부분은 파격적인 양식 때문에 혼란에 빠졌다. 루슈는 이후 즉흥적인 에스노픽션 방법을 더 한층 발전시키기 위해 〈인간 피라미드*La Pyramide humaine*〉를 제작했다. 이 영화는 〈난 흑인〉과 마찬가지로 사회적 배우들에게 연기할 일반적인 줄거리를 제시하고는 촬영을 통해 행위를 촉발했다.

알제리 독립운동이 한창이던 1960년 여름, 루슈는 사회학자 에드가 모랭Edgar Morin과 함께 프랑스 파리 사람들의 삶을 탐구하는 영화를 제작했는데, 이 영화가 시네마 베리테 개념을 촉발한 〈어느 여름의 연대기〉이다. 루슈는 영화의 전체적인 구성을, 에드가 모랭은 현지조사와 참가자들을 조직하는 일을 담당했다. 루슈는 언제 어디서나 원하는 것을 촬영할 수 있는 기술적 환경을 간절히 원했다. 그의 희망대로 휴대용 에클레어 16mm 카메라와 나그라 녹음기가 만들어졌고, 루슈는 동시녹음이 가능한 이 휴대용 카메라로 다양한 주체들의 생생한 목소리가 담긴 영화들을 제작했다.

이후 루슈는 〈벌*La punition*〉과 〈장미와 랑드리*Rose et Landry*〉를 제작했다. 22시간짜리 영화인 〈벌〉은 이틀 만에 〈인간 피라미드〉 형식으로 제작되었는데, 한 여자가 파리를 걸어 다니면서 아프리카인, 학생, 중년 엔지니어 등 서로 다른 세 명의 남자를 만나서 벌이는 도발적인 상황을 담고 있다. 이 영화는 핸드헬드 카메라로 즉흥적인 방식으로 촬영되었는데, 영화는 단일 테이크로 구성되어 있다. 〈미친 주인들〉과 〈난 흑인〉과 마찬가지로 이 영화의 주제는 유럽 인종주의가 아프리카인에게 끼친 충격과 유럽 식민주의에 대한 아프리카인의 반응이다.

이 영화들이 제작될 당시 아프리카에서는 독립운동이 한창이었는데, 식민주의와 인종주의의 심리적 충격에 관한 정치적 논쟁이 격렬하게 벌어지고 있었다. 이 영화는 내용과 형식 면에서 모두 실험적인데, 1962년 프랑스 텔레비전을 통해 방영되었다. 이 영화는 반인종주의 논쟁을 촉발했을 뿐만 아니라 68운동의 서막을 알리는 역할을 했고, 누벨바그의 모델이 되기도 했다.

1966년 장뤼크 고다르 등 여섯 명의 감독은 각자 파리의 서로 다른 부분을 에피소드로 만들기로 했는데, 이렇게 옴니버스 영화인 〈파리의 여섯 *Paris vu par...*〉이 탄생했다. 루슈는 〈파리의 여섯〉 중 결혼 갈등과 자살에 관한 〈북역*Gard du Nord*〉이라는 단편영화를 제작하면서 예전의 영화에서처럼 즉흥성과 촉발을 사용했다. 루슈는 전문연기자가 아닌 사회적 배우에게 영화의 주제와 자신이 생각하는 바를 대체로 전달하고 나머지 부분은 사회적 배우가 즉흥적인 연기를 통해 채우도록 했다. 이 단편영화는 두 쇼트로 이루어져 있는데, 한 쇼트의 길이는 카메라 매거진(필름 통)으로 촬영할 수 있는 10분 정도다. 루슈는 엘리베이터 문이 닫히는 장면에서 매거진을 교체하면서 실제로는 한 쇼트로 촬영된 것 같은 느낌을 주었다. 루슈의 이런 기술적 그리고 내러티브적 혁신은 프랑스 누벨바그 운동에 커다란 자극제가 되었다.

루슈는 거의 8년 동안 파리에서 극영화 길이의 민족지영화 작업을 했는데, 이 기간에도 니제르에 관한 민족지 연구를 했다. 1968년 완성된 〈미국인이라는 이름의 사자*Un lion nommé "l'Américain*〉는 〈사자 사냥꾼들〉(1964)에서 사냥꾼을 피해 도망간 사자에 관한 이야기다. 이 두 편의 영화는 또 다른 방식의 전개 방식을 취하고 있는데, 플롯과 내러티브는 드라마처럼 잘 구성되어 있지만 구조는 민족지 르포르타주다. 루슈는 이런 형식으로 영화를 구성하기 위해 1960년대 초기에 제작된 단편 민족지영화 제작과 민족지 연구를 하고 새로운 휴대용 동시녹음 장비로 서아프리카에서 집중적인 실험을 했다(Rouch 2003: 47ff.). 이러한 다양한 시도는 루슈의 '왜 안 돼?' 정신 때문에 가능했는데, 당시 민족지영화들과는 완전히 다른 스타일의 영화였다.

인류학에서 자주 언급되는 영화들 중 하나는 〈재규어〉인데, 촬영은 1950년대 중반에 시작되어 거의 10년 만에 완성된 작품이다. 재규어는 당시 아프리카인의 부와 꿈의 상징이었던 영국의 고급자동차 이름에서 유래한다. 민족지 차원에서 본다면 〈재규어〉는 루슈가 오랫동안 천착해온 이주문제 연구의 결정판이다(Rouch 1956; 1960c). 내러티브의 차원에서 보면 이 영화는 드라마와 다큐멘터리를 결합한 양식인데, 세 명의 남자가 황금해안인 니제르에서 가나 해안까지 여행하는 내용을 담고 있다. 이 영화는 독립 이전의 아프리카 정신을 포착한 점에서 기록적 가치가 높은데, 이 영화의 대부분이 1950년대 중반 무성으로 촬영되었기 때문에 사회적 배우들이 가편집본을 보면서 해설을 즉흥적으로 삽입했다. 앞서 언급한 루슈의 독특한 영화 제작 개념들이 적용된 영화이기도 하다.

1960년대 중반 루슈는 말리의 도곤 지역으로 다시 가서 민족학자 제르멘느 디에테를랑과 《시구이*Sigui*》 연작을 공동 제작했다. 루슈는 1966~1973년에 도곤의 종교 사이클에 의해 60년 주기로 7년 동안 열리는 시구이 의식Sigui ceremony을 촬영했다(Rouch & Taylor 2003). 종족음악학자인 루제Gilbert Rouget와 함께 도곤의 드럼에 관한 영화인 〈도곤 포대*Batteries Dogon*〉를 제작했고, 이 외에도 1970년대 초반에 장례식에 관한 단편영화를 제작했다(Rouch & Taylor 2003). 루슈는 이 연작에 대단한 애정을 보였는데, 이 영화에서는 의례의 고조된 분위기를 전달하기 위해 시네 트랑스 기법이 두드러지게 나타난다.

〈미친 주인들〉이 사회학적 관점에서 하우카 컬트를 분석한 반면, 이 영화들은 내재적 관점에서 우리 인식의 한계와 종교 현상을 그리고 있다. 루슈는 1960년대 후반부터 1970년대에 이르기까지 송하이에서 주로 의례와 종교, 특히 강우제, 접신춤 그리고 점복을 집중적으로 촬영했는데(Stoller 1992: 48-62), 이런 종교적 실천은 루슈의 책과 초기 영화들에 이미 서술된 것이었다. 하지만 새로운 촬영장비들이 개발되고, 루슈가 20년 이상 이런 주제에 천착하면서 이 현상들에 대한 이해의 폭과 깊이가 넓어졌다. 그는 〈시구이〉 연작에서 의식 참가자들 사이를 자유롭게 다니면서 10여 분에 이르는 롱테이크로 촬영을 했는데, 이렇게 촬영하는 것을 '쇼트 시퀀스(shot sequence, 불어: plan séquence)' 영화라고 불렀다.

루슈는 촬영기술과 방식을 진화시키기 위해 끊임없이 노력했는데, 1960년대 말에서 1990년대까지 극영화 길이의 민족지 픽션 영화를 만드는 데 주력했다. 그는 이미 〈재규어〉와 〈난 흑인〉 그리고 〈인간 피라미드〉에서 이를 시도했는데, 이를 계승 발전시키고자 한 것이었다. 이 영화에서 연기는 모두 즉흥적으로 이루어졌고, 루슈는 촬영을 주도했으며, 다무레 지카, 람, 이브라힘 그리고 디아 등이 촬영본을 함께 평가했다. 이들은 루슈의 〈조금씩 조금씩*Petit à petit*〉(1969), 〈미스터 치킨, 꼬끼오*Cocori co, Monsieur Poulet*〉, 〈마담 물*Madame l'eau*〉 등에서 현지조사에서는 친밀한 정보제공자, 영화 제작에서는 공동제작자로 함께했다.

루슈의 영화 중에서 가장 흥미로운 부분을 많이 담고 있지만, 상대적으로 조명을 덜 받고 있는 영화는 〈조금씩 조금씩〉이다. 이 영화는 68혁명을 전후한 시기에 변화한 프랑스의 정치적 기류와 아프리카 모더니티 그리고 아프리카인의 욕망의 복잡성에 대해 이야기하고 있다. 다무레, 람 그리고 일로는 아프리카 비즈니스맨으로 출연하는데, 다무레는 프랑스와의 무역을 통해 큰돈을 벌어서 고향인 니제르에 모더니티의 상징인 고층빌딩을 짓고 싶어 한다.

그는 파리 사람들이 고층빌딩에서 어떻게 사는지를 조사하기 위해 파리로 가는데, 여기서 매우 흥미로운 상황들이 연출된다. 다무레는 파리에서 자신의 신분을 속이고 에펠탑 앞에서 캘리퍼를 가지고 파리인의 두개골 크기를 재고, 치아 상태를 검사하고, 거리에서 이들의 색 범주를 조사하는데, 프랑스인에게는 매우 모독적으로 보이는 장면이다. 루슈는 이런 '삐딱한 인류학perverse-anthropology'을 통해 예전에 서구의 민족학자들이 아프리카에서 한 행동을 풍자하고 있는데, 관객은 이 장면을 통해 아프리카인과 인류학자 또는 서구 식민세력 사이에 존재했던 시각과 권력관계를 직접 대면하게 된다.

〈미스터 치킨, 꼬끼오〉에서는 다무레와 람이 시트로엥 자동차를 타고 행상을 벌이면서 주술적이고 초자연적 모험을 하는데, 이를 통해 아프리카인의 심연에 있는 의식상태를 보여준다. 루슈가 만든 민족지영화의 허구적이고 우스꽝스러운 성격은 〈마담 물〉에서 최고조에 이른다. 당시 니제르는 가뭄으로 극심한 고통을 겪고 있었는데, 다무레와 람 그리고 탈루Tallou는 풍차의 나라 네덜란드를 방문하여 니제르의 물 문제를 어떻게 극복할 것인지 조사한다. 이를 조사하는 과정에서 아프리카 개발을 둘러싸고 서구 선진국 사람들이 가지고 있는 우스꽝스러운 생각들이 드러난다. 이들은 조사를 통해 니제르 강변에 네덜란드의 나무풍차를 세우는 것이 적정 기술이며 가뭄을 해결하는 이상적인 해결책이라는 결론에 이르지만, 네덜란드의 불합리한 개발 원조 정책 때문에 이 계획이 좌절된다.

루슈의 영화는 후기로 가면서 더 황당하고 꿈 같은 느낌을 주는데, 이는 아프리카의 고유한 스토리텔링을 시적으로 시각화하려고 했기 때문이다. 루슈의 영화는 아프리카 서사시와 유사한 느낌은 들지만 그렇다고 똑같지는 않다. 루슈는 그 어떤 내러티브에도 특권을 부여하지 않았는데, 이는 내러티브가 가치중립적이지 않기 때문에 종종 특정한 역사적 견해나 이해관계를 지지하는 수단이 될 수도 있기 때문이다. 그는 이 대신에 유쾌한 풍자와 상상을 통해 모든 것을 객관화시키는 전략을 취하고 있는데, 이 방식은 드러내놓고 말하기 까다로운 아프리카인의 모더니티에 대한 욕망과 주변적 관계 등과 같은 이야기를 그려내는 데 장점을 보여주고 있다. 아프리카인과 유럽인 모두 루슈의 이런 태도에 대해 비판과 지지라는 양분된 반응을 보였다. 루슈는 자신의 영화를 통해 관객을 설득하려고 하기보다는 도발을 통해 관객의 성찰을 촉발하려고 했는데, 이런 의미에서 그의 영화들은 일정 부분 소기의 성과를 거두었다.

3
에스노픽션

에스노픽션ethnofiction은 실험적인 민족지영화 장르의 하나인데, 사회적 배우가 자신의 주관적인 삶의 경험과 생각 그리고 느낌을 즉흥적 연출을 통해 표현하는 것이다. 에스노픽션은 협동적, 성찰적 그리고 창의적 예술실천이 결합한 것으로, 인류학에서 민족지연구와 재현의 한 방법으로 주목받았다. 인문학과 사회과학의 일부 분과학문도 이 방법을 기존 방법론의 내용을 보완하고 그 범위를 확장한 것으로 평가하고 있다. 예전에 상당수 인류학자는 실험실에서처럼 주로 관찰에 의존하여 현지조사를 하고 이를 민족지에 담았다. 민족지영화도 예외는 아니어서 이런 관찰적 양식을 당연시했다. 하지만 루슈는 관찰적 양식과는 다른 방식의 민족지영화인 〈재규어〉와 〈난 흑인〉을 발표했는데, 영화비평가들은 그의 혁신적인 영화 제작 방식을 에스노픽션이라고 불렀다.

에스노픽션은 인류학의 민족지영화 제작뿐만 아니라 다큐멘터리와 극영화에도 영향을 끼쳤다. 1960년대 들어 시네마 베리테라는 새로운 다큐멘터리 장르가 탄생했으며, 프랑스의 누벨바그도 이의 영향을 받았다. 루슈의 영화는 프랑스어로 제작되었기 때문에 1970년대에야 영미권에 알려졌다. 루슈는 초기 영화작업부터 서아프리카 현지민과 긴밀한 관계를 유지했다.

인류학 전문교육을 받은 학자도 현지조사에서 중요하지만, 포착하거나 이해하기 어려운 영역을 경험한다. 또한 이런 것들이 제한된 현지조사 기간 동안 일어나지 않을 수도 있고, 사회적 편견이나 억압 때문에 드러나지 않을 수도 있다. 민족지영화 제작자는 이런 것들을 어떻게 영화로 포착할 수 있을까? 루슈는 관찰적 스타일의 한계를 극복하기 위해 초현실주의로부터 전유한 방법론을 기반으로 민족지영화를 제작했다. 뤽 드 유슈도 이와 유사한 시도를 했다. 그는 민족지영화에서 사실과 허구의 모두에 진실이 담겨 있기 때문에 이들 간의 차이를 그다지 중요하게 여기지 않았다. 루슈도 뤽 드 유슈와 같은 생각이었지만, 자신의 생각을 더 끊임없이 체계화하고 정교화했다.

1) 플래허티와 베르토프 그리고 장 루슈

다큐멘터리영화 세계에서 시네마 베리테 운동의 창시자로 알려진 루슈의 영화 세계는 끊임없는 창의성과 도전으로 특징지어진다. 맥두걸은 영화적 상상력을 관객이나 관중에게 해석적 공간을 창조하려는 욕망이라고 했다. 로버트 손턴Robert Thornton은 "상상력은 경험과 묘사 모두의 빈틈을 채운다. 독자가 텍스트 안의 단어들과 문장들을 연결하여 좀 더 일반적인 이미지를 연상하도록 하는 것은 이런 상상력이 풍부한 사람의 잠재력이다"라고 말리노프스키의 『서태평양의 항해자들』을 평가했는데, 맥두걸은 루슈의 영화 세계도 이 책과 같다고 호평했다(MacDougall 1998: 79-80).

해석적 공간이 있는 민족지나 민족지영화를 생산하기 위해서는 다중적 시선뿐만 아니라 경험의 파편적 성격과 인간 지식의 구성적 성격을 인식하는 것이 필요하다. 이는 관찰자와 관찰대상, 주체와 객체 사이를 정확하게 분리하는 실험실 과학자들의 생각과 태도와는 완전히 다른 것이다. IWF에서 보았듯이, 인류학은 오랫동안 실험실 과학자들과 같은 태도를 보였다. 하지만 이와는 다른 길을 걷는 (영상)인류학자들이 있었는데, 장 루슈도 그중의 한 명이었다.

루슈는 17세에 로버트 플래허티의 〈북극의 나눅〉을 보고 인간의 느낌이 묻어나는 서정적 이야기에 깊은 감명을 받았다. 플래허티는 이런 작품을 만들기 위해 오랫동안 현지조사와 참여관찰 그리고 현지민과의 긴밀한 협동작업을 했다. 루슈는 플래허티에게 큰 존경심을 보이고 있지만, 이 둘이 제작한 영화 사이에는 차이점들이 있다. 플래허티는 외부환경과 그 안에서 벌어지는 사건들 그리고 사회적 배우의 감성을 희곡적 내러티브를 통해 표현했다. 루슈는 그와 달리 사건들의 물리적 그리고 심리적 기본구조를 표현하고자 했는데, 이는 당시 프랑스 인류학의 학문적 경향이기도 했다. 또한 플래허티가 나눅의 삶을 감성적으로 보여주었다면, 루슈는 관객이 영화 속의 사회적 배우와 관계 맺기를 요구하고 있다. 루슈는 영화에서 자신의 경험을 보여주고 있는데, 관객도 루슈처럼 참가자이면서 관찰자로 영화 속의 사회적 배우들과 관계 맺기를 원하고 있기 때문이다. 루슈의 이런 참여적 카메라 스타일은 그의 영화 세계 초기부터 이어져왔다(de Heusch 1962: 35).

루슈가 영향을 크게 받은 또 다른 사람은 소련의 다큐멘터리 감독인 지가 베르토프Dziga Vertow다. 1920년대 발터 벤야민이나 존 버거 등은 영상

매체의 기계적 · 탈맥락적 효과뿐만 아니라 이 신매체의 물질성과 새로운 비전에 매료되었다. 지가 베르토프는 이런 맥락에서 "나는 기계적 눈, 영화의 눈kinoglaz이다. 나는 기계인데, 오직 기계만이 볼 수 있는 세계를 당신에게 보여줄 것이다"라고 하면서 〈카메라를 든 사나이〉에서 이를 영상으로 구현했다. 베르토프는 시네마는 실재하는 리얼리티와 다른데, 이는 인간의 눈과는 다른 기계적 눈인 카메라가 포착하기 때문이다. 그는 자신의 영화에서 실제 세계의 이미지가 아니라, 기계의 눈인 카메라가 촬영한 영화적 세계를 보여주고자 했다. 베르토프는 소비에트 혁명의 정당성과 성과를 인민에게 선전 · 선동하는 영화를 다수 제작했다. 그는 여기에서 사람들의 허위의식을 벗기기 위해 노력했는데, 특히 특정 주체의 이해관계에 의해 인간 의식이 구성되는 측면을 계몽하고자 했다. 루슈는 베르토프의 이런 인식론적 태도와 저항정신을 수용했고, 이는 그의 영화 세계를 특징짓는 요소 중 하나가 되었다.

베르토프는 연극이나 문학과는 다른 영화적 사실주의 이론에 관심을 가졌다. 그는 영화적 리얼리즘은 주제적이고 구조적이라고 생각했기 때문에 〈카메라를 든 사나이〉에서 작은 구성단위들을 재배치하는 편집을 통해 세계의 리얼리티를 표현했다. 베르토프는 연출이나 각본 없이 즉흥적 삶을 포착하고자 했지만, 삶의 리얼리티 재현을 위해서는 몽타주와 은유적 병치를 적극적으로 활용했다. 베르토프가 주장한 카메라의 눈, 즉 키노그라즈는 보편적 진실이 아니라 자신만의 고유한 진실을 창조하는 새로운 종류의 시각을 의미하며, 이런 시각 전체를 '키노 프라우다kino-pravda'라고 불렀다. 이런 베르토프의 영향은 루슈의 영화 전반에 두드러지게 나타나고 있는데, 〈어느 여름의 연대기〉는 시네마의 진실, 즉 키노 프라우다의 가능성을 실험한 영화다. 루슈는 베르토프의 키노 프라우다를 불어로 번역한 '시네마 베리테'라고 불렀는데, 그의 시네마 베리테는 키노 프라우다와 마찬가지로 영화의 눈ciné-eye과 영화의 귀ciné-ear가 기록한 이미지와 사운드다. 즉, 시네마 베리테는 진실의 시네마가 아니라 시네마의 진실을 의미한다. 이런 점에서 루슈는 플래허티 이상으로 베르토프로부터 영향을 받았는데, 베르토프 덕분에 카메라는 의식을 얻었고, 영화 안에 작업과정을 드러냄으로써 영화 제작자의 매개 작업도 생명을 얻었다(Sadoul 1971).

루슈는 플래허티와 베르토프로부터 참여관찰, 네이티브 피드백native feeback, 리얼리티의 연출, 즉흥적인 삶의 포착, 주제적 주관적 진실을 위한 편집, 시네마 베리테, 카메라를 통한 촉발, 제작과정을 드러냄 그리고 공유와 협동을 상속받았다. 루슈는 영화나 인류학 모두 간주관성에 대해 본질에서 같은 관심이 있다고 주장했는데, 그는 이런 생각 덕분에 고유함을 얻게 되었다.

2) 초현실주의와 민족지영화

앙드레 브르통에 의해 주도된 초현실주의는 인간의 상상력을 갈망했고, 삶에 대해 "왜 안 돼?"라는 질문을 던졌다. 브르통은 '1차 초현실주의자의 선언'에서 "위협 위에 위협이 쌓이고, 인간은 정복되어야 할 대지의 일부분을 포기하거나 양도한다. 경계를 알지 못하는 상상력은 오직 자의적인 유용성의 규칙과 엄격하게 일치할 경우에만 실행되는 것이 허락된다"고 했는데, 여기서 브르통이 적으로 삼고 있는 것은 논리다.

우리는 아직도 논리의 통치 아래 살고 있다. 물론 이것은 내가 의도하는 것이다. (……) 아직도 유행 중인 절대적인 이성주의는 우리의 직접적인 경험들과 관련된 사실들만을 생각하도록 허락한다. (……) 문명과 진보의 가식 아래 우리는 올바로 또는 잘못되게 부르고 있는지도 모를 미신 또는 공상을 마음속에서 어렵사리 사라지게 해야만 했다. 허락된 실천들과 순응하지 못하는 진실을 향한 어떤 종류의 탐색도 금지되었다. (……) 어쩌면 상상력은 재주장하고, 권리들을 되찾는 순간에 있다(Breton 1924, MacDougall 2006: 205쪽에서 재인용).

브르통은 기존의 지적 질서를 거부하고, 주변 예술가들에게 인간 상상력의 몽환적 특성을 이용하여 이미지들을 타블로, 조각, 시 그리고 필름을 통해 창조적으로 재현하도록 독려했다. 초현실주의자들은 예술에 대한 기존의 범주화를 거부하고, 관찰적 재현을 넘어서는 환원할 수 없는 꿈의 나라로 관람객을 이끌고자 했다. 초현실주의는 영화 세계에도 큰 영향을 끼쳤는데, 퀸즐리는 초현실주의 영화를 다음과 같이 개괄했다.

상징적 질서를 파열시키기 위해 초현실주의자들의 영화는 인물, 내러티브, 사실적 시각효과에 의존했는데, 이는 영화가 그리는 세계로 관객을 낚아채가기 위해서였다. 관객이 자신을 영화에 의해 유발된 세계와 동일시할 경우, 친숙한 세계에 대해 도발하는 영화의 순차적 교란은 관객의 상징적 질서를 교란하고, 억압된 무의식적 충동과 강박관념으로부터 열리게 하는 잠재력을 가지게 된다(Kuenzli 1987: 10).

초현실주의는 리얼리티에 상상력의 개입을 허용했는데, 이 때문에 사실과 허구의 구별이 불가능하게 되었다. 초현실주의 다큐멘터리와 초현실주의 영화는 관객을 영상으로 '낚아채서' 이들이 가지고 있던 기존의 상징적 질서를 교란시키고, 당연시하던 세상에 대한 가정들도 교란시킨다. 루이스 부뉴엘Luis Buñuel의 〈황금시대*L'Âge d'or*〉는 1930년 파리에서 개봉되었는데, 〈빵 없는 세상*Las Hurdes*〉(1932)과 함께 민족지적 초현실주의ethnographic surrealism의 새로운 지평을 열었다. 부뉴엘은 꿈과 기억의 형식을 통해 지배 이데올로기를 만들어내는 반동정치와 종교를 조롱했는데, 그는 이때 기존의 영화적 관습이나 약속을 과감하게 파괴했다. 그의 영화에서 사실과 허구 그리고 사이비-역사와 멜로드라마라는 서로 혼합되어 있는데, 관객은 이런 낯선 양식 때문에 지적 혼란에 빠졌다.

이 두 작품의 해설은 혁명적이고 반동적이었으며, 모호하고 중단이 없었고 잔인했으며, 배경음악은 거창하면서도 우스꽝스러웠다. 부뉴엘은 혁명에 동조하는 표현조차 금지된 독재정치하의 현실을 이렇게 고발하고 있는데, 이 영화는 우파의 공격을 받고 조국에서 상영이 금지되었다. 비슷한 시기에 프랑스영화 제작자인 장 비고Jean Vigo도 〈니스에 관하여*À propos de Nice*〉(1930)에서 카니발을 통해 니스에서의 사회적 불평등과 위선 그리고 인간의 어리석음을 풍자적으로 조롱했다. 당시 파리의 지식인 상당수는 이런 초현실주의가 담고 있는 혁명성과 저항성에 매료되었는데, 장 루슈도 이들 중 한 명이었다.

1930년대 파리에서는 민족학과 초현실주의의 만남이 있었는데, 민족학자이며 역사학자인 장 자맹Jean Jamin은 이를 공모관계라고 불렀다. 마르셀 모스와 레비브륄Lucien Lévy-Bruhl은 1925년 파리대학교 안에 민족학박물관을 설립했는데, 이들은 이 박물관을 중심으로 주된 활동을 했다. 이 때문에 프랑스 민족학은 식민지의 문화재를 수집하고 이의 상징적 의미를 밝혀 대중에게 전시하는 데 주된 관심을 가졌다. 당시 상당수 초현실주의자는 민족학의 연구대상이던 '이국적exotic' 타자에 대해 깊은 관심을 가졌는데, 문명에 찌들지 않은 이들 '원시인'은 원초적인 순수함과 상상력을 아직 간직하고 있다고 생각했기 때문이다. 바로 이 지점에서 민족학자와 초현실주의자들의 만남이 이루어졌다.

이들의 '공모관계'는 초현실주의자들이 마르셀 그리올르의 강좌에 참석하고, 인류학자들이 초현실주의적 글을 쓰는 것으로도 나타났다. 민족학과 초현실주의 양쪽을 모두 오간 대표적인 사람으로는 미셸 레리스가 있는데, 소르본대학에서 민족학을 공부했고, 그리올르의 다카르-지부티 탐험에 참가하여 기록보관 비서로 일했다. 그는 이때의 경험을 바탕으로 초현주의적인 자전적 여행기이자 민족지인 『아프리카의 환영*L'Afrique Fantôme*』을 발표했다. 이 책에는 당시 영미권 인류학자들이 주로 사용하던 '차가운', 즉 이성적 방식의 글쓰기는 흔적조차 없었다. 하지만 그는 파리의 인류박물관에서 일하면서 전형적인 '학문적' 글쓰기를 했고, 민족지 단행본들을 다수 출간하기도 했다. 이런 이중적 글쓰기는 초현실주의를 추종하는 학자들의 특성인데, 루슈도 이 점에서 마찬가지였다. 레리스는 파리의 문학과 예술계에서는 주요 인사였는데, 파블로 피카소, 알베르토 자코메티, 프란시스 베이컨 등과 친구 사이였으며, 그는 제2차 세계대전 이후 사르트르와 『레탕모데른느*Les Temps modernes*』지를 공동 발간했다.

제2차 세계대전 이전에 민족학자들과 초현실주의자들은 『도퀴망*Documents*』 지를 통해 만났는데, 모스와 그리올르처럼 『도퀴망』 회원들도 인간의 다양한 문화적 경험들을 이해하기 위해 문화현상들을 병치시켜 비교했다. 이 잡지는 인간 이해의 폭을 넓히기 위해 백과사전적 내용을 다뤘는데, 피카소 · 달리 · 클레의 작품들을 분석하는 글, 고고학적 보고서, 샴쌍둥이 사진, 자연의 기이한 풍경들, 범죄소설의 책 표지, 뉴욕 고층빌딩, 카니발 가면들, 콰키우틀 인디언의 토템폴 등이 실렸다. 그리올르와 레리스도 정기적으로 여기에 글을 기고했으며, 마르셀 모스는 특별호에서 피카소의 작품을 분석하는 글을 쓰기도 했다. 프랑스 민족학과 초현실주의의 이런 공모관계는 독특한 사상적 지형을 형성했는데, 루슈도 초현실주의 영향에 대해 다음과 같이 이야기했다.

> 나에게 시네마, 영화 제작은 초현실주의적 회화와 같다. 복제의 가장 사실적인 과정들의 사용, 가장 사진적인 것, 그러나 비사실적인 것을 원하는 대로 이용하여 비이성적인 요소들의 존재로 이동시키는 것(마그리트와 달리처럼), 상상을 위한 엽서(Jean Rouch 1967: 1).

사실주의적 시각에서 본다면 초현실주의적 시들과 영화들은 철학이나 인문과학의 이론적 담론에서 벗어나 있어서 비논리적이다. 학문적 사실주의 이론들은 선형적이고 논리적으로 응집된 형태의 주장들을 제시하고 있다. 하지만 예술은 인간으로 하여금 새로운 생각을 하고 새로운 느낌이 들도록 하지만, 이론들을 접합하여 우리에게 진실을 알게 하지는 못한다. 인간은 진실을 알 수 없고, 단지 이를 구현할 뿐이다(Graff 1979: 6). 루슈의 영화도 세상의 진실에 관해 이야기하는 것이 아니라, 그의 작품들 속의 이미지들과 사람들이 주조하는 이 세상의 진실들을 재현할 뿐이다. 루슈는 〈재규어〉, 〈미친 주인들〉, 〈완제르베의 주술사들〉, 〈사자 사냥꾼들〉 등에서 관객을 (무의식의) 꿈의 나라로 끌고가는데, 관객은 이런 꿈의 나라에서 이론적으로 정교한 문화적 분석이 불가능한 인간의 다양한 측면들을 새롭게 접하게 되며, 여기에 동참할 것을 요구받는다. 이런 이유에서 루슈는 인류학보다는 예술적 혁신의 장에서 더 유명해졌다.

3) 시네마 베리테

에드가 모랭은 1960년 피렌체 국제민족지영화제에 대한 보고서에서 시네마 베리테라는 용어를 처음 사용했고, 영화제가 끝난 후 『프랑스 옵세르바퇴르*France-Observateur*』 신문에 베르토프에 경의를 표하기 위해 〈새로운 시네마 베리테를 위하여〉라는 기사를 기고했다. 1961년 칸영화제에서 〈어느 여름의 연대기〉가 상영될 당시 그는 홍보 전단에 '시네마 베리테(시네마 진실)'라는 용어를 사용했는데, 루슈와 모랭은 이 용어에서 진실보다는 '새로운' 것을 더 중시했다. 당시 이들은 카메라의 눈과 귀가 통합된, 휴대 가능한 동시녹음 카메라가 개발되기를 학수고대했다. 이런 카메라가 개발되면서 대사는 새로운 삶과 역할을 담당하게 되었고, 소규모 팀으로도 친밀하고 직접적인 영화를 제작할 수 있게 된 것이다. 새로운 기술의 등장으로 새로운 제작 방식이 가능하게 되었고, 새로운 내용과 형식의 영화들이 등장한 것이다. 이는 베르토프가 가지지 못했던 영화의 눈과 귀를 이제는 실질적으로 가지게 된 것을 의미했고, 키노 프라우다가 강조한 제작자의 존재 드러내기와 자기 성찰적 과정도 훨씬 수월하게 드러낼 수 있게 된 것이다.

루슈는 자신이 제작한 영화들의 스타일을 시네마 베리테라고 부른 적이 없는데, 이는 불가능한 진실을 허풍스럽게 주장함으로써 특정 영화 스타일을 오명에 빠뜨릴 것으로 생각했기 때문이다. 그는 이 대신에 마리오 뤼스폴리Mario Ruspoli가 주장한 시네마 디렉트cinéma-direct(영어로 다이렉트 시네마)라는 용어를 사용했다(Marsolais 1974: 21-25). 질르 마르솔레는 시네마 디렉트를 "스튜디오가 아니라 현장에서 가볍고 다루기 쉬운 동시녹음 카메라와 녹음기를 이용하여 말과 행동들을 직접적으로 기록하는 시네마다. 다른 말로 하면 사람들과 직접적인 접촉을 하고, 이런 시도가 매개된다는 것을 항상 염두에 두고 가능한 한 최선을 다해 '리얼리티를 이어 붙이는 것"이라고 정의했다(Marsolais 1974: 22). 비평가들은 1963년부터 이런 태도들과 기술 모두를 지칭하는 의미에서 이 용어를 사용했는데, 이 둘은 상호 의존적이기 때문에 하나의 세트를 이루고 있다. 카렐 라이즈와 개빈 밀라는 〈어느 여름의 연대기〉를 두고 "이 영화의 목적은 '진실'이 아니라, 리얼리티의 몇몇 그림을 구성할 수 있는 다수의 진실이다"라고 했는데, 이는 후에 학자나 비평가들이 받아들이는 내용과는 차이가 있다(Reisz & Millar 1968; 303).

시네마 디렉트 또는 다이렉트 시네마는 1958년에서 1960년까지 캐나다 영국, 프랑스 그리고 미국 등에서 개발된 기술적 혁신을 종합하여 만들어졌다(Issari 1971; Mamber 1974). 다이렉트 시네마의 중심에는 휴대 가능성이 있었는데, 휴대 가능하면서 동시녹음이 가능한 카메라와 녹음기 그리고 열악한 조명환경에서도 촬영을 가능하게 해주는 고감도 필름의 개발이 관건이었다. 〈어느 여름의 연대기〉가 제작될 당시 이런 기술이 크게 발전했는데, 쿠탕Coutant은 루슈의 조언을 듣고는 소음이 거의 없는 카메라를 개발했고, 이를 휴대용 나그라 녹음기와 연결하면 동시녹음과 촬영을 할 수 있었다. 또한 이전보다 훨씬 왜곡이 덜한 광각렌즈가 개발되었으며, 캐나다 영화국의 미셸 브로Michel Brault는 라발리에 마이크를 개발하여 핸드헬드 기법으로 촬영하면서도 사운드를 잘 포착할 수 있게 되었다.

이로부터 새로운 시네마인 다이렉트 시네마의 기본 정신과 제작 방식이 빠르게 새롭게 정착되었는데, 동시녹음이 가능해지면서 보이스오버 기법이 가능하게 되었고, 고전적 다큐멘터리에서 자주 사용되던 내레이션은 회피되었으며, 스튜디오가 아니라 현장에서의 촬영과 연출하지 않는 촬영 그리고 자연광 선호 등이 관행처럼 굳어져갔다. 루슈도 이런 새로운 촬영 방식을 선호했는데, 이는 사회적 배우들과의 직접적이고 친밀한 접촉을 위해, 그리고 카메라를 촉매제로 사용하기 위해서였다. 이런 이유에서 루슈도 시네마 디렉트라는 용어를 선호했는데, 이는 촉매의 또는 간주관적 태도로부터 일정 거리를 두고 있는 맥두걸식의 관찰적 시네마와는 그 결이 많이 다르다(MacDougall 1998: 125-39).

루슈와 미국의 영화 제작 양식은 둘 다 다이렉트 시네마라고 불리지만, 이 둘 사이에는 커다란 인식론적 간극이 있다. 여기서 쟁점은 실증주의적 태도였다. 리키 리쿡을 위시한 초기 다이렉트 시네마 운동의 영화 제작자들은 '벽 위의 파리' 원칙을 고수함으로써 촬영 시 사건이나 행위에 개입하지 않을 것을 주장했다. 하지만 루슈에게 리얼리티들은 구성된 것이고 의미들은 항상 맥락에 따라 유동적인데, 이것들은 수없이 다양한 방식으로 끊임없이 드러나고 수정된다. 이를 드러내기 위해서는 부단히 도발하고 질문해야 하는데, 촬영은 이것을 드러내는 촉발 전략이다. 루슈는 카메라를 사회적 배우를 자극하고, 수정하고, 가속하고, 촉진하고, 창을 열고, 드러내도록 하는 자극제 또는 촉매제로 생각했다.

그에게 카메라는 투명하거나 가치중립적인 존재가 될 수 없는 것이다. 루슈의 영화 속에는 만남의 과정과 촬영 행위를 통해 촉발된 드라마가 내재하는데, 맥두걸은 "사람들은 종종 서아프리카 사람들이 (제작)수단만 가지고 있었다면 만들었을법한 영화를 장 루슈가 만든 것과 같은 느낌을 준다"고 이야기했는데(MacDougall 1989: 223), 이는 미국 다이렉트 시네마와의 차별성이다. 장 루슈와 1960년대 미국의 새로운 다큐멘터리 제작 방법 사이에는 원칙과 목적 측면에서 공통점도 있지만, 차이점들도 있어서 이 둘 모두를 다이렉트 시네마 범주에 포함하는 것은 부당하다. 따라서 많은 비평가가 구분하듯이 이 책에서도 비록 장 루슈가 달가워하지는 않았지만 그의 고유한 민족지영화 제작 방식을 시네마 베리테라고 칭하고 있다.

4) 에스노픽션의 방법론

초현실주의와 민족학의 만남은 영미권 학문 분위기에서는 상상하기 힘들지만, 프랑스의 지식인과 영화 풍토에서는 그다지 낯설지 않은 시도였다. 이런 사회적 분위기에서 성장한 루슈는 종종 '비과학적' 또는 '비논리적'인 방식으로 이야기하는데, 그는 자신의 민족지영화 제작에 대해 체계적인 이론이나 방법론을 만들려고 하지 않았다. 이 때문에 그의 민족지영화 세계를 이해하기란 쉽지 않다. 비평가들은 루슈의 다양한 민족지영화 제작 방법 중에서 특정한 경향을 에스노픽션이라고 부르는데, 그 특징을 크게 본다면 리얼리즘과 판타지의 결합이다.

루슈는 총 100여 편 이상의 민족지영화들을 제작했는데, 이들 영화에는 각기 다른 방법론과 시각 그리고 내용이 담겨 있기도 하다. 따라서 관객에게 사전정보 없이 그의 민족지영화들을 보여주면 상당수 사람은 각기 다른 감독이 다른 시기에 만든 것으로 오해하기도 한다. 영상인류학과 영화사는 1950~60년대에 제작된 영화들을 주로 연구대상으로 삼고 있는데, 이 작품들이 가장 혁신적인 형식과 내용을 보여주기 때문이다. 여기서는 그의 에스노픽션에서 주로 나타나는 민족지영화 연구 방법, 공유의 인류학, 즉흥성 그리고 성찰성 등의 네 가지 항목을 통해 그의 영화 세계를 살펴보고자 한다.

(1) 민족지영화 연구 방법

대부분의 텔레비전 방송국은 상당히 큰 규모의 제작팀이 상대적으로 많은 경비를 들여서 비교적 단기간인 3~4주 안에 한 편의 (문화)영상물을 제작한다. 이에 반해 민족지영화 제작자는 1~2명이 장기간의 현지조사와 촬영 기간을 거쳐 비교적 소규모 예산으로 작은 집단이나 사람들에 대한 이야기를 만드는데, 민족지영화 제작자는 기술적 또는 예술적 질보다 정보제공자 또는 사회적 배우와의 친밀함과 소통을 우선시한다. 루슈의 민족지영화도 예외는 아니다.

마르셀 모스가 루슈의 인류학 지식 형성에 중요한 역할을 했지만, 루슈의 현장 연구와 실천 부분에서 지도교수인 마르셀 그리올르의 영향이 절대적이다. 모스는 현지조사를 적극적으로 옹호했지만, 그의 연구는 거의 전적으로 문헌자료를 바탕으로 했다. 이에 반해 그리올르는 현지조사에 대해 풍부한 경험과 자료를 가지고 있었다. 그리올르는 1930년대 이후 도곤Dogon에서 작업한 경험들을 바탕으로 현지조사 방법론을 구축했다, 이는 그의 사후인 1975년 『민족지 방법*Méthode de l'ethnolographie*』으로 발간되었다. 그리올르는 말리노프스키 등의 영미 인류학자들과는 다른 현지조사 방법론을 사용했다.

말리노프스키의 현지조사 방법론은 1960년대 프랑스를 포함한 거의 전 세계 인류학계의 표준이 되었다(MacDougall 2006: 232-33). 말리노프스키는 현지조사자가 보통 혼자서 현지인의 삶으로 들어가서 상대적으로 덜 관여하는 참여관찰을 실천했다. 이에 반해 그리올르는 다양한 전공 학자들이 현지조사팀을 구성하고 제한된 시간 내에 체계적으로 주어진 자료들을 최대한 수집하고, 나중에 이 자료들을 서로 비교하고 통합하여 결과를 도출하는 방식을 선호했다. 말리노프스키가 개입을 최소화하고, 원주민의 삶의 경험을 조심스럽게 관찰하는 방식을 택한 것과는 달리 그리올르는 체계적인 질문지를 토대로 한 집중적인 심문형 인터뷰를 했는데, 이는 관찰이 아니라 상황을 주도하는 방식이었다.

말리노프스키는 현지어를 이해하는 현지조사자가 현지민 사이에서 벌어지는 상호작용을 참여관찰하여 의미를 읽어내려고 했지만, 그리올르는 현지어로 대화하기보다는 이중언어를 구사하는 엘리트 정보제공자를 활용하여 정보를 얻었다. 매리 더글래스Mary Douglas는 1966년 인터뷰를 토대로 한 그리올르 식의 접근법과 영국의 아프리카 연구자들이 사용하는 약간 억제된 방식의 참여관찰을 다음과 같이 대비했다.

> 오직 약간 우회적인 접근이 우리가 추구하는 결과를 도출한다. (……) 정보제공자의 시각들을 꼼꼼하게 정하는 것은 단지 약간 통과하거나 관통할 수 있는 스크린을 세운 것이다. 우리가 추구하는 진실의 종류는 정보제공자들 자신에게 숨겨진 것을 드러내는 것이다. 따라서 우리는 행위에 반하는 진술들을 점검할 수 있는 교활함을 개발하려고 시도해야 한다(Douglas 1973: 13).

영국의 인류학자들은 직접적인 질문을 회피하고, 시선을 끌지 않으려고 노력했는데, 현지조사의 목적은 정보제공자들이 자신들의 우주적 틀 안에 담겨 있는 실천적 · 사회적 이용들을 모순과 불일치를 통해 드러내는 것이라고 했다.

루슈는 초기에 그리올르식 현지조사 방법론을 취했는데, 1950년 그리올르 팀과 상가Sanga에서 한 현지조사는 이를 잘 보여준다. 그리올르는 아침마다 팀 구성원 모두에게 그날 하루에 할 일을 배당했다. 예를 들어 그리올르와 디에테를랑은 자신이 잘 알고 지내는 정보제공자와 설문조사를 하고, 팀의 다른 연구자들은 다른 곳으로 보내졌다. 그는 전통 음악인을 초청하여 루슈와 영화 제작자 팀 앞에서 연주하도록 했으며, 이때 획득한 정보의 미비점을 보완하기 위해 루슈와 사운드맨은 인근 도곤 마을에서 일상생활을 촬영하도록 파견되었다. 저녁에 전체 팀 구성원은 도곤 정보제공자와 통역자와 함께 모임에서 수집한 정보를 교환했다. 도곤 사람들이 이런 토론을 주도했는데, 디에테를랑은 이런 토론을 토대로 일련의 새로운 가설을 만들고, 그리올르는 이를 질문지에 반영하여 다음 날 사용하게 했다. 루슈는 이런 접근법을 연속적인 대화들을 통해 진실의 근사치를 찾아가는 소크라테스의 산파술과 비슷하게 받아들였다(Stoller 1992: 204).

그리올르 식의 현지조사 방법은 루슈가 오랫동안 저술과 영화 제작을 위해 수행한 현지조사 방법과도 유사한 점이 많았다. 우선 그는 그리올르가 도곤을 40년 이상 계속하여 현지조사한 것처럼 루슈도 서아프리카 니제르의 송하이 지역을 평생 현지조사하고, 이를 기반으로 민족지영화와 글들을 발표했다. 루슈와 그리올르 그리고 디에테를랑은 해당 사회 사람들의 사고 체계를 깊이 이해하기 위해서는 20년 이상 직접 경험하는 것이 필요하다고 역설했다(Stoller 1992: 15-16).

루슈는 그리올르처럼 이중언어를 구사하는 정보제공자를 중요한 정보원으로 활용했는데, 스스로 고백하듯이 서아프리카 언어를 잘 구사하지 못했다(Stoller 1992: 18-21, 80-82). 1950년대 박사학위 논문 작성을 위해 서아프리카 지역에서 이주 문제를 연구할 때처럼 그는 통상적인 인류학 현지조사에서 공식적 질문지를 종종 사용했다(Stoller 1992: 75-79). 그리올르와 마찬가지로 루슈가 민족학 연구에서 중요하게 생각한 것은 종교적 제의 같은 집단의 '공적인 문화 수사학'인 반면, 개인적인 가내 생활이나 일상생활에 대해서는 별다른 관심을 보이지 않았다. 이 때문에 루슈의 영화 대부분은 주로 남자의 공적인 삶을 다루고 있는 반면에 여성의 가내 활동을 거의 다루지 않고 있다.

루슈는 〈어느 여름의 연대기〉를 비롯한 몇몇 영화를 제외한다면, 나머지 민족지영화 안에서 인터뷰하는 장면을 보여주지 않고 있는데, 그의 제작 방법에는 두 가지 특징적인 경향이 있다. 우선 그리올르 식의 대화 방법인데, 해답을 이끌어내기 위해 심문하는 식의 질문을 통해 사회적 배우를 자극하고 도발한다. 또 다른 방법은 루슈가 카메라를 촉매제로 이용해 사회적 배우가 자신을 드러내는 연행performance을 하도록 하고 있다(Stoller 1992: 102-03). 그리올르의 촉발적proactive 방법은 당시 영미권에서 주류였던 다이렉트 시네마 또는 관찰적 시네마의 잘 억제된 참여관찰 방법론과 대조를 이룬다. 이렇듯 현지조사 방법론에 관해 루슈와 그리올르 사이에는 유사한 점들이 많았지만, 인류학에 대한 일반적인 태도, 특히 서아프리카에서의 프랑스 식민정권에 대해서는 견해가 달랐다. 그리올르는 나치와 식민주의에 대해 우호적이었던 반면, 루슈는 극도로 혐오했다.

(2) 공유의 인류학

장 루슈의 민족지영화는 공유의 전형을 보여주는데, 민족지영화 대부분은 사회적 배우들과의 협력을 통해 제작되었다. 다큐멘터리 세계는 1960년대 들어서서 영화의 제작과정에 대해 되짚어보는 작업을 했는데, 장 루슈는 이미 1950년대에 이에 대해 주목했다. 루슈의 민족지영화는 영상을 통해 아프리카인의 유산을 일방적으로 탈취하지 않고, 오히려 이들을 고무해 자신들의 유산을 보존하는 데 참여시켰다. 루슈는 민족지영화 제작에 있어서 협력작업을 중시했는데, 이는 말 그대로 제작자와 사회적 배우가 공동 작업하는 것을 의미하는 것이 아니라 사회적 배우가 영화 구성의 주도권을 행사하는 것을 의미한다. 즉, 감독이 아니라 사회적 배우가 즉흥적인 연기를 통해 무엇을 어떻게 이야기할 것인가를 결정하는 것이다. 제작자 또는 감독은 이를 지휘하는 역할만을 하므로 이들 사이에 엄격한 권력관계가 존재하지 않는데, 이 점이 루슈의 '공유 인류학shared anthropology'의 요점이다.

루슈는 〈큰 강에서의 전투*Bataille sur le grand fleuve*〉(1951)에서 하마 사냥을 촬영하고 나서 공유의 인류학에 대한 필요성을 절감했다. 이 영화는 니제르 마을의 사냥꾼 한 명이 루슈에게 하마 사냥에 관한 영화 제작을 제안하면서 시작되었다. 루슈는 촬영을 마친 후 혼자 편집했는데, 이때 하마 사냥 장면에 니제르 지방의 사냥꾼 노래를 배경음악으로 삽입했다. 당시 서구 다큐멘터리영화는 사냥 세계의 맥락이나 분위기를 전달하기 위해 가장 드라마틱한 순간에 이런 음악을 삽입하는 것이 관행이었다.

그는 자신이 만든 영화를 나중에 현지 마을 사람들에게 보여주었는데, 마을 사람들은 그가 제작한 영화를 이전에 볼 기회가 없었다. 사람들은 이 영화를 재미있게 보았는데, 관객은 나중에 하마 사냥 장면이 잘못 만들어졌음을 지적했다. 사냥꾼들은 하마 사냥할 때 어떤 소리도 내지 않으려고 조심하는데, 물속 하마는 귀가 매우 밝아서 소리를 들으면 바로 도망가 버리기 때문이었다. 하지만 루슈는 이 장면에서 배경음악을 삽입한 것이다. 루슈는 이들의 지적을 통해 영화 제작에서 현지민의 내재적 관점이 얼마나 중요한지를 깨달았을 뿐만 아니라 지식을 갖춘 현지인이 제작 작업에 공동으로 참여해야만 이와 같은 실수를 되풀이하지 않는다는 사실도 깨닫게 되었다.

루슈는 이런 '공유 인류학'의 또 다른 장점을 발견하게 되는데, 관객 중 한 명이 사자 사냥을 제안한 것이다. "당신은 하마 사냥에 대한 영화를 만들었다. 나는 사자 사냥꾼인데, 내 구역으로 와라. 사자 사냥이 훨씬 더 좋다!"라고 말하면서 새로운 영화인 〈활로 사자 사냥*La Chasse au lion à l'arc*〉(1965)의 제작이 시작되었고, 루슈는 이때 평생 영화동업자인 다무레 지카를 만나게 되었다(Rouch 1975: 228ff.). 하마 사냥에서처럼 그의 많은 영화는 현지인인 사회적 배우들이 주도하여 영화를 즉흥적으로 만들고, 이들이 영화를 제작하는 중이나 제작이 끝난 후에 다른 아이디어를 제공하여 또 다른 영화 제작이 시작되었는데, 〈미친 주인들〉과 〈재규어〉 그리고 〈난 흑인〉이 대표적이다.

그가 공유의 인류학을 추구한 데는 또 다른 이유가 있다. 헤로도토스 이전부터 서구인은 오랫동안 '원시인'의 다름에 대해 많은 호기심을 가졌을 뿐만 아니라 이들 중 일부는 이에 매료되기도 했다. 이로부터 '예측하기 힘든 원시인' 또는 '고귀한 야만인' 등의 이미지들이 만들어졌다. 특히 아프리카에 대한 원시적이고 이국적 이미지는 19세기 말에도 계속 잔존하고 있었는데, 이들 '원시인'의 삶의 방식은 식인풍습, 폭식(暴食), 주물숭배 그리고 사교(邪教)로 특징지어졌다. 다수의 서구인은 이들의 삶의 방식을 유럽적 가치의 부재와 연결 짓기도 했는데, 이런 시각은 식민통치의 당위성을 합리화하는 역할을 했다. 또한 이런 생각은 유럽의 인종주의를 강화했을 뿐만 아니라 '원시인'의 인간성 부정으로도 이어졌다. 루슈는 자신의 영화를 통해 이런 시각을 교정하고자 했다.

〈큰 강에서의 전투〉 이후 제작된 〈미친 주인들〉과 〈재규어〉는 이들의 인간성을 복원하는 내용을 담고 있는데, 이 영화들은 타자가 타자를 찾아가는 내용과 원시인에 대한 전체주의적 담론에 대해 도발하는 내용을 담고 있다. 그는 이 영화들에서 제국주의와 식민주의가 이들의 삶에 어떤 부정적인 영향을 끼치고 있는지, 그리고 이들의 삶이 얼마나 다양하고 중층적인지를 보여주고 있다. 〈재규어〉에서 남쪽의 가나 사람들은 북쪽 사헬 지역 사람들을 '야만인'이라고 무시하고 있지만, 북쪽 사람들은 대도시에서 커다란 목재소를 운영하고 있다. 이에 반해 북쪽 사헬 사람들은 만데와 송하이 왕자의 후손이라고 자처하면서 남쪽 가나 사람을 '야만적' 노예라고 비하하고 있다. 하지만 이들은 말로는 서로를 무시하고 있지만, 아크라의 거리와 쿠마시의 시장에서 서로 사이좋게 지내고 있다. 이들 서아프리카 사람들도 서구 민족학자들처럼 낯선 곳으로 모험여행을 떠나기를 좋아하며, 이들이 여행하는 목적은 서구인과 크게 다르지 않다. 루슈는 이 영화에서 서아프리카인 사이에 존재하는 중층성과 다성성을 보여줌으로써 서구인의 인식에 깔려 있는 인종주의와 국수주의를 비판하고 있다.

루슈의 공유의 인류학은 제작자와 사회적 배우 간의 권력관계를 없애는 것에만 머물지 않는다. 루슈는 사회적 배우들과 호혜적 관계를 유지하기 위해 노력했다. 다무레 지카의 사례가 대표적인데, 다무레 자카는 〈큰 강에서의 전투〉에서 조감독이면서 사냥꾼 역할을 담당했고, 〈재규어〉에서는 람과 함께 수개월 걸리는 니제르에서 가나 해안까지 이주여행을 재연했다. 또한 그는 루슈가 제작한 가편집본을 보면서 즉흥적으로 해설을 작성하여 이를 자신의 목소리로 영화에 삽입했다. 그는 〈조금씩 조금씩〉, 〈미스터 치킨, 꼬끼오〉, 〈바바투*Babatou*〉 등에서도 같은 방식으로 영화의 해설 작업에 참가했다.

루슈는 그의 도움이 없었다면 자신만의 색을 가진 민족지영화를 제작하기 힘들었고, 국제적인 다큐멘터리 감독으로 이름을 떨치기도 어려웠을지 모른다. 루슈는 다무레 지카를 파리로 초청하여 약학대학에 다닐 수 있게 함으로써 호혜적 관계를 유지했다. 다무레는 이때 자신의 시각으로 본 파리의 모습을 〈조금씩 조금씩〉을 통해 보여줌으로써 서구인의 아프리카인에 대한 시각을 전복하기도 했다. 다무레 지카는 학업이 끝난 후 니아메이 병원에서 지역민의 보건 증진을 위해 일했을 뿐만 아니라 매주 라디오 방송국에서 의료 방송을 했다. 그는 퇴직 후에 니아메이 외곽의 고향에 건강센터를 건립했다. 그는 이런 의료 활동과 함께 거의 40여 년 동안 루슈와 민족지 연구를 공동으로 했을 뿐만 아니라 공동으로 시나리오를 쓰고, 사운드맨과 사회적 연기자로 영화 제작에도 동참했다.

강다Ganda는 〈난 흑인〉에서 주인공으로 등장하는데, 1950년대 말 아크라 시에서 부두노동자로 일하면서 루슈를 알게 되었다. 그의 꿈은 영화감독이 되는 것이었는데, 〈난 흑인〉에서 줄거리의 윤곽을 잡고, 세부적인 내용을 즉흥적으로 연출했고, 가편집본을 보면서 즉흥적으로 해설을 추가했다. 루슈와의 공동 제작 작업을 토대로 후에는 스스로 영화를 제작하여 니제르의 영화관과 문화센터에서 상영했다. 강다는 아프리카 문화가 서구 영향 때문에 사라지고 있는 현상을 안타까워했는데, 아프리카 사회의 풍요로운 정신적 · 문화적 유산을 남기기 위해 영화 제작 작업을 했다. 루슈는 강다가 감독으로 활동하는 것을 도와주었는데, 사회적 배우가 주도적으로 영화 제작에 동참하는 것을 넘어서서 자기 권능화self-empowerment를 성취할 수 있도록 도움을 주는 것이 루슈의 공유 인류학의 특징이다.

(3) 즉흥성과 촉발

1960년 〈어느 여름의 연대기〉가 상영되고 나서 시네마 베리테에 대한 영화계의 관심이 커졌다. 1963년 프랑스 라디오 텔레비전이 후원하여 시네마 베리테와 다이렉트 시네마와의 만남이 프랑스 리옹에서 이루어졌다. 이 모임에는 당시 다큐멘터리 계를 주도하던 중요한 인물들이 다수 참석했는데, 프랑스에서는 장 루슈와 에드가 모랭 그리고 마리오 뤼스폴리, 미국에서는 로버트 드류와 리키 리콕, 돈 페니베이커, 메이슬 형제 그리고 캐나다에서는 미셸 브로 등이 참석했다. 앙드레 쿠탕은 휴대 가능한 에클레 카메라Éclair camera, 슈테판 쿠젤스키는 소형 나그라Nagra 녹음기를 개발했는데, 이들도 이 모임에 참석했다. 이들의 기술적 혁신 덕분에 다큐멘터리 제작에 새로운 시대가 열릴 수 있었는데, 이 모임에서 주된 논의는 기술적인 부분보다는 인식론에 관한 것이었다.

이 모임에 참석한 장 루슈와 리콕은 일상적인 삶에 대한 피상적인 대화들 밑에 숨겨져 있는 삶의 리얼리티나 사람 안의 진실을 어떻게 포착할지에 대해 서로 다른 의견을 가지고 있었다. 이 차이는 개인적인 것이라기보다는 프랑스와 미국에서의 다큐멘터리에 대한 인식 차이의 성격이 짙었다. 루슈는 토론, 인터뷰 그리고 즉흥적인 연행을 통해 현상의 표피를 꿰뚫고 들어가 그 밑에 있는 진실에 도달할 수 있다고 생각했다. 이에 반해 드류, 페니베이커 그리고 메이슬 형제는 제작자는 '벽 위의 파리'처럼 되어야 한다고 생각했다. 미국의 다이렉트 시네마는 삶의 정상적인 흐름 속에서 자신을 방어하지 않지 않는 상태에서 드러내는 순간을 포착함으로써 진실을 드러낼 수 있다고 생각했지만, 프랑스의 시네마 베리테는 카메라를 통한 촉발을 통해 사회적 배우들이 정말로 의미 있다고 느끼고 있는 것을 드러내도록 자극하는 방법을 택한 것이다. 장 루슈의 시네마 베리테는 삶의 존재 이유raison d'être를 설명하고자 했지만, 다이렉트 시네마는 삶이 스스로 자신을 드러내도록 하는 방법을 선호했다.

루슈의 시네마 베리테는 진실을 건져내기 위해 즉흥성과 촉발이라는 방법을 사용했는데, 이는 이 모임이 있기 전부터 사용한 것이었다. 다무레 지카는 1954년 아요루Ayoru에서 스크린에 비친 자기 모습을 처음으로 보았는데, 그는 이 모습을 보고는 〈재규어〉에 대한 아이디어를 제안했다. 루슈와 다무레 지카 그리고 람은 아요루에서 출발하여 당시 노동이주자들이 많이 사는 황금해안으로 갔다가 아요루로 귀향하는 루트와 고향 사람에게 선물을 주는 내용 정도의 구성안을 짰고, 나머지 구체적인 부분은 모두 열린 상태였다(Echard & Rouch 1988: 7).

예전에 서로 모르던 이들 세 남자는 노동이주자들이 경험할 것 같은 내용을 즉흥적으로 생각해냈는데, 이들은 우선 마을 이슬람과 민속신앙 사제에게 가서 이 여행에 대해 충고를 듣고, 안전 여행을 기원하는 사제의 축원으로 시작하기로 했다. 영화는 실제로 완제르베의 주술사인 모시 바나Mossi Bana에게 가서 여행과 시나리오 구성에 대한 조언을 받는 장면으로 시작하는데, 그는 여행 중의 사고와 질병을 예방하기 위해 국경을 넘고 나서 첫 번째 사거리에서 서로 흩어져 각기 다른 길을 갈 것을 제안했다. 이 말을 듣고는 다무레, 람 그리고 일로는 루슈의 랜드로버를 타고 황금해안을 향해 떠난다.

이들은 국경 근처에서 생전 처음으로 붉은 철교를 보았는데, 다무레와 람은 카메라맨인 루슈가 이 철교를 촬영하지 않는 모습을 보고는 촬영할 것을 요구했다. 이런 즉흥성과 참여가 "왜 안 돼?" 정신의 기본을 이루고 있는데, 이 정신은 루슈의 영화 세계를 대변하는 개념이기도 하다. 이들 세 주인공은 모시의 충고대로 첫 번째 사거리에서 흩어져 각기 다른 모험을 찾아 나섰는데, 이후부터는 사제들의 충고와는 상관없이 그때그때 상황에 맞추어 자신들의 세계를 즉흥적으로 연출해야 했다. 이들 세 명은 과거의 노예 루트를 따라가면서 자신들이 의미 있고 기쁘게 생각하는 것들을 연출했는데, 루슈는 이를 영상으로 담았다. 루슈와 카메라는 이들 셋이 벌이는 행위를 포착하는 역할을 한 것이다(Echard & Rouch 1988: 8).

로이조스는 루슈의 이런 방법론을 투사적 즉흥성projective improvisation이라고 칭했는데, 이는 즉흥성과 판타지를 이용하여 사람들의 삶들을 탐구하고, 실제적인 삶 속에 담긴 그 어떤 근본적인 것을 전달하고 있다. 그는 이 방법론을 루슈가 민족지영화 제작에 있어서 이룩한 주요 혁신 중의 하나라고 평가했다(Loizos 1993: 46, 50). 루슈의 즉흥적 표현은 현대 심리 드라마나 드라마치료 같은 역할을 하는데, 사람들 안에 내재해 있는 감정, 꿈 그리고 기분을 촉발해낸다.

이런 창의성은 당시 민족지영화에서 완전히 새로운 것인데, '차가운' 관찰이나 텍스트 그리고 통계들이 보여주지 못하는 것에 접근할 수 있게 해주기 때문이다. 루슈는 〈재규어〉를 촬영할 당시 서아프리카 이주를 연구한 자신의 책을 차 백미러에 걸어두었는데, 그 안에는 수많은 통계와 숫자들로 가득했다. 하지만 당시 대부분의 민족지 저술과 마찬가지로 그 책에는 인간적인 측면이 없었다. 이에 반해 그의 민족지영화 〈재규어〉는 유쾌하며 인간적인 분위기가 넘쳐나는데, 이런 민족지영화는 루슈가 현지조사를 통해 수집한 '차가운' 정보 덕분에 가능했다(Rouch & Fulchignoni 2003).

루슈의 즉흥성과 촉발성은 지식의 복잡성을 크게 손상하지 않으면서도 일반인이 쉽게 이해할 수 있도록 해준다. 즉흥적 표현은 그의 초기 영화인 〈미친 주인들〉에서도 찾을 수 있는데, 참가자들은 접신상태에서 내면의 억압과 욕망을 드러낼 뿐만 아니라 식민세력의 행동을 모방하고 조롱함으로써 문제의 근원을 드러낸다. 하우카 컬트를 마치고 일상으로 돌아온 참가자들은 다시 평온을 되찾고 정상적인 일상생활로 복귀하는데, 이들의 '정상적인' 모습에서 식민주의의 폐해를 느끼게 한다. 참가자들에게 하우카 컬트는 일종의 심리 치료극이며, 이들은 이를 통해 자기 치료를 한 것이다. 〈난 흑인〉은 서아프리카 극빈 노동이주자의 꿈과 욕망을 보여주는데, 이는 서구인과 본질에서 다르지 않다. 주인공 로빈슨은 유명한 권투선수가 되어 유명해지고 돈을 많이 벌고 싶어 하지만, 현실은 다른 남자에게 힘들게 사귄 여자 친구를 뺏기고 얻어맞는다. 루슈는 자신의 영화 세계를 스스로 다음과 같이 이야기하고 있다.

> 민족학자이자 영화 제작자인 나에게 다큐멘터리영화와 픽션영화들 사이에 경계는 거의 없다. 이중의 예술인 시네마는 이미 사실 세계에서 상상의 세계로 전환 중이며, 타자의 사고 시스템에 대한 과학인 민족지는 하나의 개념적 세계에서 다른 세계로 가는 영원한 교차점이다. 기계체조에서 발을 헛디디고 넘어지는 것은 위험 중에서 별다른 것이 아니다(Rouch & Fulchignoni 2003: 189).

루슈는 참여자가 기꺼이 게임에 참여하여 놀이꾼이 될 경우 덧없고 포착하기 어려우며 변덕스러운 것을 포착해낼 수 있는데, 카메라는 현상의 표피를 붕괴시키거나 변형시키는 역할을 한다. 루슈의 영화 세계에는 명과 암이 모두 공존하는데, 그에게 있어서 이성과 감성, 사실과 허구 그리고 진정성과 연행 등은 서로 다른 범주가 아니다. 루슈의 영화에는 관객을 명시적으로 계몽하는 내용이 거의 없지만, 촉발의 순간을 드러내고 어둠을 관통하는 순간의 섬광을 보여주고 있다.

(4) 성찰성

에스노픽션은 개인의 은밀한 사적 영역을 담고 있으므로 성찰성은 남다른 의미가 있다. 루슈에게 있어서 성찰성은 감독과 참여자들이 성찰적 대화를 하는 것을 넘어서서 창의적 예술 실천 과정에서 형성된 담론적 맥락을 제시하는 것을 의미한다. 또한 감독과 참가자 모두 자기성찰적 태도를 가진다는 것은 제작자가 촬영된 영화를 보여주고 참가자들과 주변 사람들의 의견을 듣고 이를 반영하는 것뿐만 아니라, 사회적 배우가 영화에 대해 자유롭게 자기의 생각을 이야기할 수 있고, 이것이 영화에 반영되는 것을 의미한다. 제작과정에서도 성찰적 시각과 태도가 중요한데, 이는 제작의 전 과정을 투명하게 공개하는 것을 의미한다. 즉 이 영화가 어떤 맥락과 과정을 거쳐 제작되었는지를 알려주는 것인데, 여기에는 인물 설정과 역할 그리고 실제 인물들과의 관계 등이 포함된다. 루슈의 수많은 인터뷰와 논문 그리고 저술을 통해 자신이 제작한 영화의 담론적 맥락을 밝히고 있다.

또한 루슈의 영화에서 성찰성은 사회적 배우가 자신들의 리얼리티를 자신이 연출한 이미지 리얼리티와의 관계 속에서 토론할 수 있도록 하는데, 이는 루슈 민족지영화의 중요한 요소다. 〈난 흑인〉의 주인공 강다는 자신의 멋진 미래를 위해 프랑스 용병으로 인도차이나 전쟁에 실제로 참전했는데, 그는 베트남에서 '베트콩'과 전투를 벌이고 돌아왔다. 하지만 그가 고국으로 귀환하자 전쟁에서 패배한 실패자 대접을 받았으며, 그는 예전과 마찬가지로 다시 빈민으로 살아갈 수밖에 없었다. 강다는 이 경험을 〈난 흑인〉에서 이야기하고 있다. 하지만 강다가 연기하는 내용과 실제로 경험한 내용 사이에는 간극이 있는데, 민족지영화 연구는 이런 틈새에 관심이 있다. 그가 어떤 경험을 했으며, 그가 영화 속에서 이를 어떻게 재현하고 있는지, 그리고 이 차이가 내포하는 함의는 무엇인지를 살펴보는 것도 성찰성의 중요한 측면이다. 이런 점에서 루슈의 성찰성은 관객을 단순한 관찰자나 수용자가 아니라 적극적이고 비판적인 참여자이면서 동반자로 만들고 있다.

4
평가와 유산

1970년대 말 루슈의 영화와 글이 영어로 번역되면서 미국에서도 그의 민족지영화 세계가 알려졌다. 하지만 당시 영어 자막이 달린 그의 민족지영화는 5편 정도로 적었기 때문에 불어를 사용하지 않는 사람이 그의 영화를 이해하기는 쉽지 않았다. 또한 당시 루슈의 영화 유통을 담당하던 b-film은 주로 아프리카 영화를 다루었는데, 이 유통사의 영향력이 크지 않았다. 고다르는 1960년대 루슈를 누벨바그의 선도자로 만들었는데, 루슈는 이후 프랑스 다큐멘터리 세계에서 높이 평가되었다.

하지만 당시 그의 영화 세계를 높이 평가하는 비평가는 일부 국가에 국한되어 있었고, 많은 비평가들은 그를 알지 못했거나 싫어하기조차 했다. 루슈는 1965년 〈사자 사냥꾼들〉로 베니스영화제에서 황금사자상을 수상했지만, 정작 이 영화를 본 비평가나 영화애호가의 숫자는 적다. 또한 아직도 영화애호가들에게 다큐멘터리의 고전으로 평가받는 〈재규어〉나 〈난 흑인〉를 구하기 위해 적지 않은 노력을 해야 한다.

아프리카에 대한 '진지한' 다큐멘터리나 민족지영화는 1950~60년대에 거의 유통되지 못했는데, 아프리카 출신 영화 제작자들이 자신만의 스타일로 영화를 제작하는 것은 거의 불가능했다. 니제르의 우세니Inoussa Ousseini 감독은 아프리카 영화가 유럽의 영향으로부터 자유로워져야 하며, 자신의 언어와 구술 전통을 바탕으로 새로운 스타일을 찾아야 한다고 주장했다. 그는 루슈의 영화에 대해 "아프리카인의 시간감이나 삶의 리듬을 잘 표현하고 있는데, 이는 아프리카 동료인 다무레, 람 그리고 탈루가 즉흥적 연기를 잘했고, 촬영과 편집 그리고 사운드작업에 동참해서가 아니라, 오랜 현지경험 덕분에 루슈가 아프리카에 대한 지식과 능력을 잘 갖추고 있기 때문이다"라고 했다.

루슈는 현지인과 소규모 팀을 이루어 공동 촬영하고 공동 편집했는데, 당시 제도권 '전문가'의 눈으로 보면 이는 극히 아마추어적인 제작 방식이다. 그들의 평가 기준으로 본다면 카메라워크는 엉성했으며, 사운드는 그다지 세련되지 못했다. 고다르는 이 점을 혁신적인 것으로 받아들였는데, 루슈는 기술이나 미학과 관련하여 뛰어난 능력을 갖추고 있었지만 항상 의식적으로 아마추어식 접근을 선호했다. 그의 영화 세계는 동시대 주류 영화 세계와는 상당히 달랐고, 주변부적 위치를 점하고 있었다. 하지만 이런 거친 (신)사실주의 열풍은 영화 세계에서 유행처럼 지나가버렸고, 주류영화 세계는 다시 '전문적인' 영상규범들로 복귀했다. 이런 영상규범을 무시한 루슈의 민족지영화는 전문적인 영화와 텔레비전 세계로부터 더 밀려나게 되었다.

루슈와 마찬가지로 다이렉트 시네마 감독들도 무겁고 다루기 힘든 전문장비를 거부하고 핸드헬드 카메라로 촬영하는 것을 선호했는데, 이는 소규모 팀이 이런 방식으로 영화를 제작할 경우에만 사회적 배우들과 친밀성을 유지할 수 있고, 이들의 '깊은' 목소리를 건져낼 수 있다고 생각했기 때문이다. 루슈는 사회적 배우의 피드백을 중요하게 생각하는데, 특히 편집에서 그러했다. 사회적 배우들이 가편집본을 보고 해석과 해설을 쓰고, 이를 다시 이들의 목소리로 해설하는 방식은 종종 수년의 편집 작업이 필요하다. 이 때문에 '전문' 텔레비전 프로그램 기획자와 영화 제작자들은 이런 작업 방식을 싫어했는데, 경비는 많이 드는 반면에 제작 기간은 불확실하기 때문이다. 루슈의 제작 방식이 매우 구식이며 비효율적으로 변한 것이다. 또한 루슈의 에스노픽션 제작 방식은 사회적 배우의 은밀한 사적 영역을 다루는데, 이 영상이 방영될 경우 윤리적 문제가 발생할 소지가 많아서 루슈는 1980년대부터는 에스노픽션 방식을 거의 사용하지 않았다.

주류 영상 세계가 '아마추어적 제작 방식'이라고 비판하는 것보다 루슈를 더 힘들게 한 것은 시각과 이데올로기의 문제였다. 그는 현지인의 내재적 관점과 욕망을 그려내고 있지만, 좌파 급진주의자들이나 아프리카의 지식인들이 보기에 그의 작품은 정치적으로 무색무취였다. 루슈는 자신의 영화를 정치적 투쟁의 수단으로 활용하지 않는 사람이며, 서구 제국주의와 신식민주의에 대해 명시적으로 반대하는 입장을 취하지 않았다. 하지만 루슈는 서구에서 만들어진 이론과 사상이 아프리카인의 삶의 복잡함을 담아내기에는 잘 맞지 않기 때문에 그의 민족지영화에서 이를 사용하는 것을 거부했다. 루슈는 〈미친 주인들〉이나 〈난 흑인〉 그리고 〈조금씩 조금씩〉에서 서구 이론들을 통해 아프리카와 유럽을 바라보기도 했지만, 아프리카 국가들이 독립한 이후 그는 의식적으로 서아프리카의 오랜 전통문화를 기록하는 일에 몰두했다. 이 때문에 그는 말년에 아프리카 종교의식이나 집착하는 낡은 식민지 애호가로 간주되기도 했다.

루슈는 1980년 네덜란드 라이덴대학교에서 명예박사학위를 받기로 되어 있었는데, 네덜란드 영화 제작자인 드 용Ate De Jong은 사회주의 성향 신문 『헷 파루*Het Parool*』에 기고한 글에서 "민속학 사진이나 찍는 루슈가 정치적 영웅이며 영화 제작자인 요리스 이벤스의 그림자 옆에 서는 것이 허용되어서는 안 된다"고 비판했다. 어쩌면 이 말은 루슈가 자신의 삶에서 들은 가장 심한 비난일지도 모른다.

같은 해 네덜란드 누르트비크에서 열린 세미나에서 루슈는 자신의 정체성이 우파인지 아니면 좌파인지 밝힐 것을 요구받았다. 네덜란드에서 1980년은 좌절한 68혁명의 추종자들이 서슬이 시퍼렇게 이념논쟁을 벌이던 시기였다. 이 비판을 극복하기 위해 라이덴대학교는 요리스 이벤스의 영화를 제작한다는 조건으로 루슈에게 명예박사학위를 수여했다. 라이덴대학교의 문화인류학연구소는 〈시네마피아*Cinemafia*〉를 제작했는데, 이 영화는 방송국에서 방영되지 못했다. 이벤스도 생전에 정치적 기회주의자, 스탈린주의와 모택동주의 협력자로 비난을 받았지만, 후에 정치적으로 복권되었다.

1987년 니제르의 독재자 쿤체Kountché가 사망하자, 수도에서는 다음 해에 대규모 루슈 회고전이 열렸다. 이때 니제르인 대부분은 니제르 문화유산을 보존한 사람으로 그를 재평가했는데, 그가 영상으로 남긴 접신 의식과 전통무기를 이용한 하마와 사자 사냥 등을 이제는 더 이상 볼 수 없었기 때문이다. 프랑스 식민지 시대처럼 니제르 독립 이후에도 정치적으로 비판적인 목소리를 냈다면 루슈가 아마도 니제르 독재정부 아래에서 그 어떤 영화작업도 할 수 없었을 것이다.

루슈의 영화 세계 후반기에 제작된 〈마담 물〉은 독립국이 된 니제르와 서구 국가들 사이의 새로운 관계를 다루고 있다. 그는 이 영화에서 아프리카 신흥국가들이 서유럽의 원조로 교량과 다리를 건설하고, 미국과 유럽의 최신기술을 경쟁적으로 도입하는 데 재정의 상당 부분을 낭비하는 것을 비판했다. 아프리카인은 자신의 풍부한 문화유산과 경제적 상황 등을 충분히 고려하지 않으며, 서구식 물질주의와 기술적 진보에 대한 환상에 젖어 있다고 비판했다.

그는 아프리카에서 벌어지는 개발 프로젝트를 "독 묻은 선물들poisoned gifts"이라고 불렀는데, 비록 무상지원 형태로 제공되고 있지만 현지의 누구도 이를 유지 관리할 능력이 거의 없다. 또한 이를 유지 관리하기 위해 아프리카사회가 기술을 가진 서구사회에 다시 종속되어야만 했다. 많은 외국 원조는 제국주의를 찬미하고 있고, 이상적 박애주의자들은 아프리카인의 삶과 문화에 관심이 거의 없으며, 단지 이들을 경제적 약자로 불쌍하게 여기고 있을 따름이다. 하지만 루슈는 아프리카 수공업 전통과 삶의 예술은 종종 유럽 복지국가들보다 더 우월하며, 서구인은 이로부터 배울 점이 많다고 생각했다.

루슈는 〈마담 물〉에서 이제는 과거의 유물로 간주하던 풍력에너지를 저개발국가인 니제르에 어떻게 적용할 수 있는지를 탐구했다. 이 영화가 제작될 당시 니제르는 유례없는 가뭄과 기근에 시달렸다. 다무레 지카와 람 그리고 루슈는 새로운 적정기술을 도입하여 니제르 문제를 해결하려고 했는데, 네덜란드의 풍차기술이 주목의 대상이 되었다. 이들은 영화 속에서 풍차의 작동과 운영원리들을 유쾌하고 즉흥적인 방식으로 탐구하고 있는데, 네덜란드에서 풍력기술은 태양광에 밀려 이미 구식 기술이 되어버렸다. 하지만 니제르 현지인은 자신의 기술과 물질로 값싸게 태양광 설비를 수리하는 것이 불가능하지만 풍력기술은 달랐다. 풍차가 니제르에서는 적정 기술이었던 것이다.

네덜란드 당국은 심의 끝에 니제르 지역에서의 풍차 테스트 프로젝트 지원을 거부했다. 이 영화는 서구 원조의 어두운 면만을 담고 있는 것이 아니라, 서구인이 이제는 제3세계에서의 문제를 값싸고 단순하게 해결할 방안을 찾을 수 있도록 도와주어야 한다는 호소를 담고 있다. 이 영화는 BBC를 통해 방영될 예정이었는데, BBC는 영상물의 품질을 담보하기 위해 네덜란드 제작팀이 네덜란드와 니제르에서의 현지촬영을 담당할 것을 요구했다. 하지만 루슈는 이 요구에 반대했는데, 적어도 니제르 현지촬영만큼은 니제르 사람들이 담당해야 한다고 주장했다. 니제르에는 이미 루슈가 양성한 영상물 제작인력이 있었다.

서구 제작팀은 이들의 능력에 대해 반신반의했지만, 루슈의 제안에 동의했다. 이들 현지 제작자는 현지사정에 밝고 언어를 구사할 수 있었기 때문에 더 심층적인 영상물이 제작할 수 있었다. 루슈의 공유의 인류학이 주류 텔레비전에서도 관철된 것이다. 루슈의 오랜 민족지영화 제작 역사에서 다양한 방식으로 다루어진 주제와 제작 방식들을 종합하는 성격의 영화가 〈마담 물〉이다. 루슈는 아프리카인과 문화에 대해 무한한 애정을 가졌으며 이들의 전통을 영상으로 기록했지만, 그는 종종 서구인과 아프리카인 사이에서 낀 존재로 취급받았는데, 이 영화는 그 이유를 간접적으로나마 보여주고 있다.

5
나가며

장 루슈가 인류학과 민족지영화에 끼친 가장 큰 공헌은 민족지와 민족지영화의 한계는 상상의 한계라는 사실을 보여준 것이다. 당시 그 어떤 인류학자들보다도 루슈는 연구대상이었던 사람들의 삶 속으로 뛰어 들어가서 이들의 참여와 협동을 이끌어냈다. 카메라를 진실을 촉발하는 수단으로 사용하여 당시 주류 인류학자들이 선호하던 방식으로는 건져낼 수 없는 진실을 드러냈다. 이에 따라 그의 꿈은 영화가 되었으며, 영화는 다시 꿈이 되었다. 그는 시와 학문의 융합을 통해 자신의 민족지영화 제작 방법을 꾸준히 혁신했는데, 이는 이전의 그 어떤 시도도 완벽하지 않았기 때문이다. 루슈는 60년 동안의 민족지영화 제작에서 종종 서구와 아프리카 사이에서 낀 존재로 살았는데, 이 덕분에 창의적 비전을 개발하고, 공유의 인류학을 실행할 수 있기도 했다. 루슈는 (영상)인류학의 재현과 이론 사이에서 진퇴양난에 처한 사람들에게 문제의 근원적인 해결책을 제시하지는 못했지만, 그의 다양한 시도는 또 다른 민족지영화 제작의 밑거름이 되었다.

루슈는 프랑스와 영국이 서아프리카를 식민통치할 때 그리고 프랑스에서 68운동이 태동할 때 서구 식민주의와 제국주의 정책에 반대하면서 현지인의 권익을 옹호하는 민족지영화를 제작했는데, 서아프리카인을 이상화하지 않고, 서구인과 동등한 인간으로 승격시켰다. 아프리카 국가들이 독립하고 정치적 혼란을 겪을 때 그는 정치적 문제를 떠나 '전통적인' 프랑스식 민족지영화작업을 했는데, 자신이 애정을 품고 있으며, 일종의 소명의식을 느끼는 이 지역에서 계속 의미 있는 민족지영화 작업을 하기 위해 선택한 전략이었다.

이제 루슈의 에스노픽션이나 시네마 베리테 형식만으로 영화를 만드는 사람들은 적은데, 이는 다이렉트 시네마의 경우도 마찬가지다. 하지만 이 둘이 결합한 스타일의 다큐멘터리영화를 영화제나 서구 텔레비전 프로그램에서 발견하는 것은 그리 어렵지 않다. 시네마 베리테와 다이렉트 시네마는 이전과는 다른 방식으로 자신의 존재를 이어가고 있다. 그의 영화 세계는 아직 한국에 제대로 소개되지 않고 있는데, 이는 영화를 접하기도 힘들고 언어적 문제 때문일 것이다. 하지만 루슈의 영화 세계는 다양성이 부족한 한국 영화 세계에 확실히 새로운 자극제가 될 것이다.

VII

전통문화의 재구성과 구원: 아센 발릭치

이 글은 다음 논문을 수정하여 게재한 것임. 조관연. 「《네찌릭 에스키모 영화시리즈》에서의 전통 지역문화 재구성 방법론과 사회적 수용」. 『역사문화연구』, 54, 역사문화연구소, 213-254. 2015.

I
들어가며

서구에서 매코스MACOS는 인류학뿐만 아니라 교육용 영상물 제작에도 중요한 의미가 있다. 1960년대까지 인류학은 이국적인 풍습과 관습을 다루는 변방의 학문으로 간주되었지만, 진보적인 초등 교육프로그램인 매코스를 통해 미국 주류 세계의 본격적인 관심을 받기 시작했다. 아센 발릭치Asen Balikci(1929~)를 위시한 인류학자들은 매코스에서 《네찌릭 에스키모 영화시리즈*Netsilik Eskimo Film Series*(이하 《네찌릭 시리즈》)》의 제작과 교육을 주도했는데, 이들은 이로부터 민족지영화 제작과 인류학 교육에 관한 실제적 경험을 쌓고 방법론과 시각 그리고 사회적 수용에 대해 재사유할 소중한 기회를 가질 수 있었다. 불가리아계 터키인으로 미국 컬럼비아대학교에서 인류학을 수학하고 캐나다 몬트리올대학교 인류학과에 재직 중이었던 발릭치에게 매코스의 경험은 양가적이다. 그는 이 교육프로그램을 통해 국제적으로 유명해졌지만, 또 다른 한편으로는 미국의 정치 · 사회 분위기에 환멸을 느끼고 '전문적인 이방인'이 되었다. 인류학이 초등교육 프로그램에 포함됨으로써 일부 인류학자들은 교육 방법론과 학제 간 연구 그리고 영상물 제작 방법론을 새로운 차원에서 사유하는 계기를 갖게 되었다.

1960년대 하버드대학교의 제롬 브루너Jerome Brunner 교수는 '발견학습Discovery Learning'을 제시하면서 세계적인 인지심리교육학자로 발돋움했는데, 그의 진보적인 교육 패러다임은 매코스 프로그램을 통해 구현되었다(Bruner 1961). 그의 발견학습 이론은 당시 인류학에서 유행하던 구제 인류학Salvage Anthropology과 결합하면서 민족지영화 제작에 새로운 전기를 마련했다. 발릭치는《네찌릭 시리즈》에서 캐나다 페리만 지역에 사는 네찌릭 에스키모의 전통문화를 영상으로 담았는데, 이는 미국 초등학교 5학년 학생들의 사회과학 교과과정으로 사용하기 위해서였다. 이 영상물은 교육프로그램의 한 부분으로 이용되면서 좋은 평가를 받았지만, 일부 보수적인 정치인과 기독교인의 집요한 비난을 받았다.

하지만 그가 제작한《네찌릭 시리즈》는 이후 캐나다와 유럽의 주요 방송국에서 300여 차례 이상 방영되었을 뿐만 아니라 지금도 박물관이나 학교 현장에서 고등교육용 콘텐츠로 활용되고 있다. 기존 상업방송국과는 다른 그의 영화 제작 방법론은 50여 년이 지난 현재에도 수많은 사유거리와 상상력을 제공하고 있다. 한국 영상 관련 학계는 기록과 교육영상물 제작과 관련된 이론이나 방법론을 아직 충분히 축적하지 못하고 있음에도 불구하고 정부와 지자체 그리고 학술연구기관 등에서의 이에 대한 사회적 수요는 많다. 그의 영화 세계를 재조명하는 것은 영상을 통한 전통과 문화의 기록 측면에서 의미가 있다.

2
매코스(MACOS) 교육프로그램과 철학

소련이 1957년 인류의 첫 번째 위성인 스푸트니크를 성공적으로 쏘아 올리자 많은 미국인은 거의 정신적 공황상태에 빠졌다. 당시 미국 행정가들은 최고의 과학자들이 양성되지 못한 이유를 과학 교육 시스템의 후진성에서 찾았다. 미국 의회는 교육개혁을 위해 긴급 예산을 편성하고 새로운 과학 교과과정 개발을 추진했다. 주요 개혁 대상은 기존 교과서와 이를 이용한 주입식 교육이었는데, 새로운 형식의 교과서와 보조자료 그리고 학습자의 적극적인 참여와 발견이 그 대안으로 떠올랐다. 그 결과 1950년대 말 수학, 화학, 생물학, 물리학 교육과정이 새로 만들어졌고, 이 교육과정이 학교 현장에서 큰 호응을 얻자 사회과학 교과과정 개발로 확대되었다(Dow 1991).

미국 국립과학재단의 경제적 지원 아래 교육개발센터Educational Development Center는 1962년 초등학교 5학년 학생용 사회과목 교과과정 개발에 착수했고, 이로부터 매코스가 탄생했다. 이 교육과정은 인간이 가장 단순한 생명체에서 어떻게 진화해왔으며, 다른 생명체들과 어떤 차이점이 있는지를 탐구하는 내용이다. 매코스 개발에는 생물학자, 영장류 동물학자 그리고 인류학자들이 참여했는데, 인류학자들은 이 교육과정의 마지막 장인 인간 부분을 담당했다. 매코스 프로젝트의 총책임자인 브루너 교수는 초등학생에게 다양한 지식을 주입하는 대신에 하나의 사례를 선택하여 스스로 완전하게 이해하고, 더 나아가 다른 사회들과 비교하여 이해하는 능력을 배양하는 것이 새로운 교육과정의 중심이 되어야 한다고 생각했다.

브루너의 교육 이론에 의하면, 초등학교 5학년 학생은 시각을 통한 인식작용이 발전하는 단계이기 때문에 영상물을 이용하여 이들의 시각인지 능력을 최대한 계발하도록 도와주는 것이 필요했다. 이전의 교육프로그램에서 영상물은 문자텍스트를 예시하거나 보충하는 자료로서만 사용됐지만, 매코스에서는 영상물이 주교재로, 문자 텍스트는 보조 자료로 그 역할이 뒤바뀌었다. 매코스 프로그램은 영상물의 지위를 격상시켰을 뿐만 아니라 새로운 교육 철학에 부합하는 영상물 제작 방법에 대한 논의를 촉발했다.

새로운 영상 교과서인 《네찌릭 시리즈》는 인류학자들이 현지조사에서 경험하는 것을 학생들도 교실에서 똑같이 경험할 수 있도록 구성되었다. 이 영상물은 네찌릭 사회의 다양한 모습을 원자료를 통해 보여주려고 했는데, 이는 현장의 인류학자처럼 학생들도 스스로 사회 구조와 의미 그리고 추상적인 원칙 등을 발견하고 구조화할 뿐만 아니라 이를 다른 사회에도 적용할 수 있는 능력을 배양할 수 있도록 하기 위해서다.

> 효과적인 학습은 주제의 구조를 직접 파악하는 것이며, 또한 종종 자료가 혼란스럽고 명료하지 않은 상황에서 학습자가 앞에 있는 자료에 자기 스스로 질서를 부여할 때 학습이 가장 효과적일 수 있다. 예를 들어, 아이들이 에스키모인의 순록 사냥에 대해 논리적으로 설명이 잘된 교과서를 접하는 것

> 보다 이에 관한 정보가 혼란스럽게 배열된 것을 접했을 때 아이들은 혼란스런 데이터들로부터 자기 스스로 의미를 파악하여 어떻게 사냥이 진행되는지를 더 잘 기억할 수 있다. 질서가 존재한다고 가정하면, 아이는 질서를 스스로 더 잘 발견한다(Dow 1979: 142) .

해당 주제에 정통한 전문가만이 브루너의 발견학습 교육철학에 맞도록 영상물을 새롭게 구성할 수 있었다. 발견학습 철학을 공유하면서도 에스키모 문화에 정통한 사람이 필요했는데, 발릭치가 이에 적임자였고, 그는《네찌릭 시리즈》의 구체적인 주제 선정과 구성을 총괄하는 역할을 담당했다.

3
《네찌릭 시리즈》의 제작과 내용

1) 구성 방향과 철학

발릭치는 불가리아 출신이지만 터키의 이스탄불에서 어린 시절을 보냈는데, 이 기간에 그는 전쟁의 참상과 종족 갈등을 경험했다. 이때 그는 문화 간의 평화공존과 전통문화의 중요성을 절감했다. 발릭치는 스위스 로잔대학교에서 경제학을 공부한 후 캐나다 몬트리올박물관에서 에스키모인의 유물을 정리하는 일을 했다. 이때 그는 혼자서 여러 차례 에스키모인이 사는 지역들을 방문하여 이들에 대한 자료를 수집했다. 그는 1957년 그레이트훼일 강Great Whale River 주변에 살고 있는 에스키모를 필두로 그 다음 해에는 포붕니툭Povungnituk 에스키모, 그리고 1959~65년에는 페리 만의 네찌릭 에스키모를 현지조사 했다. 그의 민족지는 이들 현지조사에서 획득한 자료들을 바탕으로 기술되었다(Balikci 1989b). 그가 현지조사를 할 당시 네찌릭 에스키모의 숫자는 100명 정도였는데, 이들은 한창 문화 접변을 겪고 있었다. 이들은 서구의 총과 도구들을 사용했으며, 서구식 옷과 음식을 먹었다. 또한 이들 중 상당수는 이글루 대신에 서구식 집에서 살고 있었다. 하지만 발릭치는 자신의 민족지에 네찌릭의 전통문화를 주로 기술하고 있다.

> 네찌릭은 작살을 가지고 주로 바다표범을 사냥했다. 이들은 강가와 좁은 호수에서 카약을 타고 가벼운 창으로 카리부를 사냥했다. 이들은 화살과 큰 창으로 사향소와 곰을 잡기도 했다. 이들은 거칠게 만든 창으로 바다 송어를 사냥했다. 겨울의 매서운 추위로부터 자신을 보호하기 위해 네찌릭은 동물 가죽으로 옷을 만들어 입었으며, 동석 램프로 데운 집에서 살았다. 여행을 위해 이들은 몇 개의 작은 썰매를 가지고 있었는데, 나무와 바다표범 가죽으로 만들었고, 2~3마리 개가 이것을 끌었다. 이들의 사회적 조직은 비교적 단순했다. 이들은 일반적으로 일부일처제를 고수했으며, 양계 가족제도를 가지고 있었고, 친척 네트워크가 있었다. 씨족이나 부족집단은 없었으며, 공식적인 족장이나 기구도 없었다. 이들은 작은 집단을 이루어 이곳저곳을 이동하면서 사냥을 하고 있다(Balikci 1989b: xv).

발릭치는 민족지 작성과 《네찌릭 시리즈》 제작에서 라스무센이 작성한 탐사보고서를 중요하게 참조했다. 덴마크 5차 툴레Thule 탐험대 대장인 크누트 라스무센은 네찌릭에서 8개월 동안 지내면서 이들의 문화를 기록으로 남겼다(Rasmussen 1931). 그가 네찌릭을 방문했을 때 이들의 숫자는 전체가 259명이었고, 아직 서구문화의 유입이 극히 제한적이었다.

발릭치는 몬트리올박물관에 재직하면서 컬럼비아대학교 인류학과에서 수학했는데, 그의 주된 관심사는 문화생태학과 문화유물론이었다. 지도교수는 마거릿 미드였는데, 그녀는 매코스가 기획되자 발릭치를 인류학 책임자로 추천했고, 박사학위를 끝마친 그는 1962년 《네찌릭 시리즈》 제작책임자로 임명되었다.

《네찌릭 시리즈》의 제작 내용과 형식을 논의하기 위한 전문가들의 첫 번째 모임이 1962년 11월에 열렸는데, 여기서 중요한 세 가지 사항이 결정되었다. 첫째로 네찌릭의 전통문화를 영상으로 담기 위해서는 체계적인 복원이 필요하다. 둘째로 영상물은 초등학생들이 자막, 영어해설 또는 더빙 없이도 이해할 수 있도록 구성되어야 하며, 학생들이 사건이나 행위를 쉽고 직관적으로 이해할 수 있도록 최대한 '단순하게' 보여주어야 한다. 또한 영상물은 문화상대주의 시각에서 구성되어야 하는데, 이는 극지방에서 단순한 형태의 삶을 살아가는 에스키모인도 보스턴 양키스와 동등한 인간이라는 사실을 영상물에 담아야 한다는 것이었다. 발릭치는 컬럼비아대학교에서 수학하는 동안 마거릿 미드로부터 영상물 제작과 활용 방법에 대해 배웠는데, 미드의 영상제작 지침은 다음과 같다(Balikci 1989b: 250-251).

① (현장 인류학자의 정의처럼) 인류학적 영화 콘텐츠에서 영상민족학은 일차적 중요성이 있다. 형식과 관련된 순수한 영화적 고려는 부차적이다.

② 민족지학-영화 제작자가 세팅에 대해 심하게 간섭하는 것과 모든 시나리오와 시나리오화하려는 노력은 배제되어야 한다.

③ 우리는 정상적인 사회적 거리에서 가급적 처음부터 끝까지 실시간으로 전체 모습과 전체 행위들(상호작용 사건들)을 촬영해야 한다. 원래의 시공간 관계들을 간직하고 있는 자료들만이 새로운 가설들을 위한 실질적인 무궁무진한 원천이다.

④ 현장 인류학자는 촬영하는 동안 기록하는 모든 사건의 세팅에 대해 주목해야 한다. 그는 모든 주요 등장인물을 방해하지 않으면서 이들의 행동들을 식별해야 한다. 이는 문자 형식의 영화를 의미하는데, 이 영화는 매우 중요한 기록으로서 추후 인류학적 분석들을 위해 사용될

수 있다.

⑤ 영상 민족지에서 맥락은 매우 중요한데, 맥락은 영상적 · 언어적 그리고 문자적일 수 있다. 촬영자는 카메라로 기록하는 가장 중요한 시각적 요소들을 서로 관련지어야 하며, 이들을 맥락 속에서 위치시키려고 노력해야 한다.

⑥ 인류학자들은 우선권을 총체성에 대한 야망에 두어야 한다. 영상인류학의 기본적인 목표 중의 하나는 문화를 전체적으로 분석하고 보여주는 것이 되어야 한다. 이때 카메라가 매우 중요한데, 왜냐하면 카메라는 대량의 민족지 데이터를 빠르게 기록할 수 있기 때문이다. 현지 조사자의 가장 중요한 임무는 가능한 한 전체적으로 많이 포착하는 것이다. 인류학자는 문자 텍스트의 선형적 구조와 대비되게 이미지의 종합적 능력을 이용해야 한다. 이때 두 가지 총체적 방법론이 고려 대상이 될 수 있다. 첫 번째는 주어진 문화의 상이한 측면들로부터 문화적 특성들을 수집하는 것이다. 두 번째는 스튜어드의 개념으로 '문화적 핵심cultural core'인 문화의 특정 핵심적 요소들에 우선권을 부여하고, 이들 주변에 부차적인 요소들을 위치시키려고 노력하는 것이다.

⑦ 프로젝트를 담당하는 인류학자는 영화 제작의 모든 단계에 적극적으로 참여해야 한다. 현지조사, 개념화, 촬영, 편집 등.

⑧ 민족지영화의 축이 되는 사건들과 주요 주제는 경험을 통해 수립된 인류학적 개념과 연관지어야 한다. 더 나아가 민족지영화는 항상 출간된 민족지와 함께 존재해야 한다. 이럴 경우 민족지영화는 대학교 강의에서 가치 있는 교육 보조자료가 될 수 있다.

미드는 현지조사, 총체적 접근, 맥락화, 문화적 특성 등과 같은 인류학의 중요한 방법론과 개념을 영상물 제작 지침에서 강조하고 있다. 이 같은 학술적이고 체계적인 접근은 당시 다큐멘터리 제작과는 다른 점이었지만, 매코스 팀이 교육용 영상물을 제작하는 데 필요한 내용과 시각이었다. 발릭치는 미드의 지침 대부분을 대폭 수용하여 《네찌릭 시리즈》를 제작했다. 하지만 그는 이 제작 지침 중에서 일부는 포기해야 했는데, 미드는 학술 연구자나 인류학 전공 대학생을 위한 교육용 영상물 제작을 염두에 두고 제작 지침을 만든 데 반해 《네찌릭 시리즈》는 초등학생용 교육자료로 이 학생들은 문화에 대한 지식이 거의 없고 그 수준도 균질하지 않았기 때문이다.

네찌릭 사회는 북극 지역에서 수렵과 어로로 생계를 영위하는 약 100명의 인구로 구성된 집단이었다. 발릭치는 산업화된 미국과는 달리 네찌릭 사람들의 삶에서 환경과 기후의 역할은 매우 중요하며, 당시 많은 지리학자가 주장하는 것과는 달리 생태의 영향이 단선적이라고 생각하지 않았다. 그는 네찌릭 문화는 생태적 적응 과정에서 만들어진 창조적 성과물이고, 이는 발견학습식 교육소재로 매우 적합하다고 생각했다. 그는 초등학생들도 잘 구성된 네찌릭 영상물을 접한다면 이 점을 쉽게 이해할 수 있다고 생각했다(Balikci 1988: 41-42).

발릭치는 학생들이 영화 속의 내용을 치밀하게 관찰함으로써 네찌릭 문화의 구조와 의미를 스스로 발견할 수 있도록 영화를 구성했다. 그는 물질문화를 중심으로 영상물을 구성했는데, 이는 네찌릭 삶에 있어서 물질문화가 특히 중요할 뿐만 아니라 문화에 대한 사전지식이 없는 초등학생도 어로 활동, 사냥, 이글루 건축 등과 같은 물질문화를 쉽게 이해할 수 있다고 생각했기 때문이다. 이외에도 영화 속에서는 바느질, 요리하기, 아이들의 역할과 놀이, 식습관 등과 같은 활동도 부차적이지만 다루어졌다. 하지만 초등학생에게 물질문화만을 중점적으로 가르칠 경우 문화의 다양한 측면을 보지 못하는 결과를 낳을 수 있다는 점을 고려하여 물질문화와 함께 호혜성, 사회적 차원에서의 협동 같은 사회적 활동이나 정신적 측면도 영상 안에 포함시켰다. 그는 이를 통해 물질문화와 정신적 활동이 서로 독립적으로 존재하지 않는다는 점을 알려주고자 했다. 사회적 활동이나 정신적 측면과 같이 추상적인 영역은 영상으로 표현하는 데 한계가 있어서 발릭치는 문자 텍스트인 보조자료를 통해 사회와 환경 그리고 문화의 상관관계를 이해할 수 있도록 했다(Balikci 1975: 181–192).

발릭치는 문화생태학적 시각에서 네찌릭의 물질문화를 구성하고, 이를 '발견학습'의 취지에 맞도록 전달하기 위해 해설이나 자막을 사용하지 않았는데, 이는 인류학자가 현장에서 문화적 현상을 보면서 느끼는 경험이기도 했다. 당시 대부분의 교육용 영상물은 해설이나 자막을 통해 영화 속 장면의 의미나 맥락을 친절하게 소개하는 것이 일반적이었는데, 《네찌릭 시리즈》는 이와 같은 관습을 과감하게 파괴한 것이다. 학생들이 해설이나 자막이 없는 영화를 보고 그 안에서 의미와 체계를 발견하기 위해서는 촬영 방식도 바뀌어야 했다. 영화는 학생들이 충분한 여유를 갖고 물질문화나 사회적 삶의 모습을 분석할 수 있도록 편집되었는데, 이 때문에 《네찌릭 시리즈》에서는 롱테이크 장면이 많이 등장한다(Balikci 1989a: 3-10).

2) 현지조사와 촬영

《네찌릭 시리즈》 제작은 1963년 여름부터 시작하여 1965년 봄까지 총 13개월 동안 진행되었는데, 발릭치는 이 기간에 네찌릭을 떠나지 않고 상주하면서 현지조사를 했다. 《네찌릭 시리즈》의 촬영은 내셔널지오그래픽이나 캐나다 국립영화국에서 활동 중인 다큐멘터리 촬영감독들이 담당했는데, 카메라맨들이 혹독한 추위를 견디지 못하고 포기하는 바람에 로버트 영과 켄 포스트가 대부분의 촬영을 담당했다. 영화 제작팀 구성원들은 역할을 확실히 분담했는데, 인류학자인 발릭치는 영화의 내용을 책임지고, 카메라맨은 촬영 형식과 스타일 그리고 구성 등을 담당했다(Balikci 1989a: 5).

발릭치는 미드의 제작지침에 따라 사전에 가이드라인 성격의 전체 계획이나 개요 또는 촬영대본을 만들지 않았으며, 원하는 특정 장면을 촬영하기 위해 사회적 배우에게 연출을 부탁하지도 않았다(https:// www. repository.cam.ac.uk/handle/1810/1467). 발견학습에 적합한 영상물 촬영 방법을 도출하기 위해 제작팀은 두 달 동안 회의를 했고, 진통 끝에 새로운 제작지침을 마련했다. 새로운 지침의 중요한 내용으로는 카메라맨을 포함한 제작팀은 촬영 환경에 관여하지 않고, 등장인물에게 특정 장면이나 행위를 요구하지 않으며, 사람들의 상호작용을 기록하는 데 있어서 사건이나 행위의 흐름을 방해해서는 안 되고, 등장인물의 원래 시공간적 배치를 유지하는 것 등이 있다.

발릭치는 촬영을 위해 자신의 원칙대로 전체적인 개요나 촬영대본을 만들지 않았지만, 느슨한 형태의 기획안은 작성했다. 발릭치는 촬영지인 각 캠프에 도착하면 영화 예비 계획서를 글로 작성했는데, 우선 핵심적인 생계활동을 기술하고 그다음으로 가족생활, 여성과 노인의 역할, 아이들의 놀이 그리고 노동 등의 순으로 그 내용을 확대해나갔다. 당시 대부분 영상인류학자처럼 발릭치도 민족지나 교육용 영화 구성에서 내러티브나 미학적 부분에 대해서는 별다른 관심이 없었기 때문에 인위적인 스토리라인을 사용하지 않았다. 모든 영화들의 내러티브는 가능한 한 시간적 순서에 따라 구성되었으며, 편집도 이런 순서를 지켰다(Hockings 2001~2002: 71-73).

발릭치는 현장에서 일어나는 일을 정확하고 자세하게 영상으로 기록하고 관객은 이 영화를 보고 스스로 의미를 발견해나가는 방법을 취했다. 물개를 사냥하는 장면에서 매코스 팀의 특징적인 촬영 방법을 잘 볼 수 있다. 한 남자가 개 두 마리를 데리고 눈길을 걸어가다가 갑자기 멈추어 서서 한 지점을 응시한다. 그는 그 지점으로 가서 창으로 이곳저곳을 찔러보는데, 갑자기 창이 깊게 들어가고 거기에 작은 구멍이 있다. 그는 개를 구멍에서 멀리 떨어진 곳으로 이동시킨다. 그리고 구멍으로 다시 돌아와서 가방에서 도구를 꺼내 구멍을 깊고 넓게 파기 시작한다. 가죽으로 만든 낚싯줄과 순록 뿔로 만든 바늘을 구멍으로 밀어 넣고는 순록 뿔로 만든 낚시찌를 2cm 정도 되는 작은 구멍 위에 올려놓는다. 그러고는 창과 막대를 연결하고 허리를 숙여서 구멍을 보면서 기다린다. 한참 동안 아무 일도 일어나지 않는다.

그는 노래를 부르기 시작한다. 그러다가 그가 갑자기 창을 들고 힘차게 구멍을 향해 내리치자 구멍 주변 눈이 피로 물든다. 그는 빠르게 구멍을 넓게 파고는 물속으로부터 무엇인가를 끌어내기 위해 힘을 쓴다. 개 두 마리가 이 남자에게로 다가와서는 호기심에 찬 눈으로 이 모습을 바라보는데, 피로 물든 약 30㎝ 정도 되는 구멍에서 물개가 끌려 나온다. 물개로 인해 주변 눈밭은 피로 물든다. 촬영팀은 이 장면을 주인공의 시선뿐만 아니라 다양한 각도에서 촬영하고 있으며, 생생한 현장음은 당시의 환경과 분위기를 잘 전달하고 있다. 학생들은 이 장면에서 다양한 사냥기술과 방법뿐만 아니라 개들과의 상호관계 그리고 음악의 역할 등에 대해 다양한 의미를 찾을 수 있다.

당시 인류학에는 기술, 경제, 사회조직, 법, 종교 등과 같은 인류학의 표준적 범주가 있었고, 거의 모든 민족지영화 제작자는 이들 중 특정한 범주를 선택하여 제작했다. 발릭치는 《네찌릭 시리즈》 제작을 하면서 이런 표준적 범주를 지키지 않았는데, 그는 학생들이 영화를 통해 인류학자들이 현지조사를 하는 과정과 느낌뿐만 아니라 지식을 획득해나가는 과정을 생생하게 경험하길 원했다. 발릭치는 인류학자들과 같이 학생들도 교실에서 영화를 보고 현장의 인류학자의 지식 구성과정을 동일하게 경험하길 원하여 이런 식으로 구성했는데, 이는 브루너의 교육철학을 반영한 결과다.

> …… 학생은 등장인물들과 공감하고, 이들의 민족지적 관심은 낯선 문화의 시각화와 영화의 모호한 순간들에 의해 일깨워진다. 그리고 (학생들은-역주) 교사의 도움과 책을 읽어나가면서 상이한 데이터들의 범주들 사이에 존재하는 관계들을 인지하고, 이를 적응, 환경적 압력, 탄력성 같은 일반적인 인류학 개념을 통해 탐구한다. 민족지영화를 시청하는 것은 실제적인 현지조사를 대체하는 역할을 하는데, 관객은 실제로 그곳에 있다는 느낌으로 사람들을 관찰하고 발견한다. 시각 민족지는 전 세계적인 문화적 패턴들을 인지하게 하고, (학생들은-역주) 활자화된 자료들의 도움을 통해 더 심층적으로 분석하게 된다. 민족지영화는 이국적인 형식을 탈신화화하며, 관객이 낯선 이국적인 문화를 내부로부터 인식하고, 활자화된 텍스트의 도움을 받아서 자신들의 용어로 (말하자면) 해독하게 해준다(Balikci 1988: 41-42).

발릭치에게 있어서 《네찌릭 시리즈》는 낯선 에스키모 문화를 생생하게 경험하고 이해하게 해주는 수단만은 아니었다. 학생 자신이 이해한 낯선 에스키모 문화를 자신의 문화와 비교함으로써 학생들이 문화적 패턴들에 대해 알게 하고, 이국적인 생각을 탈신화화하여 자민족중심주의를 해체하는 것이 이 교과과정의 궁극적인 목적이었다.

주로 수렵과 어로로 생계를 유지하는 네찌릭은 계절별로 각기 다른 지역으로 이동했는데, 각 지역에는 특정한 사냥 활동의 근거지가 되는 캠프들이 있었다. 발릭치는 핵심적인 생계활동에 따라 캠프들을 겨울의 '얼음바다 캠프', 봄의 '물개 캠프', '돌둑에서의 어로 활동 캠프', '순록 사냥 캠프' 그리고 가을의 '강 어로 캠프' 등으로 구분하고, 이를 영상물 제작 단위로 설정했다. 촬영에는 주로 두 대의 카메라가 사용되었는데, 이들 카메라는 각기 역할을 분담하여 각기 다른 장면을 촬영했다. 한 대는 중심이 되는 사건이나 행위를 촬영하고, 다른 한 대는 맥락이 되는 장면을 촬영하는 식이었다. 발릭치는 현장에서 많은 가능성 중에서 어떤 것을 촬영해야 하는지 매 순간 결정해야 했다. 이를 통해 그는 네찌릭인이 1년 동안 아홉 개의 캠프를 이동하면서 벌이는 행위와 사건들을 아홉 편의 영화로 제작했다.

발릭치가《네찌릭 시리즈》를 기획할 당시 로버트 플래허티의 〈북극의 나눅〉은 중요한 준거 틀이었다. 하지만 발릭치는 문화를 연구하는 학자라는 점에서 플래허티와 달랐다. 그는 플래허티의 〈북극의 나눅〉에서처럼 에스키모 문화를 이상화하거나 낭만화하지 않았으며, 관객의 흥미를 유발하기 위해 등장인물을 희극화하지도 않았다. 발릭치는 단순한 일상 활동, 다양한 가내 활동과 육아 그리고 다양한 여가활동을 통해 영웅적인 사냥꾼으로 알려진 이국적인 에스키모인을 '정상화'하려고 했다. 그는 에스키모인을 온전한 인간으로 묘사함으로써 미국 학생들이 이들의 인간성을 이해하고 개념화하여 자신들의 문화와 비교하도록 했다. 하지만《네찌릭 시리즈》는 〈북극의 나눅〉처럼 에스키모인의 역사를 재구성했다는 점에서 공통점이 있고, 플래허티의 제작 방법론으로부터 전유한 부분도 있다.

4
전통문화의 재구성

매코스 교육과정의 주된 내용은 '삶의 사슬chain of life' 또는 '삶의 계통lifeline'을 학생들에게 알려주는 데 있었다. 이 교과과정은 연어로부터 시작하는데, 태평양 연안에 사는 연어의 단순한 삶의 형태와 수명을 보여주고 있다. 다음 단계는 좀 더 복잡한 재갈매기의 삶의 형태를 보여주는데, 여기서는 새끼들의 양육 부분이 첨가된다. 다음 단계는 개코원숭이가 무리를 지어 사는 것을 통해 본능적 행동과 학습된 행동 사이의 차이점들과 사회적 활동을 교육한다. 그리고 이 교육과정의 마지막 단계는 인간에 대한 이야기다. 진화 단계에서 가장 마지막 단계에 해당하는 인간 부분은 이전의 동물들과 인간이 어떤 점에서 차이가 나는지를 알려주는 데 그 목적이 있다. 이를 가장 효과적으로 설명하기 위해서는 가장 단순한 기술과 사회구조를 가진 문화를 선택하는 하는 것이 필요했는데, 극지방에서 수렵을 통해 생계를 영위하는 네찌릭 에스키모가 이에 가장 적합한 모델로 선정되었다.

하지만 네찌릭 사회는 1920년대부터 기독교와 서구 기술의 유입으로 이미 커다란 문화변동을 겪었기 때문에 매코스 팀의 기대와는 달리 1960

년대 말에는 더 이상 '원시적인' 형태의 수렵생활로 삶을 영위하지 않았다. 네찌릭 사회는 더는 밴드를 이루어 이동생활을 하지 않고 서구식 가옥에 정착하여 살고 있었으며, 전통의상 대신에 서구식 의상을 입고, 샤머니즘 대신에 기독교를 믿었으며, 창이나 작살 대신에 총으로 사냥을 했다. 하지만 매코스 팀은 학생들의 교육을 위한 이런 전통적인 삶의 모습을 영상으로 담는 것이 필요했는데, 이것이 불가능한 것만은 아니었다.

네찌릭 사회에는 전통적인 삶의 방식이 아직 상당 부분 남아 있었고, 과거의 전통적인 삶을 방식대로 살았던 사람들이 소수이지만 살고 있었다. 또한 라스무센이 1923년에 네찌릭 사회를 탐사한 후에 남긴 기록들도 남아 있었다. 그리고 영상 총책임자인 발릭치는 박물관에서 에스키모의 다양한 유물을 연구했고, 다양한 에스키모 집단들을 여러 차례 현지조사한 경험이 있었다. 이와 같은 점 때문에 에스키모 전통문화 복원은 가능했고, 라스무센이 네찌릭을 탐사하고 기록을 남긴 1923년을 기준점으로 삼아서 재구성하기로 했다. 신뢰할 만한 문헌기록을 바탕으로 에스키모 문화를 재구성한 점은 로버트 플래허티의 〈북극의 나눅〉과의 차이점이다,

발릭치는 〈북극의 나눅〉으로부터 재구성 방법론을 차용했다. 비록 라스무센의 기록이 재구성의 기준점이 되었지만, 그는 네찌릭 사람들에게 전통문화를 복원해야 하는 이유와 활용방안들에 관해 설명했고, 참가자들은 라스무센이 남긴 기록의 진정성에 대해 자기 생각과 경험을 적극적으로 이야기하는 등 영화의 내용 구성에도 참여했다. 발릭치는 사회적 배우에게 자신이 라스무센의 기록에서 읽은 내용을 말해주었는데, 이들은 발릭치에게 이들 중에서 무엇이 '진짜' 전통이고 또 무엇이 다른지에 대해 설명해주었다. 이를 통해 제작진과 사회적 배우 사이에 새로운 공감대가 만들어졌는데, 사회적 배우들은 이에 그치지 않고 주도적으로 자신들의 전통문화를

영화 속에서 재구성하여 연기했다.

> 재구성하기 위해서는 '캠프 청소'와 마찬가지로 몇몇 수입된 물건들을 촬영지에서 제거해야만 한다는 점이 확실해졌다. 이티망네르크는 자발적으로 나무 조각을 비벼서 불을 피울 것을 주장했으며, 그의 부인은 자랑스럽게 오래된 동석(凍石) 냄비를 가져와서 사용했다. 재구성의 주도권은 전적으로 이티망네르크가 가지고 있었다. 에스키모인은 일상적인 상황처럼 행동했으며, 핸드헬드 카메라를 거의 의식하지 않았다(Balikci 1975: 187).

촬영이 진행되면서 영화 속의 주인공인 이티망네르크Itimangnerk는 점차 '재구성의 감독'이 되어갔는데, 그는 촬영 전에 서양의 물건인 차와 총 등을 이글루에서 스스로 치우거나 제작진에게 부적절한 물품들을 치우도록 명령했다. 제작진은 그의 요구대로 전통문화와 관련 없는 물건들을 화면에 나오지 않도록 촬영현장에서 치웠으며, 제작진은 영화의 내용과 관련된 부분에 간섭하는 것을 최대한 자제했다. 촬영이 시작되면서 캠프별로 전통문화의 재구성 정도는 달라졌다. 전통문화의 재구성은 주로 물질문화에 국한되었는데, 왜냐하면 서구문화의 유입으로 인해 에스키모 사회가 급격한 문화변동을 겪으면서 정신적 측면 또는 사회적 삶이 많이 변했기 때문이다. 이러한 의미에서 《네찌릭 시리즈》는 라스무센의 기록에 의한 역사적 재구성이라기보다는 영화 참여자들의 기억에 의한 전통문화의 재구성이다.

《네찌릭 시리즈》가 촬영될 당시 네찌릭인은 아직도 전통방식대로 물개를 사냥했고, 돌둑을 쌓아서 물고기를 잡았기 때문에 제작팀은 별다른 재연 없이 이 장면들을 촬영할 수 있었다. 하지만 카약을 타고 순록을 사냥하는 장면은 달랐다. 네찌릭인은 1920~30년대부터 총기로 순록을 잡았기 때문에 더 이상 카약을 타고 화살과 창으로 순록을 잡지 않았다. 따라서 카약도 더 이상 존재하지 않았다. 하지만 이 장면은 에스키모 사회에서 많은 기술이 사용되는 중요한 사냥 활동이었기 때문에 반드시 복원할 필요가 있었다. 발릭치는 카약 만드는 방법을 아직도 알고 있는 노인의 도움으로 카약을 다시 만들었고, 사회적 배우들은 전통 무기들을 이용하여 순록을 사냥하는 데 성공했다. 1923년 라스무센 탐사에 동참한 비르케트-스미스 교수는 재연된 장면을 보고 그 정확성을 높이 평가했다. 발릭치는 지역민의 도움 덕분에 라스무센의 기록을 보충하거나 내용을 교정할 수 있었고, 영화 속의 내용도 정확성을 더했다(Balikci 2002: 31–41).

발릭치가 〈북극의 나눅〉으로부터 차용한 또 다른 방법론은 통시적, 미시적이고 장기적인 시각에서 문화에 접근한 점이다. 《네찌릭 시리즈》는 플래허티의 영화에서처럼 한 가족이 1년 동안 전통적인 삶을 살아가는 모습을 재구성했다. 전통사회에서는 이들의 생계활동과 이에 따른 삶의 모습이 계절적 변화에 따라 달라지기 때문에 1년이라는 기간은 전통사회에서 벌어지는 핵심적인 사건이나 행위들을 살펴보기 위한 최소한의 시간이다. 매코스는 무엇이 다른 동물과 인간 사이의 차이점인지, 특히 인간만의 사회적 삶의 모습을 학생들에게 전달해야 했다. 발릭치는 이를 위해 한 가족을 중심으로 네찌릭인의 전통적 삶의 모습을 그려냈다. 그러나 특정한 교육목적을 가진 교육용 영화에서 이런 구성은 문제가 될 수도 있다. 왜냐하면 네찌릭 사회는 100여 명으로 구성되어 있지만, 계절적 변화에 따라 크고 작은 집단으로 모이거나 나뉘기 때문이다. 에스키모 사회는 서구사회와는 달리 사회적 삶의 단위가 가족이 아니라 이 집단이다. 만일 한 가족만을 중심으로 전통적인 삶의 모습을 그린다면 다양한 집단 내 사회적 삶의 모습을 담아내기 어려워진다. 하지만 가족을 중심으로 내용을 구성함으로써 갖는 장점도 있다. 미국 학생들은 에스키모인의 얼굴 모습들을 구별하는 데 어려움을 겪었는데, 특히 영화 속에서 사회적 배우가 여러 명 등장하면 더더욱 그러했다. 하지만 한 가족을 중심으로 이야기를 구성한다면 이런 문제가 발생하지 않으며, 학생들의 집중도와 이해도를 높일 수 있다. 발릭치는《네찌릭 시지즈》가 교육현장에서 성공을 거둔 결정적 요인으로 이런 단순한 구성을 들고 있다.

> 학생들은 적은 수의 주인공이 등장하기 때문에 집중하여 이들의 행동을 다양한 상황 속에서 반복적으로 추적하고, 점점 이들과 강한 공감대를 형성하게 되며, 이들의 인간성을 점차 발견하게 된다. 브루너는 "자료 그 자체에 인간미가 있어야 한다!"라고 반복하여 강조했다(Balikci 1975: 40).

가족을 중심으로 영화를 구성하는 것의 몇몇 단점에도 불구하고 발릭치가 가족을 중심으로 구성한 것은 교육적으로 의미가 있다. 이러한 구성은 특히 개인적 사적 감정과 느낌을 전달하기 쉬웠기 때문에 네찌릭인이 낯선 문화집단 속의 한 구성원이 아니라 우리와 같은 인간이라는 메시지를 전달할 수 있었다.《네찌릭 시리즈》의 촬영과 편집이 모두 끝나고 총 아홉 편의 영화가 교육용으로 선정되었는데, 각 편은 계절적으로 각기 다른 생계활동을 보여주고 있다.《네찌릭 시리즈》는 학생들이 아홉 편을 모두 보면 네찌릭인의 1년 동안의 삶의 모습을 종합적으로 알 수 있도록 구성되었다. 하지만 각 편의 영화들이 교육 현장에서 사용하기에는 대부분 너무 길어서 매코스 팀은 이들을 10~15분 분량으로 다시 나누었는데, 이에 따라 각 편은 2~4부로 구성되었다. 다음은 아홉 편의 제목과 상영시간이다.

① *At the Spring Sea-Ice Camp*(80분)

② *Group Hunting on the Spring Ice*(95분)

③ *Stalking Seal on the Spring Ice*(59분)

④ *Building a Kayak*(66분)

⑤ *Fishing at the Stone Weir*(58분)

⑥ *At the Caribou Crossing Place*(60분)

⑦ *At the Autumn River Camp*(57분)

⑧ *At the Winter Sea-Ice Camp*(136분)

⑨ *Jigging for Lake Trout*(32분)

영화의 촬영은 1965년 봄에 완료되었지만, 촬영이 시작되면서 편집도 곧바로 시작되었다. 가장 먼저 제작이 완성된 영화는 〈카리부 건널목에서*At the Caribou Crossing Place*〉(1963)였고, 영화 대부분은 1967~68년 사이에 제작이 완료되었다. 교육용 영상물로 최종적으로 완성하는 일은 캐나다 국립영화국과 미국 케임브리지 교육개발센터가 담당했는데, 케임브리지의 교육개발센터는 발견학습 이론에 따라 사회과학 교육프로그램을 개발했다. 또한《네찌릭 시리즈》를 보완하는 아홉 권의 책도 발간되었는데, 여기에는 교과 내용에 관한 배경정보와 추천 교육계획, 평가전략, 현직 교사들을 위한 세미나 자료들 그리고 참고문헌 등이 담겨 있다.

학생 교육을 위한 교육자료는 민족지영화인《네찌릭 시리즈》와 다른 시각자료, 문헌자료 그리고 게임과 같이 네찌릭 문화를 간접적으로 경험할 수 있는 상호작용 도구들의 세 개의 범주로 구성되었다. 그리고 서로 다른 스타일로 꾸며진 30여 종의 소책자는 기존의 교과서를 대체하는 역할을 했는데, 이 소책자는 영화 속 장면에 대한 맥락이나 심층적 정보를 담고 있다. 이외에도 현지조사 노트와 신문기사들, 시들, 노래들, 이야기들, 건축실습 도구들, 그리고 관찰 프로젝트 등은 학생들이 다양한 시각과 방법으로 에스키모 문화와 사람을 이해하도록 도왔다. 이처럼 종합적으로 구성된 매 코스는 사회과학 교육에서 호평을 받았지만, 이에 대한 비판도 있었다.

5
제작 방법론과 논의

발릭치는 영상으로 전통문화를 총체적 시각에서 재구성한 인류학자로 평가받고 있다. 그의 독특함은 에스키모 문화를 독특하거나 유일한 것으로 그려내지 않았으며, 문화적 상대주의에 근거하여 각 문화의 존엄성을 그려내려고 한 데 있다.

> 프로젝트의 중요한 내포적 측면은 사회과학과 역사 교육과정에 내재하고 있는 자민족중심주의에 대한 불만족이었다. 인류학자에 의해 주도된 새로운 커리큘럼은 모든 지역과 역사적 다양성 안에서 문화의 비교학문을 제안했다. 새로운 교과과정은 수렵 · 채집인에서 화전경작, 유목민 그리고 도시 거주인에 이르는 점차적인 복잡성과 문화적 타입의 연속성을 보여주려고 했다. 이 프로그램은 문화적 상대주의를 표방했고, 각 문화의 독창성을 인정하고, 도덕적 우월함에 대한 생각으로 해석되어서는 안되는 사회적 형성과 생산의 관계 속에서 우월함에 대한 모든 결론을 막으려고 했다 (Hockings, Paul 2002: 79).

그의 이런 시각은 당시 인류학계에 통용되고 있던 가치를 반영한 것인데, 헤이더는 가장 만족스러운 민족지영화를 "전체적인 사람과 몸을 전체적인 행위 속에서 잘 드러내는 것"으로 정의했다(Heider 1976: 75). 헤이더와 마찬가지로 발릭치의 영상물의 목표는 전체 문화들을 복원하여 영상으로 기록하는 것이었다(Heider 1976: 75). 발릭치는 촬영과 관련하여 직접 별다른 준비를 하지 않았다. 그는 계획이나 구성안을 쓰지 않았으며, 가이드라인이 되는 원칙도 수립하지 않았다. 유일한 원칙은 어린아이가 있는 가족이 중심이 되고, 생계경제를 담는다는 것이었다. 네찌릭은 매년 이주 사이클에 따라 생활하고 있었는데, 《네찌릭 시리즈》는 이들의 생활을 총체적 시각에서 세부적으로 그리고 있는데, 이런 의미에서 이 영상물은 백과사전적이다(Hockings 2002: 72).

발릭치는 《네찌릭 시리즈》를 한 남자와 그의 가족을 중심으로 내러티브를 구성하고 있다. 《네찌릭 시리즈》의 주인공 남자인 이티망네르크는 네찌릭 집단의 사회적 지도자일 뿐만 아니라 전통적인 생계활동의 모든 세부적인 내용을 충분히 알고 있는 사람이었다. 주인공뿐만 아니라 네찌릭 사람들은 모두 다 이티망네르크가 어렸을 때, 즉 이 지역에 총이 도입되기 전인 1919년의 전통적인 삶의 모습을 영상으로 담을 것이라는 사실을 잘 알고 있었다(Balikci 1995: 187). 그리고 이를 재구성하는 데 있어서 네찌릭 사람들의 기억과 경험뿐만 아니라 1923년 라스무센이 작성한 보고서를 기반으로 할 것이라는 사실도 숙지하고 있었다(Balikci 1975: 187).

발릭치 영화가 플래허티의 영화와 다른 점은 영화적 과장과 우스꽝스러움을 피했을 뿐만 아니라 당시 통용되던 극영화의 내러티브와 영상언어를 채용하지 않은 데 있는데, 이런 점에서 민족지영화와 극영화 또는 초기 다큐멘터리와의 차이점을 발견할 수 있다. 발릭치의 영화 〈겨울 얼음바다 캠프에서*At the Winter Sea-Ice Camp*〉(1967~1968)는 플래허티와 발릭치의 차이점을 잘 보여주고 있다. 발릭치의 영화 장면 중에서 가장 기억에 남는 것은 바다사자 사냥장면인데, 이는 〈북극의 나눅〉에서 플래허티와 나눅이 바다사자를 사냥하는 장면을 다시 촬영한 것이다. 발릭치와 카메라맨은 이 장면에서 관객의 재미를 위해 사냥장면을 우스꽝스럽게 그리지 않고 있다. 플래허티의 영화와 달리 발아래로부터 들려오는 눈 밟는 소리와 북극지방의 차가운 바람 소리가 생생하게 들리며, 이 장면을 설명하는 그 어떤 자막이나 해설도 없다. 이티망네르크는 숨쉬기 위해 나오는 바다표범을 끈질기게 기다리는 것을 오랜 시간 할애하여 보여주고 있는데, 관객은 이 장면을 통해 사냥이 매우 힘들고 어렵고 오래 걸릴 뿐만 아니라 어쩌면 실패로 끝날지도 모른다는 사실을 느끼게 된다.

발릭치는 영상물 촬영 초기에 인류학자의 역할을 카메라맨과 에스키모 커뮤니티 사이의 중개역할을 하고, 물건을 조달해주는 것으로 한정했다. 즉 그는 사회적 배우들에게 어떻게 연기할지를 이야기하는 것이 아니라, 행위의 즉흥성을 영상으로 포착하는 것에 집중했다(Balikci 1989b: 188). 발릭치는 전통의 재구성에 대해 간섭하지 않았으며, 주인공이 선택한 사회적 행위들의 흐름에 개입하지도 않았다.

영상물 제작에서 사회적 배우에게 전통문화 재구성의 주도권을 전적으로 주는 것은 발릭치가 생각했던 것보다 더 복잡한 이야기다. 우선 사전에 어떤 일이 벌어질지를 제대로 파악하지 못한 상태에서 사회적 배우의 즉흥적 행위들을 촬영하고자 한다면 원하는 또는 가장 적합한 영상을 얻지 못할 가능성이 높아진다. 왜냐하면 특정한 행위를 영상으로 가장 잘 보여주기 위해서는 사전에 어떤 일이 일어날지 그리고 그것이 무엇을 의미하는지에 대해 제대로 알아야만 하며, 이럴 경우에만 가장 적합한 촬영 위치와 구도 그리고 프레이밍 등을 선택할 수 있기 때문이다. 또한 사회적 배우들이 생각하는 사회적 행위들의 범주와 의미들이 인류학자들이 생각하는 것과 같지 않을 수도 있는데, 초기에는 이티망네르크가 거의 전적으로 전통문화의 재구성을 주도했다. 하지만 촬영이 진행되면서 발릭치의 개입 빈도와 정도가 높아졌는데, 이는 발릭치가 인류학자의 입장에서 무엇을 선택하고 이것들을 어떻게 범주화할 것인지 그리고 이를 어떻게 재현할 것인지에 대해 점점 더 그 의미를 깨닫게 되었기 때문이다. 따라서 그는 점차로 촬영 과정뿐만 아니라 주제와 내용 선정 등에 이전보다 더 적극적으로 개입하게 되었고, 영상물 제작은 점점 더 선택적이고 자의적인 과정이 되어갔다(Balikci 1989b: 187). 초기의 제작 주도권이 사회적 배우와 촬영팀에 각기 독립적으로 배분되어 있었던 반면, 점차 촬영이 진행되면서 발릭치는 사회적 배우와 촬영팀 모두에 개입하고 세 주체 간의 의견 교환과 조정을 통해 영상물 제작을 한 것이다.

발릭치의 《네찌릭 시리즈》에 대한 비판은 크게 세 가지로 나눌 수 있다. 기존 (교육용) 영상물과는 다른 형식과 문화 접변을 도외시한 전통문화에 대한 낭만적이고 이상적인 인식 그리고 영상물 안의 문화상대주의에 대한 비판이다.

1) 새로운 포맷의 교육용 영상물

《네찌릭 시리즈》는 '발견학습' 이론을 기반으로 한 교육용 영상물이기 때문에 매코스 제작팀은 해설과 자막을 사용하지 않았다. 하지만 당시 대부분의 교육용 영상물은 해설적 양식으로 제작되었는데, 이런 기존의 양식을 포기한 이유는 학생들이 영상만으로 그 내용을 정확하게 파악할 수 없다고 생각했기 때문이다. 해설적 양식의 교육용 영상물에 익숙한 비평가들은 《네찌릭 시리즈》를 다음과 같이 비판했다.

> (……) 가장 좋은 민족지영화가 있는데, (……) 이 영화에는 두 가지 결점이 있다. 첫째로 멋진 사운드트랙과 멋진 타이틀을 가진 이 영화는 우리에게 에스키모인이 무엇을 하는지 그 어떤 설명적인 내레이션도 제공하지 않는다. (……) 왜 특정 자료들이 선택되고, 그리고 이런 자료들과 사용되고 있는 기술들에서 어떤 점이 중요한지 알 수 없다. 두 번째로는 강조점인데, 전반적으로 기술적 또는 환경적 그리고 심지어는 문화적 물질주의자들조차도 사회 조직들이나 이데올로기들을 더 보고 싶어 한다(Honnigmann 1970: 722).

《네찌릭 시리즈》에 대한 호닉맨의 비판은 교육용 영상물은 학습자가 무엇을 보아야 하는지 명시적으로 드러내야 하고, 이론적 설명을 통해 추상적이거나 복잡한 것을 설명해주어야 한다는 생각에서 출발한 것이다. 하지만 매코스 팀은 이런 학습자의 수동적 태도를 문제로 파악하고, 학습자의 적극적이고 능동적인 참여를 이끌어내기 위해 해설과 자막을 포기했다. 《네찌릭 시리즈》는 교육용 영상물 제작의 새로운 장을 열었는데, 학습자는 영상물이 제공하는 정보의 수동적인 수용자가 아니라 영상물과의 상호작용을 통해 스스로 그 의미와 구조를 발견해나가는 발견자가 된 것이다. 이는 교육용 영상물 분야에서도 다큐멘터리의 하나의 새로운 지적형식인 관찰적 시네마의 시대가 열린 것을 의미한다.

호닉맨은 영화에서 강조점이 드러나지 않는다고 비판했다. 매코스 제작팀은 특정한 사건이나 활동을 처음부터 끝까지 전부 촬영하는 것을 원칙으로 삼았으며, 편집에서 이 장면들을 압축하는 것에 대해 신중한 태도를 보였다. 편집을 통한 시공간의 압축은 사건의 의미와 본질을 왜곡할 우려가 있기 때문이다. 플래허티는 〈북극의 나눅〉에서 물개를 사냥하는 장면을 3분 정도로 압축하여 보여주고 있다. 하지만 매코스 팀은 거의 1시간 동안 물개 사냥의 전 과정을 단계적으로 보여주고 있다. 특히 물개의 숨구멍을 찾고는 사냥 준비를 마친 다음에 추운 날씨 속에서 온갖 어려움을 겪으면서 기다리는 모습이 롱테이크로 처리되어 있는데, 관객은 이 장면에서 사냥꾼이 현장에서 겪는 추위와 어려움을 생생하게 느낄 수 있다. 또한 플래허티의 영화에서는 사냥한 물개를 죽이는 장면이 보이지 않지만, 발릭치는 물개를 죽이고 흰 눈밭이 피로 물드는 장면을 보여준다. 물개 사냥이 플래허티의 영화에서 하나의 오락거리로 그려지지만 발릭치의 영화에서는 생존을 위한 엄혹한 행동인 것이다(Balikci 1989a: 5). 이런 점을 고려한다면 발릭치의 교육용 영상물에 대한 호닉맨의 비판은 적절하지 않다(Balikci 1988: 33-34).

2) 전통문화와 문화접변

발릭치는 네찌릭 사회의 문화접변을 도외시하고 전통문화를 이상화하거나 낭만화했으며, 이는 에스키모인의 현실을 외면한 순진한 시도라고 비판했다. 왜냐하면 영화 속의 모습과는 달리 네찌릭 사회는 서구문화와 힘의 유입으로 커다란 문화 변동을 겪었고, 이들의 생존이 어려움에 처해 있었기 때문이다. 발릭치는 이런 비판에 대응하여 후에 쓴 글에서 네찌릭에 대한 기술을 수정했다. 바다사자를 사냥하는 주된 방법은 총이었는데, 이런 사냥 방법은 사회 체계도 변화시켰다.

총이 도입되면서 집단이 아니라 혼자서도 사냥할 수 있게 되었고, 사냥한 동물은 사냥꾼에게 전부 귀속되었으며, 더는 이웃 사람들과 사냥한 고기를 나누지 않았다. 이것은 집단적 책임에서 개인적 권리로 이동하는 것을 의미한다. 사냥이 쉬워지면서 고기가 풍부해졌는데, 이 덕분에 더 많은 개를 기를 수 있게 되었다. 네찌릭 사냥꾼은 이전보다 많은 개가 끄는 썰매를 타고 더 먼 거리를 갈 수 있게 되었고, 더 이상 동물이 자주 출몰하는 길목에서 오랜 기간 기다릴 필요도 없어졌다. 또한 총으로 사냥한 여우의 모피를 팔아서 총과 화약, 모직 옷, 캔버스 텐트, 담배, 차 그리고 카누 등 수입된 상품을 샀다. 수입된 카누는 카약을 대체했으며, 모든 활동의 단위였던 예전의 집단은 개별 가족으로 쪼개졌다(Balikci 1989b: xxiv).

이외에도 서구식 집이 건설되면서 네찌릭 사람들은 여기서 살기 시작했고, 백인 선교사의 선교활동으로 네찌릭 사람들이 기독교로 개종하면서 과거의 샤머니즘을 위시한 종교적 활동들은 빠르게 사라졌으며, 아이들은 학교에서 서구식 가치관을 배웠다. 이런 문화 접변 현상이 벌어지고 있었지만, 발릭치는 《네찌릭 시리즈》에서 이를 다루지 않았는데, 이는 매코스에서 인간의 진화단계를 예시하기 위해서였다. 《네찌릭 시리즈》는 이미 몇몇 노인의 기억 속에 화석처럼 남아 있는 전통의 부스러기들을 기억 밖으로 불러내어 이를 영상으로 촬영한 것이다.

3) 이국적 타자의 재현과 문화상대주의

발릭치는 세 번째 비판지점인 문화상대주의에 대해서는 강력하게 대응했다. 매코스 프로그램이 가장 인기가 많았던 1972년에는 미국의 3,000여 개 초등학교에서 약 40만 명의 초등학생들이 이 교육과정을 배웠다. 바로 이때 매코스에 대한 반대파의 비판이 시작되었다. 매코스에 대한 비판은 1973년 미국의 성서 벨트Bible Belt의 일부 사친회에서 시작되었는데, 곧바로 지역 신문과 라디오를 통해 빠르게 전국적으로 확산되었다. 그리고 이 논란은 보수적인 정치인과 기독교인 그리고 학부모들이 가세하면서 전국적인 의제가 되었다. 이후 매코스는 더 이상 교육 프로그램으로서가 아니라 미국의 도덕과 가치 그리고 윤리 문제로 변질되었다. 애리조나 출신의 존 콘란John Conlan 공화당 상원의원은 이 논쟁을 선두에서 이끌었는데, 그의 주장은 비판의 본질적인 내용을 보여주고 있다.

> "매코스는 유대-기독교 가족의 가치에 대해 미묘하지만 정교한 공격을 하고 있다. (……) 매코스에 포함된 자료는 '모든 것이 허용되는anything goes' 철학이며, 또한 도덕, 애국주의, 미국적 가치, 유대-기독교 윤리, 그리고 믿음을 가르치지 않기 때문에 아이들은 미국적 시각보다는 세계적 시각을 더 받아들이게 된다." 그리고 그는 새로운 스타일의 민족지영화인 《네찌릭 시리즈》에 대해 "미디어의 과장은 항상 흑백 영상과 해설을 통한 해석으로 조절되었다. 새로운 영화들은 생생한 컬러이고, 무성이다. (……) 이 영화 안에는 매일 폭력과 죽음이 있다"고 비판했다(Balikci 1989b: 6).

매코스를 둘러싼 논쟁이 가치와 도덕 그리고 윤리의 문제로 변질한

데는 매코스 안에 내재하는 시각뿐만 아니라 당시의 정치적 환경과 깊이 연관되어 있다. 매코스 팀의 구성원은 대부분 진보적인 자유주의에 동의하는 학자들이었는데, 이들은 다른 나라의 문화들도 미국문화만큼이나 가치가 있다는 문화상대주의에 동감했으며, 이 가치를 매코스에서 명시적으로 강조했다. 하지만 미국적 가치와 삶의 방식에 강한 자부심을 가진 미국인에게 이런 식의 가치관은 받아들이기 힘든 것이었다. 왜냐하면 이런 시각은 네찌릭의 샤머니즘도 기독교와 동등한 위상을 가진다는 것을 의미했기 때문이다.

또한 이 당시 미국에서는 베트남 전쟁의 정당성을 둘러싼 논쟁이 갈등 양상으로까지 심화되었는데, 진보적인 사람들은 베트남 전쟁을 '명분 없는 전쟁'이라고 비난할 뿐만 아니라 강력한 반전운동도 펼치고 있었다. 미국의 패전이 확실해질수록 미국적 가치를 중시하는 사람들은 문화상대주의를 주장하는 세력에 대해 더욱더 관용을 보이지 않았다. 미국 국립연구재단은 매코스에 대한 경제적 지원을 중단했고, 국립과학재단의 교육과정 개발부도 폐쇄했다. 대다수의 미국인은 매코스가 폐쇄되는 것에 별다른 관심을 가지지 않았고, 매코스의 마지막 흔적도 빠르게 지워져갔다(Balikci 1989b: 97; Hockings 2002: 76).

발릭치는 매코스가 탄압받은 또 다른 이유를 월트디즈니의 밤비 영화에서 찾고 있다. 에스키모인은 생존을 위해 사냥을 할 수밖에 없었지만, 보수적인 정치인들과 학부모들은《네찌릭 시리즈》에서 많은 동물이 피를 흘리면서 죽어가는 장면을 혐오스럽게 받아들였고 이런 장면을 아이들에게 보여주는 것은 교육적으로 부적합하다고 생각했다. 당시 미국에서는 디즈니랜드에서처럼 어린이에게 꿈과 희망 그리고 사랑을 이야기하는 것이 일반적인 교육내용이지만, 죽음과 고통을 보여주고 가르치는 것은 일종의 사회적 터부였다. 또한 대부분의 미국인은 에스키모인에 대해 원시적이고, 순하고, 익살스러운 모습으로 기억하고 있었는데, 《네찌릭 시리즈》는 이런 기대를 완전히 뒤집었다. 이 영화들은 학생에게 실제 사냥하는 장면을 자세하게 보여주었는데, 밤비 영화를 보고 자란 대부분의 미국인에게 이 장면은 매우 낯설고 폭력적이었다. 하지만 발릭치는 에스키모의 리얼리티를 보여줌으로써 인간에 대한 깊은 이해와 사유를 이끌어내고자 했다. 바로 이 지점에서 갈등이 생겨났고, 정치적 주도권을 쥔 보수파는 자신들의 가치를 관철해냈다.

6
나가며

발릭치의 계몽주의적 기획을 담고 있던 《네찌릭 시리즈》의 방영이 미국에서 직간접적으로 제한을 받았지만, 캐나다와 서유럽에서는 그의 진보적이고 인문적인 가치가 담긴 영화들이 존중받고 방영되었다. 독일의 북부독일방송국NDR은 《네찌릭 시리즈》 전편을 황금시간대에 방영함으로써 발릭치의 인문주의적 기획에 무언의 지지를 표시했다. 《네찌릭 시리즈》의 촬영본은 다양한 방식으로 편집되어 BBC, ARTE 등의 서구 방송국에서 200여 차례 이상 방영되었다. 캐나다 국립영화국은 이 촬영본를 이용하여 어린이용 영화인 〈툭투*TUKTU*〉를 제작했는데, 어설픈 해설과 음악은 발릭치의 영화 세계와 어울리지 않지만, 어린이들의 많은 사랑을 받았다. 《네찌릭 시리즈》는 지금도 일부 박물관에서 에스키모 전통문화를 교육하는 데 사용되고 있다. 이 시리즈 덕분에 전 세계의 많은 사람이 에스키모 문화와 친숙하게 되었는데, 또 다른 한편으로는 발릭치의 의도와는 다르게 에스키모인이 원시인으로 낙인찍히고, 사회적으로 무시당하는 일도 벌어졌다.

발릭치의 《네찌릭 시리즈》가 전 세계적으로 매우 폭넓게 활용된 이유는 다음과 같다. 첫 번째로 그는 매코스의 교육 철학인 발견학습에 따라 영화를 제작해야 했기 때문에 당시 유행하던 '정통' 민족지영화 포맷을 포기할 수밖에 없었다. 그는 새로운 영상 포맷을 개발할 수밖에 없었고, 여기에 영상인류학의 장점인 현지조사를 기반으로 한 현장성과 학문적 엄밀성을 가미했다. 이 덕분에 영상인류학에서 학제 간 연구를 바탕으로 한 새로운 시도가 이루어졌고, 많은 잠재력을 가진 교육용 영상물이 탄생했다. 플래허티는 에스키모인의 삶을 낭만적이고 이상화했을 뿐만 아니라 희화화하는 다큐멘터리를 제작한 반면에 발릭치는 학문적 엄격성을 기반으로 전통문화를 재연하는 민족지영화를 제작한 것이다. 이렇게 제작된 민족지영화는 다양한 분야에서 활용될 수 있었다. 두 번째 이유는 발릭치가 마거릿 미드의 학술적 영화 제작지침을 최대한 지키려고 노력한 점에서 찾을 수 있다. 발릭치와 제작팀은 특히 다음 두 가지 사항을 지키려고 노력했는데, 하나는 총체주의holism이고 또 다른 하나는 주인공의 시간적-공간적 배치를 충실하게 복제한 것이다. 이렇게 제작된 영상물은 좋은 교육자료일 뿐만 아니라 후에 다양한 용도로 활용될 수 잠재성을 내재하고 있기 때문이다.

《네찌릭 시리즈》가 시작된 지 50여 년의 시간이 지났는데, 그의 실증주의적이고 경험주의적인 영상제작 방법론은 1990년대 포스트모던이 유행하면서 비판을 받았다. 이후《네찌릭 시리즈》와 유사한 형식의 영상물을 찾는 것이 이전보다 쉽지 않게 되었지만, 이 영상물이 가진 장점들은 아직도 유효하다. 박물관 전시나 교육용 영상물 또는 기록영상물로 활용하기 좋은 포맷이며, 영상물 제작을 시작하는 학생들에게 치밀한 관찰과 중층적 묘사 능력을 배양하기 위한 실습 모델로 제시하기에도 적합한 포맷이기도 하다. 또한 아직 영상을 활용한 문화 아키비스트가 부재한 한국의 현실에서 이들을 교육하기 위한 좋은 모델이기도 하다.

VIII

참여적 시네마와 사회적 미학: 맥두걸 부부

1
들어가며

장 루슈나 데이비드 맥두걸David MacDougall 모두 타자와 소수자에 대한 따뜻한 애정을 가진 사람이란 점에서 공통점이 있다(이 글에서 달리 표현하지 않는 한 맥두걸은 맥두걸 부부 중에서 데이비드 맥두걸을 지칭한다). 또한 이들 모두는 영상인류학 분야뿐만 아니라 다큐멘터리 역사에서도 중요한 위치를 점하고 있다. 하지만 이 둘의 민족지영화 세계는 상당히 다르다. 이 둘은 자라난 배경과 세계, 인류학을 보는 관점 그리고 인간적인 면모가 다르다. 루슈는 골족 특유의 유쾌한 기질을 가진 사람이며, 예술의 도시 파리에서 자란 사람답게 이성적 사고보다는 직관적 통찰력을 가진 사람이다. 그의 강연은 즐겁고 열정적인데, 내용은 압축적이고 프랑스 특유의 은유가 가득하지만 전체적인 맥락과 의미를 이해하기 어렵지는 않다, 선불교의 화두처럼 그의 말은 청중으로 하여금 번쩍이는 사고의 전환을 종종 경험하게 만든다.

이에 반해 데이비드 맥두걸은 조용하고 차분하며 세심한 사람인데, 불교의 교종처럼 그의 강의는 논리적이고 단계적으로 관객 또는 청중을 새로운 인식의 세계로 이끌어간다. 데이비드 맥두걸이 미국의 청교도 전통에서 자라고, 기독교 기숙학교에서 교육을 받은 것도 그의 성격 형성과 관련이 있는 것 같다. 이런 차이점 때문에 이 두 민족지영화 제작자는 서로 다른 양식의 민족지 세계를 개척할 수 있었고, 이는 영상인류학에서 커다란 행운이기도 하다. 루슈의 민족지영화가 초반 작품을 중심으로 새로운 혁신들이 주로 이루어졌다면, 맥두걸의 민족지영화는 초기보다는 후기 작품들에서 논리가 정교해지고, 깊이도 깊어지고, 인류학 전체를 조망하는 시각도 원숙함을 갖추어가고 있다.

장 루슈가 인류학과 예술의 관계에 대해 관심이 많았다면, 데이비드 맥두걸은 인류학에서 민족지영화를 어떻게 위치 지을 것이며, 이를 통해 무엇을 성취할 것인지에 대해 관심이 많았다. 맥두걸은 인류학 틀 안에서 민족지영화의 위치를 끊임없이 재사유하고 있는데, 이런 태도 덕분에 영상인류학뿐만 아니라 다큐멘터리는 커다란 자양분을 얻을 수 있었다. 장 루슈는 1960년대 시네마 세계에서의 기술적 혁신을 어떻게 민족지연구에 활용할 수 있는지를 주로 탐구한 반면, 맥두걸은 이런 부분이 영상인류학자들에 의해 상당 부분 정리된 후에 활동했다. 그렇기 때문에 맥두걸은 민족지영화의 잠재력과 텍스트민족학과의 관계에 관심을 가졌다.

장 루슈와 함께 데이비드 맥두걸과 부인인 주디스 맥두걸은 적어도 지난 30여 년 동안 영상인류학의 지평을 넓힌 학자였다. 바르바시와 테일러는 맥두걸 부부와의 인터뷰에서 이들의 작품을 "극단적 경험 다큐멘터리Radical Empirical Documentary"라고 지칭했는데(Barbash & Taylor 1996), 이 용어는 이들 작품의 본질을 잘 꿰고 있다. 맥두걸 부부는 다이렉트 시네마 또는 저널리즘과 달리 영화와 대상 사이에 내재하는 실재를 순진하게 믿지 않았고, 영상 매체를 매우 성찰적으로 사용했다는 점을 드러내고 있기 때문이다.

맥두걸 부부는 지난 40년 이상 동안 민족지영화에서 좋은 모델을 끊임없이 제시했다. 민족지영화 제작자로서는 최초로 동시녹음과 자막을 활용하여 영화 속 주체들의 목소리를 관객에게 직접 전달했다. 또한 이들은 "특권 없는 카메라 스타일unprivileged camera style"을 주창했다. 이 스타일은 전지적 시점이나 시각을 포기하고, 인식의 한계를 가진 인간의 눈으로 이야기를 그려나가는 것을 의미한다. 이들 부부는 영화 속에서 자신들을 직접적으로 거의 드러내지 않지만, 관객은 이들의 존재를 느낄 수 있다. 또한 이들은 영화 제작에 대한 자신들의 책임을 부정하지 않으며, 감독의 권위와 전지전능함 등의 관습적인 수단을 포기했다.

데이비드 맥두걸은 〈가축과 함께 살기*To Live with Herds*〉(1971)와 〈바리스타의 시간*Tempus De Baristas*〉(1993) 그리고 〈둔 스쿨 연대기들*Doon School Chronicles*〉(1997/2000)을 혼자서 제작했는데, 나머지 작품들은 부부의 공동 제작 결과다. 데이비드가 카메라로 촬영하면 주디스가 사운드를 녹음했고, 편집은 공동으로 하는 방식을 취했다.

1980년대에 '현대적' 인류학이 시작되었는데, 이후 문화는 역동적이고 교섭적이며 다성적인 과정으로 이해되기 시작했다. 하지만 맥두걸 부부는 이런 변화가 있기 전부터 동아프리카에서 제작한 두 개의 3부작을 통해 이런 경향을 영화 속에서 보여주었다. 첫 번째 3부작은 우간다에 사는 지에Jie족 그리고 두 번째 삼부작은 북부 케냐에 사는 투르카나Turkana족에 관한 이야기다. 맥두걸의 첫 번째 영화인 〈가축과 함께 살기〉와 〈신부대 낙타들*The Wedding Camels*〉(1974/77) 그리고 〈로랑의 길*Lorang's Way*〉(1974/79)은 국제영화제에서 다수의 상을 받았고, 이제는 다큐멘터리의 고전이 되었다. 심사위원들은 이들 부부가 동아프리카의 아름다운 장면이 아니라 전혀 놀랍지 않은 비공식적이고 일상적인 상황들을 깊이 있게 다룬 점을 높이 평가했다.

《투르카나 3부작》 제작 이후 맥두걸 부부는 미국 캘리포니아에서 호주 캔버라로 이사했는데, 그곳에서 새로운 재현 형식을 실험했다. 애버리지니 연구 호주연구소에서 〈노인 안녕*Good-bye Old Man*〉(1975/77), 〈하우스 오프닝*The House Opening*〉(1977/1980), 〈양도*Takeover*〉(1978/80) 등을 제작했는데, 이때 이들 부부는 루슈처럼 사회적 배우를 편집과정에 참여시켰다. 이후 그의 관심은 인도로 향했는데, 〈사진쟁이들*Photowallahs*〉(1988/91)이 제작되었다. 이 영화는 영화전통이 풍부한 인도에서 사진이 다양한 계층의 사람들 사이에서 어떻게 이용되고 있는지를 다루고 있다. 데이비드는 이후 코르시카 섬에서 목축사회의 변화를 그린 〈바리스타의 시간〉을 제작했고, 주디스 맥두걸은 인도에서 토기 기름 램프와 인간 삶의 상관관계를 다룬 〈디야*Diya*〉(1997/2001)를 제작했다. 이후 데이비드 맥두걸은 인도 엘리트학교의 사회적 미학을 다룬 〈둔 스쿨 연대기들〉을 제작했다. 맥두걸 부부는 2000년 초반까지 총 30여 편의 영화를 제작했다.

2
관찰적 시네마를 넘어 참여적 시네마로

맥두걸 부부는 1960년대 말부터 영화 제작 작업을 시작했다. 이때 서구에서는 이탈리아의 신사실주의를 필두로 미국의 다이렉트 시네마, 프랑스의 시네마 베리테와 누벨바그, 영국의 프리 시네마 그리고 독일의 뉴저먼 시네마 등의 영화운동이 폭발적으로 일어났다. 이 운동들은 극영화와 다큐멘터리의 낡은 범주와 관행을 해체하려고 했다.

맥두걸 부부도 자신만의 고유한 시네마 형식과 내용을 구축하고자 했는데, 이는 전통 인류학 연구 영역에서의 새로운 방법을 모색하는 것을 의미한다. 이 부부는 각기 별개로 발전해온 다양한 시네마의 운동과 과학적 민족지 전통을 접맥하려고 했다. 이들은 영화 제작 초기부터 자신들만의 명확한 철학을 가지고 있었는데, 이는 프로젝트 목적과 과정을 명시적으로 드러낼 뿐만 아니라 전편에서의 미흡한 부분을 보완하기 위해 끊임없이 새로운 시도를 하는 것이다. 일부 민족지영화 제작자들과 마찬가지로 데이비드 맥두걸은 저작과 논문을 통해 민족지영화 제작과정과 자신들의 태도를 드러냈는데, 이런 성찰적 태도는 그의 민족지영화 세계의 특징 중 하나이다. 데이비드 맥두걸은 극히 조심스럽고 인내심 있게 자신의 작업을 전개해나가는 방법을 취했는데, 이는 즉흥성과 촉발을 강조하는 장 루슈와 다른 점이다.

장 루슈와 맥두걸 사이에는 비전이나 지식에 대한 태도에서 근본적인 차이가 있다. 관객은 이런 차이점들 때문에 이 둘의 작품에 서로 다르게 반응한다. 루슈가 관객을 자신의 강력한 에너지와 카리스마로 사로잡는다면, 맥두걸은 차분함과 고상함으로 존경심을 자아낸다. 루슈는 낭만적 인류학의 중심으로부터 비켜난 인물 같은 느낌을 주지만, 맥두걸은 민족지영화를 통해 계몽주의 프로젝트를 완성하려는 느낌을 준다. 맥두걸의 영화는 루슈의 것보다 메시지가 비교적 명료하며, 이성을 통해 어둠을 쫓아버리고 싶어 하는 느낌을 받는다.

맥두걸은 특히 지식의 문제에 천착하고 있는데, 관객은 그의 영화를 통해 기존 의식이 해체되고 극적인 깨달음을 얻는 경우는 드물지만 비판적 실천 가능성을 경험한다. 맥두걸 부부는 관객에게 느낌이나 감성보다는 이성을 통해 스스로 그 의미를 깨닫고 이를 기반으로 실천에 나설 것을 촉구한다.

시대적 상황은 장 루슈와 맥두걸 부부에게 있어 민족지영화를 각기 표현하는 데도 일정 부분 역할을 했다. 장 루슈가 〈미친 주인들〉, 〈난 흑인〉 그리고 〈재규어〉 같은 혁신적인 민족지영화를 제작할 당시 아프리카 국가들이 식민 상태에서 독립하던 시기였고, 전 세계적으로는 낙관주의가 팽배해 있었다. 하지만 맥두걸이 영화를 제작할 시작할 때 국가권력이 강화되기 시작했고, 아프리카의 신흥 엘리트들이 형성되고 있었다. 아프리카에서 국민국가들이 탄생하면서 사회적 · 정치적 문제들이 잇따라 전면에 나타나기 시작한 시기였다.

1) 관찰적 시네마

바실 라이트Basil Wright의 〈실론의 노래*The Song of Ceylon*〉(1935)는 당시 만들어진 다큐멘터리영화 중에서 가장 아름답다는 칭송을 받기도 했는데, 이 영화는 그리어슨이 주도한 영국 다큐멘터리의 실험주의가 정점에 있을 때 제작되었다. 라이트는 다양한 리듬들과 사운드 그리고 이미지를 하나로 엮어서 복합적인 영상을 제작했다, 맥두걸은 라이트의 영화에 대해 다음과 같이 평가했다. "나는 당시 전체 시기를 통틀어서 이런 종류의 영화 중에서 (라이트의 영화가) 유일하게 뛰어나다고 생각한다. 나는 지성과 개인적 투자가 결합하여 이 영화에 근접하는 또 다른 영화를 생각할 수 없다."(Grimshaw 2001: 128) 이 영화가 제작되고 35년이 지난 후 맥두걸은 이 영화로부터 받은 영감 덕분에 첫 번째 민족지영화 〈가축들과 함께 살기: 지에에서의 건기〉를 제작했다.

이 영화는 우간다 북동부 지역에 사는 지에Jie 유목민에 관한 내용을 담고 있다. 이 영화의 큰 특징 중 하나는 사회적 배우의 대사를 영어 자막으로 처리한 점인데, 당시 이 작업은 매우 까다로웠다. 맥두걸은 이를 통해 사회적 배우의 목소리에 주체성을 부여했는데, 이 시도는 민족지영화 발달에 전기가 되었다(Grimshaw 2001: 125-27). 이 영화는 인류학적 지식을 새로운 방식으로 표현하려는 맥두걸의 새로운 노력이 엿보이는 작품이다. 영국의 민족지영화 제작자인 멜리사 르웰린-데이비스는 이 작품에 대해 다음과 같이 평했다.

> 나는 이 작품에 압도되었다. 그리고 나는 단지 사람들이 이야기하는 것을 당신이 카메라로 촬영할 수도 있고, 이를 스크린에 비춰주고 그리고 이

것이 전율을 느끼게 할 수도 있다는 점을 인식하지 못했다. 전체적인 진취성에는 진지함과 정직성이 있었다. 내가 본 것은 매우 독특했다(Grimshaw, Anna 2001: 125).

루슈의 작품이 기존의 형식을 넘어서고 싶어 하는 유럽대륙 사람들로부터 칭송을 받았던 반면, 맥두걸의 스타일은 영국의 민족지 연구 방식에 가까웠다. 〈가축들과 함께 살기〉는 이후 20년 동안 인류학 연구에 활기를 부여한 비전과 방법론 그리고 형이상학에 관한 중심 질문을 제기했다. 이 영화는 '균형', '변화들', '국가', '소의 가치' 그리고 '고향으로부터의 소식' 등의 총 다섯 장으로 구성되어 있는데, 각 장은 독립적인 에피소드다. 하지만 각 에피소드는 서로 연결되기 때문에 이들이 모여서 하나의 전체적인 메시지를 구성한다. 맥두걸 부부는 이미지, 텍스트, 자막 그리고 해설 등을 세심하게 접합시킴으로써 이야기를 전개하고 있다. 이 영화는 일련의 연상들과 패턴들을 중첩하는 방식으로 대비와 조화의 관계 속에서 의미들을 표현하고 있다. 이 영화는 사람들과 가축들 한가운데에 카메라를 위치시키고 분주하게 일어나고 있는 일상 행위들을 촬영하는 등과 같이 전형적인 관찰적 스타일로 촬영되었다. 맥두걸 부부는 이 스타일을 통해 세상에서 지에 사회가 어떻게 존재하고 있으며, 과거와 현재, 지에족과 이웃 부족 사람들, 유목민과 새로운 국가 그리고 인간과 자연 사이에 존재하는 관계가 얼마나 깨지기 쉬운 것인지를 보여주고 있다.

영화의 첫 시퀀스는 맥두걸 부부의 독특한 영화 제작 스타일을 보여준다. 이들 부부는 사회적 배우뿐만 아니라 마을 주민과도 친밀한 관계를 유지하고 있는데, 치밀한 관찰을 통해 세부적인 일상생활까지 그려내고 있다. 또한 맥두걸 부부는 자신들의 주장이나 해석을 암시하기 위해 익스텐

디드 신extended scene을 사용하고 있는데, 당시 민족지영화에서는 보기 드문 표현 방식이었다. 맥두걸은 영화의 강력한 힘은 이미지들에 달려 있다고 믿고 있었는데, 이 점은 당시 대부분의 영상인류학자가 생각하고 있는 것과는 반대였다.

일례로 영화의 클라이맥스에서 먼지바람이 들판을 가로질러 휩쓸고 지나가는데, 이는 외부의 거대한 힘에 의해 부서지기 쉬운 지에 사회를 은유적으로 표현하고 있다. 맥두걸은 여러 측면에서 중앙정부의 일상적인 폭력이 이 사회를 얼마나 황폐화시키고 있는지를 보여주고 있는데, 그는 조용하고 고귀한 유목민의 삶과 미지의 외부 강압적인 힘을 대비시키고 있다. 하지만 맥두걸은 새로운 국가질서를 대표하는 등장인물들을 간사하거나 악질이 아니라, 단지 미숙한 사람으로 보여주고 있다. 이들은 자신들의 인간성을 정치적 슬로건이나 관료주의와 맞바꾸는 천박한 사람들이다. 〈가축들과 함께 살기〉는 동아프리카의 특정한 역사적 순간을 담고 있는데, 이는 독립 후 당시 유럽과 아프리카인 사이에 널리 확산되고 있던 진보에 대한 순진한 생각에 의문을 제기하기 위해서였다. 개발과 국가적 정체성에 관한 논쟁도 영화 속에 담겨 있는데, 맥두걸은 당시 대다수 다큐멘터리 제작자들과 마찬가지로 권위적이고 교육적인 형식과는 거리를 두었지만, 영화로 인한 책임감을 포기하지는 않았다.

관찰적 시네마는 1960년대 후반 UCLA의 작은 집단이 개발한 영화제작 방법으로 말리노프스키식의 현지조사 방법론과 다이렉트 시네마를 융합했다. 맥두걸, 콜린 영, 데이비드 핸콕 등은 이탈리아 신사실주의처럼 관념보다는 인간의 실제적인 삶에 관심을 가졌으며, 작은 규모의 제작진과 가볍고 이동이 쉬운 장비 그리고 동시녹음 카메라를 가지고 이를 담아내려고 했다. 맥두걸 부부의 주된 방법은 관찰이었는데, 이들은 사회적 배우나 커뮤니티 구성원에 대해 겸손과 존경의 마음을 가지고 있었다. 제작자와 대상의 변화된 관계와 주제의식은 카메라 워크와 사운드 녹음과 편집에서 변화를 초래했다. 이들은 문화적 패턴을 분석하기보다는 개인의 고유성을 담아내기 위해 롱테이크 촬영을 선호했는데, 쇼트를 분절하여 붙이기보다는 긴 단일 쇼트로 행위를 완결 지으려고 했다.

제작자와 사회적 배우 사이에는 열린 의사소통과 친밀함이 중시되었고, 영화에 대한 윤리적 책임도 강조했다. 하지만 루슈의 영화 제작 방법과는 달리 관찰적 시네마의 사회적 배우들은 촬영과 편집에 적극적으로 개입할 수 없었는데, 진정성을 담보하는 최종책임자는 제작자였기 때문이다. 관찰적 영화 제작자는 도덕적 수호자로서 영화 속의 인물과 관객 사이를 매개하는 역할을 하는데, 이들은 이전의 해설적인 다큐멘터리와는 달리 본질적인 것을 관찰을 통해 드러냄으로써 이를 달성하고자 했다. 제작자들은 관객의 능동적인 수용태도를 전제로 영화를 제작했는데, 관객에게는 제작자가 영화에서 제시하는 단서와 세부적인 요소들을 스스로 조합하여 자신만의 결론을 내는 것이 기대되었다.

관찰적 시네마는 일상생활의 특징과 특정한 상황이나 만남에서 나오는 미묘한 느낌을 시각적 · 청각적 디테일을 통해 전달했다. 이는 우리가 낯선 사람을 처음으로 만났을 때의 시각적 · 청각적 행동과 유사하다. 또한 카메라는 최대한 조용하게 최소한의 움직임만으로 촬영하는데, 이 역시 우리가 존경심을 가진 사람 앞에서 하는 행동이기도 하다. 맥두걸은 다양하고 풍부한 내용을 겹겹이 쌓아서 관객에게 보여주는데, 이는 영화의 진정성을 담보하기 위해서였다. 말리노프스키도 자신의 저서 『서태평양의 항해자들』에서 이와 같은 방법을 사용했다. 하지만 말리노프스키는 약간 산만하게 다층적인 모습을 보여주었다면, 맥두걸은 조용하고 차분하게 이를 보여주었다. 그렇기 때문에 맥두걸의 영화는 내용이 단순하게 잘 정돈된 느낌을 주는 반면, 말리노프스키의 민족지에는 혼란스러움이 있다. 하지만 맥두걸의 영화에는 이런 단순한 구조 밑에 복잡성이 숨겨져 있는데, 이를 관객이 파악해내기란 쉽지 않다.

그림쇼는 〈가축들과 함께 살기〉를 영상제작 방법론이 아니라 형이상학적 측면에서 관찰적 영화로 분류하고 있다. 그에 따르면 이 영화는 사람들을 심층적으로 관찰하여 사람과 삶의 디테일을 명증하고 통합적으로 제시하고 있는데, 이 때문에 이들은 '저기 밖'이 아니라 '지금 여기'에 있는 존재로 인식하게 된다. 관객은 이런 디테일들을 찬찬히 관찰함으로써 보편적 상징을 알게되며, 이는 문화적 차이를 넘어서는 관계의 공유로 이어지게 된다. 이런 의미에서 〈가축들과 함께 살기〉는 혁신적인 개념의 영화이며, 이는 관찰적 시네마의 장점이기도 하다.

맥두걸 부부는 원래 지에 지역에서 다양한 주제로 여러 편의 영화 제작을 계획했는데, 정치적 혼란 때문에 자신들의 안전을 위협받는 상황이 벌어졌다. 민족지영화 제작 작업이 더는 가능하지 않게 되자, 이들은 케냐의 투르카나 사회로 갔다. 지에와 투르카나는 국경을 사이에 두고 살고 있었는데, 모두 유목민이라는 공통점이 있었다.

2) 참여적 시네마와 특권 없는 카메라 스타일

빌 니콜스는 맥두걸 부부의 대표작인 투르카나 3부작에 대해 다음과 같이 평하고 있다.

《투르카나 3부작》에서 중간자막과 이들의 모의 인터뷰mock interview 구조는 전지전능한 인식으로부터 이슈를 제기하기보다는 사람과 장소의 상세함과 연결되어 있다. 이들은 개입 행위로부터 특정한 의미가 어떻게 생산되는지를 명확하게 자각하게 한다. 이것은 거대한 폭로가 아니라 단순한 진실로 보여준다. 이 점이 다큐멘터리영화에서 주목할 만한 희귀성이다(Nichols 1991: 51).

맥두걸 부부는 영화 제작 초기부터 자신들만의 명확한 철학을 가지고 있었고, 자신들의 프로젝트를 명시적으로 드러낼 뿐만 아니라 전편에서의 미흡한 부분을 극복하기 위해 끊임없이 노력했다. 데이비드 맥두걸이 자신의 저작과 논문을 통해 강조하는 성찰적 태도와 극히 조심스럽고 인내심 있게 자신의 작업을 전개해나가는 방법은 이전의 인류학자들의 태도와는 다른 면이다. 이들은 지칠 줄 모르고 진실, 지식 그리고 리얼리티와 관련된 질문에 대한 해답을 추구하는데, 이 점이 이들의 영화 세계를 이해하기 힘들게 한다. 맥두걸 부부는 지식의 문제에 대해 헌신했지만, 이들의 영화에서는 몸과 마음이 해체되고 극적인 깨달음을 얻는 경우는 드물다. 그 대신에 이들은 비판적 이성의 실천을 위한 공간을 창조해내고, 관객은 자신의 이성과 인지적 능력을 이용하여 스스로 이해할 것을 요구받는다. 이 점이 맥두걸 영화의 특징이다. 이들 부부는 관객의 감성보다는 이성에 호소하고 있다. 이들의 영화 세계를 특징짓는 또 다른 특징은 "특권 없는 카메라unpriviledged camera style"와 참여적 시네마다.

맥두걸이 관찰적 시네마에서 참여적 시네마로 제작 방식을 바꾼 것은 관찰적 시네마의 한계를 경험했기 때문이다. 그가 느낀 한계는 맥두걸의 특권적 카메라 스타일privileged camera style 개념 안에 함축되어 있다. 특권적 카메라는 '괴리된 카메라disembodied camera'를 의미하는데, 이는 난로에서 거실의 남녀를 보여주는 것처럼 인간의 시선이나 비전 그리고 시간과 장소를 초월하여 촬영하는 것을 의미한다.

뤼미에르 형제가 삼각대 위에 카메라를 거치하고 고정시점으로 촬영하던 '원시적' 시네마와 달리 특권적 촬영 방식은 시점과 시선이 역동적이었기 때문에 당시 극영화 세계에서는 커다란 혁신으로 받아들여졌다. 하지만 맥두걸은 이런 촬영 스타일 뒤에 숨겨져 있는 권력의 문제에 이의를 제기했다. 영화 속에서 카메라가 어디에나 존재할 수 있으며, 어디에서나 촬영하는 것은 인간의 시점이 아니라 신의 시점이다. 이런 특권적 카메라 스타일은 감시와 스파이의 시선이며, 인간을 대상화하여 촬영하는 방식이다. 맥두걸은 지에 사회를 관찰적 스타일로 제작하면서 이 점을 깨달았고,《투르카나》연작에서는 "특권 없는 스타일로 촬영한다. 특권 없는 스타일의 요체는 카메라를 인간화하는 것이다. 이는 영화의 주관적 특성을 인정하는 것을 의미하는데, 영화 제작자도 인간이기 때문에 실수하며, 우연에 의해 지배되고, 특정한 물리적 공간과 사회 안에 뿌리를 두고 있어 인식의 한계를 가진 존재라는 것을 인정하는 것이다."(MacDougall 1982: 8-10)

관찰적 시네마에서 참여적 시네마로의 전환에는 대화conversation가 특히 중요한 위치를 점하고 있는데, 이는 비전에서 말voice로 이동하는 것을 의미한다. 대화는 비공식성과 즉흥성 그리고 열린 상호작용을 의미하며, 영화 제작자, 사회적 배우 그리고 관객이 모두 대화에 참여하는데, 참여적 시네마에서의 대화는 서로 다른 당사자들 간의 단순한 정보교환이 아니다(Clifford 1995). 대화를 통해 관계와 과정이 시작하고, 여기서 지식이 만들어질 수 있다. 맥두걸은 그리피스 이후로 정교화된 영상미학 일부와 자신의 초기 인류학적 조사 방법을 포기했다. 영화적으로 본다면 그는 이탈리아의 신사실주의 또는 앙드레 바쟁 식의 스타일을 포기하고, 미국의 로버트 드류 식의 텔레비전 다큐멘터리의 라이브 액션live action 방식을 선택한 것이다. 인류학적으로 본다면, 그는 〈가축들과 함께 살기〉에서는 말리노프스키나 래드클리프-브라운 식의 현지조사를 했지만 《투르카나 3부작》에서는 맥스 글럭맨Max Gluckman의 사회적 드라마 시각을 전유했다.

맥두걸이 《투르카나 3부작》에서 보여준 형이상학적 개념 변화는 당시 인류학 연구 경향과 그 궤를 같이한다. 맥두걸이 케냐의 유목민을 대상으로 한 민족지영화 제작과 글럭맨이 잠비아의 은뎀부 부족에서 한 현지조사 사이에는 유사한 점들이 있다. 방법론적으로는 원칙들과 실천, 이상과 현실의 변증법이다. 맨체스터학파 사람들과 마찬가지로 맥두걸은 위기와 갈등의 순간에 초점을 맞추었는데, 이는 일반적으로 사회적 삶의 역동성이 이 순간에 더 잘 드러나기 때문이다. 글럭맨의 절충적 접근은 이전의 구조기능주의적 시각보다 주관성과 사회를 그려내는 데 더 적합했다.

〈가축들과 함께 살기〉에서 지에 사회는 통합성이 강조되고 있는데, 외부세계는 변화하고 있지만 지에 사회는 자신의 고유한 역동성과 리듬에 따라 유지되는, 즉 뒤르켐 식의 조화를 이루면서 사는 유기체로 그려지고 있다. 맥두걸은 이상적인 지에 사회를 자신의 머릿속에 그리고, 지에 사람들을 이 안에 위치 지우고 있는데, 이는 전형적인 구제인류학적 패러다임이다(MacDougall 1975: 109-24). 하지만 《투르카나 3부작》에서 드러나는 인간의 모습은 다르다. 사회적 드라마 이론에서처럼 사람들은 진짜 살아 움직이고, 이들의 행동은 서로 경합하면서 조정된다. 이로써 기존 인류학에서 종종 간과되어온 구조와 주체들 간의 상호작용이 드러나고 있다. 맥두걸은 투르카나 사회를 경합의 장으로 열어 보였지만, 거대한 외부세계와는 단절시키고 있다.

맥두걸은 〈가축들과 함께 살기〉에서 지에 사회가 불안정한 사회로 통합되어가는 것을 이야기했지만, 《투르카나 3부작》에서는 현대의 거대한 흐름과는 단절되어 있으나 내적으로는 역동성을 가진 모습으로 그렸다. 어쩌면 이런 맥두걸의 제작 방식은 투르카나 사회가 더 넓은 외부 사회 또는 역사의 거대한 흐름과 관계 맺는 모습을 담아내기에는 한계를 가졌는지도 모른다. 맥두걸은 《투르카나 3부작》에서 사회적 배우들의 다양한 불협화음을 들려주고 있는데, 이는 사회적 배우에게 주체성을 부여하는 획기적인 시도였지만 이들 사회적 배우의 목소리가 일방적으로 작동한다는 비판도 있다(Grimshaw 2001: 124-33).

콜린 영은 〈부인들 가운데 어떤 부인: 결혼에 관한 메모들〉의 시작장면을 두 문화가 서로 바라보는 성찰적 시퀀스라고 평했다. 영은 "맥두걸 안에 두 개의 서로 분리된 문화 차원이 공존하고 있는데, 한 차원에서는 문화와 사회에 대한 견해를 구체적인 것으로 간주하고, 또 다른 차원에서 그는 인간의 공통성에 대해 비전을 포기한 것처럼 보인다"고 했다(Young 1982: 5-6). 영은 《투르카나 3부작》에서 대상과 지식으로서의 문화 그리고 연행과 정치로서의 문화가 서로 모순되게 존재하고 있는데, 이런 모순 때문에 진정한 의미의 '참여적 시네마'가 되지 못하고 있다고 비평했다(Young, Colin 1982: 7). 《투르카나 3부작》은 관찰적 시네마의 한계를 극복하기 위한 하나의 실험이었으며, 이를 기반으로 새로운 참여적 스타일을 구체화할 수 있었다. 그의 참여적 스타일에는 아직도 관찰적 스타일의 요소들이 남아 있지만, 과정에 초점을 맞추고 민족지적 만남을 통해 협상된 다양한 사회적 관계들을 표현한 점은 작지 않은 혁신이다.

3
행동 민족지영화

2000년대 들어서서 맥두걸이 영상인류학의 정체성에 대한 구체적이고 실천적인 대안을 모색하는데, 이런 모색은 호주에서의 경험이 기반이 되었다. 맥두걸은 호주에서 또 다른 새로운 실험을 한다. 맥두걸 부부는 호주 애버리지니에 관한 영상을 촬영했는데, 이 과정에서 이들은 애버리지니가 자기의 목소리를 낼 수 없는 현실을 목격하고, 인류학자로서의 윤리적 의무에 따라 민족지영화를 제작했다. 이들이 가졌던 문제의식과 해법은 행동인류학action anthropology과 거의 동일하기 때문에 맥두걸의 민족지영화를 '행동 민족지영화'라고 부를 수도 있다. 행동인류학자들도 현지조사와 자료 수집 그리고 이론을 토대로 학문적 연구를 하지만, 이들은 어려움에 부닥친 연구 대상자 또는 연구대상 지역민을 도와서 이들이 특정한 목적이나 요구를 성취하도록 도와준다. 행동인류학자는 자기가 설정한 어젠다나 학문적 목적을 위해 '가치중립적'으로 연구하기보다는 현지민이 처한 어려움을 함께 고민하고, 이들의 문제를 해결하기 위해 도움을 주려고 노력하는 사람들이다. 맥두걸은 이런 의미에서 행동 민족지영화 〈양도*Takeover*〉를 제작하게 되었다.

20세기 초부터 연합교회Uniting Church가 애러쿤 애버리지니 보호구역Aurukun Aboriginal Reserve을 관리하고 있었었는데, 호주의 퀸즐랜드 주정부는 1978년 3월 1일 케이프요크Cape York의 보호구역 관리권을 넘겨받겠다고 일방적으로 발표했다. 광산업자와 정부는 애러쿤 지역에 경제적 관심이 많았는데, 연합교회는 애버리지니를 위해 이들의 개입을 막아주었다. 보호구역에 사는 주민은 풍부한 보크사이트 때문에 퀸즐랜드 주정부가 보호구역을 관리하고 싶어 한다는 사실을 알고 있었다. 그리고 언젠가는 이 자원 때문에 자신들이 여기서 쫓겨나고, 공동체가 붕괴될 것이라는 사실도 예감하고 있었다. 여기서 갈등이 시작되었는데, 갈등이 심각해지자 중앙정부가 개입하여 원주민 손을 들어주었다. 그러자 문제는 더 심각해졌고, 전국적인 쟁점이 되었다. 〈양도〉는 한창 문제가 심각했던 3주 동안 애러쿤에서 어떤 일이 벌어졌으며, 정치가와 언론인들이 애버리지니와 어떤 관계를 맺고 있었는지를 보여주고 있다.

이 영화는 애버리지니 연구 호주연구소Australian Institute of Aboriginal Studies(AIAS) 산하 영화국에서 제작한 영화 중에서 중요한 작품으로 평가받고 있다. 〈양도〉는 정치가와 관료가 내리는 신중치 못한 결정이 애버리지니 커뮤니티에 어떤 영향을 끼치고 있는지를 보여주고 있다. 이 영화는 특정한 시기와 장소에 벌어진 강력한 (지방)정부와 소수자 선주민 사이의 갈등을 다루고 있지만, 시공간을 초월한 보편적인 생명력을 가지고 있다. 공권력과 소수자 간의 갈등은 전 세계적으로 이미 흔한 일상이 되어버렸기 때문이다. 커뮤니티를 지지하는 사람들이 양도에 저항하는 운동을 벌이고 법률가, 정치인, 교회 관계자, 정부 자문단 그리고 주요 언론인들이 애버리지니 의회와 커뮤니티와 대화하기 위해 모여들었다. 지방정부는 자신들의 태도를 굽히려고 하지 않았으며, 중앙정부는 애버리지니 커뮤니티와 충분한 상의와 동의 없이 타협안을 만들었다. 〈양도〉는 애버리지니 커뮤니티가 자신들의 전통문화를 보호하고 지방정부와의 관계를 우호적으로 유지하려는 노력에 대한 정치인과 기업인의 배반을 담고 있다.

1970년대 말 맥두걸 부부는 애버리지니 연구 호주 연구소와 협동작업을 시작했다. 이 연구소는 애버리지니 문화를 영화로 기록하려 했는데, 일종의 구제인류학 프로젝트였다. 하지만 이 프로젝트는 서구문화와의 접촉 이전의 애버리지니 문화를 재구성하려는 것에서 현재 애버리지니 경험을 사실적으로 기록하는 것으로 방향을 전환했다. 동아프리카 사람들은 맥두걸의 영화 제작 작업에 대해 그다지 큰 관심을 보이지 않았지만, 호주 원주민은 미디어의 정치적 영향력을 잘 알고 있었기 때문에 영화 제작 작업에 깊은 관심을 보였다. 맥두걸 부부는 애버리지니 커뮤니티의 의뢰를 받고 자신의 영화 세계에서 처음으로 정치적 민족지영화를 제작했다.

영상인류학자 대부분은 정치적으로 민감한 주제에 대해 스스로 눈을 감고 외면하거나, 단순히 사건을 기록하는 것에 머무는 경향이 있다. 하지만 일부 영상인류학자들은 소수자의 편에 서서 기꺼이 정치적 투사가 되는 것을 자처했는데, 〈양도〉는 기록과 정치적 도구라는 두 가지 측면을 모두 충족시키는 민족지영화다. 에러쿤 애버리지니는 자신들의 지역에 대한 지방정부의 결정을 지역 라디오를 통해 처음 들었다. 주정부는 연합교회의 무능 때문에 이 지역 관리권을 다시 넘겨받겠다고 주장했지만, 애버리지니 대부분은 풍부한 보크사이트 때문에 이런 일이 벌어지고 있다는 사실을 잘 알고 있었다. 또한 이들은 이전의 다른 애버리지니 집단처럼 자신들도 곧 여기서 쫓겨나 다른 곳으로 소개될 것이라는 사실도 잘 알고 있다. 따라서 이들은 투쟁하기로 결정했고, 맥두걸 부부는 이들이 벌이는 힘겨운 싸움을 영화로 기록하는 것으로 싸움에 동참했다.

애러쿤 영화 프로젝트는 맥두걸 부부가 애버리지니 커뮤니티 사람들과 이야기를 나누는 과정에서 성사되었다. 맥두걸 부부와 애러쿤 주민은 제작자가 아니라 지역주민이 주체가 되고, 상호협력을 통해 영화가 제작되어야 한다는 점에 동의했다. 맥두걸 부부는 동아프리카와 달리 애러쿤에서는 지역 사람들의 이해관계와 관심사에 의해 영화가 구성되길 바랐다. 맥두걸 부부는 새로운 상황을 담아낼 수 있는 방법론 개발에도 관심을 보였는데, 이는 이전 작품에서와는 달리 서로 다른 이해관계들을 가진 사람들을 영화 속에서 묶어내야 했기 때문이다. 이런 조건 덕분에 영화 제작에서의 협력과정이 한 걸음 더 발전하게 되었다.

맥두걸 부부의 작업조건은 동아프리카에서부터 추구하던 방법론의 혁신을 심화할 계기가 되었다. 이들은 개별 주체들의 목소리에 특권을 부여하는 참여적 시네마 형식을 발전시키려고 했는데, 애러쿤 프로젝트에서 그 출발점은 대화였다. 하지만 이전 투르카나 3부작과 달리, 애버리지니 영화에서 대화는 "선험적 지식 전달" 수단이 아니라 "새로운 지식이 우리를 놀라움으로 이끌 수 있는" 조건들을 창조하는 수단이었다(MacDougall 1998: 163). 이런 방법론 변화는 동아프리카 유목민과 호주의 애버리지니 상황이 서로 다르기 때문인데, 지에나 투르카나와는 달리 애러쿤의 문제는 격리 또는 고립된 집단 차원에서 이해해서는 안 되었을 뿐만 아니라 더더욱 자신의 문화적 정체성이나 통합을 유지하기 위한 노력으로 재현할 수도 없었다. 애러쿤 애버리지니에게 역사와 국가 정치는 삶의 밖이 아니라 한가운데 있는 것이었다.

애러쿤 시리즈는 〈친숙한 장소들*Familiar Places*〉(1980), 〈하우스 오프닝〉, 〈세 명의 기수들*Three Horsemen*〉 그리고 〈양도〉의 네 편으로 구성되어 있다. 이전의 동아프리카 3부작들과 마찬가지로 애러쿤 시리즈도 각 편이 서로 역할을 분담하여 복합적이고 유동적인 애러쿤에서의 복합적인 관계를 보여주고 있다. 즉 과거와 현재, 주변 경관과 정착지, 인간들과 정령들, 애버리지니 사람들과 백인 정착민들, 애버리지니 커뮤니티와 인류학자들, 그리고 애버리지니 커뮤니티 자체 내 또는 커뮤니티 간의 관계들이 그것이다. 애버리지니 커뮤니티가 세상과의 관계를 재정의하고 새롭게 재도전할 수 있도록 하기 위해 맥두걸 부부는 애버리지니 스스로 자신의 경험을 불러내어 자기의 개념과 용어로 이야기하도록 고무했다. 독백, 대화, 연설, 논쟁, 주장 등과 같이 다양한 발화행위는 애러쿤 사회의 관계가 얼마나 복잡한지를 보여주는 창이다.

친숙한 장소들의 중심 모티프는 대화다. 영화 속의 등장인물은 애버리지니 가족의 다양한 세대 구성원과 인류학자인 피터 서튼Peter Sutton 그리고 맥두걸 부부다. 이들의 관심사는 경관을 사상(寫像, mapping)하는 행위에 집중되어 있는데, 안건들은 서로 중첩되지만 그 내용이 동일하거나 유사하지 않다. 참가자들은 카메라, 녹음기, 라디오, 기억 등과 같이 상이한 기술들을 사용하여 형식과 내용에서 변별성을 보여주고 있다. 맥두걸은 동아프리카에서도 각 주체들이 세상에 대해 변별적인 지향성을 가지고 있다는 점을 보여주기 위해 사상 기법을 사용했지만, 이는 영화에서 본질적인 관심을 찾기 위한 예비조사 성격이었다. 하지만 그는 〈친숙한 장소들〉에서 저 너머에 단일한 문화가 존재하고, 한 사람이 이를 접합하여 보여줄 수 있다는 가정을 포기했다. 따라서 이 영화는 유동적이고 구성적이라는 관점에서 문화에 접근하고 있으며, 경관은 정체성과 문화의 활동무대가 아니라 경합의 중심 무대가 되었다.

맥두걸 부부는 〈친숙한 장소들〉에서 지적인 관심사와 형식적 특성을 결합했는데, 대화는 사회적 경관, 다른 관계들의 성립과 네트워크의 사상에 관한 것을 드러내고 있다. 물질적 행위와 마찬가지로 대화로서의 문화는 열린 결말이고 미완이다. 여기에서 인류학자와 영화 제작자는 애버리지니의 메시지를 전달하는 중요한 채널이 되며, 영화 속 애버리지니는 더 많은 관객과 대화를 시도할 수 있게 된다. 또한 〈친숙한 장소들〉은 토론의 장만을 여는 것을 넘어서서 애버리지니 커뮤니티, 호주의 백인 그리고 저 너머에 사는 사람들에게 세상에서의 특정한 정의가 무엇인지를 이야기하고 있다.

〈양도〉는 애버리지니 영화 시리즈의 마지막 편이며, 가장 유명한 작품이다. 이 영화는 애러쿤 커뮤니티 구성원들이 퀸즐랜드 주정부가 일방적으로 내린 결정에 대항해 조직적으로 벌이는 정치적 저항운동을 다루고 있는데, 데이비드 맥두걸은 이 영화에서 세상은 서로 다른 이야기와 행위를 매개로 구성된다는 생각을 구체화했다(Grimshaw 2001: 142-45). 이 영화의 정점은 지역민들이 애러쿤 관리권을 접수하러 올지도 모를 주정부 관리를 초조하게 기다라는 모습인데, 관리권은 당시 호주의 심장부에서 벌어지고 있는 갈등의 원천이기도 했다. 자결권을 둘러싼 애러쿤에서의 싸움을 위해 교회, 주정부, 중앙정부, 미디어, 백인 동조자들, 그리고 애버리지니 사람들이 모였다. 이들은 서로 다른 이해관계를 가지고 있었지만 서로 연대하고 있다. 맥두걸은 이 정치적 과정을 통해 사회의 다성성과 담론들의 복잡성을 드러냈다. 〈가축들과 함께 살기〉와 마찬가지로 〈양도〉도 현대의 한순간을 다루고 있으며, 주변인과 관료들 사이의 힘의 역학관계를 고찰하고 있다. 하지만 이 두 편의 영화 사이에는 차이점이 있는데, 지에 유목민과 달리 애러쿤의 애버리지니는 쉽게 소수 정부 관리의 먹잇감이 되지 않는다. 애버리지니는 자신들의 문제를 호주 사회의 정치적 중심 이슈로 부각하여 자신들의 이해관계를 관철하고자 한다.

〈양도〉는 다양한 주체들의 다성성이 드러나기 때문에 맥두걸 부부가 만든 영화들 가운데 가장 수다스럽고, 시각 이미지는 상대적으로 약하다. 이 영화에서 가장 인상적인 부분은 정부 대표인 포터가 애러쿤 사람들에게 하는 연설일 것이다. 포터는 맥두걸 부부가 실내에서 열리는 회의에 참석하는 것을 금지했지만, 실외에서 카메라로 촬영하는 것은 허락했다. 따라서 창문 너머로 포터가 연설하는 장면을 촬영할 수는 있었지만, 목소리는 담을 수 없었다. 이는 정신과 육신이 분리된 관료주의를 은유적으로 보여주며, 호주의 정치적 리얼리티이기도 하다. 맥두걸 부부는 연설에 참석하지 못한 구성원과 함께 원주민이 현장에서 녹음한 연설을 듣고서야 그 내용을 알게 된다.

문화적 또는 정치적 리얼리티는 갑자기 나타나기도 하고, 예상외로 중단되기도 한다. 데이비드 맥두걸은 〈양도〉에서 민족지영화의 혁신적 재현 기술 문제 이외에도 '누가 무엇을 누구를 위해 말하고 있는가?'라는 문제에 천착하고 있다(Grimshaw 2001: 127). 〈양도〉는 해설적 스타일로 구성되어 있는데, 애러쿤 지역의 정치 지도자인 프랜시스 윤카포르타Francis Yunkaporta가 해설을 담당하고 있다. 이런 시도는 맥두걸 영화에서는 최초이지만, 장 루슈의 영화에서는 종종 발견할 수 있다.

4
새로운 영상인류학을 위해

1975년 호킹스의 책이 발간되면서 본격적인 영상인류학의 시대가 열렸다. 이로부터 영상인류학의 정체성에 대한 논의가 시작되었는데, 지금까지 영상인류학의 핵을 이루던 민족지영화는 주로 교육과 연구에서 보조자료로 사용되었다. 인류학자들 대부분은 영상만으로 인류학의 복잡하고 추상적인 지식을 잘 전달할 수 없다고 생각했다. 실제로 민족지영화는 문자텍스트와 비교할 수 없을 정도로 인류학 연구와 교육에서 변방의 위치를 차지했다.

크로퍼드는 1940년 제작된 베이트슨과 미드의 〈아동기 경쟁*Childhood Rivalry*〉과 1970년대의 맥두걸의 작품을 비교했다. 그는 30여 년 동안 이 둘 사이의 시네마 기술과 예술적 작품성이 높아졌으며, 자신은 새로운 영상기술을 활용한 예술성을 선호한다고 했다(Crawford 1992: 76). 하지만 이들의 민족지영화는 그 목적이 사뭇 다르기 때문에 단순 비교할 수는 없다. 미드는 영상을 연구 자료 수집과 발견을 위해 사용했는데(Mead 1962), 콜리어는 미드와 베이트슨이 생각하는 민족지영화의 목적을 다음과 같이 설명하고 있다.

영화 자료들은 (……) 행동들을 필름에 기록함으로써 다른 분과학문의 이론적 통찰에 호응하는 방법을 탐구하고, 새로운 가설을 탐구하기 위한 끊임없는 원천을 제공한다. 다른 새로운 자료들을 참고하면서 반복적으로 시청할 수 있으므로 (새로운) 방법으로 탐구가 가능하게 했다. (……) (미드와 베이트슨은) 카메라로 아동발달을 연구했다(Collier 1986: 74).

베이트슨과 미드는 팀을 이루어 영화를 과학적 연구 목적으로 이용했는데, 그 목적은 체계적이고 비교론적인 민족지 연구였다. 미드는 다큐멘터리영화나 예술적 사진을 제작할 목적으로 촬영하지 않았기 때문에 규범에 촬영의 우선권을 두었고, 발리인의 규범적 행동을 영상으로 다양하게 채집했다(Bateson & Mead 1942: 49). 영상 채집에서 기준이 되는 것은 행동과 사건들의 상대적 단계였다. 하지만 당시나 지금의 다큐멘터리 제작에서 이 점은 그다지 중요하지 않다.

이에 반해 맥두걸의 민족지영화 목적은 다큐멘터리처럼 인간의 삶과 문화를 인류학적 시각에서 영상으로 포착하는 것이다. 맥두걸은 투르카나 3부작을 촬영하면서 영상미학에 많은 신경을 썼으며 극영화에서 발전시킨 여러 관습도 사용했지만, 그의 영화에는 중요한 민족지적 가치가 포함되어 있다. 루비는 맥두걸의 프로젝트를 "이국적인 사람들의 문화에 대한 다큐멘터리 또는 문화에 대한 영화"라고 비평하면서도 그의 영화는 다큐멘터리와 민족지영화 세계 모두에서 변방의 위치를 점하고 있다고 혹평했다(Ruby 2000: 34). 루비가 맥두걸의 영화를 민족지영화로 인정하기에는 영상미학이 과도했던 것이다.

이에 대해 맥두걸은 자신의 민족지영화를 시네마 안에 위치시키면서 영화를 문화적 인공물로 바라볼 것을 요구했다. 맥두걸은 민족지영화가

"신화, 암각화 또는 정부문서처럼 사회과학을 위한 데이터의 원천으로" 복무할 수도 있다고 주장했다(Ruby 2000: 34). 맥두걸과 마찬가지로 로이조스도 민족지영화를 일종의 다큐멘터리, 즉 시네마의 관점에서 보아야 하며, 게토문화로 편협하게 관심을 좁히고 이에 적합한 것만을 민족지영화라고 한정해서는 안 된다고 주장했다(Loizos 1993: 7-9). 이 논쟁에서의 핵심은 민족지영화가 영상미학과 인류학 지식 가운데 어디에 우선순위를 두어야 하는가 하는 점이다. 만일 영상미학에 우선권을 둔다면 이는 시네마가 될 것이며, 인류학 지식에 중점을 둔다면 인류학의 보조수단 지위에서 벗어나지 못할 것이다. 그렇다면 이 둘을 충족시키는 접점을 찾는 것은 불가능한 것인가?

인류학과 시네마티즘cinematism은 분명히 다르지만, 민족지영화에서도 다큐멘터리와 같이 시네마와 민족지의 질 모두를 동시에 강조할 수 있다. 1980년대 상당수 인류학자는 정보제공자들을 우주관, 신화, 경제적 데이터 그리고 친족 체계에 대한 정보를 제공하는 사람 이상으로 보았다(Loizos 1993: 80). 이들의 목소리가 민족지에도 포함되어 있는데, 이는 인류학의 핵심적인 시각이며 가치였다. 전통적인 민족지에서 성, 음식, 육아 양육 등과 마찬가지로 시, 회화, 소설, 그리고 노래도 빠지지 않고 분석되었다. 가장 좁게 민족지영화의 범주를 정의하는 인류학자 중의 한 명인 하이더도 인도네시아에서 시네마가 국민문화의 창으로서 작동하고 있다는 점을 보여주었다(Heider 1991). 뱅크스와 모르피는 인류학과 현지인의 실천 사이에서 어느 하나가 다른 것을 압도해서는 안 된다고 주장했다(Banks & Morphy 1997: 21). 인간사회에서 예술은 매우 중요한 영역이며, 인간은 예술적 실천을 통해 자아완성을 향해 한 걸음 더 나아가며, 문화적 정체성도 형성해간다.

맥두걸은 민족지영화가 스스로 독립적으로 존재할 수 있다고 생각했고, 자신의 영화를 통해 증명해 보이고자 했다. 또한 그는 민족지영화가 문자텍스트로 쓰인 민족지와의 변별성을 찾기 위해 노력했는데, 민족지영화가 인류학의 연구분야 중에서 가장 많은 장점을 가진 것을 입증하기 위해 노력했다. 맥두걸은 『신체적 이미지*The Corporeal Image*』(2006)와 〈둔 스쿨 연대기〉에서 이것이 어떻게 가능하고, 인류학적으로 의미가 있는지를 밝히고 있다. 맥두걸은 인류학에서 시청각 매체는 중요한 영역이었으며, 현재 그 내용과 관련하여 중요한 전환이 일어나고 있다고 했다. 기존의 인류학이 경시하던 '감각적 지식'이 부상하고 있는데, 사람들은 이 지식을 통해 물질적 환경, 문화 그리고 다른 사람들과 상호작용을 하고 있다는 사실을 이해하기 시작했기 때문이다.

영화는 '전 언어적prelinguistic' · 형이하학적 형식이고, 말이 아니라 객체로서 우리를 폭격한다. 맥두걸은 "영화는 지식도 아니고, 언술, 번역 그리고 코드도 아니다"라는 질 들뢰즈의 말에 동의를 표하고 있다. 맥두걸은 영화는 무엇보다 자료들의 모음 성격이 강하며, 영화 제작자와 카메라에 의해 만들어진 대상물의 투사라고 주장한다(MacDougall, David 2006: 269-71). 그의 주장은 이전 인류학자들이 민족지영화의 한계를 지적할 때 종종 주장하던 내용이기도 했는데, 맥두걸은 이를 전혀 부끄러워할 필요가 없으며, 이 점이 열등한 것을 의미하는 것이 아니라고 했다. 민족지영화 제작자는 영화와 비디오의 전 언어적 측면 덕분에 우리와 다른 사람들의 신체적 삶의 측면으로 재진입할 수 있게 되었다. 인간은 사회적 존재이기 때문에 문화보다 먼저 감각들을 통해 모양과 느낌을 알게 되고, 다른 사람들과 그 경험을 공유하며, 이를 기반으로 주변의 다양한 사회적 환경과 상호작용한다.

맥두걸은 만약 영상인류학이 인류학과 역사적으로 서로 다른 길을 걸었다면, 영상인류학은 아마도 현재와는 매우 다른 방식으로 사회를 탐구했을 것이라고 추정했다. 현재 인류학이 중시하는 사회적 또는 문화적 추상성보다는 사람과 사물 그리고 시간과 공간의 상호작용들과 같이 미시적이고 개별적인 사회적 삶의 세계와 개인의 심층적 경험에 천착했을 것이라고 주장했다. 왜냐하면 영화는 사회적 리얼리티를 직접 경험할 수 있게 해주는 장점이 있기 때문이다. 인류학자와 정보제공자의 문화번역을 통해 만들어진 문자텍스트 민족지와 달리, 관객은 영화에서 (사회적) 배우들의 느낌과 감정 그리고 의식을 더 직접 만나게 된다. 관객은 다른 환경에서 사는 이들의 신체적 감각, 감정과 생각 그리고 버릇을 느끼며, 이들을 고유한 개별자로 인식하게 된다. 만일 영상인류학이 새로운 접근법을 찾고자 한다면 바로 이 지점에서 시작할 수 있다. 맥두걸은 이런 맥락에서 영상인류학의 재개념화를 위한 세 가지 원칙을 제시했다.

① 해설적 산문에서 유래한 표현적 구조들보다는 시각 매체의 변별적 특성 이용하기
② 유효성을 추구하는 과학적 방법론의 원칙에 의존하지 않는 인류학적 지식의 형식을 개발하기
③ 친밀감을 시각적으로 표현하기에 적합한 사회적 경험의 영역들을 탐구할 것. 특히 지지적地誌的topographic, 시간적temporal, 신체적corporeal 그리고 개인적personal 경험 영역(MacDougall, David 2006: 270-71)

맥두걸은 영상인류학의 재개념화를 위한 첫 번째 원칙으로 '시각 매체의 변별적 특성 이용하기'를 들고 있는데, 이는 기존의 텔레비전 저널리즘이나 교훈적인 또는 계몽적 관습에 의존한 교육용 영화 제작에 대한 비판적 대안 제시다. 이는 또한 루비가 제시한 인류학적 형식의 영화에 대한

응답이기도 하다. 시각매체 중에서 특히 시네마는 지난 100여 년 동안 시간의 축을 이동하면서 영상이미지와 사운드를 배치하는 방법을 발전시켜 왔는데, 현재도 이런 방법을 발전시키고 있다. 맥두걸은 영상인류학도 이런 방법들을 적극적으로 수용할 것을 주장하고 있는데, 이는 일부 영상인류학자들의 태도와는 그 결이 다르다.

맥두걸은 첫 번째 원칙보다 한 걸음 더 나아가 '인류학의 고유한 지식 형식 개발'을 제시했다. 그는 인류학이 자연과학 방법론의 논리와 증거를 통한 과학성 담보라는 기준에 반드시 부응할 필요가 없으며, 새로운 방식의 인류학적 지식 형식을 창조할 것을 주장하고 있다. 인류학은 오랫동안 진실을 정의하려는 노력을 했으며, 이를 기반으로 학문으로 정착했다. 하지만 이런 인류학의 합리성, 적법성 그리고 정통성의 영역 밖에 존재하는 새로운 지식 구축 방법을 모색해야 하는데, 이는 필연적으로 지식의 내용도 다르게 할 것이다.

맥두걸의 세 번째 원칙은 이전 원칙들에 대한 좀 더 구체적인 내용을 담고 있는데, 영상인류학의 주제와 내용으로 어떤 것이 더 적합한지를 개념적으로 확인하는 내용이다. 그는 영상인류학의 특정한 구역이나 영역을 배타적으로 설정하려고 이 세 번째 원칙을 제시한 것이 아니라, 새로운 진로를 모색하기 위해서였다. 맥두걸은 영상인류학이 이제는 베이트슨과 미드처럼 다른 사회에서 어떻게 삶이 경험되고 패턴화되는지를 연구하는 경향과 결별하는 것을 두려워해서는 안 되며, 인류학의 글쓰기에서 종종 어려움 또는 불가능함을 느끼던 영역을 시각 매체의 잠재성을 최대한 활용하여 담아내야 한다고 했다.

인류학자들은 비교적 최근에 들어서서 개인의 정체성, 감정 그리고 사회적 삶의 감각과 의미에 대해 더 많은 관심을 가지기 시작했다. 맥두걸은 그 이유를 사고가 불균질적으로 진보한다는 사실을 깨달은 점과 인류학에서 무엇이 중요한지 지속적으로 재정의한 점에서 찾고 있다. 인류학에서 종종 무시되었던 영역이나 주제들이 심리학이나 생물학 등의 다른 학문에서는 중요하게 다루어지기도 하고, 모든 학문에서 다 놓치기도 했다. 인류학 초기에 많은 인류학자가 관심을 가졌지만, 나중에 관심 밖으로 밀려난 물질문화와 예술 등이 다시 주목받는 것처럼 인류학적 관심은 순환적 양상을 보이기도 한다. 맥두걸이 세 번째 원칙에서 제안한 지지적 영역도 장소와 공간의 인류학으로 새롭게 주목받고 있다.

인류학자는 그 이전과는 다른 시각에서 이 영역을 다루고 있는데, 착근성rootedness, 전위displacement, 이주, 디아스포라, 기억, 문화적 유계성有界性cultural boundedness, 로컬리티 등의 측면이 그것이다. 시간적 영역은 시간의 인류학을 의미하는데, 민족지의 생활사 방법, 현지인의 내러티브, 신화와 제의, 라이프사이클, 사회화, 문화적 재생산 그리고 사회적 변화 등이 이에 포함될 수 있다. 신체적 영역은 예전의 물질문화연구와 관련이 있다. 이 안에는 섹슈얼리티, 젠더, 이동성, 제스처 그리고 자기재현의 패턴들과 일상생활에서의 제의 등이 포함된다. 개인적 영역은 문화와 인성학파가 관심을 가진 영역이었는데, 현재는 감정의 인류학으로 불리고 있다. 여기에는 인지와 인식, 가족의 역할 그리고 사회화 등이 포함된다.

영화 세계는 이런 주제들을 잘 전달할 수 있는 시선과 관점의 이용, 주관적 프레이밍 그리고 쇼트의 병치 등과 같은 방법들을 다양하게 개발해 놓았다. 관객은 이제 이런 영화적 기법을 자신의 상상력을 가미하여 해석할 수 있는 능력을 갖추고 있다. 내러티브는 관객으로 하여금 사회적 배우가 벌이는 사건의 연속과 과정 그리고 갈등을 추적할 수 있게 하는데, 사회적 배우의 얼굴, 제스처, 태도, 말 그리고 다른 사람과의 상호작용은 개인의 고유함을 잘 전달하고 있다. 영상기법과 내러티브 그리고 인간의 행동 또는 물질성 등이 합해질 경우 민족지영화는 문자로 쓰인 민족지와는 다른 차원에서 그 느낌과 질감 그리고 복잡성을 전달할 수 있다. 민족지영화와 민족지는 어느 하나의 우월성을 주장해서는 안 되는데, 이는 서로 다른 차원에서 장단점을 갖고 있기 때문이다. 하지만 많은 (영상)인류학자는 이런 시네마의 가능성과 잠재성을 알지 못하거나 알더라도 의식적으로 민족지영화의 부족함만을 강조한 측면이 있다.

인류학 저술은 문화의 번역인 일련의 명제적 진술로 드러나는 반면, 민족지영화는 세상의 재연으로 드러난다. 영상인류학이 문화를 피상적인 영상이나 이미지들로 축약하거나 예시한다면, 지식 공동체에 의미 있는 기여를 할 수 없다. 이미 다양한 학문에서 다양하고 깊이 있는 연구 성과들을 이룩했기 때문에 영상인류학도 이제는 다양한 시각에서 복합적인 문화현상을 장기적으로 탐구하는 것이 필요하다. 영상인류학 역사를 되짚어보고 인류학에서 무엇이 가장 가치 있었고, 어떤 것이 지식 공동체 발전에 기여했는지를 재점검하는 것은 중요하다. 루슈가 초기에 말했듯이, 민족지영화가 사회구조를 도표로 서술하거나, 경제와 종교현상에 대한 통계수치를 제시하는 것은 그다지 가치 있는 작업은 아니다. 또한 영상으로 단순한 해석을 바탕으로 긴 제의나 기술적 과정을 보여주는 것도 바람직하지 않다.

5
민족지영화와 사회적 미학

맥두걸은 영상인류학이 가진 장점을 살리기 위해서는 우리가 만나는 사람들, 이들이 활동하는 특정 공간과 장소 그리고 건물들, 여행과 모순적인 이야기들, 사람들이 만들고 사용하는 물건들, 들리는 소리, 대화하는 얼굴들, 걱정과 즐거움 등을 영상으로 표현하는 것이 중요하다고 했다. 이는 특정한 사회에서 개인적인 친분을 통해 나올 수 있는 암시적인 지식이다. 맥두걸은 〈사진쟁이들〉과 〈둔 스쿨 연대기〉를 통해 이런 주제들을 영상인류학적으로 어떻게 그려낼 수 있는지, 그리고 민족지영화의 장점이 어떻게 여기에서 드러날 수 있는지를 보여주었다. 그는 이 두 편의 영화를 제작하면서 사회적 미학이라는 개념을 정립했다. 맥두걸의 사회적 미학은 영국 맨체스터학파의 사회적 드라마에서 전유한 개념이다.

〈둔 스쿨 연대기〉 제작 기획

인류학자인 산자이 스리바스타바Sanjay Srivastava는 맥두걸에게 둔 스쿨을 영화화하자고 제안했다. 그는 박사학위 논문을 쓰기 위해 1991~93년에 북부 인도의 남자 기숙학교 세 곳을 현지 조사했는데, 이 중에서 가장 유명한 학교는 둔 스쿨이었다. 이 세 학교는 서로 다른 기원을 가지고 있었지만, 교육철학은 공유하고 있었다. 인도 식민지 기간 동안 커다란 수혜를 받은 인도 전문가 집단이 영국 사립학교, 특히 이튼학교를 모델로 설립한 학교가 둔 스쿨이다. 스리바스타바는 이 학교가 현대 인도의 시민을 어떻게 정의하고, 어떻게 시민교육을 하는지, 그리고 인도의 후기 식민주의 엘리트들에게 어떤 역할을 하는지에 관심이 있었다. 사회의 주류 집단 출신의 자제들이 주로 둔 스쿨을 다니기 때문에 이 학교는 자기들의 기득권을 유지하기 위해 교육에서 분열 소지가 있는 차이들을 의도적으로 만들 것이라는 가설을 세우고 연구를 시작했다.

하지만 맥두걸은 스리바스타바와는 다른 관심에서 시작했다. 맥두걸은 문화 간의 의사소통에 관심이 많았는데, 학생들이 사회적 그리고 문화적 경계들을 넘어 우정을 쌓아가는 것이 가능한지에 관심을 가졌다. 맥두걸은 둔 스쿨에서 모순을 발견했다. 학교에는 위계질서가 있지만 교육을 통해 평등의 원칙을 진작하고 있었으며, 영국 모델 안에서 인도식 가치와 문화를 가르치고 있었다. 또한 급격하게 글로벌화되어가는 상황에서 학교는 이제 낡은 자유주의 가치들을 청소년에게 교육하는 점도 모순이라고 생각했다. 맥두걸이 이 학교에 관심을 가진 또 다른 이유는 자신도 청소년 때 개신교 계통 기숙학교를 다녔기 때문이다. 그는 다른 학생들과 공통의 경험을 많이 가지고 있었는데, 특히 집단에 통합되어야 한다는 압박이 그러했다. 맥두걸은 이전에 청소년을 주제로 한 민족지영화를 제작한 적이 없었는데, 이는 다큐멘터리보다 극영화가 이 주제를 더 잘 그려낼 수 있다고 생각했기 때문이다. 하지만 그는 학생들을 치밀하게 관찰한다면 극영화에서 놓치고 있는 부분을 포착할 수 있을 뿐만 아니라 진부하지 않게 재현할 수 있을 것이라고 생각했다.

맥두걸은 호주 ABC와 영국 BBC 방송국에 제작비 지원을 신청했지만, 이들 방송국은 이 주제에 관심을 보이지 않았다. 그는 대학에서 지원하는 약간의 돈과 BBC와 공동 작업할 때 받았던 돈으로 촬영을 시작했다. 방송국과의 공동 작업이 결렬되자, 그는 자유를 얻었다. 16mm 카메라가 아니라 경비가 적게 드는 비디오카메라로 촬영해도 되었다. 또한 각본에 따라 촬영할 필요도 없었으며, 꼭 지켜야만 할 제출 마감시한도 없어졌고, 구성이나 편집에 관여하는 외부인도 없었다. 이로써 맥두걸은 민족지영화 제작을 자유롭게 실험할 수 있게 된 것이다.

맥두걸은 처음 촬영 작업을 시작했을 때 몇 편의 영화를 제작할지, 영화의 길이가 얼마나 될지, 그리고 여러 편이 제작된다면 이들을 어떻게 연결할 수 있는지에 대한 아이디어가 전혀 없었다. 그는 촬영을 진행하면서 유기적 연결관계가 자연스럽게 머릿속에서 떠올랐다. 맥두걸은 2001년부터 2005년까지 총 다섯 편의 둔 스쿨에 관한 민족지영화를 발표했다.

〈둔 스쿨 연대기*Doon School Chronicles*〉(2000)

〈아침의 마음으로*With Morning Hearts*〉(2001)

〈자이푸르의 카람*Karam in Jaipur*〉(2001)

〈신입생들*The New Boys*〉(2003)

〈이성의 나이*The Age of Reason*〉(2004)

둔 스쿨 프로젝트를 처음 시작할 때 각 편을 시간적 순서에 따라 구성하려고 했지만 이내 포기했다. 또한 서로 내용상으로 연결된 작품을 만들려고도 했지만, 영화들을 클러스터로 묶는 것이 더 낫다는 판단을 했다. 이런 구성 방식은《투르카나 3부작》과 유사한 점인데, 이 3부작은 각기 '내러티브 필름', '초상영화portrait film' 그리고 '에세이 형식'으로 구성되었다. 둔 스쿨 프로젝트의 다섯 편 영화는 서로 수평적이고 독립적인 관계로 연결되어 있는데, 각 영화는 직접적이지는 않지만, 서로를 언급하고 있다. 이런 구성 덕분에 각 영화는 관객을 서로 다른 인식과 발견의 길로 이끌었다.

맥두걸은 민족지영화는 사회적 경험의 친밀함을 드러내는 데 있어서 많은 장점이 있다고 생각했지만, 이 점에 너무 집착하면 민족지영화가 아니라 개인의 사적 에세이 영화가 될 우려가 있었다. 그가 민족지영화 제작의 '대안적' 원칙대로 제작하기 위해서는 학문적 접근과 개인적 패러다임, 즉 지적인 삶과 감정적인 삶 사이에서 균형을 잡아야 했다. 하지만 이 균형을 잃어버리면 순간적으로 어느 한쪽으로 미끄러져 들어가게 된다.

맥두걸은 〈둔 스쿨 연대기〉에서 인류학 측면에서의 학교에 대한 관심을 문화적 교차에서 찾았다. 비록 모호함이 있지만, 동질적 커뮤니티는 강한 미학적 패턴들과 관심사를 드러내는데, 이는 어빙 고프만Erving Goffman의 "전체 제도total institution" 특징이다. 정신병원, 감옥, 종교 집단들, 바다 위의 배들, 군사조직들, 그리고 특히 기숙학교 등은 비록 사회의 부분들과 연결되어 있지만, 이곳의 미학적 패턴과 관심사는 정체성과 거버넌스에서 의미 있는 힘이다. 맥두걸은 이런 원칙이 전체 제도뿐만 아니라 기숙학교에도 두루 적용될 수 있다고 생각했다.

맥두걸은 사회적 미학에 관심이 있었기 때문에 둔 스쿨의 사회적 · 물리적 환경, 이데올로기 그리고 학생들의 위계에 초점을 맞추었다. 그는 학교의 의례와 학교 기록실에 있는 문헌들을 통해 사회적 미학과 역할을 보여줄 수 있다고 생각했다. 그는 〈둔 스쿨 연대기〉를 10개 장으로 구성했는데, 각 장은 이 문헌들에서 발견한 문장들로 시작하고 있다. 맥두걸은 학생들의 감각적, 감성적 그리고 지적 차원에서의 경험을 이해하기 위해 참여관찰했는데, 그렇지 않으면 학생들을 자신의 눈이나 느낌으로 이해하게 될 것이라고 생각했기 때문이다. 또한 맥두걸은 학생들과 함께하면 주변에 대한 이들의 인식과 이들의 사회적 힘을 공유할 수 있을 것이라고 생각했다.

맥두걸은 우선 이들의 목소리를 듣고자 했다. 그는 두 명의 학생이 학교에 대해 자신들의 생각을 명확하게 표현하고 있는 것을 발견했고, 학교생활에 대한 이들의 비판을 영화에 담았다. 13세의 로한Rohan은 이미 아마추어 사회학자였다. 맥두걸이 그에게 "지난 몇 년 동안 학생들의 구성이 변하지 않았느냐?"고 묻자, 그는 이미 이에 대한 연구를 마쳤다고 대답했다. "학교 설립 초기에 대부분 학생들은 대도시의 전문직이나 농촌의 지주 출신이었지만, 점차로 소도시와 신흥 사업가 출신 학생들이 증가했다." 또한 로한은 "집에서는 영어보다는 주로 힌디나 다른 언어로 이야기한다"고도 했다. 맥두걸이 "이 학교가 인도식으로 변해가고 있느냐?"고 물었을 때 그는 "더 이상 인도식은 아니지만, 세계 시민주의자도 아니다"라고 대답했다.

또 다른 학생인 비르Veer는 학생의 일반적인 관행이 아니라 자신만의 방식으로 학교에서 성공을 거두었다. 그는 연기자이며, 작가이고, 연극 감독이었는데, 학교에서 자신의 비디오 프로덕션을 운영하고 있었다. 아르준Arjun은 비르와 달리 스포츠를 통해 학교에서 인정받고 있었다. 리샤브Rishabh는 자신의 세계에 침잠하여 사는 소년이었는데, 맥두걸은 그가 모호하고, 자신의 조사 능력 너머에 존재하기 때문에 영화에 포함시켰다. 하지만 그는 나중에 영화 속에서 지적이고, 예술적이며, 몽상가이면서도 스포츠를 좋아하는 인물로 드러났다. 맥두걸은 편집과정에서 이들의 다양한 측면들을 어떻게 발전시켜나갈지에 대해 고민하다가 점진적인 단계를 통해 이들이 서로 끝을 향해 나아가는 것으로 구성했다. 아르준은 영화의 6장에서만 등장하는 반면, 비르는 각 장마다 등장하지만 발전은 8장까지도 드러나지 않는다.

〈둔 스쿨 연대기〉는 한편으로는 분석하고 추상화하는 작업을 하고, 또 다른 한편으로는 경험적 측면에서 학생들의 삶을 포착하려고 한다. 우연하고 친밀한 장면들은 경험적 측면에서 그리고 학교생활의 물질적이고 의례화된 장면은 추상적인 측면에서 다루어지고 있다. 가장 인상적인 추상적 장면은 학교가 학생들의 신체적 기량 향상에 집착하는 모습이다. 맥두걸은 여기에서 정지 화면을 사용했는데, 이는 관객에서 시간이 갑자기 유예되고 있음을 전달하기 위해서다. 맥두걸은 이 장면에서 학생들의 생동감이 돌이킬 수 없는 과거로 어떻게 미끄러져 들어가고 있는지를 상징적으로 보여줌으로써 관객에게 일종의 충격을 주고자 했다.

맥두걸은 두 번째 영화 제목을 〈아침의 마음으로〉라고 지었는데, 이는 기도자 중의 한 명이 학교 모임에서 읽은 경전 내용에서 유래한다. 이 영화는 신입생들의 감성적인 측면을 다루고 있는데, 기도 내용은 다음과 같다.

> 우리는 모두 함께 휴식하기 위해 가라;
> 만일 누가 깨어 있다면, 이들에게 화를 내라.
> 관찰의 어두운 시간;
> 그리고 낮이 다시 돌아오면,
> 태양과 위안자가 우리에게 돌아오고,

그리고 아침의 얼굴로 우리를 소집할 것이다.

그리고 아침의 마음으로,

열심히 노동하고 행복해지려고 해라.

만일 행복이 우리의 몫이라면,

그리고 만일 낮이 슬픔으로 정해지더라도

이것을 견디기 위해 강해져라(MacDougall, David 2006: 125).

12세의 소년집단인 신입생 30명은 1년 동안 푸 하우스에서 힘든 적응 생활을 해야 한다. 이 기도문은 아이들에게 용감하게 공포와 고독을 이겨나갈 것을 독려하고 있는데, 이 공포와 고독은 학생들을 밤낮으로 괴롭힌다. 맥두걸은 〈둔 스쿨 연대기〉와 약간의 시차를 두고 〈아침의 마음으로〉를 촬영하기 시작했는데, 발단은 상당히 우연적이었다. 어느 날 맥두걸은 비를 피하기 위해 푸 하우스 주변에서 어슬렁거렸는데, 그는 이 집에 다른 어떤 학생집단보다 더 동질적이고 자족적인 집단이 살고 있다는 것을 알게 되었다. 이 신입생 집단은 맥두걸을 곧 자신들의 구성원으로 받아들였고, 그는 정기적으로 이곳에서 촬영할 수 있었다. 학생들은 촬영이 진행되자 자신들의 다양하고 친밀한 삶의 모습을 드러내 보여주었다. 푸 하우스는 식민시대에 지어진 낡은 방갈로였는데, 세 채의 긴 건물이 기숙사 역할을 했다. 바닥은 시멘트였고, 천장은 6m로 높았는데, 사향고양이가 천장에서 살고 있었다. 네 번째 방갈로에는 학생 책상이 있는데, 학교는 이 책상들을 장난감들toyes이라고 불렀다. 건물 뒤에는 목욕시설과 아이들이 크리켓이나 피투pittoo를 할 수 있는 마당이 따로 있었다. 몇몇 교사와 외부 손님처럼 맥두걸도 이 건물 주변의 방에서 살았다.

이 두 편의 영화 사이에는 겹치는 부분이 거의 없다. 〈둔 스쿨 연대기〉

에서 잠시 풋 하우스를 보여주기는 하지만, 맥두걸은 이 두 편의 영화를 완전히 분리하여 기획하고 촬영했기 때문이다. 이들 영화는 완전히 다른 두 개의 세계를 그리고 있는 것처럼 보인다. 한 편은 완전히 폐쇄적이고 은밀한 신입생들의 기숙사 이야기로 작은 규모의 세부적인 이야기와 드라마가 담겨 있다. 다른 한 편은 큰 스케일의 이야기로, 학교를 하나의 단위로 거시적인 시각에서 다루고 있다. 기숙사는 많은 점에서 개인보다 커다란 세계이며, 학생들은 이 안에서 많은 것들을 경험한다. 카람Karam은 〈아침의 마음으로〉에서 주인공으로 등장하는데, 맥두걸은 처음에는 그를 잘 몰랐다. 하지만 맥두걸은 집단에서 키가 가장 작고 유약한 그가 다른 학생들에 비해 자신의 느낌을 잘 표현하는 소년이라는 사실을 깨달았다. 카람은 종종 불행한 생각에 휩싸이기도 하지만, 이 생각을 떨치고 꿋꿋하게 살아가고 있었다. 그는 이를 위해 일부러 바쁘게 살고 있었는데, 그는 커다란 희망을 품고 자신을 둔 스쿨로 보낸 가족을 실망시키고 싶지 않았기 때문이다.

맥두걸은 이때쯤 소년들이 기숙학교에서 터득한 삶의 강인함과 기술에 대해 알게 되었다. 맥두걸은 이 소년들의 다재다능함, 실험 정신 그리고 실용적인 일 처리 능력 등에 감명을 받았다. 맥두걸은 촬영 초기에 학생들의 이런 모습을 관찰적 스타일로 보여주는 것만으로도 관객에게 충분히 전달할 수 있으리라고 생각했지만, 점차 촬영이 진행되면서 이 스타일의 불충분함을 깨닫게 되었다. 그는 이런 스타일이 가진 한계를 넘어서기 위해서는 사실적 표현과 상징적 표현을 모두 수용해야 한다는 사실을 깨닫게 되었다.

맥두걸은 〈아침의 마음으로〉에서 사회적 미학과 관련된 추상적인 면보다는 어떻게 이것이 학생, 장소 그리고 교제를 통해 드러나고 있는지를 보여주는 것에 초점을 맞추었다. 소년들은 스스로 풋 하우스를 만들어갔는데, 맥두걸은 이 과정을 영화로 탐구했다. 그는 이 영화에서 학생들이 학교를 발견해나가는 것처럼 관객도 이를 발견해나갈 수 있도록 구성했다. 이 영화는 기숙사 생활과 소년들을 둘러싸고 있는 학교 안의 더 작은 세계를 탐구하고 있다. 푼 하우스의 인테리어와 한정적인 색과 질감 그리고 물리적 환경은 학생들에게 영향을 끼치고 있었다. 이들 환경에 대한 학생들의 반응은 다양했는데, 맥두걸은 학생들이 가족과 떨어져 어떻게 학교에 적응하는지보다는 이런 낯선 환경 속에서 학생들이 자신들의 커뮤니티를 어떻게 구성해나가는지에 대해 관심을 두었다. 이는 맥두걸 자신이 기숙학교를 다닐 때의 경험에서 착안한 것이다.

사람들은 사회적 공간에서 살지만, 이를 창조하기도 한다. 우리의 감각 세계는 상당 부분 다른 사람들의 존재에 의해 정의된다. 각 집단은 각자 고유한 끌어당기는 힘을 가지고 있으며, 지하철의 군중, 대학교의 학생들, 놀이터의 아이들 또는 방안의 사람들은 각기 환경이 되어 방을 바꾼다. 다른 사람들에 대한 인식은 친밀성, 행동과 모습, 실제적인 관계 등에 따라 달라지는데, 사람들은 관찰자나 참여자가 되어 이들을 개인 또는 대중으로 느끼고, 이들에 대해 혐오나 매력의 감정을 가진다.

학교를 전체 제도로만 보면, 학교에서는 구조 또는 상징적 측면 그리고 제도에서는 주로 관리나 건물에 한정하게 될 우려가 있고, 이로써 인간의 육체적 현존에 대한 상상력을 잃어버릴 수도 있다. 하지만 제도는 이들 구성원의 몸, 의례의 연행, 전통 그리고 이들을 둘러싼 물리적 조건들에도 힘을 미친다. 따라서 제도화된 공간으로 푼 하우스의 특징을 포착하려면 소년들이 사는 방이나 홀 같은 공간을 중요하게 간주해야 한다. 이 건물은 이들의 다양한 모습과 육체, 움직임, 행동 그리고 소리와 냄새로 채색되며, 기숙학교에서는 다양한 남성성이 발산하고 있다. 따라서 맥두걸은 무엇보다도 인도 소년성에 대한 압박감을 영상으로 포착하는 것이 중요하다고 생각했다.

신입생은 첫해에 학교에서 분리된 생활을 하는데, 상급생들과 어울릴 수는 있지만 같이 생활할 수는 없다. 어떤 교사는 "이 학생들은 과도기 상태에 있다. 이들에게는 아직도 집에서의 생활하던 습관이 남아 있다. 이들이 본 건물로 입주하게 되면, 이들은 완전히 변하게 될 것이다"라고 말한다. 실제로 이 학생들은 학교 문화에 의해 완전하게 변화하지만, 무엇이 사춘기 변화이고 무엇이 학교에 의한 변화인지는 불분명하다. 하지만 이들이 풋 하우스에 입주하면, 학교라는 강력한 제도권 문화의 힘에 노출된다.

학생들은 학교 설립자, 교사 그리고 교장만큼이나 학교 문화를 스스로 만들어간다. 학교 안에서 학생들은 분리된 유기체처럼 자라고, 적응하고, 다양한 방식으로 자신을 유지해나간다. 이런 의미에서 둔 스쿨 학생들은 단순히 제도나 전통에 적응하는 수동적 존재가 아니다. 이들은 신입생으로 학교의 방식들을 배우고, 나중에 자신들이 터득한 것을 다른 신입생에게 전수한다. 신입생은 특히 가디언으로 지정된 상급생으로부터 학교의 명성과 우월감을 전수받는다. 학생이 둔 스쿨을 졸업하면 성공을 약속받는 것이며, 자신의 미래 경력에 큰 이점이 된다. 이를 위해 학생 대부분은 굴욕감과 자신의 정체성 상실을 기꺼이 감수하지만 즉각적인 보상도 있다. 둔 학교 재학생은 사회적으로 커다란 위세를 누리는데, 학교의 수많은 경쟁과 그리고 학생 간의 크고 작은 징계는 전체 시스템을 재확인하고 강화한다.

학생이 학교에 입학하면, 규칙과 관습이 시간을 초월해 있는 것 같은 느낌을 준다. 하지만 학교 문화는 전혀 정적이지 않기 때문에 학생들은 더 넓은 세계와 문화의 흐름에 맞추어 자신들의 문화를 끊임없이 재발명하고 있다. 교장이나 다른 학교 관계자들이 만든 변화나 전통은 배타적 특성을 가지고 있는데, 이 학교 졸업생의 특징이기도 하다. 학생들은 차차 학교에 적응하면서 자신들의 은어를 만들어가며, 후배들은 이를 배우지만 자기 식으로 전유하기도 한다. 학교의 고유한 색들, 교복의 모양, 숫자의 사용, 존경의 표시, 언어의 사용이 배타성을 가지는 것처럼 징계도 배타성을 만드는 시스템의 일부다. 신입생들은 반복을 통해 이 패턴들을 점차 체화해나가는데, 이것은 학생에게서 그 의미와 힘을 증가시킨다.

맥두걸은 이처럼 복잡한 학교생활을 있는 그대로 전달하기보다는 자신과 학생들이 경험한 의미를 영상으로 재구성하는 것에 더 집중하게 되었다. 이렇게 함으로써 기록의 시뮬라크르를 넘어서는 좀 더 분석적이고 개인적인 다큐멘터리를 제작할 수 있다고 생각했기 때문이다. 이에 따라 둔 스쿨 영화들은 얼굴, 몸, 의복, 색, 음식, 침대 등의 특정 주제와 대상들에 초점을 맞추고 있는데, 이들은 제도처럼 학생의 감각을 변화시키는 환경이기 때문이다. 그리고 걷는 것, 옷 입는 것, 공부, 목욕, 휴식, 그리고 강도 높은 체력 활동 등과 같은 기숙사의 일상생활 중에는 중심축이 되는 특정한 순간이 있다. 또한 농담과 즐거움, 공격성, 두려움, 놀이, 다정다감함, 고독처럼 상호관계를 특징적으로 표현하기 적합한 순간도 있다. 이런 모습들을 통해 소년들이 어떻게 주변의 공간들을 조직하고, 다른 사람들을 사회적 그리고 물리적으로 어떻게 인식하고 이를 조직하는지를 표현할 수 있다. 이런 감성적 상태는 집중적이고 작은 스케일의 내러티브를 통해서만 잘 표현될 수 있다.

맥두걸은 〈아침의 마음으로〉를 편집할 당시 역사학자인 친구에게 편집본을 보여주었는데, 그는 이 영화가 장소와 학생들 간의 애착을 이야기한다고 느꼈다. 이 영화는 소년들이 풋 하우스에 대한 애착을 집처럼 만들어가고, 1년 후에는 이곳을 떠나 학교 본 건물에 입주하는 내용을 담고 있다. 하지만 맥두걸은 기숙사라는 새로운 집이 학생들의 삶에 무의식적으로 영향을 끼치는 공간이며, 사회적 관계를 체화하는 장소이고, 이 안에서 학생들 관계가 발전한다는 사실을 이야기하고 싶어 했다. 이런 괴리를 통해 맥두걸이 이야기하고 싶어 하는 사회적 미학을 영화를 통해 재현한다는 것이 얼마나 어려운 작업인지를 알 수 있다.

이 영화를 만드는 데 결정적인 역할을 하고, 이후 다른 영화 제작에 큰 영향을 끼친 사람은 풋 하우스의 교사이며 감독인 미낙쉬 바수Minakshi Basu였다. 맥두걸은 그녀와 함께 학생들의 인성과 배경 그리고 이들이 학교에 적응해나가는 방식에 대해 토론했다. 그녀는 신입생 기숙사의 절반 학생이 어떻게 적응해나가고 있는지를 관찰하는 역할을 담당하고 있었는데, 학생들은 그녀의 집을 수시로 방문했다. 소년들은 그녀를 현명하고 이해심이 많은 상담자로 생각하고 있었는데, 학교의 대부분 성인과 달리 학생들을 깔보지 않았으며, 학생들의 특성에 따라 대응했다. 맥두걸은 그녀로부터 영화 제작에 필요한 많은 정보를 얻었을 뿐만 아니라 그녀를 영화 속에 등장시켜서 학생들의 삶을 설명하는 역할을 부여했다. 그녀는 이 역할을 〈자이푸르의 카람〉, 〈신입생들〉 그리고 〈이성의 나이〉에서 담당하고 있다.

이 기숙사에는 아샤드Ashad와 퀘질바쉬Abia Qezilbash라는 사감이 있는데, 이들도 바수처럼 영화 속에서 학생들의 일반적인 측면을 해설하고 역할을 담당한다. 특히 아샤드는 영화 속에서 학생들과 직접적인 상호작용을 하는데, 그는 문제 해결을 위해 노력하는 학생들을 격려할 뿐만 아니라 절망의 순간에도 배려심과 친절함으로 이들을 돌봐주고 있다. 이런 그의 행동은 다른 교사와 사감이 꾸짖음으로 학생들을 대하는 것에 대한 일종의 저항이기도 하다.

맥두걸은 영화작업을 통해 기숙학생들뿐만 아니라 성인들의 인식과 경험을 다양하게 이해할 수 있었다. 만일 맥두걸이 학생들과 학교 관계자들을 카메라로 촬영하지 않았다면, 그는 이처럼 많은 것을 경험하지 못한 채 학교와 학생들에 대해 평범한 이야기만을 했을 것이다(MacDougall 2006: 142). 카메라는 맥두걸과 학생 그리고 성인을 항상 새로운 상황으로 몰고 갔고, 이들에 대한 견해와 시각을 끊임없이 교정해주었다. 맥두걸의 영화는 인간에 대한 심층적 이해를 가능하게 할 뿐만 아니라 사람들이 세상과 관계하는 방식을 잘 표현할 수도 있다는 점을 보여주고 있다. 둔 스쿨 시리즈는 단순한 연대기가 아니고, 단순한 기록도 아니며, 완전한 사실도 아니다. 학교에 관한 다른 영화들이 대부분 정적인 순간의 이미지를 재현하고 있다면, 맥두걸 영화는 학교와 학생들의 변화하는 관계성을 내러티브로 전달하고 있다(MacDougall 2006: 143). 바로 이 점이 맥두걸 영화의 특징일 뿐만 아니라 민족지영화의 변별적이고 새로운 가능성이기도 하다.

6
나가며

맥두걸은 지난 40여 년 동안 민족지영화들을 제작했고, 이 과정에서 적지 않은 변화들을 만들어냈다. 맥두걸은 1960~70년대의 아프리카 영화에서 사회적 소수자인 사회적 배우들의 말에 초점을 맞추었으며, 이들을 서구 지식인과 마찬가지로 신중하고 배려 깊게 재현했다. 하지만 둔 스쿨은 특권의 장소이며, 국내 또는 국제적인 권력 중심과 연결되어 있는 곳이다. 그는 청소년을 그리는 데 있어서도 아프리카에서 보인 태도를 견지했다. 하지만 중심부 집단과 이들 구성원은 아이들의 마음을 낯설거나 원시적으로 보는 경향이 있는데, 이는 아프리카 지에나 투르카나 사람들을 대할 때도 마찬가지였다. 사람들은 둔 스쿨을 다니는 학생을 이성보다는 본능, 창조보다는 감정, 문화보다는 자연 그리고 능동보다는 수동의 측면에서 파악하는 경향이 있다.

서구인은 종종 아프리카 사람들을 어린아이 상태로 인식했기 때문에 식민주의자는 식민지의 피지배 성인들을 종종 "소년들boys"이라고 불렀다. 오늘날에도 적지 않은 사람들은 아프리카인과 아이들을 문명화가 필요한 불완전한 존재로 생각하고 있다. 하지만 맥두걸은 '특권 없는 카메라 스타일'을 통해 이들이 어떤 점에서 서구 문명인보다 더 문명화되었을 뿐만 아니라 인간의 삶에 대해 더 넓은 시각을 가지고 있을 수도 있다는 점을 보여주었다. 맥두걸은 자신이 치밀한 관찰과 참여로 발견한 소년들과 아프리카 사람들에게 존중과 매력을 느꼈고, 이를 영화 속에서 표현하고 있다.

맥두걸은 민족지영화의 장점을 감정과 느낌 그리고 경험을 세밀하고 사적으로 포착할 수 있으며, 관객에게 이의 미묘함을 생생하고 직접적으로 전달할 수 있는 것이라고 생각했다. 그는 자신의 영화를 통해 민족지영화의 장점을 실제로 드러내 보이고 있는데, 이는 문자텍스트 민족지나 극영화 또는 다큐멘터리가 도달하지 못한 지점이기도 하다. 그의 이런 접근법과 내용은 기존의 '차가운' 민족지와는 분명히 그 결이 다르다. 그는 영상인류학에 대해 불안감이나 회의감을 가진 사람들에게 영상인류학만의 장점을 보여주었을 뿐만 아니라 영상인류학의 지위도 한 단계 승격시켰다. 맥두걸은 관찰적 시네마, 참여적 시네마, 행동민족지 그리고 사회적 미학을 통해 영상인류학이 나아가야 할 방향을 한 발 앞서서 보여준 민족지영화 제작자다.

IX

페미니즘과 대중매체: 멜리사 르웰린-데이비스

1
들어가며

서구 인류학자들은 공적 논의의 장에 그다지 많이 진입하지 못했다. 인류학자는 사회학, 역사학, 문학 그리고 다른 사회과학 연구자들과 달리 현대사회의 근본적인 문제에 상대적으로 관심을 덜 가졌으며, 인류학자들은 특히 유럽에서 낯선 문화와 사람들을 연구하는 괴짜쯤으로 여겨지기도 했다. 하지만 몇몇 의미 있는 예외가 있기는 한데, 미국의 마거릿 미드와 프랑스의 레비스트로스는 최고 지성 중의 한 명으로 사회적 존경을 받았다. 인류학자들은 대중의 인정을 받으려는 노력이나 인기를 누리는 학자들을 우려 섞인 시선으로 보는 경향이 있었다. 미디어 세계에서 영국 인류학자들의 지위는 프랑스나 미국에서처럼 그다지 높지 않았지만, 1950년대 에반스 프리차드는 라디오 방송 프로그램에서 아프리카의 아잔데 문화에 대한 프로그램을 진행했고, 에드먼드 리치는 1967년 『제멋대로 질주하는 세계*A Runaway World*』에서 현대사회를 비평함으로써 인류학의 잠재적 가능성을 대중에게 알렸다(Leach 1989: 75-79).

1970년대 말에 들어서서 인류학의 당면한 문제는 학문의 대중화와 사회참여였는데, 인류학자들은 이를 두고 논쟁을 벌이기도 했다. 다른 사람들과 마찬가지로 인류학자들도 전쟁, 인종청소, 종족전쟁, 인권, 환경 파괴, 과학의 혁신, 종교적 근본주의, 인권, 윤리 등과 같은 주요 이슈에 자신들의 목소리를 내야 한다고 주장했다. 인류학은 20세기 후반 사회와 어떻게 관계를 맺을지에 대해 기존의 방법론과 실천을 극단적으로 재사유해야만 했다. 왜냐하면 10여 년 이상 동안 인류학은 과학적 민족지에 대해 끊임없이 비판했기 때문이다. 기존의 아이디어와 실천들에 대해 자신감을 잃어버렸을 때 새로운 아이디어와 방법 그리고 커뮤니케이션의 형태에 대한 실험이 시도되었고, 혁신적인 조사방법이 등장했으며, 현대 인류학의 시대가 열렸다[Grimshaw & Hart 1993; Clifford & Marcus(eds.) 1986].

인류학은 연구 성과 대부분을 문자텍스트 형식으로 발표해왔지만, 점차 현대사회의 복합적인 문제와 그 대안을 영상 매체를 통해 사회에 확산하는 방안에 관심을 가지기 시작했다. 이전에 일부 영상인류학자들이 영화를 통해 자신의 메시지를 이야기했듯이, 이제는 일부 인류학자들도 점차 사회적으로 영향력을 더해가는 텔레비전을 통해 인류학의 연구 결과를 확산하는 방안에 관해 관심을 가졌다. 하지만 아직도 상당수 인류학자는 이런 시도를 매체의 힘에 편승한 인기영합으로 폄하하고, 곱지 않은 시선으로 보았다. 이들은 세계에서 강력한 힘을 지닌 텔레비전과 거리를 두면서 인류학의 연구 성과를 확산하는 수단으로서의 텔레비전의 잠재력을 애써 외면했다(Ginsburg 1998: 173-201; Marcus 1996).

인류학자들 사이에서 전반적으로 텔레비전에 대한 회의와 우려의 목소리가 높았음에도 불구하고 일부 인류학자들은 인류학과 텔레비전을 접목하려는 과감한 시도를 했다. 가장 대표적인 사례는 영국 그라나다Granada 방송국의 《사라져가는 세계》 시리즈인데, 이 시리즈는 상업적으로 큰 성공을 거두었다. BBC 방송국도 이에 자극을 받아서 《저 너머 세계들*Worlds*

Apart》과 《태양 아래*Under the Sun*》 같은 시리즈를 제작 방영했다(Henley 1984: 9-12; Loizos 1980: 573-94).

영국 텔레비전에서 인류학과 관련된 프로그램들이 관심을 끌기 시작한 것은 1970년과 1980년대 초반이었는데, 이때는 인류학자들이 학문에 대한 자부심과 과학적 민족지에 대한 생각과 믿음이 강하던 시기였다. 비록 인류학의 기존 연구 방향과 성과에 대한 비판적 성찰이 시작되고는 있었지만, 아직도 민족지 자료조사의 '과학적' 방법은 객관적 지식을 찾는 데 유용하다는 믿음이 강고하던 시기였다. 개인적 관찰보다는 이론적 연구 방법에 대해 관심이 많았다.

이런 환경 속에서 인류학자들과 텔레비전 방송전문가들 사이의 초기 협력작업이 시작되었는데, 이들은 초기에 공통의 토대를 구축하는 데 많은 어려움을 겪었다. 인류학자들은 민족지적 리얼리티의 복잡성과 세부사항을 포착하려고 했지만, 텔레비전 제작자들은 이를 단순하고 명료하게 포착하여 쉬운 방법으로 표현하는 것에 관심이 많았다. 데이비드 터튼David Turton은 《사라져가는 세계》를 제작하면서 오랫동안 프로그램 제작자들과 공동작업을 했다. 그는 이들과 적지 않은 갈등을 겪었는데, 갈등의 원인은 주로 관념들과 스토리텔링 사이의 긴장이었다. 그의 경험에 따르면 인류학자들도 스토리텔링을 하지만, 텔레비전 프로그램에서 주로 사용하는 스토리텔링 방법과 그 결이 달랐다(Turton 1992: 289).

이런 협력과정에서의 문제나 갈등 대부분은 표현 또는 재현의 영역에서 발생했다. 전문 인류학자들은 텔레비전의 인류학적 프로그램들에 등장하여 익명의 관객에게 전문적인 정보를 쏟아냈는데, 어떤 환경과 조건에서 이런 정보들이 생성되었으며 어떤 방식으로 등장인물들과 의사소통을 했는지에 대한 정보는 거의 없었다. 인류학적 텔레비전 프로그램은 기존의 인류학적 연구 방법과는 다른 측면이 있다. 이 프로그램이 지향하는 것은 학문 고유의 연구 방법을 통해 특정 문화현상을 분석하고, 그 결과를 대중화하는 데 있는 것이 아니었다. 하지만 인류학의 연구는 기존 관념들과 관습들에 대해 비판적 시각을 제시하는 것에 맞추어져 있었는데, 이는 프로그램 제작자에게는 매우 엘리트적인 접근이었다. 오히려 텔레비전의 특성에 맞추어 사회적 리얼리티나 주관적 개념 등을 사회에 확산하는 것이 더 현실적이었고, 이는 텔레비전방송국이 바라는 바였다. 이런 방식으로 프로그램을 제작해도 엘리트적 인류학 연구 성과와 시각은 기여할 틈새들이 있다(Banks 1994; 21-45).

멜리사 르웰린-데이비스Melissa Llewelyn-Davies의 작업은 인류학 텔레비전 분야에서 매우 흥미로운 사례다. 이 글은 르웰린-데이비스가 영화와는 변별적인 특성을 가진 텔레비전을 통해 자신의 인류학적 지식과 연구 성과를 어떻게 확장하고 변용했는지를 살펴보고자 한다. 르웰린-데이비스는 지난 30여 년 동안 마사이 사람들에 대한 영화들을 제작했는데, 특히 케냐와 탄자니아 접경지대인 로이타Loita 지역에 사는 사람들을 집중적으로 영상에 담았다. 그녀는 《사라져가는 세계》 중에서 〈마사이 여성들*Masai Women*〉(1974), 〈마사이 남자다움*Masai Manhood*〉(1975)을 제작했다. 이로부터 10여 년 후에 그녀는 BBC를 통해 〈여성들의 오라말*Women's Olamal*〉(1984)과 「마사이 마을의 일기*Diary of Massai Village*〉를 방영했다. 이로부터 다시 10여 년이 흐른 1993년에는 〈기억과 꿈들*Memories and Dreams*〉이 BBC2의 다큐멘터리 시리즈인 Fine Cut을 통해 방영되었다. 그녀는 장기간에 걸쳐 다양한 방식으로 인류학 지식을 텔레비전에 접목하려고 했는데, 이로부터 흥미로운 점들이 드러났다.

르웰린-데이비스의 영화들에는 지적인 일관성이 있는데, 이는 페미니즘 시각과 자기성찰적인 민족지 탐구다. 마사이 사회에서도 젠더 문제는 사회의 역동성을 이해하는 데 중요한 축이다. 또한 그녀는 끊임없이 더 나은 메시지를 더 나은 방식으로 시청자에게 전달하기 위해 마사이 여성과 텔레비전 시스템 안에서 형식적 실험을 계속했다. 그녀가 텔레비전에서 한 실험은 인류학에 던지는 질문이기도 했는데, 본질적인 부분은 '인류학과 텔레비전이 만나면 인류학 조사의 성격과 범위는 어떠해야 하는가?'였다.

르웰린-데이비스는 자신의 인류학 탐구 방법론과 중심 주제를 지난 20여 년 동안 몇 차례 바꿨다. 처음에는 총체적이고 지식 기반의 계몽적 성격에서 점차 사회를 관찰하고 기술하는 것으로, 그리고 마지막으로는 민족지적 참여에 대한 담론 형식으로 바뀌어갔다. 그녀의 마지막 방식은 1980년대 데이비드 맥두걸이 사용하던 대화적 스타일과는 그 결이 약간 다르다. 그녀는 자신의 현지조사 기술을 "수다 떨기chatting"라고 칭했는데, 이는 '일상성dailiness'이라고도 할 수 있다. 이는 친밀하고 비공식적인 만남이며, 인간관계를 강화하는 데 중점을 둔 인류학적 만남이다. 영화와 비교하면, 텔레비전은 이미지보다는 사운드가, 그리고 거대한 비전보다는 작은 목소리가 우선시된다. 옆에서 수다 떠는 인류학자인 르웰린-데이비스가 이런 상황 속에서 자신만의 방법론을 어떻게 개발하는지는 흥미로운 지점이다. 카플란은 그녀의 태도를 "이것은 듣고 말하는 민족지학자의 존재를 환기시킬 뿐만 아니라 다른 사람의 지식을 당연한 것으로 상정하지 못하게 하는 것"이라고 했다(Kaplan 1997: 180-81).

2
초기 마사이 영화들

인류학적 다큐멘터리 시리즈인 《사라져가는 세계》를 통해 르웰린-데이비스의 〈마사이 여성들〉과 〈마사이 남자다움〉이 방영되었다. 이 시리즈는 1971년에 첫 방영을 시작했는데, 그라나다 방송국과 총책임자인 포맨Denis Forman의 성향이 잘 드러나는 프로그램이다. 이 시리즈는 또한 제2차 세계대전 이후 텔레비전 프로그램의 내용과 형식 변화, 그리고 인류학의 상황도 잘 보여주고 있다. 1945년 이후 다큐멘터리는 형식과 내용 그리고 시각 면에서 커다란 변화를 보였다. 기존의 허구와 리얼리티의 엄격한 구분이 비판을 받기 시작했고, 작업 방식도 변화했으며, 영화 제작 기술은 혁신을 했다. 이런 환경 변화는 텔레비전 프로그램 제작에도 영향을 끼쳤다. 당시 영화가 아직도 중요한 매체이고, 다큐멘터리는 영화의 하위 영역 정도로 여겨지고 있었기 때문에 다큐멘터리가 텔레비전과 관계를 맺기 시작하면서 그 형식과 내용도 점차 변화했다. 영화의 인상주의 유산이 텔레비전 다큐멘터리 부분에 아직 남아 있었지만, 전체적으로 본다면 텔레비전 다큐멘터리는 점차 '확대된 르포르타주'의 형식을 취했다. 이는 텔레비전이 예술이나 교육이 아니라 저널리즘에서 출발했기 때문이다(Bluem 1965).

텔레비전은 탄생 초기부터 영화와는 다른 고유한 미학과 사회적 그리고 제도적 지향점을 가졌다. 텔레비전 화면은 영화 스크린보다 비교할 수 없을 정도로 작으며, 텔레비전은 주로 가정의 거실에서 소비되는 특성 때문에 영화와는 달리 이미지보다 사운드가 더 중요하게 여겨졌다. 또한 텔레비전은 관객의 몰입도 면에서 영화를 따라갈 수 없었다. 텔레비전을 시청한다는 것은 일상적이고, 친숙하고, 평범한 일과 중 하나였다. 따라서 텔레비전 프로그램의 전체적인 구성은 느슨하고, 리듬은 반복적으로 구성될 필요가 있었다. 이에 반해 영화는 이야기 전개가 선형적이고 완결적이다. 또한 텔레비전을 시청하기 위해서는 물리적, 심리적 그리고 사회적으로 이동할 필요가 없었고, 시청자는 자기의 친숙하고 안전한 환경에서 세상과 편하게 만났다(Williams 1974).

텔레비전의 속성을 반영하는 새로운 다큐멘터리 형식들이 만들어졌지만, 그리어슨의 영향을 받아서 현재 일어나는 것을 중계하고 있다는 라이브live 느낌을 중요하게 여겼다. 이런 경향은 텔레비전을 아이디어 소통의 창의적인 매체로 여기던 영국에서 특히 두드러졌다. 텔레비전 다큐멘터리는 현재 세계에서 일어나고 있는 것을 알려주는 창구였다.

그라나다 방송국 총책임자인 데니스 포맨은 1950~60년대 혁신적인 프로그램을 제작했다. 포맨은 시청자에게 새로운 주제를 발굴하여 소개하는 것에 그치지 않고, 미디어의 형식적 특성을 이용한 실험적 프로그램을 다수 제작했다. 포맨은 이런 맥락에서 제3세계 사람들과 세계화에 대한 내용을 다룬 다수의 프로그램을 제작했다. 《사라져가는 세계》는 기존의 다큐멘터리 형식에 얽매인 민족지영화와는 그 형식이 매우 달랐는데, 래드클리프-브라운의 구조기능주의에 그리어슨의 다큐멘터리 양식이 접합된 형식이었다(Fiske 2010: 43).

르웰린-데이비스는 이런 텔레비전 방송 환경과 영국 인류학의 경향성 아래 초기 작업을 시작했다. 당시의 '과학적' 민족지는 '원시사회'를 연구대상으로, 현지조사를 방법론으로, 그리고 구조-기능주의를 이론적 기반으로 하고 있었다. 그녀는 이것들이 서로 융합된 지적 환경에서 훈련을 받았다. 또한 뒤르켐의 시각도 인류학에 아직 많이 남아 있었는데, 특히 사회 질서, 규칙, 규범, 친족조직 그리고 정치적 · 법적 구조 등의 분야에서 두드러졌다. 이 때문에 통시적 시각과 의식의 문제 등은 종종 무시되었다.

르웰린-데이비스의 인류학 관심사는 초기에는 과학적 민족지의 패러다임 안에서 머물고 있었지만, 점차 인류학에서 비판적 시각이 발전하자 이로부터도 영향을 받았다. 다수의 인류학자가 1960년대 말까지 래드클리프-브라운의 과학적 접근법에 도전했는데, 특히 여성운동은 인류학 연구 성과의 형식과 방법 그리고 본질을 광범위하게 비판했다. 그녀는 이런 경향으로부터 크게 영향을 받았다(Grimshaw 1995: 24).

3
<마사이 여성들>

르웰린-데이비스의 영화 세계를 처음으로 연 작품은 〈마사이 여성들 *Masai Women*〉이다. 이 작품은《사라져가는 세계》의 11번째 프로그램으로 방영되었는데, 다른 프로그램들과 많은 공통점이 있다.《사라져가는 세계》는 구제인류학에서 영감을 받아 기획 · 제작된 프로그램이었는데, 〈마사이 여성들〉은 많은 부분에서 이로부터 비켜나 있었다. 〈마사이 여성들〉은 외부의 매우 강력한 힘 때문에 내적 동질감과 재생산 체계가 깨질 위험에 처한 사회를 그리지 않았고, 그 대신에 구제인류학의 내용을 전복하고, 사회적 재생산의 내적 기제에 초점을 맞추었다. 그녀는 이것을 마사이 사회의 힘과 자신감 그리고 통합성의 기반이라고 판단했다.

〈마사이 여성들〉은 그녀가 동아프리카에서 한 현지조사를 기반으로 제작되었다. 1970년대 서구사회의 주요 담론은 권력과 젠더 그리고 부의 문제였는데, 그녀는 페미니즘의 고유한 관점과 방법을 통해 영화를 제작했다. 그녀는 유목사회에서 여성의 역할을 탐구하고 있는데, 소는 부의 중요한 기반이었다. 하지만 남자의 부는 가축의 숫자뿐만 아니라 부인들이나 양녀 등 부양가족 숫자에 의해서도 결정된다. 부인이나 양녀는 가축을 돌보지만 이에 대한 소유권은 없는데, 영화 초반에 이런 사실이 설명된다. 이 영화는 마사이 여성들에 대한 내용을 담고 있지만, 여성에 의해 만들어진 영화라는 점에서 특수성이 있다. 따라서 이 영화의 시각은 매우 제한적이며, 마사이 여성들이 각자 경험한 내용을 여성 인류학자인 르웰린-데이비스에게 털어놓는 방식으로 구성되어 있다.

〈마사이 여성들〉은 여성의 삶을 구획 짓는 중요한 전환의 순간을 중심으로 구성되어 있다. 이런 전환의 순간은 할례, 결혼 그리고 어머니가 되는 것인데, 그녀는 영화의 첫 부분에서 여성이 소녀에서 결혼하는 과정을 그리고 있다. 이 과정의 정점에는 할례 의식이 있는데, 이 의식 후 여성은 친부의 집을 떠나 신랑의 마을로 간다. 르웰린-데이비스는 시청자가 보는 이미지 이면의 맥락 정보를 해설과 인터뷰를 통해 전하고 있다. 그녀는 영화에서 할례 장면을 직접 보여주지 않았고, 새 신부가 남편 마을에 도착하는 장면을 이 영화의 클라이맥스에 배치했다.

새 신부는 마을 여성들이 독설을 퍼붓는 적대적인 모습과 대면하게 된다. 이 여성들은 그녀 주변을 돌면서 춤을 추고, 갖가지 경멸하는 행동을 하는데, 새 신부는 이를 견디지 못하고 마침내 울음을 터뜨린다. 하지만 이 신부는 마침내 마을 사람으로부터 구성원으로 인정받으며, 외삼촌의 축복 속에 소 떼를 관리하는 권리를 부여받는다. 결혼한 여자는 자식을 많이 낳고, 가축을 잘 돌봐서 집안을 부유하게 만들어야 하는데, 그녀는 아들이 전사로서의 사회적 의무를 마치면 가축 통제권을 상속해주어야 한다. 영화의 두 번째 부분은 여성의 어머니 되기인데, 르웰린-데이비스는 젊은 마사이 남자들이 전사 제대 행사를 준비하는 과정을 보여줌으로써 어머니 되기의 의미를 설명하고 있다. 아이를 성공적으로 많이 출산한 여성들은 이 행사에서 특히 축하를 받는다.

르웰린-데이비스는 후기에서 전사 제대 행사에 너무 많은 부분을 할애한 것을 유감스러워했는데, 다른 영화 제작자처럼 그녀도 이 사건의 시각적 화려함에 지나치게 매료되었다(Fiske 2010). 실제로 행사의 화려함 때문에 그녀가 보여주고자 했던 아들의 모습, 즉 어머니의 눈으로 본 아들의 모습이 많이 약화되었다. 이 영화의 클라이맥스는 한 청년이 성년이 되고, 이제는 소 떼를 책임지고 돌볼 수 있는 단계로 넘어가는 것이다.

〈마사이 여성들〉은 마사이 사회에서 여성이 된다는 것이 무엇을 의미하는지를 소개하고 있는데, 1970년대 초반 서구 여성운동은 이 문제에 관심이 많았다. 특히 '진짜 여성*real women*'이란 무엇인지를 둘러싸고 격렬한 논쟁이 있었는데, 서구의 많은 여성들은 사회의 관습적인 이미지와 여성의 지위에 대해 의문을 제기했다.

르웰린-데이비스의 영화는 인류학의 전통 연구분야인 친족, 재산 그리고 권력 문제를 다루고 있지만, 여기에 여성인류학의 담론을 접합함으로써 영상인류학의 새로운 장을 열었다. 또한 이 영화에는 방법론적 혁신이 있다. 영화의 내용은 비공식적이고 서열을 파괴하는 방식으로 구성되어 있는데, 이는 여성이라는 보편적인 범주에서 본다면 모두가 동등하다는 사실을 전하기 위해서다. 지식은 서로 나눔과 공감을 통해 만들어지고 있는데, 이 영화는 이 점을 명시적으로 보여주고 있다.

이 영화를 페미니즘 영화라고 단정하기는 힘든데, 르웰린-데이비스는 페미니즘에 관심을 가지고는 있지만 인류학자이고 커다란 프로그램 제작팀의 한 명일 뿐이기 때문이다. 이 영화의 카메라 워킹은 맥두걸 부부의 〈가축들과 함께 살기〉처럼 매우 부드럽고 친밀한 느낌을 주는데, 여기에는 어느 정도 르웰린-데이비스의 공이 있다. 그녀는 이 영화에서 해설을 담당했는데, 그녀의 친밀한 느낌을 주는 해설은 미지 세계에 사는 마사이 여성과 영국 시청자 사이의 다리 역할을 하고 있다. 진스버그Faye Ginsburg는 《사라져가는 세계》의 혁신을 소수의 인원만이 제작에 참가하여 자막이 있는 친밀한 대화적 스타일의 영화를 만든 것에서 찾고 있다(Hockings 1995).

하지만 《사라져가는 세계》를 전체적으로 평가한다면, 이 시리즈의 전반적인 형식과 내용은 이미 인류학과 다큐멘터리 모두에서 상당 부분 낡은 것이다. 사회적 조사 방법도 새롭게 변화했고, 텔레비전 다큐멘터리도 예전의 영화 에세이 형식과 하향식 방식에서 좀 더 친밀한 방식으로 변하고 있었다. 인류학에서는 기존의 중심적 패러다임이었던 '과학적' 민족지에 대해 비판이 증가하고 있었다. 이런 맥락에서 본다면, 〈마사이 여성들〉은 일부 혁신적인 부분이 있었지만 인류학과 다큐멘터리의 낡은 틀 안에서 제작된 영화다. 이 영화는 마사이 여성들의 삶을 이야기와 해설로 풀어내고 있는데, 이는 당시 미국 다이렉트 시네마 제작자들이 강하게 거부하던 '말-논리 쇼word-logic show'의 전형이기도 하다(Corner 1996: 33). 이는 문자텍스트에 익숙한 인류학자의 머리에서 기획되었기 때문에 발생한 측면이 크다.

이 영화에서는 젠더와 권력 문제를 예증하기 위해 사건들과 사람들과 학술적 주장이 동원되었다. 르웰린-데이비스의 해설은 관객이 스크린에서 보는 모든 것에 대한 맥락 또는 심층정보를 제공하고 있다. 관객은 이 때문에 해설이 제공하는 전문적인 지식에 기가 죽게 되고, 수동적인 정보 소비자로 전락하게 된다. 관객이 수동적 소비자로 전락하는 데 이미지의 압도적인 모습도 일조하고 있다. 자막은 선택적으로 사용하고 있는데, 사람들의 비공식적인 대화를 전달하는 데 있는 것이 아니라, 사회적 규범을 알려주는 데 이용하고 있다. 또한 여성들은 인터뷰 장면에서 공식적인 이야기를 통해 마사이 여성의 규범적 측면을 강조하고 있다. 젠더가 마사이 사회를 어떻게 구조화하고 있는지를 보여주기 위해 영화의 이미지와 사운드를 동원하고 있지만, 관객은 이것이 여성들의 일상생활에서 실제로 어떻게 작동하고 있는지는 알 수 없다. 이 영화의 시각을 가장 함축적으로 보여주는 장면은 한 어머니가 르웰린-데이비스에게 여성의 종속적 지위를 정당화하는 신화를 이야기하는 것이다. 이 영화는 이 장면으로 끝을 맺는데, 이는 전형적인 뒤르켐 식의 해석이다.

이 영화는 마사이 여성들이 무엇을 생각하고, 어떻게 느끼는지, 그리고 그녀들의 일상생활이 어떤 식으로 이루어져 있는지에 대해서는 거의 관심을 보이지 않는다. 하지만 사람들이 이야기하는 것과 실제로 행동하는 것 사이에는 간극이 있는데, 이상과 실재 사이의 불일치를 통해 관객은 삶에 대한 매우 흥미로우면서도 중요한 통찰을 발견할 수 있으나 이 점이 없다.

〈마사이 여성들〉이 방영되고 10여 년이 지난 후 르웰린-데이비스는 또 다른 영화를 제작한다. 그녀는 이 영화에서 이전 영상물에서 지적되었던 규범적 태도를 벗어버렸다. 그녀의 첫 작품은 사회는 하나의 대상으로 존재하며 사람들은 이를 관찰하고 기술할 수 있다는 래드클리프-브라운의 영향을 많이 받았다. 하지만 사회는 개인적 주체들의 행동들을 통해 구성되기는 하는데, 구조-기능주의적 접근은 이런 생각을 원천적으로 봉쇄했다. 그녀는 마사이 삶의 현재적 복잡성을 드러내기 위해 그리어슨 식의 다큐멘터리 제작 방식과 결별했다. 그리고 점차 텔레비전에 특화된 형식을 찾아 나가는 실험을 했는데, 이는 새로운 영상 민족지 제작과 이해를 위해 중요한 부분이었다.

4
<여성들의 오라말>

〈여성들의 오라말*The Women's Olamal*〉도 르웰린-데이비스와 마사이 여성들이 대화하는 장면으로 시작하고 있다.

마사이 여성: 여성들은 소유하고 있는 것이 없다. 오직 남자만이 자신의 가축을 소유하고 있다.

르웰린-데이비스: 여성들이 소유한 것이 아무것도 없나요?

마사이 여성: 소가죽과 윤기 나는 나무막대 그리고 도끼를 가지고 있다. 그것이 전부다.

르웰린-데이비스: 당신 남편은 당신에게 소를 돌보라고 주는데, 이 소는 정말로 당신 것이 아닌가? 아니면 단지 보기에만 그런 것인가?

마사이 여성: 남편은 이 소들을 임의대로 다른 부인에게로 옮길 수는 없지만, 다른 남자에게 모두 줄 수는 있다. 당신은 그의 행동을 말릴 수 없다. 그가 소유주이기 때문이다.

〈여성들의 오라말〉도 마사이 사회의 젠더와 권력의 문제를 중요하게 다루고 있는데, 이전 영화보다는 사람들의 서로 경합하는 목소리가 더 많이 담겨 있다. 이 영화는 여성들과 마사이 연장자들 사이의 '특별한' 갈등을 도식적으로 보여주고 있지만, 그 어떤 극적인 클라이맥스도 없다. 그 대신에 사회 내의 기본적인 갈등만 표출되고 있는데, 하지만 이 갈등은 사회의 조화를 깰 정도는 아니다.

르웰린-데이비스의 첫 영화도 남성과 여성 사이에 잠재하고 있는 갈등 조짐을 보여주었다. 그녀는 〈마사이 여성들〉에서 장년 남자들이 주최하는 행사에서 남성의 여성에 대한 통제에 대항하는 모습을 영화 한가운데에 배치했는데, 그 해석은 달랐다. 결혼한 여성이 애인을 취하려는 행동 때문에 젠더 관계의 조화가 방해받고 있었다. 나이 든 사람과 결혼한 젊은 신부는 마사이 전사와의 불륜관계를 맺음으로써 권력의 위계질서를 전복하고 있다고 해석했다.

〈여성들의 오라말〉은 마사이 사회에서 4년마다 열리는 풍요의식의 준비과정을 담고 있다. 이 의식은 여성에게 가장 중요한 사건인데, 이 영화도 이전처럼 제한적인 여성의 시각에서 이 사건을 그리고 있다. 이 영화는 여성들의 경험을 통해 마사이 사회의 재생산과 권력의 문제를 탐구하고 있다. 영화의 도입부는 주요 등장인물의 이야기를 통해 여성의 시각에서 오라말 의식의 중심 내용을 소개하고 있는데, 의식의 전 과정에서 남자들이 적극적으로 협력하지 않는다는 이야기를 한다. 여성들이 이 의식의 주도권을 쥐고 있어서 오라말 집단을 구성하고 준비 작업을 조직하지만, 이들의 주된 관심은 마사이 장년 남자가 축원의식의 실행을 허락받는 것이다. 이 영화는 남자들과 여자들 사이에 벌어지고 있는 타협의 복잡성을 기록하고 있는데, 이 의식이 열릴 때마다 이런 식의 불확실성과 갈등은 있어왔다. 이런 갈등들은 종종 오래가기도 하고 증폭되기도 하는데, 이는 의식의 유효성을 보장하는 중요한 부분이기도 하다.

이 영화는 사건을 토대로 내러티브가 구성되어 있는데, 여성들이 이 의식을 치르기로 의견일치를 본다. 하지만 이를 위해 남자들을 설득해야 하는데, 이것이 심각한 난관에 봉착한다. 이웃 마을과 해결하지 못한 문제들이 이 의식을 준비하는 데 방해물이 되는데, 장년 남자들은 막대한 손해배상이 이루어지지 않는 한 이 의식에 동의할 수 없다는 뜻을 전한다. 이렇게 갈등이 조성되자 여성들은 자신들의 정치적 전략을 변경한다, 이 영화는 여성들이 취한 전략을 추적하고 있는데, 자신들끼리 끼리끼리 토론하고, 집단토론도 하다가 모여서 수군대다가 감정이 폭발하는 순간을 추적하고 있다. 이 영화는 점차 여성들이 마사이 원로들과 교감을 주고받는 관계를 보여주고 있다. 이 영화에서의 클라이맥스는 남자들이 여성의 요구에 계속 저항하고, 여성들은 눈물을 보이거나 기물을 파손함으로써 대응하는 장면이다. 마침내 여성의 분노가 극에 달하자 원로들은 양보하기에 이른다. 이들은 풍요의식을 축복해주기로 동의하고, 이후 영화 속 갈등은 진정된다. 나머지 부분은 의식을 기록하고 있는데, 여성들은 사회적으로 점차 통합되고, 마사이 사회의 관습적인 지위를 다시 유지한다.

〈마사이 여성들〉과 달리, 이 영화는 특정 인간 주체들의 행위나 사건을 드러내 보이고 있다. 이 영화는 추상적인 주장을 토대로 구성된 것이 아니라 제의적 공간 안에서 벌어지는 마사이 사회의 구체적 역동성을 드러낸다. 그녀가 의식을 둘러싸고 벌어지는 사건들을 기록하는 데 사용한 기법들은 마사이 사회에 대한 새로운 시각이다. 이전 영화처럼 페미니즘적인 경향이 여전히 남아 있지만, 이 영화는 여기에만 안주하지 않고 있다. 이전 영화보다 여성들의 삶을 해석하는 점에 있어서 더 미묘하고 불확실한 면이 강조되고 있다. 여성 복종의 본질과 여성들이 공유하고 있는 경험들이 드러나기는 하지만 문제점들도 같이 드러난다.

〈여성들의 오라말〉은 마사이 사회가 위기의 순간에 역동성을 보여줌으로써 구조로부터 과정으로 초점을 이동했다. 이것은 르웰린-데이비스가 과거의 낡고 정적인 다큐멘터리 형식을 포기하고 텔레비전의 특징적인 요소들을 고려하여 실험했기 때문에 가능했다. 존 피스크는 이것을 현재성 now-ness이라고 불렀다. "영화는 과거에 일어난 것을 기록하여 재현하지만, 텔레비전은 현재 일어나고 있는 것을 생중계하는 것처럼 재현한다."(Fiske 2010: 22) 〈여성들의 오라말〉은 텔레비전 생중계처럼 보인다. 이 영화는 현재 일어나고 있는 사건처럼 재현하고 있는데, 이 때문에 영화 속의 인물은 다른 시간과 장소에 사는 낯선 사람들처럼 보이지 않는다. 이들의 행동은 즉각적이고 현재적이다. 르웰린-데이비스는 최소한의 설명만으로 이 사건이 실제로 현재 일어나고 있는 것이라는 느낌을 주고 있다. 그녀는 리얼리티를 재현하기 위해 관찰적 스타일을 사용하고 있는데, 카메라는 사건이 일어나는 곳에 조용히 접근하여 행위들을 보고 들으며, 인류학자와 시청자들 모두 목격자가 된다. 그녀는 이전의 영화에서 전문적인 지식을 가진 인류학자로서 등장했는데, 〈여성들의 오라말〉에서는 이들의 의식에 대해 제한적인 지식만을 가진 관찰자로 자신을 드러낸다. 따라서 이 영화는 복잡하고 매우 격한 상황을 이해하려고 노력하고, 이 과정을 기록으로 남기려는 시도다.

르웰린-데이비스의 이런 식의 영화 제작 방식은 상당 부분 로버트 드류나 리키 리쿡 또는 맥두걸 부부의 영향을 받은 측면이 있다. 이들은 모두 민족지적인 복잡성을 기록하는 방식으로 다이렉트 시네마를 채용했다. 르웰린-데이비스는 이 영상물을 페미니즘의 시각에서 구성했기 때문에 남성들이 위기의 순간에 어려움에 대처하는 장면과 여성들이 집단적인 힘을 과시하는 장면들을 삽입했다. 이런 민족지 기술을 통한 실험은 이전의 작품들과 그 궤를 같이하고 있다. 하지만 리얼리티에 관한 새로운 접근법이 이 영화 속에서 나타나고 있는데, 이는 사회적 정경 안에 주체들의 행동을 위치시키는 것이다. 〈마사이 여성들〉과는 달리 규범적 진술의 틀을 벗어나 여성의 경험에 대해 열린 태도로 질문하는 것이다. 〈여성들의 오라말〉은 특정한 맥락 안에서 벌어지는 일을 담아냄으로써 젠더의 수행적 성격도 드러내고 있다. 오라말 의식이 암시하듯이 젠더는 단지 구조적인 문제가 아니라 강렬한 감정이 개입된 것이다.

〈여성들의 오라말〉은 당시 텔레비전 다큐멘터리들이 추종하던 정적 에세이 풍도 포기했다. 관념들에서 삶으로, 마사이 사회에 대한 추상적인 개념으로부터 경험적 기록으로 그 방향을 전환함으로써 새로운 '예증적 재현evidential representation'을 실현할 수 있었다. 이런 방법론은 이미 다이렉트 시네마에서 널리 사용되었던 것이다(Corner 1996: 44). 이 영화는 의식적인 조작 없이 사건들이나 개인들로부터 드러나는 것을 발견하는 방법을 택하고 있다. 르웰린-데이비스 자신이 지적하듯이, 즉흥적으로 보이는 것에도 고의성과 계략이 담겨 있기 때문이다(Grimshaw 1995: 42-45). 감성적인 부분을 담아내고 남자들과 여성들 간의 갈등을 담아냄으로써 이 영화는 마사이 사회가 새로운 사회적 동력을 포착하는 모습을 보여주고 있다. 하지만 무엇이 실재이고 무엇이 연출된 것인지, 무엇이 진실이고 무엇이 기만인지를 이 영화 안에서 구별하기란 거의 불가능하다. 르웰린-데이비스는 마사이 사회의 위기 순간을 보여주고 있는데, 사회적 관계들은 이때 거의 붕괴할 정도의 파열음을 낸다. 그녀는 이 순간을 보여줌으로써 관객 스스로 영상물 속의 내용이 가지고 있는 함의를 스스로 해석할 것을 요구하고 있다.

이 영화의 형식적 특징은 고전 드라마를 연상시키는 장편 극영화 형식을 부분적으로 채용함으로써 유동적이고 모순적인 리얼리티가 다시 통합되고, 의미를 갖게 되는 것을 보여주는 데 있다. 이전의 〈마사이 여성들〉과는 달리 이 영상물에는 결말이 있는데, 제의가 끝나면서 사회적 통합은 강화되고, 남성과 여성의 기존 위계질서는 원상태로 복귀된다. 〈여성들의 오라말〉이 제작되고 나서 1년 후에 제작된 〈마사이 마을의 일기*Diary of a Maasai Village*〉는 다섯 편의 영화로 구성되어 있는데, 여기에서는 관습적인 결말이 없다. 그녀는 이 영상물에서 마사이 사람들을 좀 더 넓은 세계에 위치시키고 있다.

5 <마사이 마을의 일기>

르웰린-데이비스는 〈마사이 마을의 일기*Diary of a Maasai Village*〉에서 마사이 일상생활의 서로 변별적인 질감과 리듬을 표현하려고 시도했다. 그녀는 각 편의 영화 첫 부분에서 "우리는 이 영상물을 일기로 만들었는데, 자료들을 가지고 특정한 스토리나 주장을 구성하지 않았다. 대신에 우리는 마을 생활에서의 에피소드를 모아서 이들 역사의 한순간을 기술하고자 했다"라고 기획 의도를 밝히고 있다. 르웰린-데이비스는 일기 형식을 채용함으로써 현지조사의 중요성을 환기하고자 했다. 현지조사에서의 노트 필기와 일기 그리고 신문기사는 이 활동의 은밀한 부분을 드러내 보이고 있다. 일기 시리즈는 인류학 현지조사가 어떤 방식으로 진행되고 있으며, 현지조사라는 것이 가진 성격을 보여주고 있다.

르웰린-데이비스는 일기를 다큐멘터리의 소프 오페라soap opera라고 불렀다(Grimshaw 1995: 39). 이런 점에서 기존의 텔레비전 형식을 채용한 것은 민족지영화의 새로운 길을 모색하기 위한 실험이다. 일기와 소프 오페라 형식을 취한 이유는 유목민의 삶에 대한 그녀의 독특한 시각을 표현하기에 적절한 포맷이라고 생각했기 때문이다. 그녀는 마사이 민족지에서 그 어떤 환원론적 해석도 피하려고 했다. 특히 그녀는 전통과 현대의 단순한 대립이라는 단일한 시각에서 이야기를 전개해나가는 방식에 거부감을 보였다. 그녀는 이 대신에 연속성과 변화를 동시에 호출하여 이들이 마사이 사람들의 존재 방식을 어떻게 동시에 구성하고 있는지를 보여주고자 했다. 그녀는 텔레비전 매체 내에 내재하는 유동적 특징을 고려하여 에피소드적이고, 불연속적이며, 반복적인 내러티브를 통해 마사이 마을의 삶을 그려내고 있다. 르웰린-데이비스가 일기와 소프 오페라의 형식을 채용하여 민족지적 탐구를 시도한 것은 매우 흥미로운 실험이었다.

〈마사이 마을의 일기〉 시리즈는 마을의 일상생활에서 벌어지고 있는 사건들을 모아놓은 것이다, 몇 주 동안 사람들은 오고갔으며, 남자들은 새로운 소식과 한담을 나누고, 소들은 병에 걸리고, 아이들이 태어나고, 싸움이 일어나고, 권위에 도전하는 갈등도 생기고, 점치는 의식도 치러지고, 병도 고쳐지는 등의 일들이 벌어졌다. 마사이 제의에서는 인생이 질서 있고 예측 가능한 것으로 그려지고 있지만, 할례와 결혼에서 볼 수 있듯이 실제로는 예측할 수 없고 즉흥적인 일들이 다반사로 벌어진다. 그녀는 이 영상물들의 다양한 부분들을 엮기 위해 단일한 내러티브를 사용하고 있지만, 사건들과 행위들은 항상 앞으로 전진하는 전개 방식을 전복하고 있다.

〈마사이 마을의 일기〉는 다양한 시선과 목소리 그리고 서로 다른 장소들을 탐구하고 있다. 하지만 제목이 암시하듯이 이야기의 중심에는 마을이 있다. 남자들의 경험을 탐구하는 것에 관심이 있음에도 그녀는 자기에게 친숙한 조사 영역으로 되돌아가고 있다. 여성들은 아이들과 소들과 함께 마을에 남고, 남자들은 다양하고 종종 모순되는 관계들을 조정하려고 하는데, 이것이 마사이 마을의 삶이다. 이 시리즈의 모자이크 구조는 마사이 마을이 관계하고 있는 세계의 복잡성을 환기하고 있는데, 세계는 시간과 공간 안에서 사건들의 동시성과 상호 연결성으로 특징지어지고 있다.

르웰린-데이비스가 〈마사이 마을의 일기〉에서 표현하고자 한 현재적 삶의 모습은 교육적이거나 관찰적이지 않다. 이보다는 취사선택한 대화들의 종합세트이며, 이는 엿듣거나 관찰하거나 참여하여 얻어낸 이야기다. 일기 시리즈를 소프 오페라의 개념으로 제작하기로 한 것은 매우 실험적인 시도다. 비판가들은 소프 오페라를 텔레비전의 변별적인 특성을 반영한 형식이라고 한다(Brunsdon 1981: 32-37). 미학적 특성과 관객과의 관계를 고려한다면 소프 오페라는 텔레비전의 중요한 한 형식이며, 많은 비평가는 문학이나 영화와 소프 오페라를 구별하고 있다. 소프 오페라는 열린 구조로 특징지어진다. 내용이 느슨하고 분절화되어 있으며, 중심인물을 둘러싸고 다층적인 스토리들이 전개되고 있는데, 이것이 소프 오페라의 중요한 특징이다. 또한 이 작품의 역동성은 단일한 선형적인 운동이 아니라 순환적인 운동을 통해 생겨나고, 균형은 부재하며, 내러티브의 결말도 없다.

시청자와의 관계도 다르다. 비공식적이며, 주로 구술적 특성이 두드러지는데, 이 때문에 시청자들은 그 내용의 의미를 스스로 해석하고 수용하는 분위기를 만들 수 있다. 〈마사이 마을의 일기〉는 텔레비전 시리즈물을 연상시키는 많은 고전적 요소들을 포함하고 있는데, 특히 소프 오페라의 영향이 크다. 르웰린-데이비스는 소프 오페라를 다큐멘터리에 접목했는데, 이런 시도는 매우 낯선 것이다. 현재는 익숙하게 된 다큐-소프가 탄생하기 훨씬 전에 르웰린-데이비스는 이런 혼종의 잠재력을 파악하고 이를 활용했다. 그녀는 동아프리카 유목민의 일상생활을 다루고 있는 일기 시리즈를 통해 시청자에게 즐거움을 주고자 했다.

르웰린-데이비스의 소프 오페라 형식을 통한 실험은 그녀의 페미니즘적 접근법의 연장으로 생각할 수도 있다. 그녀는 일련의 마사이 영상 작업을 통해 젠더 문제가 기존의 해설적이거나 규범적 접근 방식으로 담아내기에는 너무나 복합적이라는 사실을 깨달았다. 〈여성들의 오라말〉에서 민족지적 리얼리티를 담아내기 위해 극적인 내러티브를 활용했는데, 이는 그녀가 인류학적 범주를 당연하게 여기지 않았기 때문에 가능했다. 그녀는 기존의 인류학의 범주적 지식 대신에 마사이 여성들이 만들어내는 제의적인 맥락에 초점을 맞추었다. 〈마사이 마을의 일기〉를 통해 추구하는 민족지 형식은 마사이 사람들이 단지 탈식민 세계의 변화된 환경 속에 살고 있다는 내용을 표현하는 것을 넘어서서 인류학의 다양한 개념들을 표현하는 데도 있다.

소프 오페라의 젠더적 특성은 르웰린-데이비스가 새로운 종류의 페미니즘 민족지를 추구하는 수단이 되었다. 소프 오페라의 구술성, 개인화, 관계들과 인물을 전경에 배치하는 것 그리고 리듬을 채용함으로써 민족지 작업의 간주관적 성격을 중심에 위치시켰다. 〈마사이 마을의 일기〉는 관계들의 복잡한 네트워크를 환기하는데, 이 네트워크는 마사이 사람들 스스로 만든 것일 뿐만 아니라 민족학자와 텔레비전 시청자가 만든 것이기도 하다. 게다가 소프 오페라의 형식적 특징들은 특정한 방식의 상호 주관적 교환 효과를 낳고 있다(Modleski 1983: 71).

르웰린-데이비스는 거의 20년 동안 민족지적 정경 안에서 마사이 영화를 제작했는데, 그녀의 활동무대는 텔레비전 방송국이었다. 이런 조건은 그녀가 인류학적 영화 제작자로서 변별적인 감수성을 갖는 데 중요한 역할을 했다. 피스크에 의하면, 그녀가 문학이나 영화의 특성보다는 텔레비전의 주된 구술적 특성에 천착하면서 그녀의 인류학적 작업은 추상적이고 탈신체화된 추상적 지식보다는 일상적 실천에 집중할 수 있었다고 했다(Fiske 2010: 105-6). 〈마사이 마을의 일기〉의 중심에는 변화의 문제가 있다. 르웰린-데이비스는 초기 작업부터 현대사회에서의 삶이 어떻게 구성되는지에 대해 관심이 많았다. 전통과 현대 사이에 있는 복합적 관계는 열린 결말 구조와 폐쇄적인 내러티브 등의 형식적 긴장을 통해 드러날 수 있다. 르웰린-데이비스는 후자인 폐쇄적인 내러티브를 선택했는데, 라렌-코Raren-ko의 이야기를 줄기로 하여 일기의 다양한 부분을 하나로 묶어냈다.

6
<기억들과 꿈들>

르웰린-데이비스는 〈마사이 마을의 일기〉에서 공간적 관계들의 변화를 주로 탐구했다. 〈기억들과 꿈들*Memories and Dreams*〉에서는 이 주제를 현재 마사이 경험과 접맥시키고자 했다. 그녀는 지속과 변화를 시간적 축 안에서 탐구하고 있는데, 이런 시도는 역설적이게도 구제인류학과 대면하게 된다. 그녀는《사라져가는 세계》에서 이런 구제인류학의 기획에 대해 분명하게 거부했다. 1992년 그녀는 마사이 마을로 돌아와서 유목민의 생활이 쇠퇴하는 것을 목격했으며, 이에 대해 이야기하고자 했다. 그녀는 지난 20년 동안 마사이 사람들과 관계를 맺어왔는데, 자신이 이전의 민족지 작업 안에서 문제점으로 지적하던 윤리적 문제들과 대면하게 되었다(Grimshaw 1995: 37-8).

〈기억들과 꿈들〉은 남자들과 여자들이 텔레비전 모니터 앞에 모여 르웰린-데이비스가 예전에 제작한 영상물을 보는 것으로 시작한다. 영화의 중심 주제는 영화 속의 예전 모습과 현재 모습 간의 대비다. 그녀는 "변화된 것에 대해 사람들이 행복하게 느낄까?"라는 점을 영화 속에서 발전시키고자 했다. 그녀는 이를 통해 그전에 발견하지 못하던 마사이 사람들의 경험 영역으로 들어갈 수 있었다. 1990년대 초반의 마사이 지역은 예전보다 더 혼란스러웠는데, 꿈, 기억, 개인적 야망, 공포, 근심 그리고 실망이 탐구의 대상이 되었다. 그녀는 자신의 영화 세계 전반에 걸쳐 미시적 차원에서의 성찰성을 중시했는데, 이런 경향을 고려한다면 이런 주제 선택은 당연한 결과였다. 그녀는 주관성과 경험을 전면에 내세움으로써 기존의 사회 탐구 방식을 점차 전복해왔다.

〈기억들과 꿈들〉에는 기존의 인류학적 그리고 극적 내러티브가 없다. 여기에는 에피소드들과 대화들의 몽타주만이 있을 뿐인데, 자신이 과거에 촬영한 영상자료와 현재에 촬영한 영상들을 병치시키고 있다. 이 영화는 연상과 반향을 통해 그 의미가 구성되고 있다(MacDougall 1998: 61-92). 분리된 시간은 변화하는 마사이 사회에 대해 그 어떤 단일한 시각을 갖지 못하게 하는 역할을 하고 있다. 이 영화는 여성의 삶을 기반으로 구성되어 있다. 여성들의 결혼과 할례 그리고 재생산이 계속 중심적인 소재다. 그녀는 예전처럼 대인관계에서 상호 교환의 변별적인 특징들을 드러내고 있다. 지난 20여 년 동안 텔레비전은 마사이를 만나고, 이들 관계들이 매개되는 장소였다. 현재 매개의 과정 그 자체가 〈기억들과 꿈들〉에서 중심주제가 된 것이다. 예전 영화에서의 발췌된 장면들은 성찰과 토론의 시작점이다.

예전의 영상들과 마찬가지로 페미니즘적 감수성이 이 영화 전반에 자리하고 있다. 문화 변화의 한가운데서 그녀는 마사이 정체성의 창조적 부활을 위해 여성들의 지식과 경험이 중심적인 역할을 해야 한다는 점을 확인시킨다. 하지만 그녀의 민족지적 시각은 더 이상 특정 문화적 실천을 비판 없이 받아들이지는 않는다. 그녀는 남성 폭력이나 여성 할례 등과 같은 민감한 질문들을 피하지 않고 동정보다는 연대의 차원에서 접근하고 있다(Grimshaw 1995: 36-7). 르웰린-데이비스는 여성들로부터 결혼이나 또 다른 부인과의 관계에 대한 시선을 끄집어내고 있다. 여성들은 다른 부인들과 하나의 공동체 의식을 느끼고 있고, 자매처럼 생각하고 있으며, 남성 폭력이 중지되어야 한다고 이야기하고 있다. 하지만 영화는 갑자기 시각을 이동하여 부인 중의 한 명인 로이즈Loise를 보여주는데, 그녀는 자신의 주체적인 삶을 살기 위해 남편과 마을을 떠난 사람이다. 그녀는 독립에 대해 강렬하지만 감동적인 이야기를 하는데, 이는 마을 여성들의 삶과 기존 관습을 무비판적으로 수용하는 것을 경계하게 한다. 이전의 영화에서 로이즈의 운명은 양가적으로 그려졌는데, 그녀는 아이 낳는 것에 실패했고, 작은 도시의 주변부에서 새로운 남편과 궁핍한 생활을 했다. 그녀는 마을 생활의 안전함과 공동체 의식 그리고 불임여성을 저주했다.

페미니즘 민족지를 토대로 한 르웰린-데이비스의 영화 세계에서 여성 할례는 가장 많은 변화를 보여주고 있다. 〈기억들과 꿈들〉은 쿠니나Kunina라는 소녀를 추적하는데, 그녀는 결혼을 앞두고 할례의식을 치를 준비를 하고 있었다. 르웰린-데이비스는 이전에 마사이 여성들을 촬영할 때 녹음했지만, 여성의 할례에 대한 여성운동의 반응을 고려하여 이를 영화에 포함시키지는 않았다. 하지만 르웰린-데이비스는 〈기억들과 꿈들〉에서 1974년에 녹음한 소리와 쿠니나가 성인식을 치르는 것에 대해 행복해하는 것을 병치하여 보여주고 있다.

〈기억들과 꿈들〉은 개인적 친밀함과 날카로움이 들어 있는 슬픈 노래다. 르웰린-데이비스는 "나는 얼마간 눈을 감은 채 영화를 만들었다"라고 말했다. 영화 속에서는 장소와 시간이 자주 바뀜으로써 단절의 느낌을 주지만, 이 영화는 서로 얽히고설킨 사람들 사이의 경험을 공유하기 위한 창의적인 공간을 부드럽게 만들어내고 있다. 사회 변화나 사람들의 의식 변화를 다루는 영화는 거의 예외 없이 그 어떤 상실감이나 사회 통합의 약화,

전통 폐기의 아쉬움, 자신감 상실 등을 담고 있다. 하지만 그녀는 〈기억들과 꿈들〉에서 이보다 더 복합적인 문제들을 제기하고 있다. 마사이 사람들의 삶의 방식이 파괴되는 것에는 단지 외부의 힘만이 작용하는 것이 아니다. 마사이 사람들이 유럽식 의상을 입고 값싼 조리기구를 사용하는 데서 볼 수 있듯이, 내적인 힘도 중요한 역할을 하고 있다. 이런 점에서 개인적인 차원에서 전통을 재사유하는 것이 중요한데, 영화는 이 문제에 대해 깊게 재사유하도록 자극하고 있다.

7
새로운 인류학적 텔레비전을 향해

《사라져가는 세계》가 방영되고 20년이 지난 후에 데이비드 튜튼은 텔레비전과 인류학의 관계에 대해 '다음에는 무엇을?'이라는 질문을 던졌는데, 그는 오랫동안 텔레비전에서 기획을 했던 전문가다. 이 질문은 전문적인 지식을 어떻게 대중매체와 관계 지을지에 대한 것이다. 이는 많은 인류학자가 텔레비전의 고유한 특성을 충분히 인지하지 못한 데서 비롯한 실패, 그리고 이들이 제작한 민족지영화가 텔레비전 방송국에서도 수준 미달로 평가받고 인류학에서도 심한 비판을 받는 것에 대한 성찰적 질문이기도 하다. 영국의 인류학은 그라나다 텔레비전의 《사라져가는 세계》가 방영된 이후로 적지 않은 변화를 드러냈다.

이전에는 인류학 지식은 문제가 별로 없는 범주로 여겨졌는데, 현재 인류학자들은 이렇게 생각하고 있지 않다. 이런 변화의 중심에는 인류학이 세상에 대한 객관적인 지식을 제공하고 있다는 자신감이 붕괴한 것이 자리하고 있다. 또한 인류학적 이해는 간주관적 교환을 매개로 한 과정과 이의 결과라는 생각이 점차 동감을 얻었기 때문이다. 현대 인류학에서 일어나고 있는 변화들, 특히 기존의 조사 방법론이 전문지식이라고 생각하던 자신감에 대한 지적 회의는 인류학자로 하여금 이해와 참여에 대해 좀 더 유동적인 견해를 갖게 했다. 르웰린-데이비스의 영화는 이런 변화를 추동하는 데 적지 않은 영향을 끼쳤다. 그녀의 영화들은 끊임없는 실험의 연속이었는데, 이는 인류학적 개념이 근본적으로 변화하는 것을 반영한 것이기도 하다. 르웰린-데이비스의 변별적인 접근법은 젠더 특성에서도 찾을 수 있다. 페미니즘의 프리즘을 통해 다양하게 마사이 사회를 분석한 그녀의 창의적인 작업은 분명히 기존 제도권의 인류학과는 다른 점이다. 그녀의 변별성은 일상성, 사람들 간의 교환 그리고 비정형성인데, 이는 민족지 실천의 기본적인 토대이기도 하다.

1960년대 다큐멘터리영화 제작자나 드라마 제작자들은 텔레비전에서 새로운 도전의 가능성을 발견했다. 이들은 대중을 위한 작업이 가능할 수 있다고 판단하고 형식과 내용을 혁신했다. 르웰린-데이비스도 이런 혁신을 이끈 사람 중의 한 명으로 기억되어야 하는데, 그녀는 기존의 텔레비전 프로그램에 새로운 주제를 도입했을 뿐만 아니라 기존의 제작 방식에 도전하여 새로운 길을 제시했다. 그녀는 특히 일기와 기억의 형식을 통해 변별적인 텔레비전 장르를 개척했다. 르웰린-데이비스는 인류학이 텔레비전에 대해 가지고 있던 제한적이고 낡은 개념을 새롭고 진실한 인류학적 텔레비전으로 변화시켰다.

그림셔는 르웰린-데이비스의 마사이 영상물들을 공적인 공간 안에서의 인류학적 작업을 했기 때문에 실험할 수 있는 동력을 계속 얻을 수 있었다고 했다. 그녀는 인류학의 제도권 경계에서 대중을 향한 작업을 했기 때문에 항상 사회의 변화에 민감했다. 그녀의 작업은 인류학을 대중화하는 것에 있는 것이 아니었지만, 시청자에 대해 존경심을 가지고 작업했으며, 항상 이들과 접점을 찾기 위해 노력했다. 이런 작업은 제한적인 전문가들을 대상으로 한 강연보다는 훨씬 어려운 작업임에는 분명하다. 이 때문에 르웰린-데이비스는 끊임없이 자신의 방식을 혁신하려는 노력을 할 수밖에 없었다.

X

오늘날의 텔레비전과 문화다큐 (민족지영화)

1. 문화콘텐츠와 '갈라파고스화'?
2. 글로벌화와 문화다큐의 연성화
3. 문화다큐들의 비교분석
4. 재사유하며

이 글은 다음 논문을 수정하여 게재한 것임. 조관연.「《네찌릭 에스키모 영화시리즈》에서의 전통 지역문화 재구성 방법론과 사회적 수용」.『역사문화연구』, 54, 역사문화연구소, 213-254. 2015.

1
문화콘텐츠와 '갈라파고스화'?

플라이트레이더24(www.flightradar24.com) 사이트는 현재 운항 중인 비행기를 실시간으로 보여주는데, 인천공항의 비행기 편수는 미국이나 유럽은 차치하더라도 싱가포르나 홍콩, 상하이 또는 방콕에 비해서도 현저하게 적다. 한국은 세계 10위권의 경제력을 가졌으며, 적어도 지난 10여 년 이상 국가 주도로 '글로벌스탠더드'에 맞도록 사람과 체제를 '개조'하는 데 많은 노력을 기울인 것에 비하면 이 같은 '갈라파고스화' 현상은 매우 의아스러운 것이다.

드라마와 게임 같은 분야는 동남아시아와 중국 같은 시장에서 상당한 인기를 끌고 있지만, 문화다큐멘터리(줄여서 문화다큐)*의 경우는 다르다. 한국에서 방영되는 문화다큐는 국내에서 제작된 것과 국외, 특히 미국, 영국 그리고 일본에서 제작된 것으로 크게 나눌 수 있다. 약간의 예외는 있지만, 국내에서 제작된 문화다큐는 대부분 국외 제작 문화다큐보다 단기간에 적

* 아직 개념적으로 정리된 용어가 아니지만, 이 글에서 문화다큐라는 용어는 문화를 주제로 다루는 논픽션 영상물을 총칭하는 용어로 사용한다. 이 안에는 기록 영상물, 박물관 전시 영상물, 교육용 영상물, 연구용 영상물 그리고 대중매체에서 방영되는 텔레비전 프로그램 등이 포함될 수 있는데, 이 책에서는 텔레비전에서 방영되는 문화다큐만을 중점적으로 다루고자 한다.

은 비용으로 제작되고 있다. 또한 국내 문화다큐는 주로 국내 방송국에서만 방영되고 있으며, 해외로 판매되는 경우는 드물다. 하지만 서구 일부 국가와 일본의 문화다큐 중 상당수는 글로벌 유통을 염두에 두고 비교적 장기간 많은 제작비용을 투입하여 제작되고 있다. 한국의 몇몇 방송국도 글로벌 유통을 염두에 두고 의욕적으로 문화다큐를 제작한 경우가 있지만, 예상과 달리 성과는 그다지 크지 않았다.

문화다큐의 성과는 다양한 측면에서 평가될 수 있다. 상업적 측면의 평가는 투입된 시간과 인력 그리고 자본보다 얼마나 많은 잉여가치가 생산되었는지를 측정하면 되기 때문에 계량화하기 쉽다. 하지만 문화다큐는 상품으로서의 가치만을 가지는 것이 아니다. 이 영상물은 한 사회 내에서 정치적, 사회적, 문화적 그리고 예술적으로도 중요한 기여를 하고 있으므로 이런 측면에서도 평가가 이루어져야 하지만, 이를 계량화하기 힘들어서 간과되고 있다. 또 다른 측면은 내용적 또는 학술적 측면에서의 평가인데, 이 역시 상대적으로 주목받지 못한 측면이 있다. 이는 아마도 국내에서 제작된 대부분의 문화다큐의 내용이 학계에서 발간되는 텍스트 기반의 연구 성과를 넘어서지 못하고 있거나, 이를 확산하는 데 별다른 기여를 하지 못하고 있기 때문일 것 같다. 하지만 서구에서 문화다큐는 사회적 · 문화적 현안이 되는 주제를 남다른 시각에서 조망하거나 기존의 학술적 연구 성과를 확산하는 데 중요한 기여를 하고 있다.

매스미디어는 현대사회에서 제3의 권력기관이 되었는데, 이를 통해 방영되는 문화다큐는 대부분 학술적 논문이나 저서들보다 더 큰 영향력을 가지고 있는 것이 현실이다. 문화다큐의 기반은 주로 인문학의 연구 성과이기 때문에 문화다큐와 인문학의 활성화는 서로 긴밀하게 연결되어 있다. 문화다큐의 활성화는 인문학 관련 전공자들의 사회적 진출을 확대해주며,

연구 성과의 확산은 사회를 더 건강하고 유연하게 만든다. 하지만 현재와 같이 위축된 국내의 문화다큐 시장은 부분적으로 다시 인문학의 위축으로 이어지고 있다. 국내 문화다큐 시장의 위축 원인은 다양하다. 하지만 이 책에서는 그 원인을 '갈라파고스화'로 인한 글로벌 유통의 실패와 지나친 연성화로 인한 인문적 성찰성의 부족에서 찾고 있는데, 이 두 가지 요인은 서로 긴밀하게 연결된 동전의 양면이기도 하다. 문화다큐에서의 인문정신의 부족은 1980년대 이후 전 세계적으로 나타나는 현상이다.

2
글로벌화와 문화다큐의 연성화

서구에서는 1980년대부터 방송의 다채널 시대가 시작되면서 상업방송국들이 우후죽순처럼 생겨났다. 이후 방송국들 사이에서는 소리 없는, 하지만 치열한 시청률 전쟁이 시작되었고, 시청자의 시선을 붙들기 위해 자극적이고 선정적인 내용을 담은 프로그램들이 대거 등장하기 시작했다. 이런 연성화 현상은 기존의 공영 또는 공공방송국의 프로그램에까지 영향을 끼쳤다. 기존의 메이저 방송국들은 정부나 공공재원의 강력한 지원 아래 독점적이고 안정적인 환경 속에서 프로그램을 제작해왔다. 이들은 방송의 공공성이나 사회적 역할 그리고 프로그램의 다양성 등에 대해 강한 책임감과 의무감을 가지고 있었기 때문에 프로그램 내용은 엘리트주의적이고 계몽적이었다.

하지만 치열해진 방송과 신자유주의 환경 속에서 이런 엄숙주의는 외부의 강제된 효율성으로 인해 상당 부분 설 자리를 잃어버리게 되었다. 문화다큐의 경우 인기 없거나 '무거운' 주제는 자체 검열을 통해 사전에 탈락하는 일이 발생했고, 실험적 형식의 영상들도 점차 찾아보기 힘들게 되었다. 현실 문제를 비판적으로 조망하는 심층 르포르타주나 실험적 형식의 문화다큐 그리고 시네마 베리테나 다이렉트 시네마 형식의 영상물들이 방송 편성표에서 점차 사라지기 시작한 것이다. 그 대신에 방송의 표준화 현상이 빠르게 진행되었는데, 형식과 내용의 표준화는 글로벌화된 영상물 유통 시장에서 최대 이윤을 확보하려는 조치이기도 했다.

고급 논픽션 텔레비전 프로그램은 문화다큐인데, 국제적인 마케팅 능력을 갖춘 디스커버리 채널, 내셔널지오그래픽 또는 BBC가 논픽션 TV 글로벌시장에서 이런 표준화 작업을 주도했다. 러닝타임도 26분, 45분 또는 52분으로 그리고 내용과 제작 방식도 빠르게 표준화되어갔다. 문화다큐의 인기 있는 주제는 글로벌 마케팅이 쉬운 고대 문명의 역사나 미스터리한 문화와 자연 현상 그리고 오지의 자연 등이 되었다. 제작기간은 압축적이 되었는데, 경비를 절약하기 위해 현장 촬영은 사전 기획안에 따라 단기간에 진행되었기 때문에 철저한 사전기획이 중요해졌다. 또한 문화다큐의 내러티브는 드라마처럼 변화하기 시작했고, 영상의 밀도와 분위기를 강화하기 위해 이전보다 더 많은 음악이 삽입되었다.

관객의 이해를 쉽게 하는 단선적 연속편집이 선호되었으며, 남성적 권위가 뿜어져 나오는 긴 해설은 영상의 의미를 관객에게 친절하게 설명했고, 이전보다 극영화 같은 영상미가 더 중요해졌다(Hohenberger, Eva 1988: 55). 일부 블록버스터 영화와 마찬가지로 문화다큐도 점차 엄숙주의와 엘리트주의를 벗어던지고 시청자에게 스펙터클한 시청각 경험을 제공하는 데 초점을 맞추기 시작한 것이다. 하지만 이런 연성화 경향을 서구 방송국 전체로 일반화할 수는 없다. 왜냐하면 이에 저항하는 움직임이 있었는데, 특히 유럽 대륙의 메이저 방송국들은 자신들의 제작 원칙과 전통을 상당 부분 고수하려고 노력했기 때문이다. 이런 과정을 거치면서 서구에서는 연성적인 문화다큐와 진지한 문화다큐가 공존하는 지형도가 만들어졌고, 이들 사이에는 건강한 긴장과 경쟁 관계가 존재하고 있다.

한국의 방송사들도 이런 글로벌한 미디어 환경과 문화다큐 트렌드의 변화에 직접적인 영향을 받았다. 특히 1997년의 외환위기 사태로 촉발된 한국 사회의 글로벌스탠더드화는 서구에서의 변화를 더 적극적으로 수용하게 했다. 한국에서 서구에 대한 정보는 많은 경우 탈맥락화되면서 특정한 정치적 · 경제적 이해관계를 위해 재가공되는 경향이 있다. 서구에서의 문화의 공공성 부문도 국내에서는 매우 극적인 형태로 재가공되어 수용되었는데, 특히 성공지상주의와 물신주의를 기반으로 한 방송시장의 효율화와 자유화는 국내 문화다큐 제작환경과 내용에 커다란 영향을 끼쳤다. 국내에서는 서구 상업방송의 문화다큐들보다 더 적극적으로 연성화가 추진되었다.

하지만 서구와 달리 문화다큐의 질과 다양성을 담보할 수 있는 제도적 장치가 충분하게 마련되지 않았고, 이의 필요성에 대한 연구도 부족한 데다 사회적 공감대가 충분히 형성되지 않은 상태에서 추진된 문화다큐의 연성화는 인문학에도 적지 않은 영향을 끼쳤다. 방송사가 제3의 권력기관이며 '공공 세계구성기관'이 된 현실에서, 이곳에서 방영되는 문화다큐의 연성화는 그 자체로 다른 인접 분야에 사회적 준거의 틀이 된다. 박물관 전시 영상물이나 아카이브 또는 기록 영상물 그리고 교육용 영상물 등에 이르기까지 이에 준하는 변화를 강제당하기 시작했는데, 자체의 허약함으로 인해 외부의 환경변화에 민감할 수밖에 없는 인문학도 이런 내용과 형식의 연성화와 스펙터클화를 '자연화'하고 수용하기 시작한 것이다. 한국에서 이런 경향은 글로벌화와 신자유주의의 적극적인 수용으로 인해 더욱 극단적으로 진척된 경향이 있는데, 이런 경향과 새로운 대안 가능성에 대해 살펴보고자 한다.

3
문화다큐들의 비교분석

한국 문화다큐의 현실과 인문학과의 새로운 관계에 대한 건설적 사유를 위해서는 사례를 통한 구체적인 논의의 토대를 만드는 것이 필요하다. 따라서 이 장에서는 비슷한 시기에 제작되고 방영된 세 편의 문화다큐를 비교 분석함으로써 국제적인 문화다큐를 둘러싼 담론과 현황 그리고 인문학과의 접점에 대해 살펴보기로 한다.

이 장에서는 번지점프의 원형인 나골naghol*을 주제로 한 최근의 문화다큐들을 분석대상으로 선택했다. 이 장에서의 의도를 충족시키려면 비슷한 시기와 장소에서 동일한 주제를 다룬 서로 다른 문화다큐가 필요한데, 자세한 제작정보가 있다면 이를 비교분석하는 것이 더 용이하다. 하지만 이 모든 조건을 충족시키는 문화다큐들을 찾기가 쉽지 않았는데, 나골에 관한 문화다큐들이 어느 정도 이런 조건을 충족시켰다. 또한 나골이라는 주제는 대부분 사람에게는 낯설어서 선입견이나 편견으로부터 비교적

* 나골은 바누아투공화국의 펜테코스트 섬에서 치러지는 축제의 하나다. 각 마을에서 매년 지정된 날짜에 한두 차례 남자들이 나무로 타워를 건설하고, 넝쿨줄기로 발목을 묶은 다음 뛰어내리는 행사다. 모든 마을 사람들이 이 행사에 참가하며, 행사는 마을 사람들의 공동식사로 마무리된다. 현재 전 세계적으로 스릴 넘치는 오락의 하나가 된 번지점프의 원형이 바로 이 나골이다.

자유로운 상태에서 분석할 수 있는 장점도 있다. 이 장에서는 각기 다른 문화권에서 제작된 세 편의 영상물을 비교 분석할 것이다. 독일 바이에른방송국이 2002년에 제작한 〈근원으로부터*Vom Ursprung*〉*와 프랑스 상업프로덕션인 ZED가 같은 해에 제작한 〈멜라네시아에서 남자 되기*Becomming a Man in Melanesia*〉(이하 〈남자 되기〉)**, 그리고 한국의 TV조선이 2013년에 방영한 〈번지점프의 유래, 로만데콘의 성인식〉(이하 〈성인식〉)***이다.

나골은 전 세계 방송국들이 가장 선호하는 주제 중의 하나다. 이국적인 열대의 자연환경과 '원시적인' 전통을 이어가는 삶의 모습, 그리고 '페니스 낭'만을 찬 남자들이 높은 곳에서 뛰어내리는 모습 등은 이국적인 스펙터클을 원하는 시청자에게 좋은 볼거리를 제공하기 때문이다. 서구에서 나골은 해외여행이 대중화되기 시작하는 1960년대 이후부터 여행잡지나 오

---

* 독일 뮌헨에 본부를 둔 지역공영방송국인 바이에른방송국Bayerischer Rundfunk은 2002년 문화다큐 시리즈인 《남태평양의 신화들》을 방영했는데, 이 시리즈는 〈근원으로부터〉, 〈신의 선물〉, 〈마우이의 질서〉, 〈예술적 우주〉, 〈시간과 공간의 여행〉으로 구성되어 있다. 각 편의 러닝타임은 약 43분이며, 〈근원으로부터〉는 이 시리즈의 첫 편이다. 이 시리즈의 총감독은 토로프 립Thorolf Lipp이며, 기획과 구성을 담당했다. 자세한 내용은 홈페이지 http://www.ursprung-in-der-sued see.de/ 참조.

** ZED는 프랑스의 주요 방송국들과 협력하여 문화다큐를 제작하는 국제적인 문화다큐 프로덕션이다. ZED는 2002년 문화다큐 시리즈인 《남자 되기 컬렉션》을 제작했는데, 이 안에는 총 9편의 문화다큐가 있다. 〈미국 백인의 군인 되기〉, 〈보라나에서 성인 되기〉, 〈아프리카에서 성인 되기〉, 〈멜라네시아에서 남자 되기〉, 〈시베리아에서 남자 되기〉, 〈인도 잔스카르에서의 남자 되기〉, 〈말벌과 직면하기〉, 〈볼리비아 포토시의 지옥 탄광〉 그리고 〈백인 순록꾼을 쫓아서〉 등이 있다. 이 시리즈는 프랑스뿐만 아니라 미국과 독일 등지의 방송국에서 인기리에 방영되었다. 이 시리즈는 전 세계적으로 다양한 성인식을 다루고 있는데, 〈멜라네시아에서 남자 되기〉 러닝타임은 52분이다. 이 안에는 두 개의 에피소드가 들어 있는데, 하나는 펜테코스트 섬에서의 나골과 상어 잡기다. http://www.zed.fr/tv/ distribution /videos/62/be coming-a-man-collection-9x52-hd/ 참조.

*** TV조선은 2012년 2월 10일부터 문화다큐 시리즈인 《아시아 헌터》를 방영했는데, 총 72편의 문화다큐를 방영하고 2013년 6월 28일에 종영했다. TV조선은 이 시리즈의 성격을 "아시아 곳곳에서 일어나는 진기한 일들과 아시아 각국 사람들의 삶을 생생하고 발 빠르게 전하는 프로그램"이라고 소개하고 있다. 이 시리즈의 마지막 편이 "30m 높이에서 벌어지는 목숨을 건 다이빙"을 다룬 〈번지점프의 유래, 로만데콘의 성인식〉인데, 편성표에는 〈진정한 남자들의 축제! 바누아투 랜드 다이빙〉으로 표기되어 있다. 이 책에서는 영상물에 표기된 제목을 따르기로 한다. 러닝타임은 48분이며, 프로듀서는 최호준, 전지형이다. http://tv.chosun.com/culture/asiahunter/main/main.html 참조.

락용 주간지 그리고 텔레비전 프로그램에서 인기 있는 소재였으며, 이들은 대부분 원시성과 남성성을 부각했다. 나골은 현재도 인기 있는 문화다큐의 소재인데, 2002년 〈근원으로부터〉 제작팀이 펜테코스트 섬의 사Sa 지역의 카스톰Kastom 마을에서 나골을 촬영하는 3개월 동안에도 프랑스의 ZED와 미국의 내셔널지오그래픽 방송사 제작팀이 이 지역을 방문하여 촬영했다 (Lipp & Kleinert 2011, 15-47). 한국에서도 EBS와 TV조선 등에서 이에 관한 영상물을 방영했다.

방송국들과는 달리 학자들은 얼마 전까지만 해도 나골에 대해 별다른 관심을 보이지 않았다. 학자들에게 나골은 가벼운 하나의 볼거리에 불과할 따름이며, 그 이상으로 인간에 대해 근원적 또는 깊은 이해를 끌어낼 수 있는 소재는 아니라고 생각했기 때문이다. 또한 이들은 나골에 대해 관심을 가질 경우 자신들이 '학자'가 아닌 문화다큐 제작자들과 동일시되는 것을 우려했기 때문이기도 했다. 하지만 서구에서 인문학의 사회적 진출기회가 줄어들면서 학계의 엄숙주의와 엘리트주의에 대한 비판이 거세지고, 일반인의 인문학에 대한 취향이 연성화되면서 나골도 학문의 연구영역으로 편입되었다.

방송은 인터넷과 함께 현재 정보유통의 허브가 되었으며, 사회에서 문화기억을 만들고 유통하는 중요한 역할을 담당하고 있다. 인문학의 사회적 기여와 참여도 이제는 이들 미디어를 제외하고는 상상하기 어려운 때가 된 것이다. 토롤프 립Thorolf Lipp은 연구자로서는 처음으로 나골에 관한 문화다큐인 〈근원으로부터〉의 기획과 제작 그리고 편집까지 거의 전 과정을 주도했다. 그가 주도한 영상물이 전문 PD의 것과 어떤 점에서 공통점과 차이점이 있는지, 그리고 인문학에서 어떤 시사점을 주고 있는지를 살펴봄으로써 인문학과 문화다큐와의 새로운 접점 가능성에 대해 생각해보고자 한다.

1) 〈근원으로부터〉와 〈남자 되기〉 비교분석

토롤프 립은 5부작인《남태평양의 신화들》을 기획하고 제작하기에 앞서 오랫동안 멜라네시아에 머물면서 다양한 문화현상을 연구했다. 그는 이 시리즈의 첫 편인 〈근원으로부터〉를 촬영하기 4년 전에 촬영지인 카스톰 마을에 머물면서 현지조사를 했는데, 이때 현지어로도 간단한 의사소통을 할 수 있는 능력을 갖추게 되었다. 그는 제작 당시 나골을 둘러싼 문화현상으로 박사학위 논문을 작성 중에 있었는데, 학술적인 차원에서 나골을 해석할 수 있는 소수 전문가 중의 한 명이었다.

립은 2001년 독일 지역공영방송국인 바이에른방송국의 기획담당자에게 남태평양 신화에 관한 문화다큐 제작을 제안했고, 바로《남태평양의 신화들》의 제작 승인을 받았다. 립은 이때 방송국으로부터 형식과 관련하여 거부할 수 없는 요구를 받았는데, 이는 시청률을 좌우하는 요소이기도 했다. 문화다큐에서 거의 국제적인 표준이 된 다큐멘터리 드라마 형식, 16 : 9 디지털 포맷 촬영, 스테레오 녹음, 삼각대와 크레인 촬영, 핸드헬드 카메라를 이용한 사회적 상호작용 촬영, 연속 몽타주, 그리고 극적 분위기를 고조하기 위한 음악의 사용 등이 그것이다(Lipp & Kleinert 2011: 17-22). 당시 학술적 영상을 제작하는 학자들에게 이런 요구는 내용의 진실성을 왜곡하거나 피상적인 면만을 강조할 수 있으므로 받아들일 수 없는 조건이었지만(Lipp & Kleinert 2011: 17-22), 립은 이를 수용함으로써《남태평양의 신화들》이 제작에 들어갈 수 있었다. 립은 이 조건을 수용하는 대신에 스테레오타입을 양산하고 있는 기존 문화다큐들과는 다른 시각과 내용을 자신의 문화다큐에 담으려고 했는데, 이를 위해서는 현지민과의 라포르rapport 형성과 치밀한 자료조사가 절대적으로 중요했다.

ZED는 매년 한 편의 시리즈물을 꾸준히 제작하고 있는 문화다큐 전문 프로덕션인데, 공동 창업자인 제롬 세귀Jérôme Segúr는 총 9부작인 《남자 되기 컬렉션》의 총감독을 맡았다. ZED는 이 시리즈를 제작하기 전에 신화와 삶 그리고 문화에 대한 주제로 총 5개의 시리즈물을 제작하여 전 세계의 주요 방송사들을 통해 방영했다. 전 세계 소년과 소녀는 어른이 되기 위해 혹독하고 인상적인 도전에 직면하는데, 전 세계적인 영상 프로젝트인 《남자 되기 컬렉션》은 이 서사적 고난을 추적하여 영상으로 담는 것을 목표로 하고 있다. 이 시리즈는 국제영화제에서 많은 상을 받았으며, 상업적으로도 큰 성공을 거두었다. 이 제작팀에는 나골을 학술적 차원에서 분석하고 해석할 수 있는 전문가가 없었는데, 나골에 관한 영상물 제작에 자문을 해주었던 현지인의 도움을 통해 이런 약점을 보완하고자 했다.

인문학적인 관점에서 본다면, 〈근원으로부터〉와 〈남자 되기〉는 질적으로 다른 문화다큐이지만 공통점도 많다. 이는 〈근원으로부터〉 제작팀이 글로벌스탠더드로 자리 잡고 있는 방송국의 문화다큐 포맷을 수용할 수밖에 없는 현실에 부분적으로 기인한다. 두 편의 문화다큐의 공통점을 먼저 살펴보면 다음과 같다. 이 두 편은 나골이라는 동일한 주제와 이를 둘러싸고 벌어지는 다양한 행위들을 담고 있다.

나골의 유래에 대한 신화적 설명, 숲 속에서 점프대 건설에 적합한 나무를 찾고 건설하는 장면, 땅으로 추락하는 것을 방지해주는 넝쿨줄기를 찾는 일과 이를 가공하여 발목에 묶는 장면, 여성들과 아이들이 전통적인 풀치마와 음식을 만드는 장면, 이 문화다큐의 하이라이트인 남자들이 점프대에서 뛰어내리는 장면, 여자들이 점프대 옆에서 격려하는 춤을 추는 장면, 아이들이 뛰어내리며 노는 장면, 그리고 마을 사람들이 공동 식사하는 장면 등이다. 이 두 편의 영상이 동일한 시기에 같은 마을에서 촬영되었기 때문에 일부 등장인물도 중복되고 있다. 이와 같은 공통점에도 불구하고 문화다큐를 보는 철학의 차이로 인해 미묘한 차이점들이 존재한다.

문화다큐들의 차이점들은 촬영, 편집, 해설, 인터뷰 그리고 음악 등에서 나타나는데, 이런 요소들은 서로 결합하여 시청자에게 의미를 전달한다. 이 책에서 이 모든 것의 차이를 모두 드러낼 수는 없으므로 인문학의 시각에서 중요한 몇 가지만을 소개하고자 한다.

〈근원으로부터〉는 철저하게 사건이나 행동에 개입하지 않는 관찰적 스타일의 촬영원칙을 고수하고 있다. 이에 반해 〈남자 되기〉는 사전에 선발된 등장인물에게 제작의도와 촬영내용을 사전에 알려주고, 제작진의 지시와 개입하에 벌어지는 행위들을 촬영했으며, 만일 제작진의 의도에 맞지 않으면 재촬영했다. 〈근원으로부터〉는 나골을 둘러싸고 벌어지는 주요 행위들을 시간순대로 연속편집을 하고 있으며, 각 쇼트는 시청자가 그 의미를 충분히 파악할 수 있도록 길게 구성되어 있다. 물론 긴 쇼트는 이에 익숙하지 않은 시청자에게는 역동적인 느낌을 전달하지 못하기 때문에 지루한 문화다큐로 인식될 수도 있다.

〈남자 되기〉도 시간순대로 연속편집하고 있지만, 나골과 상어 잡기라는 두 개의 독립적인 에피소드를 교차편집하고 있다. 주로 극영화에서 사용하는 이런 교차편집은 시청자의 호기심을 더 유발하고 더 많은 재미를 주기도 하지만, 시청자의 몰입을 방해하여 영상의 내용을 이해하는 것을 어렵게 하기도 한다. 〈남자 되기〉의 각 쇼트의 길이는 주로 5초를 넘기지 않는데, 이런 빠른 화면 전환도 병렬편집과 유사한 효과를 내고 있다. 이같이 대비되는 두 문화다큐의 촬영기법은 오래된 논쟁거리 중의 하나였는데, 진지함과 자기성찰을 강조하던 전통 다큐멘터리 또는 학술적 영상물은 주로 시청자의 수용 능력을 보장하는 〈근원으로부터〉의 방식을 선호했다. 하지만 문화다큐의 연성화 경향에 따라 방송국에서는 〈남자 되기〉의 촬영과 편집 방식을 선호하고 있다.

두 문화다큐의 차이는 인터뷰 장면에서 두드러진다. 〈근원으로부터〉는 주요 사건을 별다른 해설 없이 보여준 다음에 이어서 당사자가 카메라 앞에서 당시의 느낌과 의미를 설명하고 있다(interview-on-camera). 이를 통해 인터뷰에 응하는 사람은 자기 생각과 느낌을 정리하여 차분하게 설명할 수 있는데, 현장감은 떨어지는 단점이 있다. 〈남자 되기〉는 주로 행위가 벌어지는 중간에 인터뷰를 진행하고 있다. 이 방식은 현장감을 살릴 수 있지만 행위의 흐름을 방해할 수 있고, 인터뷰 내용이 피상적이 될 수 있다. 인터뷰 내용을 살펴보면, 〈근원으로부터〉는 다양한 마을 사람들이 등장하여 나골에 대한 서로 다른 감정과 생각을 이야기함으로써 나골에 대한 주민 사이의 다성성multivocality과 복잡성을 보여주고 있다(Lipp 2009: 81-90).

이에 반해 〈남자 되기〉에 등장하는 인물들은 종합적인 실체의 한 부분을 각자 보여주는 역할을 한다. 이런 구성 방식 때문에 마을 주민은 누구나 예외 없이 나골에 대해 공유하는 어떤 지식이나 감정이 있다는 느낌을 받으며, 멜라네시아의 다른 지역에서 촬영된 상어 잡기 에피소드에서도 이와 같은 도식적 접근을 반복함으로써 나골이 이 지역의 유일하고 고유한 성인식 행사가 아니라 멜라네시아의 보편적인 성인식임을, 그리고 더 나아가 멜라네시아인 모두가 공유하고 있는 의식임을 암시하고 있다. 이와 같은 도식적 접근은《남자 되기 컬렉션》의 나머지 8편 영상물에서도 반복되는데, 이로써 나골은 인류의 보편적인 성인식의 하나가 되고 있다.

〈근원으로부터〉가 나골의 고유성과 구성원의 다양성을 그리고 있다면 〈남자 되기〉는 성인식의 전형성을 그리고 있다. 해설에서도 차이점이 있는데, 〈근원으로부터〉에는 차분한 여자 목소리로 해설하고 있으며, 해설은 영상을 지배하지는 않고 서로 보충하는 역할을 하고 있다. 이에 반해, 「남자 되기」는 권위가 느껴지는 남자 목소리가 행위의 내용과 의미를 전지적 시점에서 상세하게 설명하고 있다. 사운드나 음악의 경우, 〈근원으로부터〉가 비교적 충실하게 현장음을 활용하지만 효과음의 사용을 절제하는 반면, 〈남자 되기〉는 주관적인 현장의 분위기를 더 효과적으로 전달하기 위해 적극적으로 음악을 사용하고 있다. 전자가 건조하고 단조로운 분위기를 느끼게 한다면, 후자는 극적이고 역동적인 느낌을 느끼게 한다.

이 두 편의 영상에서 가장 큰 차이점은 지역주민과의 관계설정과 자료조사 방법인데, 이 점이 인문학에서 특히 중요한 부분이다. 〈근원으로부터〉 팀은 방송국의 포맷을 받아들이는 대신에 자신들이 만든 제작 원칙을 수립하고 이를 바탕으로 작품을 제작했다. 현지인과 같은 주거환경에서 동일한 음식을 먹고, 의상을 입으며, 현지인들과 활발하게 교류하려고 했다. 촬영에 들어가기 전에 주변환경과 정치적, 경제적 그리고 사회적 맥락을 조사함으로써 나골을 좀 더 폭넓은 차원에서 이해하려고 노력했다. 또한 나골에 대해 현지민의 생각과 감정을 이해하기 위해 이들의 모임에 참가하여 내재적 시선을 최대한 포착하려고 했다.

립은 자신의 방법론을 '현지인과 함께하기going native'와 '차분하게 하기going slow'라고 부르고 있는데(Lipp & Kleinert 2011: 42), 이는 기존의 주요 방송국에서 문화다큐를 제작할 때 사용하던 방법과는 분명히 다른 것이었다. 충분한 사전 현지조사가 있었기 때문에 지시하거나 개입하는 대신에 관찰적 스타일로 복잡한 문화현상을 담아낼 수 있었다. 립은 나골을 닫힌 거대서사로 재현하지 않았는데, 한 사회 내에도 나골을 둘러싸고 상이한 의미들이 병존 또는 경쟁하고 있을 뿐만 아니라 새롭게도 만들어지고 있다는 점을 자신의 문화다큐를 통해 보여주고 있다(Erckenbrecht 2010: 228-232).

이에 반해 〈남자 되기〉 제작팀은 프랑스에서의 자료조사를 통해 대체적인 촬영안을 완성했으며, 현지에 도착해서는 이에 따라 충실하게 촬영하는 일에 집중했다. 이 팀은 나골을 명시적으로 성인식이라고 단정하지는 않지만, 성인식의 관점에서 접근하고 있다. 이로써 나골의 의미는 현재적으로 계속 확장되거나 만들어지고 있는데, 이 부분을 간과함으로써 나골은 원시적 전통문화의 하나로 박제화되고 있는 것이다. 립은 촬영 중 세귀에게 나골을 성인식으로 이해하는 것의 문제점에 대해 설명했고, 세귀도 그의 견해에 동의했다. 하지만 이미 전체 시리즈와 각 세부 편의 개념과 구성안들이 작성되어 있었기 때문에 그는 기획안대로 제작을 강행했다.

〈근원으로부터〉와 〈남자 되기〉의 제작비는 대체로 비슷한데, 전자가 3개월 동안 머물면서 현지조사에 많은 액수를 지출했지만, ZED 팀은 제작팀의 편안함과 원활하고 빠른 제작 그리고 화려한 영상미학을 위해 많은 돈을 지출했다. 현지인은 펜테코스트 섬을 횡단하여 ZED의 대규모 촬영장비와 생활용품을 운반했는데, 이를 위해 많은 돈이 투입되었다. 이 제작팀은 마을에 머무는 동안 필요한 와인과 치즈를 포함한 프랑스식 음식재료와 이를 저장할 냉장고까지 가지고 왔으며, 촬영이 진행되지 않는 시간에는 마을 사람들과 철저하게 담을 쌓고 자신들만의 시간을 가졌다. 문화다큐에 등장할 남자들과 자신들의 생활을 돌봐줄 처녀들을 선발하고 이들에게 비교적 많은 돈을 지급했기 때문에 마을에서는 이를 둘러싸고 경쟁이 벌어졌다. 제작팀으로 인해 마을에 사회적 갈등의 씨앗이 뿌려진 것이다(Lipp & Kleinert 2011: 35-40).

나골에 대해 전문 지식이 없는 데다 현지인들과 언어소통에 어려움이 있던 이들은 이미 자신들의 머릿속에 나골에 대해 구체적인 기획안을 가지고 있었기 때문에 이를 현장에서 검증하거나 새로운 사실을 밝히려는 의지도 없이 촬영에 임했다. 선발된 남자들은 제작진의 의도대로 충실하게 나골을 재현했으며, 촬영은 비교적 단기간인 1주일 만에 끝낼 수 있었다. 세귀는 전형적인 다큐드라마 기법을 통해《남자 되기 컬렉션》에서 다루는 모든 에피소드가 동일한 문화적 패턴임을 강조하기 위해 등장인물의 감성적인 부분을 중점적으로 보여주고 있다. 예를 들어, 카메라는 한 명의 등장인물에 초점을 맞추어 점프대에서 뛰는 전 과정을 동행하는데, 점프 전후의 변화된 감정을 인터뷰로 담아내는 방법이다.

이런 드라마 기법은 개인의 개별적이고 주관적 경험을 공동체 전체에 해당하는 '자연스러운' 설명으로 환원하고 있다. 이 문화다큐는 이성적 설득이 아니라 설명적 설득을 하고 있는데, 시청자가 이 같은 설명적 설득에서 자기 나름대로 생각을 구축하기는 어렵다. 세계의 가장 큰 공공 구성기관이 된 방송국에서 방영되는 문화다큐가 타 문화 또는 타자에 신화나 스테레오타입을 만들어내거나 강화하는 데 일조하고 있다.

문화다큐에 대한 인문적 차원에서의 비평과 상업적 성공이 항상 일치하는 것은 아니다.《남태평양의 신화들》은 그 내용의 정확성 덕분에 학계로부터 호평을 받았다(Erckenbrecht 2010: 228-232). 2005년부터 2010년까지 총 18차례 다양한 공영방송국에서 방영되었고, 약 600만 명이 이를 시청했다. 이에 반해《남자 되기 컬렉션》은 전 세계적으로 얼마나 많이 방영되었는지는 알 수 없지만, 독일에서만 54차례나 방영되었고, 다수의 국제적인 영화제에서 수상했다(Lipp & Kleinert 2011: 42). 시청자에게 나골의 역동성을 스펙터클한 영상으로 전달하고 있는《남자 되기 컬렉션》이 분명히 상업적으로 더 큰 성공을 거두었으며, 게다가 그 상품성을 국제적으로 인정받은 것이다. 바로 이 지점에서 인문학이 문화다큐와 어떻게 관계를 맺을 것인지에 대한 고민이 등장한다. 립은 인문학자로서 깊은 사명감과 책임의식을 갖고 문화다큐를 제작했는데, 진지한 제작 방식에 대해서는 인문학적 시각에서 다양한 논의와 점검이 필요한 것 같다. 왜냐하면 그의 방식에는 너무 이상적이고 전문적이어서 현장에서의 실천 가능성이 높지 않은 부분이 있기 때문이다. 하지만 현행 방송저널리즘의 전형을 보여주는 세귀의 작업 방식에 대해서는 좀 더 비판적인 안목에서 접근하는 것이 필요하다. 상업적 성공을 더 거두었거나 영화제에서 수상했다고 하여 그 문화다큐가 더 많은 인문적 가치를 담고 있다고 단정할 수는 없으며, 또한 이것이 우리가 지향할 모델이 될 수도 없다.

2) TV조선의 〈번지점프의 유래, 로만데콘족의 성인식〉

TV조선은 2013년 6월 28일 저녁 8시 45분에 〈번지점프의 유래, 로만데콘족의 성인식〉(이하 〈성인식〉)을 방영했다. 영상정보에 의하면, TV조선은 이 문화다큐의 기획을, (주)더와이엔비THEY AND B는 제작을 담당했다. 2009년 6월에 설립된 (주)더와이엔비는 방송사에 프로그램을 제작하여 납품하는 회사이며, 주요 납품 영상물로는 SBS《생활의 달인》,《접속 무비월드》, KBS2《생생정보통》, 그리고 KBS《여유만만 스타매거진》등이 있으며, 2009년에는《생활의 달인》으로 KIPA 작품상을 받았다. 이 회사는 문화다큐 전문제작회사가 아니지만, 〈성인식〉을 제작하기 위해 경력 · 학력 무관이라는 조건으로 조연출을 공모하기도 했다. 이 문화다큐의 구성은《생활의 달인》과 비슷한데, 〈성인식〉의 도입 부분은 이 문화다큐의 특징을 함축적으로 보여준다.*

(해설) 오늘 아시아헌터가 찾아간 곳은 남태평양에 위치한 섬나라 바누아투공화국. 외지인의 발길이 드문 섬 끝자락에서 요란한 모습으로 저마다의 의식을 치르는 원시부족을 만날 수 있었습니다. 게다가 무엇에 홀린 듯 물에 풍덩풍덩 빠지는 것은 물론이고, 기하학적으로 쌓아올려진 수십 미터의 나무탑까지.

이즈마엘(인터뷰): 저 꼭대기에서 맨몸으로 뛰어내려요.

(해설) 상상을 초월하는 그들만의 의식. 도대체 왜, 무엇 때문에 이 사람들은 이렇게 무모한 도전을 계속하고 있는 걸까요?

담당피디: 나 같으면 도저히 못 뛰어. 도대체 어디서 어떻게 뛰어?

자막: 유쾌 통쾌한 로만데콘족의 살벌한 이야기, 지금부터 시작합니다.

(해설) 아시아 전역의 오지는 물론 위험천만한 것을 섭렵한 제작진도 역시 도저히 눈뜨고 못 봤다는 아찔한 순간들.

이즈마엘(인터뷰): 지구상에서 가장 용맹한 부족일 겁니다.

(해설) 언뜻 보기에는 흥이 많아 보이고 어떻게 보면 무서울 정도로 용감한 사람들. 거침없는 낙하. 세상에서 가장 살벌한 사람들 로만데콘족을 소개합니다.

〈성인식〉은 한국의 가벼운 오락 다큐멘터리에서 주로 사용하는 해설적 · 개입적** 스타일의 문화다큐다. 코믹하고 수다스러운 해설은 이 문화다

---

* http://cluster1.cafe.daum.net/_c21_/bbs_search_read?grpid=GDlO&fldid=3bPP&datanum=1738&contentval=&docid=GDlO3bPP17382010091518124

** 정통 다큐멘터리 스타일에서 아직 '개입적' 스타일이란 개념은 존재하지 않는다. 그 대신에 참여적 participating 스타일 또는 시네마 베리테라는 스타일이 존재하는데, 〈성인식〉은 참여적 또는 시네마

큐를 이끌어가는 중요한 축이며, 간간이 현지인의 인터뷰가 삽입되어 해답을 주거나 느낌을 전달하고 있다. 제작진과 등장인물은 질문하고 대답하는 역할을 담당하고 있다. 남성의 높고 빠르며 코믹한 톤의 해설은 인종주의적 편견이라는 비난을 받을 수 있을 정도로 그 내용이 위험하기도 하지만, 때로는 로만데콘족을 평화롭고 '원시적'이라고 낭만화하기도 한다. 쇼트의 길이는 〈남자 되기〉보다 빠르며, 영상의 대부분을 소형 휴대용 카메라로 촬영하여 화면은 매우 동적이지만 혼란스럽다. (효과)음악의 사용은 많은 편이며, 이 지역과는 상관없는 서구의 가벼운 음악이 주를 이룬다.

〈성인식〉은 나골이 벌어지고 있는 마을을 찾아서 열대밀림을 헤매는 것으로부터 시작한다. 마을에 도착하자 갑자기 마을 주민이 나타나서 환영하는데, 이후 나골을 둘러싸고 벌어지는 행위들을 순차적으로 보여주고 있다. 우선 덩굴줄기를 찾아서 준비하기, 점프대 만들고 장착하기, 땅 고르기. 휴식시간에 코코넛 먹기, 나무배를 타고 가서 작살로 고기 잡기, 잡은 물고기를 장작불에 구워먹기, 바닷가 바위 위에서 뛰어내리는 연습하기, 마을 잔치를 위해 소를 도축하는 장면, 타로를 수확하여 랍랍을 만드는 과정, 타로주스 만드는 과정, 그리고 어린아이 2명과 청년 9명이 뛰어내리는 장면, 그리고 마을 주민 전체가 잔치를 벌이는 모습 등으로 구성되어 있다. 하지만 나골에서 가장 중요한 타워를 세우는 장면은 없으며, 오래전에 세워진 것처럼 보이는 타워에서 참가자들이 뛰어내리고 있다. 아마도 관광객을 위해 나골을 시연하는 곳에서 촬영된 것처럼 보인다.

이전의 두 편의 영상과는 달리 〈성인식〉은 눈에 보이는 현상을 거리

베리테의 철학과는 거리가 있다. 따라서 이 장에서는 '개입적'이라는 용어를 사용하는데, 이는 사건 중간에 제작진이 개입하여 사건을 지시하거나 사건의 의미와 이에 대한 주관적 느낌을 전달하는 방식을 의미한다.

를 두고 객관화시켜 인식하지 않고, 즉자적으로 설명하고 있다. 또한 나골의 기저에 있는 사회문화적 맥락에 대한 그 어떤 분석도 없다. 이 영상의 끝에서 "현대문물의 유입으로 많은 원시 부족들이 사라지는 가운데 그 명맥을 이어가고 있는 바누아투의 로만데콘족, 오래도록 펜테코스트의 주인이자 전통을 지키면서 살아온 그들이 지금처럼 더없이 행복하기를 바라겠습니다"라는 해설처럼 나골과 이들의 삶을 원시적으로 부각하는 데 집중하고 있다. 호기심은 있지만, 아직 사물의 의미를 심층적으로 이해하지 못한 사춘기 소년의 시선에서 나골을 바라보고 있다.

하지만 분랍에서의 나골의 상황은 〈성인식〉에서 다루어지고 있는 것과는 다르다. 현재 나골은 서구인에게 인기 관광코스가 되었으며, 적어도 3개 장소에서 크루즈를 타고 온 관광객이 이것을 관람할 수 있다. 몇몇 마을은 관광객을 위해 이 행사를 4월에서 6월까지 매주 개최하기도 하는데, 지역주민은 높은 관람료 덕분에 적지 않은 이익을 얻고 있다(Jolly 1994: 131-146). 바누아투 관광청은 2006년부터 방송사의 상업적 촬영을 금지했는데, TV조선은 이 문화다큐를 2013년에 촬영했기 때문에 방송 윤리상 문제가 될 수 있다.

나골은 1960년대부터 서구에 알려지기 시작했으며, 영국 여왕 엘리자베스 2세가 관람하고 내셔널지오그래픽이 기사화하면서 더 유명해졌다. 이후 나골은 빠르게 상업화 · 관광화되었으며, 이 현상은 서구의 관광객과 방송사 제작팀의 숫자가 늘어날수록 심화되고 있다. 관광청은 지나친 상업화를 막고, 전통을 보존한다는 명목하에 2006년 상업적 촬영을 금지했는데, 이전에는 방송국이 나골을 촬영하려면 주로 마을의 수장인 거간꾼에게 높은 촬영료를 지급해야 했다. 이때 참가자들의 숫자와 전통의상 착용 여부 등에 의해 가격이 결정되었다. 거간꾼에게 지급된 촬영료가 마을 사람에게 평등하게 배분되지 않자, 마을 주민 사이에서는 이를 둘러싸고 갈등이 벌어지기도 했다. 립과 세귀가 촬영한 장소처럼 일부 마을에서는 4~6월 사이 1년에 한 번 상업화되지 않은 '전통적인' 방식으로 나골을 하는 경우가 있는데, 마을 사람들은 이 행사의 종교적 · 사회적 의미를 훼손하지 않기 위해 외지인의 참여를 제한하고 있다(Jolly 1994: 131-146).

분랍 사람들은 평소에는 많은 사람이 서구식 의상을 입고 살다가 전통의식에서는 풀치마나 페니스 낭을 입는다. 외국인은 이런 모습에서 선정성과 함께 원시의 느낌을, 그리고 이들이 벌이는 나골에서 선사시대 또는 원시시대의 삶을 경험했다는 대리만족감을 느낄는지 모른다. 하지만 바누아투 지역은 오랜 기간 동안의 서구 식민통치를 통해 심각한 문화변동을 겪은 지역이며, 이로 인해 적지 않은 사회적 · 문화적 갈등을 겪고 있는 지역이기도 하다.

오랫동안 식민세력과 선교사들에 의해 화물숭배cargo cult처럼 나골도 미신적인 폭력 행동으로 탄압을 받았으며, 이런 맥락에서 현지인은 나골의 의미를 재발견했다. 나골은 한동안 억압받는 자신들의 전통과 문화 그리고 정신을 지탱해주던 행사였으며, 번지점프가 국제적인 인기 스포츠로 재발견되면서 이의 모태인 나골을 자신들의 문화의 우수성을 확인하는 상징으로 받아들였다. 이 같은 점들이 나골에 녹아 있는데, 〈성인식〉에서는 이에 대한 그 어떤 언급도 없이 원시시대부터 지금까지 자신들의 전통을 꿋꿋이 지키면서 평화롭게 살고 있는 모습으로 그려지고 있다. 인간에게는 자기와는 다른 것에 대한 원초적인 호기심이 있으므로 다른 낯선 문화를 '고귀한 야만인'으로 낭만화 · 이상화 · 박제화하는 것은 시청률 제고에 분명히 도움이 된다.

하지만 이는 역설적이게도 이들을 타자화하여 소외시키고, 스테레오

타입화를 통해 수많은 문화적 편견을 만들어낼 뿐만 아니라 문화 간의 소통과 이해 그리고 공존을 어렵게 하는 데 문제의 심각성이 있다. 함축적으로 이 문화다큐를 평가한다면, 인문정신 또는 소양의 부족이 얼마나 심각한 문제를 가진 콘텐츠 제작으로 이어질 수 있는지를 알려주고 있다는 점에서 이 영상물의 의의가 있다. 하지만 이런 영상물이 지속하여 만들어지고 방영된다면, 한국의 문화다큐는 갈라파고스가 될 가능성이 높다. 이것이 사회적으로 끼칠 사회적 · 문화적 영향은 차치하더라도 인문학의 입지도 좁히고 있다. 이런 종류의 영상물은 공고문에서 볼 수 있듯이 전문 지식을 가지지 않아도 쉽게 만들 수 있기 때문에 양질의 인문학 교육을 받고 뛰어난 소양을 갖춘 사람들의 일자리마저 없애고 있다.

4
재사유하며

매클루언은 일찍이 "우리는 우리가 보는 그대로 된다We become what we behold"라고 이야기하면서 미디어의 힘과 사회적 역할을 이야기했다(McLuhan 1964: xi-xii). 기존의 인문학은 텍스트를 통해 자기들만의 비밀스러운 언어로 이야기하고, 그 내용은 주로 자기 집단의 구성원에 의해 배타적으로 공유되었다. 이 내용의 일부가 사회적 관심을 환기하는 역할을 하기도 했지만, 대부분은 곧바로 도서관이나 박물관 그리고 아카이브 같은 곳으로 이관되어 저장소 기억이 되었다.

하지만 다른 한편으로 인문학은 점차 이런 배타성을 넘어서서 현실과 일반인과 좀 더 가까워지려는 노력도 했다. 좀 더 정교하고 풍부한 방법과 개념으로 세상의 복잡성과 모순들을 기술하려고 노력했으며, 더 적극적으로 사회적 담론을 형성하는 역할을 담당하려고 했다. 하지만 이런 노력에도 불구하고 아직 인문학은 사회를 전체적으로 깊게 조망하면서 나아갈 방향을 가리키는 지향적 지식을 만족스럽게 제시하지 못하고 있는데, 이는 세계가 이전보다 다원화되면서 더 복잡해졌기 때문이다. 인문학이 상아탑에서 지향적 지식을 구축하기 위한 씨름을 하는 동안 전 세계 매스미디어와 인터넷은 가장 영향력 있는 공공 세계구성기관으로 자리 잡았다.

지식의 조각화와 지향지식의 부재는 매스미디어와 인터넷의 사회적 영향력을 강화했는데, 비록 시청률은 높지 않지만 문화다큐도 영향력 있는 공공 세계구성기관의 하나가 되었다. 다매체 · 다채널 시대의 도래와 함께 한 신자유주의의 확산은 방송국 간의 시청률 경쟁으로 이어졌고, 이는 곧 문화다큐의 연성화를 초래했다. 이런 연성화로 인해 특정한 종류의 문화기억 또는 전승이 후퇴하고 있는데, 이에는 특정한 내러티브 형태와 주제들뿐만 아니라 학습 또는 교육기억과 관련된 것도 포함된다. 복잡해진 사회에서 지향지식을 만들어내는 데 중요한 역할을 하는 대부분의 문화다큐는 인문학과는 달리 세상의 문제를 해결하거나 해결할 의지가 약하다. 이들은 특정한 전승 기억을 기반으로 이성적 설득보다는 설명적 설득을 통해 세상에 대한 신화를 만드는 일에 부지불식간에 복무하고 있다.

이제는 인문학이 이전에 꿈꾸었던 지향지식을 구축할 가능성은 거의 없다. 하지만 부분적인 지향지식은 제공할 수는 있는데, 이는 선형성과 맥락화를 통해 근본적인 메커니즘을 다룰 경우에만 가능하다. 즉 '중층 묘사'를 통해서만 기존의 굳건한 공공 세계구성기관의 것과 변별적인 대항기억을 만들고, 이를 사회적으로 확산시킬 수 있으며, 인문학이 꿈꾸던 좀 더 나은 사회를 구축하는 데 일익을 담당할 수 있다. 하지만 이와 같은 꿈은 인문학적 사고의 형식과 내용을 반영하는 표현양식의 개발을 통해서만 촉진될 수 있다. 그 방식은 텍스트와 영상의 결합을 통해서도 가능한데, 텍스트가 각각의 생산과정의 맥락에 담겨 있는 인식론을 드러내는 배경, 기술 그리고 분석을 가능하게 하고, 영상은 이를 최대한 포함하려고 노력하며, 또한 시청자에게 이를 해석한 자료와 스스로 고찰할 수 있도록 가능성과 여백을 열어주어야 한다.

비록 외부 조건과 환경에 따라 새롭게 전유될 필요성은 있지만, 립이 보여준 문화다큐 제작 방식은 인문학과 문화다큐와의 만남에 대해 많은 사유거리를 제공한다. 그는 자신의 지식을 미디어를 통해 확산하려 할 경우 직면할 수밖에 없는 표준화된 내러티브 형식을 수용함으로써 현실과 타협했지만, 자신의 포기할 수 없는 원칙을 지켜나가면서 문화다큐를 제작했다. 그는 스펙터클하고, 감정적이고 공감을 주는 텔레비전 다큐멘터리의 전개 방식을 취하지 않았다. 해설과 다른 영화적 수단을 통해 단순하고 예측 가능한 추론이나 결론을 가능케 하지 않음으로써 행위의 다성성과 다층성을 이야기했고, 드라마 기법을 통해 이것을 효과적으로 연출하는 대신에 좀 더 조심스럽게 접근하면서 행위의 복잡성을 보여주고자 했다.

제한된 시간에 제작되며, 제한된 시간 내에 시청자에게 내용을 전달해야 하는 문화다큐에서 내용의 세분화는 제한적으로만 가능하며, 단순화는 필연적이다. 하지만 그는 해당 주제에 대한 학술적 차원에서의 선행 조사의 공정함과 정확함 그리고 간주관적 검증 가능성을 자신의 제작 윤리로 설정하고 최대한 이를 지키면서 문화다큐를 제작했다. 분명히 이런 제작 방식과 윤리는 대부분 텔레비전 방송국의 제작 기준 또는 관행과는 차이가 있다.* 하지만 인문정신을 담은 문화다큐를 제작하려고 한다면 분명히 그의 제작 방식은 분명히 중요한 준거 틀 중의 하나로 고려되어야 할 것이다.

상당수 국내의 문화다큐 제작환경은 성과 지상주의, 물신주의 그리고 효율성과 효용성에 함몰되어 있다. 학술적 엄밀성과 사회적 책임 등에 대한 신념이 있는 사람들은 너무나 이상적인 생각과 목소리를 가진 존재들

* BBC나 WGBH 같은 일부 기관들은 공정한 객관성에 중점을 두고 있는데, 예를 들어 3~4명의 독립적인 감정가가 팩트에 대한 주장의 유효성을 검증하도록 하고 있다.

로, '사회화' 과정을 거쳐야 한다고 생각하고 있다. 하지만 이런 제작환경과 방식으로 제작된 문화다큐는 사회에서 문화기억 형성에 긍정적인 역할을 하지도 못한다. 또한, 이런 환경에서 제작된 문화다큐가 앞으로 완전히 없어지지는 않을지라도 그 수와 영향력은 분명히 줄어들 것이다. 이미 한국에서도 적어도 〈남자 되기〉와 유사한 제작환경 속에서 적지 않은 수의 문화다큐가 제작되고 있다. 하지만 인문정신을 담은 문화다큐를 꿈꾸는 사람들에게 이들의 질과 형식은 항상 아쉬운 점들이 많은데, 이것이 단기간에 해결되거나 극복될 것처럼 보이지 않는다. 왜냐하면 지금 상당수 교육기관은 현장에서 필요한 즉자적인 소양을 가진 인력 양성에 몰두하고 있으며, 이들이 사회 내에서 주도권을 쥐고 있기 때문이다.

'글로벌 뒤엉킴global entanglement'의 상황 속에서 존재하는 국내의 문화다큐는 앞으로 계속 바뀔 것이며, 그렇지 않으면 소수자로 전락할 것이다. 적극적인 변화의 수용만이 국내 문화다큐가 전 세계적인 생태계에서 살아남을 수 있는 길이 될 것이다. 이를 위해 교육기관은 미래를 보고 책임감을 갖고 좀 더 높은 수준의 문화다큐 제작인력을 양성하는 것이 필요한데, 왜냐하면 문화다큐 제작인력의 능력은 비가역적이기 때문이다. 즉 〈근원으로부터〉를 제작할 수 있는 능력을 갖춘 사람은 외부 제작환경과 타협하면 〈남자 되기〉나 〈성인식〉을 큰 어려움 없이 만들 수 있지만, 그 역은 불가능하다. 그리고 언제나 일시적인 반작용은 있었지만, 세계의 변화는 높은 뜻을 가지고 간절히 원하고 노력하는 사람에 의해 그 방향으로 추동되거나 촉진되었기 때문이다.

XI
영상인류학의 새로운 방향

1. 시각인류학
2. 미디어 인류학
3. 사이버 인류학
4. 나가며

1
시각인류학

1) 연구 영역

시각인류학은 협의로는 시각 매체, 광의로는 시각 체계들을 다루는 인류학의 하위 영역이다. 인류학자가 인류학 연구와 기록, 교육 등뿐만 아니라 연구 결과를 확산하기 위해 만든 각종 시각 자료가 포함된다. 이외에 시각 시스템들, 시각 커뮤니케이션, 시각 문화, 유행, 건축 그리고 정원양식 등도 연구하는데, 이런 시각적 대상들도 명백하게 의미를 전달하는 시스템이며, 문화 전체와 긴밀하게 연관되어 있기 때문이다. 뱅크스와 모르피는 사진과 영화에 국한되었던 기존의 시각인류학 영역을 확장하고자 했다(Banks & Morphy 1997: 5). 그런데도 시각인류학의 고전적인 영역인 민족지영화는 현재까지도 시각인류학의 중심에 있다. 시각인류학의 연구 영역 확장은 자신과 타자의 재현 영역에서 일어났는데(Bayerdörfer 2007), 유럽과 미국의 미디어에서 나타나는 타자의 시각화와 현지인의 자기 기록이 그것이다. 여기에는 개인적인 사진앨범, 결혼 비디오 또는 거실 사진과 그림들 또는 종족 분리운동이나 자기주장 등이 포함된다.

2) 영상의 주관성

넓은 의미에서 아날로그 또는 디지털 사진, 영화 그리고 비디오는 타자성의 재현과 기록 그리고 연구에서 중요한 자료이며, 현지조사에서의 사진이나 비디오 촬영은 연구자의 시각적 인상을 보존하는 역할을 한다. 연구자의 상황적 맥락과는 별개로 영상이 만들어지기도 하는데, 적지 않은 사람들은 이를 객관적인 영상으로 받아들이고 있다. 하지만 영상은 상당히 주관적인 매체인데, 이는 촬영자가 정보를 전달하기 위해 특정한 촬영위치, 시각, 구도 그리고 순간을 선택하기 때문이다. 그리고 이런 자신의 해석은 이 영상 안에 각인된다. 종종 피사체는 적당한 배경이나 빛을 찾아 자기 스스로 연출을 하기도 하며, 영상이 인화된 후 촬영자는 사용 목적에 맞도록 사진을 선별하고 재평가하며 수정한다. 이 과정을 거친 사진들은 맥락 속에 위치 지어지는데, 이 맥락은 영상을 규정하고 이에 독특한 의미를 부여한다. 이런 해석적 그리고 창의적 행위를 통해 영상이 만들어지는데, 이후 이 사진은 블랙박스처럼 관객의 재해석을 기다린다. 바로 이 점이 시각인류학의 방법론적 성찰을 위한 토대다.

3) 사회적 영역으로서의 기록

영상기록은 이런 의미에서 연구자와 연구대상자들이 동시에 참여하는 하나의 해석적 과정이다. 이외에도 관객은 시각화된 행위에서 기록을 위해 연출된 변화들을 발견할 수도 있다. 많은 경우 사진은 특정한 기대와 규범이 들어 있는 사회적 영역인데, 예를 들어 사회적 친근감을 나타내기 위해 포옹하는 것처럼 사진도 특정한 계기에 촬영되기도 한다. 이런 의미에서 사진의 목적은 단순한 사진 촬영 이상이다. 영상의 또 다른 장점은 대화적 맥락을 만들어낸다는 데 있는데, 이를 통해 과거의 경험이나 기억을 소환한다.

사람은 사진이나 비디오를 가지고 과거의 사건을 불러내기도 하고, 대화를 통해 공동의 관심이나 핵심을 찾아내기도 한다. 특히 종교적 제의를 연구할 경우, 이에 참가한 사람들에게 진행 상황이나 의미 그리고 형식 등에 대해 물어보는 것은 매우 힘들다. 하지만 사진이나 영화를 이용한다면 비교적 쉽게 제의에 담긴 추상성을 포착할 수 있으며, 종종 상호 모순적인 설명을 드러낼 수도 있다. 예전의 인류학 글에서는 의미의 다양성을 억압했는데, 오늘날 인류학 연구 성과에서 이를 발견하는 것은 그다지 어렵지 않다. 종종 인류학자들은 사진이나 영화를 촉발하는 수단으로 사용하기도 하는데, 해석 과정을 공개함으로써 수용자가 새로운 의미를 발견할 수 있도록 하고 있다. 포스트모더니즘은 이런 방식을 고무했는데, 이런 장점이 가능한 것은 순간을 기술적으로 고정할 수 있기 때문이다. 기억과 달리 사진은 동일한 자료를 항상 반복하여 시청할 수 있는 장점이 있다.

4) 영상 존재론

사진 또는 영화는 단지 리얼리티의 피상적인 면만을 포착하는가, 아니면 시각적 형태의 아이디어를 건지는 수단인가? 이 두 가지 모두 가능한

데, 이 둘 중에서 어디에 중점을 두느냐에 따라 문화적으로 커다란 차이가 발생한다. 인류학에서 시각성을 연구한다는 것은 해당 문화의 특정한 시각 이론을 바탕으로 감각으로부터 출발해야 한다. 사람들이 유명인, 문신한 몸, 그리고 종교적 조각품 등을 본다는 것은 무엇을 의미하는가? 시각은 후각과 촉각 같은 다른 감각과의 관계 속에서 비로소 자기 본래의 가치를 온전히 한다. 그리고 영상의 사회적 실천은 이를 기반으로 하고 있다.

많은 문화에서 사진이나 영상은 기록 측면에서 각별한 의미를 지니고 있다. 일부 인류학자는 민족학 현지조사에서 우선 사진으로 기록하고, 이를 나중에 찬찬히 본다면 그 의미를 더 깊게 이해할 수 있다고 생각한다. 이런 생각의 기저에는 시각자료 자체가 말을 하지 않는다는 생각이 있다. 하지만 시각 자료 자체가 스스로 말을 하는 경우가 있으므로 정확하게 시각 자료를 이해하기 위해서는 누가 무엇을 어떤 이유에서 촬영했는지를 파악하는 것이 중요하다. 어떤 사람들은 영상이 정보의 원천이라고 생각하는데, 다른 사람들은 영상에서 새로운 정보를 얻기 위해서는 상당히 많은 정보를 투입해야 한다고 생각하고 있다. 이 두 가지 대조적인 생각에는 각자 부분적인 정당성이 있다.

5) 교육에서의 시각 자료

수용자는 낯선 느낌을 주는 영상을 접할 경우, 특히 조심스럽고 세밀하게 하지만 종합적으로 접근하는 것이 중요하다. 티모시 애시는 흥미로운 실험을 했다. 그는 학생들에게 처음에는 초점이 안 맞는 슬라이드 사진을 보여주고는 그 내용을 기술하도록 했다. 그러고는 점차 슬라이드 사진의 초점을 맞추어나가면서 단계적으로 본 내용을 다시 기술하도록 했다. 일부 학생은 초점이 안 맞았을 때 받았던 인상이나 정보를 초점이 맞았을 때 본 내용과 완전히 다를지라도 계속 고수하는 경향을 보였다. 애시는 이 실험을 통해 영화 제작에서 가장 먼저 그리고 중점적으로 가르쳐야 할 것은 정확하고 치밀한 관찰이라는 사실을 깨달았다.

오늘날 많은 인류학과는 영상기록 과목을 개설하고 있는데, 학생들은 이를 통해 첫 번째 현지조사를 경험하기도 한다. 여기에서 학생들에게 중요한 것은 영상기술을 잘 활용하여 멋진 영상을 제작하는 것이 아니다. 기록하고자 하는 주제를 잘 다루는 것이 중요한데, 이를 위해서는 스스로 체계적으로 조사하는 능력과 현지조사에서의 윤리적 문제, 연구대상자와의 상호 의사소통 등의 능력을 잘 갖추는 것이 필요하다. 학생들은 촬영하면서 영상의 상징적 힘과 후반 작업에서의 다양한 가능성 등을 터득하는 것도 중요하다. 시각인류학의 실천은 먼저 비판적인 미디어 이해에서 출발해야 하고, 그다음으로는 스스로 민족지영화를 제작하는 능력을 함양하는 것으로 이어져야 한다.

2
미디어 인류학

미디어 인류학media anthropology은 오늘날 프린트 미디어와 라디오, 텔레비전 그리고 영화를 연구 대상으로 하고 있다. 미디어 인류학이 미디어를 분석할 경우 인식론적 관심과 방법이 연구 영역이며, 중심적인 주제는 문화 메시지의 전달, 의미의 내용, 종족적 그리고 국가적 정체성의 형성이다. 세계화 이론은 국가들이 네트워크화되면서 서로 동질화되어간다고 주장하고 있는데, 미디어 인류학은 미디어의 이용과 의미가 문화마다 매우 다르게 나타나고 있다는 연구 결과를 내놓고 있다. 미디어 인류학의 방법론은 현지조사와 내재적 관점을 통해 행위자를 중심에 두고 분석한다. 흥미로운 사례는 1990년대 전 세계적으로 방영된 미국의 드라마 〈댈러스*Dallas*〉의 수용자 분석이다. 미국 드라마 〈댈러스〉는 전 세계적으로 방영되었으며, 선풍적인 인기를 끌었다. 드라클레는 〈댈러스〉를 본 전 세계 66개 집단을 비교 연구하여 다음과 같은 결과를 발표했다.

> 아랍 가정에서는 남녀가 서로 나뉘어서 텔레비전을 시청하는데, 이들은 이 드라마의 내용을 혹평했다. 왜냐하면 그 내용이 이들의 도덕과 가치 표

상과 충돌했기 때문이다. 모로코 출신의 유대인은 각각의 이야기를 있는 그대로 받아들이지만, 역사적인 측면에 더 많은 관심을 가졌다. 키부츠 구성원과 로스앤젤레스 주민은 거리를 두고 비판적으로 이야기했는데, 이 시리즈의 제작 방식에 대해서는 서로 다른 이야기를 했다. 이스라엘에 사는 러시아 이주민의 반응은 독특하다. 이들이 〈댈러스〉를 정기적으로 보는 이유는 이웃 나라의 문화를 이해하여 다른 사람들과 비슷해지고, 일상생활에서 대화 소재를 충분하게 얻기 위해서였다(Dracklé 2005: 194).

1) 사회 내 의미의 다양성

이런 초기 연구는 문화마다 의미를 다양하게 받아들이는 점을 보여주고 있는데, 한 사회 내에서도 수용의 다양성이 또다시 발견된다. 할리우드이든 한국 영화이든지 간에 블록버스터가 방영되고 나면, 사람들은 이 영화에 대해 다양하게 이야기한다. 심지어 어떤 사람은 이야기의 내용과 느낌을 서로 다르게 받아들이기도 한다. 어떤 이는 전문적인 영화비평의 틀을 이용하여 영화를 분석하기도 하고, 또 다른 이는 사운드를 중심으로 영화를 이해하려고 하며, 또 다른 사람은 사회경제적 맥락에서 이해하기도 한다. 이런 점과는 별개로 문화마다 영화를 서로 다르게 읽는 현상도 나타나는데, 인도에서 〈타이타닉〉(1997)이 상영되었을 때, 사람들은 이 영화를 높은 계급의 여자가 낮은 계급의 남자와 나누는 사랑 이야기로 받아들였다. 사회적 타부를 건드린 이 영화는 상당히 오랫동안 인도사회에서 커다란 논쟁거리가 되었다. 이외에도 많은 관객은 빙산과 충돌하게 된 명령구조와 신기록에 집착하기도 했다.

2) 전자매체의 활용

전자매체는 문화적 의미와 별개로 작동하지만, 활용과 조직은 이와는 또 다른 문제다. 사회적 통합 문제에 어려움을 겪던 캐나다 북부 젊은이들은 비디오 프로젝트를 통해 잊힌 전통을 새롭게 호출했는데, 이들은 이 과정에서 새로운 시각과 의미를 발견했다. 제카리아스 크넉 감독은 에스키모 신화를 그린 〈아타나주아*Atanarjuat*〉를 제작했는데, 전 세계 영화관과 텔레비전을 통해 방영되었다(http://www.isuma.TV/ isuma-productions). 브라질 열대우림에 사는 카야포족도 거주지를 지키는 투쟁에서 자신들의 입장을 널리 알리기 위해 비디오를 제작했다. 호주에서도 1980년대 애버리지니가 참여하여 프로그램을 제작했는데, 이 프로그램은 위성으로 중계 방송되었다. 이 프로그램은 완전히 새로운 형식을 선보였는데, 내용을 설명해주는 해설이 없었고, 촬영은 롱테이크를 사용했다. 관객은 성스러운 장소와 정적으로 찍힌 풍경 그리고 길게 반복되는 종교 제의 장면의 의미를 힘들게 스스로 해독해야만 했다.

과거에는 시각인류학은 매스미디어에서의 타자 재현과 구성에 많은 관심을 두었는데, 영화 〈아바타〉(2009)는 좋은 사례다. 이 영화는 현대적인 '고귀한 야만인'인 나비족 덕분에 기록적인 매출액을 달성했다. 이들 나비족의 외형은 과거 서양 사람들이 흔히 알고 있던 종족들의 이상적 재현물과 상당히 비슷하며, 내용적으로는 후기 식민주의와 생태주의 담론을 담고 있다. 이 영화에는 지역적 저항의 다양한 형태들, 인류학의 참여관찰 방법, 문화에서의 내재적 관점 그리고 자신의 타자화가 나타난다. 제임스 캐머런 감독은 이런 주제를 의도적으로 선택했는데, 이는 영화 속의 리얼리티를 통해 관객이 이런 주제들에 관심을 가지게 하기 위해서였다. 이 영화는 픽션과 리얼리티가 영화 속에서 서로 분리될 수 없음을 이야기하고 있다(Tylor 2010).

3) 신문

신문은 사회와 문화의 역동성을 만드는 중요한 소재임에도 불구하고 인류학은 신문의 제작과 수용에 관해 상대적으로 적게 연구했다. 중앙지들은 자신의 정치적 지향에 따라 국가적인 컨센서스를 만들려고 노력하는 반면, 지역지는 종종 중심의 견해에 반하는 의견을 표명하기도 한다. 인도 북부에서는 신문 편집진과 지역 유력인사들이 협조하여 상호 권위를 만들어주고 있다(Rao 2009: 216). 〈아쉬람*Water*〉(디파 메타 감독, 2006)은 1930년 인도를 배경으로 벌어진 과부의 수절 문제를 다루고 있는데, 이 영화는 국제적인 유통을 염두에 두고 제작되었다.

이 영화가 인도 현지에서 제작되는 10개월 동안 이에 항의하는 시위가 연일 열렸는데, 신문기자들이 이를 취재하면서부터 중요한 사건으로 주목받기 시작했다. 신문기자들의 주목을 받기 위해 시위가 구성되는 일은 인도에만 국한되지 않는다. 편집인의 시각에서 기사 생산 메커니즘을 심층적으로 분석하면, 저널리스트들이 가진 지역에 대한 인식과 권위의 구축과 강화 과정 그리고 미디어의 상징적 · 수사적 형태의 전유에 대해 깊이 이해할 수 있다. 〈아쉬람〉은 지역 사람들과 지역정치인들이 국제적인 영화 제작사를 어떻게 인식하고 있는지를 이해할 수 있는 소중한 기회를 제공했다.

4) 미디어 스케이프

아파두라이(1991)는 문화의 탈공간화를 이야기했는데, 문화적 측면을 스케이프라고 했다. 미디어 스케이프는 전자 미디어로 인해 초래되는 탈공간화된 미디어 정경을 의미한다. 이에는 영화 영역도 해당하는데, 요즘에는 영화가 전 세계적으로 동시에 상영되고 있다. 프린트 미디어, 라디오 그리고 인터넷 등의 다른 미디어에서도 이렇게 탈공간화된 미디어 정경이 만들어지는데, 여기에서 부유하는 의미들이 만들어지는 것처럼 보인다. 하지만 영화 〈아쉬람〉은 이런 아파두라이의 주장을 비판하는 사례로 인용되고 있다. 항상 사람들은 지역적으로 이야기하므로 스케이프는 탈공간화된 것이 아니다. 하지만 이것은 과거의 지역 개념으로 되돌아가는 것을 의미하는 것이 아닌데, 왜냐하면 새로운 공간들은 이전보다 더 네트워크화되었기 때문이다.

5) 네트워크화된 미디어의 이용

미디어가 점차 더 많이 네트워크화되면서 미디어 간 데이터 전송이 가능하게 되었고, 이 지점에서 새로운 활동영역이 만들어지고 있다. 데이터들이 다양한 포맷으로 손쉽게 변환되고, 전송될 수 있게 되면서 미디어 간의 융합이 증가하고 있다. 이로부터 사회적 · 문화적 변화가 생기고 있다. 미디어 인류학은 문화마다 다른 글로벌 미디어 콘텐츠의 처리 방식을 관찰하고 해석한다. 이런 새로운 디지털 시각화의 가능성 속에서 사용자는 디아스포라나 국민국가의 식별과정에서 미디어를 어떻게 이용하는지, 그리고 그 이용이 저작권과 익명성과 관련하여 어떤 결과를 낳고 있는지를 연구하고 있다. 이외에도 여러 가지 질문을 연구할 수 있는데, 현재의 미디어 인류학이 관심을 가지고 있는 연구 영역은 인터넷 포럼과 페이스북 등의 소셜네트워크, 홈페이지 그리고 유튜브 등이다.

미디어 인류학은 글로벌화에 대해 새로운 차원의 논의를 발전시키고 있다. 이 새로운 분야는 전 세계적으로 유통되는 미디어 콘텐츠들이 각 지역에서 어떤 상이한 함의를 담고 있는지, 그리고 (전자) 매체기술이 어떤 맥락에서 사용되고, 매스미디어에서 타자성이 어떻게 재현되고, 구성되고 있는지를 연구한다. 연구 방법은 미디어 콘텐츠의 해석적 중층 묘사를 통해 연구하는데, 종종 행위자와 직접적인 접촉 또는 참여관찰 방법이 병행되고 있다. 민족학자는 미디어 편집진뿐만 아니라 거실 소파에서 리모컨으로 채널을 선택하는 행위, 그리고 프로그램에서 언어 또는 문자로 해설이 첨가되고 이것이 의미를 얻어가는 방식도 연구한다. 현재의 시청자는 미디어에 대해 풍부한 지식을 소유하고 있으므로 콘텐츠의 맥락을 스스로 생산하고 있는데, 이 분야도 주요 관심분야다.

3
사이버 인류학

1) 대상과 방법

사이버스페이스 인류학, 사이버 인류학 또는 디지털 인류학이라고도 불리는 사이버 민족학은 가장 최근에 시작된 인류학의 하위 연구 영역이며, 연구자들은 연구 내용과 명칭을 둘러싸고 현재 계속 논의를 벌이고 있다(Coleman 2010). 이 신생 분야는 시각인류학과 다르게 ① 연구와 교육 그리고 기록에 디지털 미디어를 사용하는 것, ② 디지털 미디어를 통해 이런 용어로 만들어진 것들의 세계들에 대해 연구한다. 인터넷은 다른 학문과 마찬가지로 인류학에서도 연구자료 수집과 분류 그리고 이-러닝E-Learning 등에 이르기까지 예측하기 힘든 잠재력을 가지고 있다. 특히 인류학이 관심을 가지는 분야는 새로 생성되는 사회적 · 문화적 맥락과 공간인데, 참여관찰이나 중층 묘사 방법은 이를 포착하는 데 많은 도움을 주고 있다.

인류학자들은 블로거와 해커, 온라인 커뮤니티, 인터넷 포털 그리고 랜 파티들을 연구했는데, 여기서 테크놀로지는 사용자의 실천에 커다란 영향을 끼치지 못하고 있다. 하지만 테크놀로지에 대한 지식 없이 문화적 실천을 이해하거나 연구할 수는 없으므로 연구자는 적어도 연구 대상 집단의 지식수준에 어느 정도 도달해야 현지조사를 할 수 있다. 열대우림에 사는 동식물 세계를 분류하기 위해서는 생물학 지식이 있어야 하는 것처럼 사이버 민족학자가 해커를 연구하기 위해서는 정보통신기술에 대해 상당한 정도의 지식을 갖추어야 한다.

2) 문화적 생산 공간으로서의 사이버 공간

사람들이 컴퓨터 화면 앞에서 보이는 다양한 행동과 인터넷에서 거두는 엄청난 매출액을 연구하는 것을 이제는 더 이상 괴팍한 눈으로 보지는 않는다. 자동차와 전철 이용자는 이동 중에 핸드폰과 함께 많은 시간을 보내는데, 이런 전자기기는 경제적으로 매우 중요한 요소가 되었으며, 이로부터 자동차와 전철 인류학이라는 분야가 만들어질 수도 있을 정도다. 사이버 민족학이 주요하게 관심을 두는 영역은 정보통신기술을 기반으로 하는 문화적 생산물이다. 사이버스페이스에서도 집단적 정체성이 형성되고, 종족적 저항도 벌어지고, 디아스포라 집단들의 네트워크화 등도 일어나는데, 이것들도 인류학의 연구대상이 될 수 있다.

많은 분리독립운동 집단이 전 세계를 대상으로 홈페이지들을 운영하면서 이메일을 전송하고 있다. 핸드폰과 단문 메시지를 통해 새로운 형태의 정치적 저항이 행해지고 있다. 이런 과정에서 정치적 가치에 대한 질문이 제기되기도 하고, 새롭게 업그레이드되거나 비판을 받기도 하고, 가치관이 현재화되기도 한다. 이런 과정은 인류학자들의 흥미로운 연구대상이 될 수 있다. 이미 전 세계적으로 컴퓨터게임의 판매액이 영화산업을 능가하고 있는데, 게임의 내용과 실천 그리고 변화와 수정 등을 연구하는 것도 또 다른 연구주제다(Ackermann & Hartman 2000).

3) 미디어와 문화적 형태

미디어에서는 오래전부터 컴퓨터 게임의 폭력성에 대해 경고하고 있다. 미디어는 종종 1인칭 게임이 청소년 폭력을 유발한다고 주장하지만, 심리학자나 사회학자는 이를 논리적이고 실증적으로 뒷받침할 증거를 제시하지 못하고 있다. 인류학도 왜 어떤 사람이 특정한 삶의 상황에서 다수를 살해하고, 자신도 자살하는지에 대해 명쾌한 답을 내놓지 못하기는 마찬가지다.

하지만 인류학은 이런 행동의 문화적 형식을 묘사하고, 이를 해석할 수는 있다. 자살하기 전에 구성원이나 네트워크를 통해 예고하는 형식들, 사건의 진행, 무기의 선택, 의상과 살해현장 그리고 미디어의 보도행태와 공공의 토론은 문화적 현상이기 때문이다. 이때 인류학적 시각은 자기 상황에 대한 기대치를 중심으로 분석하는데, 이때 서구인이 낯선 문화를 연구하면서 축적한 성과들이 도움을 줄 수 있다.

스리랑카의 싱갈 농촌 마을에 사는 어떤 젊은이가 집에서 영화비와 음식 투정 때문에 부모와 작은 다툼을 벌였는데, 그는 매우 '전형적인 방식'으로 자살했다. 20대 청년은 마음이 상하여 집을 떠났는데, 농약을 마시고는 다시 집으로 돌아와서 집안 식구들이 보는 앞에서 고통스럽게 죽어

간다(Spencer 1990: 186, 206, 253).

독일의 연쇄살인범도 고유한 문화적 형식을 취하는데, 예를 들어 온라인에서만 알 수 있는 특정한 코드를 사용하고, 특정한 종류의 총으로 희생양을 특정한 방식으로 다치게 하거나 죽인다. 스리랑카에서 자식의 자살을 목전에서 경험한 가족은 장기간 심리적인 트라우마에 시달리는데, 그 내용도 문화적으로 영향을 받는다. 만일 인류학자가 자살의 문화적 형태를 해석하려면 의미를 부여하는 포괄적인 과정을 분석해야만 하는데, 예를 들어 특정 문화 내에서 부당함, 처벌, 폭력 그리고 자살에 대한 문화적 함의가 무엇인지를 조사해야 한다. 문신이나 무기 선정처럼 의도적인 신체의 훼손도 많은 상징적 의미를 내포하고 있다. 우리는 종종 미디어에서 매우 격정적인 행동들을 목격하기도 하는데, 이는 우리 행동의 모델이거나 복제일 수도 있다.

4) 온라인과 오프라인 세계

사이버 인류학의 관점에서 본다면 가상세계와 현실세계의 구분은 그다지 설득력이 없다. 왜냐하면 인터넷도 공장이나 도서관처럼 실재하는 부분이 있기 때문이다. 인터넷 공간이 가능하기 위해서는 전자부품들이 서로 물리적으로 결합하여 특정한 공간에 존재하고, 일단의 조직화된 사람들이 이를 운영해야 한다. 개인의 신원을 항상 확인할 수 있는 것은 아니지만, 인터넷 포럼에서 하는 이야기는 장거리비행이나 가장무도회에서 만난 사람과 하는 대화나 전화 통화처럼 실재적이다.

이런 맥락에서 온라인과 오프라인 세계의 구분은 쉽지 않으며, 이들은 매우 긴밀하게 서로 얽혀 있다. 바로 여기서 상호작용이 시작되는데, 미디어 인류학자들이 관심을 두는 지점이기도 하다. 사람들은 항상 동시에 여러 세계들 안에서 얽히면서 살고 있다. 순간의 냉철한 판단이 무엇보다 중요한 펀드매니저일지라도 이국적인 신화세계에서 벌어지는 낭만적 이야기가 담긴 책을 읽을 수 있고, 그림이나 종교에서 유래한 이국적 타자에 대한 표상을 가지고 살 수도 있다. 낭만적인 사랑을 이야기하는 문학보다 사이버스페이스와 테크놀로지를 기반으로 하는 아바타가 더 사실적일 수 있다. 허구를 기반으로 하는 소설의 내용도 오프라인에서 벌어지는 리얼리티를 반영하고 있다(Rheingold 2004).

4
나가며

미디어 인류학은 회화에서부터 사이버스페이스까지를 포함하는 넓은 영역을 다루는데, 특히 미디어를 이용한 커뮤니케이션 과정을 주로 관심 대상으로 한다. 여기에는 비교문화론적인 시각에서 미디어 콘텐츠의 생산과 유통뿐만 아니라 수용을 연구하는 것도 포함된다. 미디어는 문화생산물의 저장소 역할을 하는데, 미디어의 사용은 거의 예외 없이 사회적 · 정치적 시스템과 관계를 맺고 있다. 인류학에서의 전자 미디어에 대한 연구는 행위자를 중심에 위치시키고 내재적 관점과 참여관찰을 통해 이들의 다양한 실제 이용 방식을 연구하기 때문에 방법론 측면에서 변별성을 보이고 있다. 미디어 인류학이 관심을 가지는 또 다른 영역은 상호 식별과 집단의 형성 과정 그리고 중심적인 가치를 두고 타협하는 과정이다.

참고문헌

단행본

빌 니콜스. 『다큐멘터리 입문』, 한울, 2013.

브로니스라브 말리노프스키(2013). 『서태평양의 항해자들』, 전남대학교 출판부, 2013(Malinowski, Bronislaw(1922). *Argonauts of the Western Pacific.* London: Routledge and Kegan Paul.)

에릭 바누(이상모 역). 『세계 다큐멘터리영화사』, 다락방, 2000.

제프리 노웰 스미스(김경식 외 역). 『옥스퍼드 세계 영화사』, 열린책들, 2006.

칼 하이더(이문웅 역). 『영상인류학에의 초대』, 일신사, 1992.

학술논문(국문)

김영훈. 「전통문화의 시각원리 연구」. 『민족과 문화』, 9, 369-386, 한양대학교출판부, 2000.

______. 『문화와 영상』. 일조각, 2002.

이기중. 「장 루슈(Jean Rouch)의 민족지영화방법론과 1950년대 대표작 고찰」. 『한국문화인류학』, 37(1), 241-278, 한국문화인류학회, 2004a.

______. 「로버트 플래허티(Robert Flaherty)와 〈북극의 나누크〉」, 『한국문화인류학』, 37(2), 114-128, 한국문화인류학회, 2004b.

______. 「로버트 플래허티(Robert Flaherty)의 〈북극의 나눅〉(Nanook of the North)의 제작과정과 인류학적 의미연구」. 『한국문화인류학』, 37(2), 183-222, 한국문화인류학회, 2004c.

______. 「로버트 가드너(Robert Gardner)의 〈죽은 새들(Dead Bird)〉」, 『한국문화인류학』. 38집, 2호. 75-108. 한국문화인류학회. 2005.

______. 『북극의 나눅: 로버트 플래허티의 북극탐험과 다큐멘터리영화의 탄생』, 커뮤니케이션북스, 2008.

______. 「데이비드 맥두걸의 '참여적 시네마'와 〈투르카나 삼부작〉」, 『비교문화연구』, 제16집 2호, 223-257. 서울대학교 비교문화연구소, 2012a.

______. 「대빗 맥두걸(David MacDougall)의 〈가축들과 함께 살기를(To Live With Herds)〉과 "관찰적 시네마(Observational Cinema)"」, 『현대영화연구』, Vol. 13, 5-31, 2012b.

______. 「티모시 애쉬의 인도네시아 민족지영화: 〈발리의 강신의례〉와 〈저로가 저로를 말하다〉를 중심으로」, 『비교문화연구』, 19(1), 143-182, 2013.

______. 『렌즈 속의 인류: 민족지영화와 그 거장들』. 눌민, 2014.

이상현. 「독일민족학의 민족지영화 제작 및 연구 방법」. 『비교민속학』. 34호. 641-675, 비교민속학회, 2007.

______. 「무형문화재의 영상민속지 기록화 작업의 특징과 문제점」. 『비교민속학』, 43호, 379-419, 비교민속학회, 2010.

조관연. 「독일 IWF(학술영화연구소)의 방법론 형성과 변천」. 『역사문화연구』, 역사문화연구소, 16, 41-80, 2002a.

______. 「장 루쉬의 민족지영화 제작 방법론」. 『한국아프리카학회지』. 한국아프리카학회, 16, 159-176, 2002b.

______. 「민족지영화 "사냥꾼들(The Hunters)"의 제작 과정과 유산」. 『한국문화인류학』, 한국문화인류학회, 36(2), 221-249, 2003.

______. 「민족지영화 〈도끼싸움(Ax-Fight)〉에 대한 비판적 고찰」. 『역사민속학』. 한국역사민속학회, 16, 401-426, 2003.

______. 「헤르만 산더의 한국 기행(1906~07) 목적과 조사방법」. 『역사문화연구』. 역사문화연구소, 26, 367-400, 2007.

______. 「국책영화 〈속 팔도강산—세계를 간다〉(1968) 속의 재현된 아프리카 이미지와 조국근대화 담론」. 『한국아프리카학회지』, 30(1), 157-182, 한국아프리카학회, 2009a.

______. 「영화 〈팔도강산〉(1967) 속의 조국근대화 담론과 로컬리티」. 『인문콘텐츠』, 14, 263-284, 인문콘텐츠학회, 2009b.

______. 「인문정신과 문화 영상다큐멘터리」. 『인문콘텐츠』, 인문콘텐츠학회, 30, 9-28, 2013.

______. 「『네찌릭 에스키모 영화시리즈』에서의 전통 지역문화 재구성 방법론과 사회적 수용」. 『역사문화연구』, 54, 역사문화연구소, 213-254. 2015.

Ackermann, Ernest & Karen Hartman(2000). *The Information Specialist's Guide to Searching and Researching on the Internet and the World Wide Web*, Routledge.

Albert, Bruce. Yanomami(1989). "Violence: Inclusive Fitness or Ethnographer's Representa tion?"

Current Anthropology, 30(5), pp. 637-640.

Anderson, Carolyn & Thomas W. Benson(1993). "Put Down the Camera and Pick Up the Shovel: An Interview with John Marshall". In Jay Ruby(ed.), *The Cinema of John Marshall*, Chur: Harwood Academic Publishers GmbH, pp. 135-168.

Asch, Timothy(1972a). "Ethnographic Filming and the Yanomamö Indians". *Sight-Lines*, 5(3), pp. 7-17.

______(1972b). "Making Ethnographic Film for Teaching and Research". *PIEF Newsletter*, 3(2), pp. 6-10.

______(1975). "Using Film in Teaching Anthropology". In P. Hockings(ed.), *Principles of Visual Anthropology*, pp. 385-420.

______(1991). "Das Filmen in Sequenzen und die Darstellung von Kultur". In Werner Petermann, R. Kaper & R. Thomas(eds.), *Jäger und Gejagte: John Marshall und seine Filme*, München: Trickster Verlag, pp. 123-134.

Asch, Timothy & Patsy Asch(1975). "Film in Ethnographic Research". In Paul Hockings(ed.), *Principles of Visual Anthropology*, The Hague: Mouton, pp. 335-362.

______(1988). "Film in Anthropological Research". *Senri Ethnological Studies*, pp. 165-190.

Aufderheide, Patricia(2007). *Documentary Film: A Very Short Introduction*, Oxford University Press.

Balikci, Asen(1970). The Netsilik Eskimos, New York: Doubleday.

______(1975). "Reconstructing Cultures on Film". In Paul Hockings(ed.), *Principles of Visual Anthropology*, The Hague: Mouton, pp. 181-192.

______(1987). "The Legacy of Margaret Mead: the Case of Visual anthropology". *Bulletin of the International Committee on Urgent Anthropological Research*, Vienna, vol. 8, pp. 37-42.

______(1988). "Anthropologista and Ethnographic Filmmakers". In Jack Rollwagen(ed.), *Anthropological Filmmaking*, New York: Harwood, pp. 31-46.

______(1989a). "Anthropology, Film and the Arctic Peoples". *Anthropology Today*, 5(2), pp. 3-10.

______(1989b). *The Netsilik Eskimo Prospect Heights*, Ill.: Waveland Press.

______(2002). "The Netsilik Film Series". *Northern Archaeological Congress Papers*, Ekaterinburg-Khanty-Mansiisk: Akademkniga, pp. 31-41.

Banks, Marcus & Howard Morphy(1997). *Rethinking Visual Anthropology*, Yale University Press.

Banks, Marcus(1992). "Which films are the ethnographic films?". In Peter Crawford & David Tuton(eds.), *Film as Ethnography*, Manchester University Press, pp. 116-128.

______(2001). *Visual Methods in Social Research*, SAGE Publication Ltd..

Banks, Morphy(1994). "Interactive multimedia and anthropology – a sceptical view". (http://www.rsl.ox.ac.uk/isca/marcus.banks.01.html)

Barbash, Ilisa & Lucien Taylor(1997). *Cross-cultural Filmmaking: A Handbook for Making Documentary and Ethnographic Films and Videos*. Berkeley: University of California Press.

_____(2001). "Radically Empirical Documentary: David & Judith MacDougall interviewed by Ilisa Barbash & Lucien Taylor". *Film QuARTErly*, 54(2), pp. 2-14.

Barley, Nigel(1990). *Traumatische Tropen*, Stuttgart: Klett-Cotta.

Bateson, Gregory & Margaret Mead(1942). *Balinese Character: A Photographic Analysis*, Special Publications of the New York Academy of Science, Vol. 2. New York: New York Academy of Sciences.

_____(1977). "Margaret Mead and Gregory Bateson on the Use of the Camera in Anthropology". *Studies in the Anthropology of Visual Communication*, 4(2), pp. 78-80.

Bayerdörfer, Hans-Peter(2007). *Vom Drama zum Theatertext?: Zur Situation der Dramatik in Ländern Mitteleuropas*, Theatron.

Bernal, Victoria(2014). *Nation as Network: Diaspora, Cyberspace, and Citizenship*, University Of Chicago Press.

Beth Kolko & Lisa Nakamura(2000). *Race in Cyberspace*, Routledge.

Biesele, Megan(1993). "The Future of the Bushmen's Past: Developing People and Pictures". In Jay Ruby(ed.), *The Cinema of John Marshall*, Chur: Harwood Academic Publishers GmbH, pp. 205-212.

Bluem, William(1965). *Documentary in American Television: Form, Function, Method*, Hastings House.

Böhl, Michael(1985). *Entwicklung des ethnographischen Films*, Acta Culturologica 1, Göttingen.

British Association for the Advancement of Science(1899). *Notes and queries on anthropology.*

Bruner, Jerome(1961). *The Process of Education*, Cambridge, Harvard University Press.

Brunsdon, Charlotte(1981). "Crossroads: Notes on Soap Opera". *Screen*, 22(4), pp. 32-37.

Chagnon, Napoleon A.(1974). *Studying the Yanomamö*, New York.

_____(1979). "Kin Selection and Conflict: An Analysis of a Yanomamö Ax Fight". In Napoleon A. Chagnon & W. Irons(eds.), *Evolutionary and Human Social Behavior*, Belmont, pp. 213-237.

_____(1983). *Yanomamö: The Fierce People*, New York.

Clifford, James and George Marcus(1986). *Writing Culture: the Poetics and Politics of Ethnography*, Berkeley, CA: University of California Press.

Clifford, James(1997). Routes: Travel and Translation in the Late Twentieth Century, Harvard University Press.

Coleman, E. Gabriella(2010). "Ethnographic Approaches to Digital Media". *Annual Review of Anthropology*, 39, pp. 487-505.

Coleman, Isobel(2010). *Paradise Beneath Her Feet: How Women Are Transforming the Middle East. Council on Foreign Relations Books*, Random House.

Collier, John & Malcom Collier(1986). *Visual Anthropology: Photography as a Research Method.* NM: University of New Mexico Press.

Collier, John(1995 [1975]). 'Photography and visual anthropology', in P. Hockings(ed.), *Principles of Visual Anthropology*, Berlin and New York: Mouton de Gruyter.

______(1996). *The art of record*, Manchester University Press.

Crawford, James(1992). *Language Loyalties*, University of Chicago Press.

Dauer, Alfons Michael(1966). "Afrikanische Musik und vökerkundlicher Tonfilm – Ein Beitrag zur Methodik der Transkription". *Research Film*, 5(5), Göttingen, pp. 439–456.

______(1980). "Zur Syntagmatik des ethnographischen Dokumentationsfilm". *Acta Ethnologica et Linguistica*, Nr. 47, Series Generalis 6, Wien–Föhrenau.

de Brigard, Emile(1975). "The History of Ethnographic Film". In Paul Hockings(ed.), *Principles of Visual Anthropology*, The Hague: Mouton, pp. 13–43.

de Heusch, Luc(1962). The Cinema and Social Science. A Survey of Ethnographic and Sociological Films, UNESCO, *Reports and Papers in the Social Sciences*, Nr. 16, Paris.

Douglas, Mary(1973). *Natural Symbols: Explorations in Cosmology*, Vintage Books.

Dow, Peter(1979). *Innovation's Perils: An Account of the Origins, Development, Implementation and Public Reaction to "Man: A Course of Study"*, Ph. D. Dissertation, Harvard University.

______(1991). *Schoolhouse Politics: Lessons from the Sputnik Era*, Harvard University Press.

Dracklé, Dorle(2005). *Globalisierung der Medienkommunikation: Eine Einführung*, VS Verlag für Sozialwissenschaft.

Eaton, Mick(1979). "Chnonicle". In Mick Eaton(ed.), *Anthropology – Reality – Cinema. The films of Jean Rouch*, London: British Film Institute, pp. 1–34.

Echard, Nicole & Jean Rouch(1988). "*Entretien avec Jean Rouch. A voix Nu*".(텔레비전 인터뷰)

Erckenbrecht, Corinna(2010). "Mythen der Suedsee", *Anthropos*, 105(1), pp. 228–232.

Fatimah, Tobing Rony(1996). *The Third Eye: Race, Cinema, and Ethnographic Spectacle*, Duke University Press.

Fiske, John(2010). *Television Culture*, Routledge.

Ginsburg, Faye D.(1998). *Contested Lives: The Abortion Debate in an American Community*, University of California Press.

Gonzalez, Nancie L.(1993). "An Argument about a Film". In Jay Ruby(ed.), T*he Cinema of John Marshall*, Chur: Harwood Academic Publishers GmbH, pp. 179–194.

Gordon, Robert(1991). "Bushmannschwärmerei in Südafrika". In Petermann, Werner, R. Kaper &

R. Thomas(Eds.), *Jäger und Gejagte: John Marshall und seine Filme*, München: Trickster Verlag, pp. 165–179.

Graff, Gerald(1979). *Literature Against Itself*, University of Chicago Press.

Grimshaw, Anna and Keith Hart(1993). *Anthropology and the Crisis of the Intellectuals*, Prickly Pear Press.

Grimshaw, Anna(1995). *Conversations with Anthropological Film–Makers: mElissa llewelyn–Davies*, Prickly Pear Press.

_____(2001). *The Ethnographer's Eye: Ways of Seeing in Modern Anthropology*, Cambridge University Press.

Gunkel, David J.(2001). *Hacking Cyberspace*, WesTView Press.

Heider, Karl G.(1976). *Ethnographic Film*, Austin, London.

_____(2006). *Ethnographic Film*, (Revised Edition), University of Texas Press.

Henley, Paul(1984). "The 1984 RAI Film Prize". *RAIN*, 62, pp. 9–12.

_____(2009). *The Adventure of the Real: Jean Rouch and the Craft of Ethnographic Cinema*, University of Chicago.

Hinsch, Werner(1963). "Forschungsfilm und Begleitschrift – Zum Problem der wissenschaftlichen Filmveröffentlichungen". *Research Film*, 4(6), Göttingen, pp. 529–536.

Hockings, Paul(2002). "Asen Balikci Films Nanook". *Visual Anthropology Review*, 17(2), pp. 71–80.

Honnigmann, John J.(1970). "Review of three of the Netsilik series". *American Anthropologists*, 72, pp. 722–24.

Howes, A. (1982). "'Jean Rouch: Anthropological film–maker'". *Undercut*, 9, pp. 28–32.

Husmann, Rolf(1983). "Film and Fieldwork: Some Problems reconsidered". In Bogaart, Noco C. R. & Henk W. W. R. Ketelaar(Eds.), *Methodology in Anthropological Filmmaking*, Papers of the IUAES–Intercongress Amsterdam. Göttingen, pp. 93–111.

Husmann, Rolf(1985). "The Training of Anthropology Students in Film–making: a Curricurum". *International Journal of Visual Sociology*, 1, pp. 30–34.

_____(2001). "A Scientific Approach to Ethnographic Filmmaking in German Visual Anthropology". In Rolf Husmann(ed.), *Origins of Visual Anthropology: Putting the Past Together*, Göttingen: Institut für den Wissenschaftlichen Film.

Husmann, Rolf. Ethnographic Filming(1978). "The Scientific Approach". *Reviews in Anthropology*, 5(4), Westport, pp. 487–501.

Issari, Mohammad Ali(1971). *Cinéma Vérité*, Michigan State University Press.

Jacknis, Ira(1988). "Margaret Mead and Gregory Bateson in Bali: Their Use of Photography and Film". *Cultural Anthropology*, 3(2), pp. 160–177.

Jolly, Margaret(1994). "Kastom as Commodity". In Lamont Lindstrom/Geoffrey Miles White (eds.), *Culture – kastom – Tradition. Developing Cultural Policy in Melanesia* (IPS) Suva, pp. 131–146.

Kandorfer, Pierre(1994). *DuMont's Lehrbuch der Filmgestaltung. Theoretisch–technische Grundlage der Filmkunde*, Köln.

Kaplan, E. Ann(1997). *Looking for the Other: Feminism, Film and the Imperial Gaze*, Routledge.

Koppen, Peter(1987). *Das Prinzip des ethnologischen Films. Versuch einer systematischen Bestansaufnahmen von methodischen Ansätzen zur visuellen Dokumentation der Realität*, Köln: Univ. of Köln.

Kuenzli, Rudolf(1987). *Dada and Surrealist Film*, New York: Willis Locker & Owens.

Lawrence, David Russell(2014). *The Naturalist and his 'Beautiful Islands'*, Australian National University Press.

Leach, Edmund(1961). *Pul Eliya: A Village in Ceylon: A Study of Land Tenure and Kinship*, Cambridge University Press.

Leach, Edmund(1989). *Claude Levi–Strauss*, University of Chicago Press.

Lipp, Thorolf & Martina Kleinert(2011). "Im Feld – im Film – im Fernsehen. Über filmende Ethnologen und ethnographierende Filmer". In Irene Ziehe & Ulrich Hägele, *Visuelle Medien und Forschung*, Waxmann: New York, Berlin, pp. 15–47.

Lipp, Thorolf(2009). "Picturing Intangible Heritage Challenge for Visual Anthroplogy". In Sergio Lira et al.(eds.), *Sharing Cultures*, (Green Lines Institute) Barcelos, pp. 81–90.

Lizot, Jacques(1977). "Population, Resources and Warfare among the Yanomami". *Man*, 12, pp. 497–517.

______(1982). *Im Kreis der Feuer*, Frankfurt a. M.: Syndikat.

Loizos, Peter.(1993). *Innovation in Ethnographic Film*, Manchester: Manchester University Press.

Lomax, Alan(1972). "Besprechung von Bitter Melon". *American Anthropologists*, 74, pp. 1018–1020.

Lutz, Hartmut(1990). "Indians and Native Americans in the Movies: A History of Streotypes, Distortions, and Displacement". *Visual Anthropology*, 3(1), pp.31–48.

MacDouagll, David(1975). "Beyond Observational Cinema". In Paul Hockings(ed.), *Principles of Visual Anthropology*, The Hague: Mouton, pp. 109–24.

______(1988). "Versuche mit dem inneren Kommentar". In *Flahertys Erben*, Trickster Verlag, 16, pp. 46–61.

______(2006). *The Corporeal Image*, Princeton University Press.

______(1978). "Ethnographic Film: Failure and Promise". *Annual Review of Anthropology*, 7, pp.

405-25.

_____(1982). "Unprivileged Camera Style". *RAIN*, No. 50, pp. 8-10.

_____(1991). "Whose story is it?". *Visual Anthropology Reiview*, 7(2), pp. 2-10.

_____(1998). *Transcultural Cinema*, (Selected essays, edited by Lucien Taylor), NJ: Princeton University Press.

_____(1999). "Social Aesthetics and The Doon School". *Visual Anthropology Review*, 15(1), pp. 3-20.

_____(2007). "Colin Young, Ethnographic Film and the Film Culture of the 1960s". In Beate Engelbrecht(ed.), Memories of the Origins of Ethnographic Film, Frankfort: Peter Lang, pp. 123-131.

Mamber, Stephen(1974). *Cinema Verite in America: Studies in Uncontrolled Documentary*, MIT Press.

Marcus, George(1996). "The modernist sensibility in recent ethnographic writing and the cinematic metaphor of montage". In L. Devereaux & R. Hillman(eds), *Fields of Vision: Essays in Film Studies, Visual Anthropology and Photography*, Berkeley, CA: University of California Press.

Marshall, John & Emilie de Brigard(1975). "Idea and Events in Urban Film". In P. Hockings(ed.), *Principles of Visual Anthropology*, pp. 133-146.

Marshall, John(1991a). "Tödliche Mythen". In Werner Petermann, R. Kaper & R. Thomas(Eds.), *Jäger und Gejagte: John Marshall und seine Filme*, München: Trickster Verlag, pp. 9-50.

_____(1991b). "Die sichtbare und unsichtbare Realität". In Werner Petermann, R. Kaper & R. Thomas(Eds.), *Jäger und Gejagte: John Marshall und seine Filme*, München: Trickster Verlag, pp. 103-107.

_____(1991c). "The Hunters". In Werner Petermann, R. Kaper & R. Thomas(Eds.), *Jäger und Gejagte: John Marshall und seine Filme*, München: Trickster Verlag, pp. 118-122.

_____(1993). "Filming and Learning". In Jay Ruby(ed.), *The Cinema of John Marshall*, Chur: Harwood Academic Publishers GmbH, pp. 11-34.

Marsolais, Gilles(1974). *L'Aventure du cinema direct*, Edition Seghers.

McLuhann, Marshall(1964). *Understanding Media The extention of Man*, McGraw Hill.

Mead, Magaret(1962). *Male and Female: A Study of the Sexes in a Changing World*, Harmondsworth: Penguin.

Mead, Mead(1975). "Visual anthropology in a discipline of words". In P. Hockings (ed.), *Principles of Visual Anthropology*. The Hague: Mouton, pp. 3-12.

Michaelis, Anthony R.(1995). *Research Films in Biology, Anthropology, Psychology and Medicine*, London.

Modleski, Tania(1983). "The rhythms of reception: daytime television and women's work". In E. Ann Kaplan(ed.) *Regarding Television*, Los Angeles: American Film Institute, pp. 67-75.

Moffatt, Michael(1979). *An Untouchable Community in South India: Structure and Consensus*, Princeton University Press.

Morris, Brian(1994). *Anthropology of the self: the individual in cultural perspective*, Pluto Press.

Myburgh, John Paul(1998). "Paul Myburgh Talks on People of the Great Sandface: An Interview with Keyan Tomaselli". *CVA Review*, Fall, pp. 26-31.

Nichols, Bill(1991). *Representing Reality*, Indiana University Press.

Nichols, Bill(1994). "The ethnographer's tale". In L. Taylor(ed.), *Visualizing Theory*, London: Routledge.

______(1994). *Blurred Boundaries: Questions of Meaning in Contemporary Culture*, Bloomington: Indiana University Press.

______(ed.)(1985). *Movies and Methods: An Anthology*, University of California Press.

Nunes, Mark(2006), *Cyberspaces of Everyday Life*, University of Minnesota Press.

O'Neil, Mathieu(2009), *Cyberchiefs: Autonomy and Authority in Online Tribes*, Pluto Press.

Oppitz, Michael(1989). *Kunst der Genauigkeit: Wort und Bild in der Ethnographie*, Trickster.

Petermann, Werner(1984). "Geschichte des sthnographischen Films". In M. Friedrich et al.(eds.), *Die Fremden sehen. Ethnologie und Film*, München: Trickster, pp. 17-54.

Piault, Colette(1994). "Some Thougts on Verbal and Non-Verbal Expression in Anthropological Films: Evolution, Technique, Strategies, Problems". In Edgard Sienaert, Meg Cowper-Lewis & Nigel Bell, *Oral Traditions and Its Transmission: The Many Forms of Messages*, Durban: University of Natal, pp. 1-11.

Prins, Harald E. L.(2004). "Visual Anthropology". In T. Biolsi(ed.), *A Companion to the Anthropology of American Indians*, Oxford: Blackwell Publishing, pp. 506-525.

Publikationen zur wissenschaftlichen Filmen(1963). *Sektion B. Völkerkunde- Volkskunde*. Gotthard Wolf(Hrsg), Institut für den Wissenschaftlichen Film, Göttingen.

Rao, Ursula(2009). *The Cultural Politics of Disadvantage in South Asia*, (Special Issue), *Asian Studies Review*, 33(4).

Rasmussen, Knud(1931). *The Netsilik Eskimos, Reports of the Fifth Thule Expedition*, Vol. VIII. Copenhagen.

Reisz, Karel & Gavin Millar(1968). *The Technique of Film Editing*. New York: Hastings House Publishing.

Rheingold, Howard(2004). *Smart Mobs: The Next Social Revolution*, Basic Books.

Rollwagen, Jack R.(ed.)(1988). *Athropological Filmmaking: Anthropological Perspectives on the*

Production of Film and Video for General Audiences, New York: Harwood Academic.

Rollwagen, Jack(1988). *Anthropological Filmmaking: Anthropological Perspectives on the Production of Film and Video for General Public Audiences*, Routledge.

Rosaldo, Renato(1993). *Culture & Truth: The Remaking of Social Analysis*, Routledge.

Rosaldo, Renato(2004). "Grief and a Headhunter's Rage". In John R. McGee & Richard L. Warms(eds.), *Anthropological Theory: An Introductory History*, New York: McGraw-Hill.

Rouch, Jean & Dan Georgakas et al.(2003). "The Politics of Visual Anthropology". In Feld, Steven (ed.), *Ciné-Ethnography Jean Rouch*, University of Minnesota Press, pp. 210-228.

Rouch, Jean & Enrico Fulchignoni(2003). "Les Maîtres fous, The Lion Hunters, and Jaguar". In Steven Feld(ed.), *Ciné-Ethnography Jean Rouch*, University of Minnesota Press, pp. 188-209.

Rouch, Jean & Lucien Taylor(2003). "A Life on the Edge of Film and Anthropology," In *Ciné-Ethnography Jean Rouch*. Feld, Steven (ed.), University of Minnesota Press. pp. 129-46.

Rouch, Jean(1956). "Migrations au Ghana". *Journal de la Société des Africanistes*, 2(1-2), pp. 33-196.

______(1960). *La religion et la magie Sonhay*, Paris: Presses Universitaires de France.

______(1967). *Catalogue de films sur l'Afrique noire - Analyse et présentation de 600 films sur l'Afrique - Introduction au cinéma african,* Paris: UNESCO.

______(1975). "The Camera and Man". In Paul Hockings(ed.), *Principles of Visual Anthropology*, The Hague: Mouton, pp. 79-98.

______(2003). *Ciné-Ethnography*, (Edited and translated by Steven Feld), University of Minnesota.

Ruby, Jay(1980). "Exposing Yourself: Reflexivity, Anthropology and Film". *Semiotica*, 3(1-2), pp.153-179.

______(1983). "An early attempt at studying human behavior with a camera. Franz Boas and the Kwakiutl - 1930." In Nico Bogaart & Henk Ketelaar(eds.), *Methodology in anthropological filmmaking*, Göttingen: edition herdot, pp. 25-38.

______(2000). *Picturing Culture: Explorations of Film and Anthropology*, Chicago: University of Chicago Press.

______(2005). "The Image Mirrored: Reflexivity and the Documentary Film". In Alan Rosenthal & John Corner(eds.), *New Challenges for Documentary*, Manchester University Press, pp. 34-47.

______(2014). "Ethnographic Cinema(EC): A Manifesto/ A Provocation (USA 2003)". In Scott MacKenzie(ed.), *Film Manifestos and Global Cinema Cultures: A Critical Anthology*, University of California Press, pp. 476-477.

Sadoul, George(1971). Dziga Vertow, Paris.

Sandall, Roger(1975). "Matters of Fact". In Paul Hockings(ed.), *Principles of Visual Anthropology*, The Hague: Mouton, pp. 457-480.

Schlesier, Erhard(1964). "Der Vökerkundler als Kontaktpartner. Erfahrungen in Neuguinea 1961/62". *Sociologus*, Bd. 4, Berlin, pp. 128-135.

Sonntag, Susan(1981). *Im Zeichen des Saturn*, München.

Sorenson Richard E. & Allison Jablonko(1975). "Research Filming of Naturally Occurring Phenomena: Basic Strategies". In Paul Hockings(ed.), *Principles of Visual Anthropology*, The Hague: Mouton, pp. 147-162.

Sorenson, Richard E.(1975). "Visual Records, Human Knowledge, and the Future". In Paul Hockings(ed.), *Principles of Visual Anthropology*, The Hague: Mouton, pp. 493-506.

Spannaus, Günter(1950). "Zur Frage vökerkundlicher Unterrichtsfilme". *Zeitschrift für Ethnologie*, 75, pp. 103-104.

Spannaus, Günter(1959). "Leitsätze zur völkerkundlichen und volkskundlichen Filmdokumentation". *Research Film*, 3(4), pp. 234-238.

Spencer, Jonathan(1990), *Sri Lanka: History and the Roots of Conflict*. Routledge.

Spittler, Gerd(2001). "Teilnehmende Beobachtung als Dichte Teilnahme." *Zeitschrift für Ethnologie*, 126, pp. 1-25.

Stoller, Paul(1989). *The Taste of Ethnographic Things. The Senses in Anthropology*, Philadelphia: University of Pennsylvania Press.

———(1992). *The Cinematic Griot: The Ethnography of Jean Rouch*, Chicago: University of Chicago Press.

Sullivan, Gerald(1999). *Margaret Mead, Gregory Bateson, and Highland Bali: Fieldwork Photographs of Bayung Gede*, 1936-1939, The University of Chicago Press.

Tai, Zixue(2006). *The Internet in China: Cyberspace and Civil Society*, Routledge.

Taylor, Lucien(Ed.)(1994). *Visualizing Theory: Selected Essays from V.A.R. 1990-1994*. New York: Routledge.

Thompson, William Irwin(1971). *At the Edge of History*, New York.

Thornton, Robert(1985). *Cogitations From Albert Jay Nock*.

Tomaselli, Keyan(1991). "Der 'Andere' im Film: Macht, Ausbeutung und anthropologische Verantwortung". In Werner Petermann, R. Kaper & R. Thomas(Eds.), *Jäger und Gejagte: John Marshall und seine Filme*, München: Trickster Verlag, pp. 180-188.

Trinh, T. Minh-ha(1989). *Women/Native/Other*, Bloomington: Indiana University Press.

———(1997). *Different Views from Different Angles:Trinh T. Minh-ha and Ethnographic Film*, University of Melbourne.

Turton, David & Peter Crawford(1992). *Film as ethnography*, Manchester University Press.

Tylor, Edward Burnett(2010), *Primitive Culture: Researches into the Development of Mythology, Philosophy, Religion, Art, and Custom*, Cambridge University Press.

van Appeldorn, Werner(1970). *Der dokumentarische Film*, Bonn.

Wendl. Tobias(1996). "Warum sie nicht sehen, was sie sehen koennen. Zur Perzeption von Fotographien im Kulturvergleich". *Anthopos*, 91, pp. 169–181.

Williams, Raymond(1974). *Television: Technology and cultural form*, Fontana.

Wilmsen, Erwin N.(1989). *Land filled with Flies: A Political Economy of the Kalahari*, Chicago.

Wolf, Gotthard(1961). Zur systematischen filmischen Bewegungsdokumentation. In *Der Film im Dienste der Wissenschaft*, Göttingen, pp. 16–40.

______(1967). *Der wissenschaftliche Dokumentationsfilm und die Encyclopaedia Cinematographica.* München.

Yakir, Dan(1978). "'Ciné–Trance': The Vision of Jean Rouch". *Film QuARTErly*, 31(3), pp. 1–10.

Young, Colin(1995). "Observational Cinema". In Paul Hockings(ed), *Principles of Visual Anthropology*, Berlin: Mouton de Gruyter, pp. 94–114.

찾아보기